Über dieses Buch Es gibt kaum einen Bereich der kulturhistorischen Forschung, der über den jeweiligen Zustand einer Gesellschaft vielfältigere Rückschlüsse erlaubt als das umfängliche Thema der Abweichungen von geltenden Norm- und Wertvorstellungen. In diesem Sammelband befassen sich sieben Historikerinnen und Historiker mit der Geschichte der Ausgrenzung, Unterdrückung und Disziplinierung von Menschen und Menschengruppen, indem sie in empirisch angelegten Fallstudien eine plastische Vorstellung dieser Zusammenhänge vermitteln. Es geht dabei weniger um eine Ergänzung des Forschungsfeldes der Historischen Kriminologie, als vielmehr um das Zusammenwirken von Staat und Gesellschaft, von Rechtsprechung und Selbstdisziplinierung. Zwischen Verbrechen und Strafen eröffnet das Aufspüren gesetzlicher Lücken dabei neue Dimensionen der gesellschaftlich-sozialen Kontrolle.

Der Herausgeber Richard van Dülmen ist Professor für Neuere Geschichte in Saarbrücken.

Richard van Dülmen (Hg.)

Verbrechen, Strafen und soziale Kontrolle

Studien zur historischen Kulturforschung III

Fischer
Taschenbuch
Verlag

Lektorat: Walter H. Pehle

Originalausgabe
Veröffentlicht im Fischer Taschenbuch Verlag GmbH,
Frankfurt am Main, November 1990

Redaktion: Eva Labouvie
Umschlaggestaltung: Buchholz/Hinsch/Hensinger
unter Verwendung einer Abbildung
aus der Wickiana, Landesbibliothek Zürich
Gesamtherstellung: Clausen & Bosse, Leck
Printed in Germany
ISBN 3-596-10239-1

Inhalt

Vorbemerkung

Verbrechen und Strafen sind Themenbereiche, die wir aus der Historischen Kriminologie kennen. Alle Herrschaftssysteme bildeten von gesellschaftlichen, ökonomischen und mentalen Bedingungen abhängige Rechtssysteme und Bestrafungspraktiken aus, die in erster Linie der Regulierung extremer Normenverstöße und Ausnahmefälle dienten und deren Eingrenzung wie Ausmerzung zum Ziel hatten. Die offizielle Verbrechensbekämpfung, die sich zu allen Zeiten gegen Delikte, die das Eigentumsrecht verletzten wie den Diebstahl, Raub, Plünderung oder Einbruch, gegen Sittlichkeitsdelikte wie Ehebruch und Sodomie oder gegen Tötungsdelikte wie Mord und Kindsmord richtete, bildete damit die eine obrigkeitlich-rechtliche Möglichkeit, gegen nonkonformes Verhalten und Handeln vorzugehen. Sie war gekoppelt mit einem von Gesellschaft und Kirche getragenen Wertesystem aus Verbrechensbeurteilungen und entsprechenden Strafmaßen, das allerdings vom 16. bis 20. Jahrhundert einem ständigen Wandel unterworfen war.

Die Gesellschaft des 16.–20. Jahrhunderts hatte jedoch Normenverstöße nicht nur strafrechtlich verfolgt. Vielmehr spielten im Umgang der Menschen miteinander Mechanismen der sozialen Kontrolle eine weit größere Rolle. Diese andere Seite des Umgangs mit Normwidrigem und Unerwünschtem umfaßte Formen der Ausgrenzung und sozialen Ächtung ebenso wie Möglichkeiten der Unterdrückung, Marginalisierung oder Anpassung. Kontrollmechanismen, die sich etwa im Umgang der Bevölkerung mit Geisteskranken, mit als gefährlich eingestuften Volksmagiern oder nachlässigen Hausfrauen herausbildeten, ergänzten einerseits die offiziellen, obrigkeitlichen oder gesellschaftlichen Maßnahmen, gestalteten sich jedoch darüber hinaus durchaus zu einem eigenständigen, dynamischen Komplex sozialer Überwachung.

Zusammen mit den in jeder Epoche eigens festgesetzten Normen der Deliktbewertung und den jeweils neu kodifizierten Bestrafungsmaßen gruppierten sich die Möglichkeiten der weniger institutionalisierten als gemeinschaftlich-sozialen Kontrolle zu einem weitgefächerten Netz der sozialen Disziplinierung. Kontroll- und Disziplinierungsmaßnahmen in Form von Strafandrohungen, Verwarnungen, Bestrafungen wie sozialer und gesellschaftlicher Ausgrenzung und Unterdrückung dienten jedoch keineswegs nur der negativen Ausmerzung unerwünschter oder bedrohlicher Verhaltens- und Lebensweisen und damit der Nivellierung aller Gruppen der Gesellschaft. Vielmehr stehen Formen der herrschaftlichen und sozialen Disziplinierung in engem Zusammenhang mit dem Zivilisations- und Emanzipationsprozeß europäischer Staatlichkeit, der schließlich in die Moderne führte. Immer waren mit der Kontrolle und Unterdrückung von Außenseitern, Unangepaßten oder Straffälligen neue Wege und Einschätzungen verbunden, die auf der einen Seite einer modernen Revision der Rechtsprechung, des Strafvollzugs und der Verbrechensbekämpfung Vorschub leisteten, auf der anderen Seite die sozialen Reformen des 19. Jahrhunderts in den Bereichen der Behandlung Geisteskranker, der Bewertung von ›Sittenverderbern‹ und Straffälligen vorbereiteten. Der Weg führte im kirchlichen Bereich von der Disziplinierung, Kriminalisierung und Bestrafung ›ketzerischen‹ Denkens und Handelns zu Formen der Belehrung im Glauben und schließlich zur religiösen Freiheit; im staatlich-politischen Bereich von der willkürlichen Verurteilung jedweder Widersetzlichkeit zur Gleichheit vor dem Gesetz; im juristischen Bereich zum Wandel der Verbrechensskala sowie vom Körperstrafsystem zu Maßnahmen der Besserung und Rehabilitation. Im Umgang mit Geisteskranken trat an die Stelle von Ausgrenzung und Verwahrung ihre medizinische und psychische Behandlung; im Privatbereich konnte sich bis heute schließlich nur noch die soziale Kontrolle und Disziplinierung in wenigen Bereichen behaupten, während staatliche Maßnahmen eingestellt wurden.

Der vorliegende Sammelband versteht sich vor diesem Hintergrund als ein Versuch, Formen obrigkeitlicher Reglementierung zusammen mit jenen, weitgehend von der Bevölkerung ausgehenden Formen sozialer Kontrolle unter dem Begriff der Disziplinierung aufzuschlüsseln. Disziplinierung und Kontrolle werden dabei nicht nur als Möglichkeiten der Ausschaltung, Bestrafung oder negativen Sanktionierung begriffen, sondern auch in ihrer fortschrittsfördernden, positiven Dimension erfaßt. Die Einzelbeiträge konzentrieren sich dabei einerseits auf eine obrigkeitlich-staatliche oder gesamtgesellschaftliche Perspektive, die das Normen- und Wertesystem verdeutlichen kann, nach dem Maßnahmen der sozialen Kontrolle und Disziplinierung sich formierten. Andererseits geht es immer aber auch – sofern die Quellen dies zulassen – um die soziale Einordnung und die Eigendynamik derartiger in gesellschaftlichen Gruppen unterschiedlich etablierter Kontroll- und Disziplinierungsmöglichkeiten, um ihre tatsächliche Reichweite, ihre Uminterpretation oder Marginalisierung, aber auch um ihr Neuentstehen außerhalb herrschaftlicher Vorgaben.

Alle Beiträge des Sammelbandes bemühen sich um die Behandlung von Themenbereichen, die in der bisherigen Forschung keine oder nur Berücksichtigung in ganz anderen Kontexten fanden. Bei den drei ersten Untersuchungen von Eva Labouvie, Renate Blickle und Wolfgang Behringer handelt es sich um ausgearbeitete Fassungen von Vorträgen, die die VerfasserInnen auf dem Historikertag in Bamberg (Sektion 17) am 14.10.1988 hielten.
Gemeinsames Anliegen ist die Neuinterpretation gesellschaftlichen und herrschaftlichen Verhaltens gegenüber Unerwünschtem, das keineswegs immer denselben Regeln folgte, sondern einem ständigen Wandel unterlag. Dabei konnten sich obrigkeitliche Vorgaben der Disziplinierung von Maßnahmen der sozialen Kontrolle durch die Bevölkerung sowie ihrer Umgangsweisen mit herrschaftlichen Geboten stark unterscheiden.
Dem Aspekt der Differenz zwischen obrigkeitlicher Disziplinierung, ja Kriminalisierung und volkstümlicher Rezeption unter gleichzeitiger Umwertung trägt der erste Aufsatz des Sammelbandes von *Eva Labouvie* Rechnung. Die Untersuchung über kirchliche Ausgrenzungsversuche traditioneller volksmagisch-abergläubischer Praktiken vom 16.–18. Jahrhundert, ein bislang nicht behandeltes Forschungsfeld, stellt einerseits eine Entwicklung kirchlicher Ausgrenzungsversuche volksmagischer Traditionen fest, die sich von einer zunächst disziplinierenden, über eine kriminalisierend-bestrafende zur aufklärerisch-belehrenden Vorgehensweise wandelte. Zugleich versucht der Beitrag aber auch, die Reaktionen der Bevölkerung auf die jeweiligen Maßnahmen zu beleuchten: Der kontrollierenden kirchlichen Taktik begegnete die Landbevölkerung im 16. Jahrhundert mit Ablehnung und Rechtfertigung ihres traditionellen Verhaltens. Die von der Kirche seit 1580 angebotene Möglichkeit zur Denunziation von Zauberei, Segnerei und Wahrsagerei wurde dagegen vom Volk zur Ausgrenzung und Kontrolle selbstbestimmter, unerwünschter Magieformen umfunktioniert, ein Transfer, der sich verhängnisvoll auf spätere Hexenprozesse auswirkte. Erst mit der aufklärerisch-belehrenden Kampagne der Kirchen im 18. Jahrhundert gelang ein erster Zugriff auf die volksmagische Kultur. Insgesamt bewirkte die keineswegs gleichförmige kirchliche Disziplinierung auf dem Feld der Aberglaubensbekämpfung ebenso unterschiedliche Reaktionen und Eigendynamiken der Bevölkerung: Widersetzlichkeit, Ausnutzung angebotener Disziplinierungsmöglichkeiten zur innergemeindlichen Kontrolle und schließlich Anpassung.
Einen ganz anderen Themenbereich, hier vor allem obrigkeitlicher Disziplinierungsversuche, behandelt der anschließende Beitrag von *Re-*

nate Blickle. Am Aufstand der südostbayerischen Bauern von 1633/34 zeigt die Verfasserin die unterschiedlichen zeitgenössischen Wahrnehmungen bäuerlichen Protestes unter neuem Blickwinkel auf. Das Gerichtsverfahren im Anschluß an die mißlungene Erhebung gewährt wiederum Einblick sowohl in die Selbsteinschätzung der Bauern als auch in die dafür als angemessen erscheinenden Disziplinierungs- und Bestrafungsmaßnahmen zweier obrigkeitlicher Gruppierungen. Während die vor Gericht gestellten Rädelsführer zu ihrer Verteidigung als Begründung des Aufstandes den vom Kurfürsten nicht mehr gewährleisteten Schutz von Haus, Hof und Heimat anführen und mit Notrecht und Selbstverteidigung argumentieren, besteht der Kurfürst auf dem Vorwurf der Rebellion, d. h. einer auf aufrührerischer, feindlicher Gesinnung basierenden Widersetzlichkeit der Bauern gegen die Herrschaft. Die mit dem Rechtsverfahren betrauten Räte in Burghausen und Wasserburg schließen sich dagegen wider Erwarten der Begründung der Bauern an und verweisen sowohl auf die Zwangslage als auch auf das für einen solchen Fall des Selbstschutzes geltende ›Naturrecht‹ des Schutzes von Person und Eigentum. Das Beispiel der Rechtsfindung im Anschluß an den ›Bayerischen Bauernkrieg‹ 1633/34 verdeutlicht damit einerseits das Ringen obrigkeitlicher Instanzen um die Durchsetzung angebrachter Disziplinierungsmaßnahmen, andererseits eine bereits erkennbare Fortschrittlichkeit, die das juristische Denken im Bereich der Untertanendisziplinierung schon im 17. Jahrhundert erreichen konnte.

Wolfgang Behringers Beitrag über »Verbrechen und Strafen in Kurbayern vom 16.–18. Jahrhundert« reiht sich wie der daran anschließende Aufsatz von Peter Wettmann-Jungblut ebenfalls zunächst in die Reihe obrigkeitlicher Disziplinierungen. Beide Autoren gehen jedoch – Behringer anhand eines »Kernbestands« an Delikten, der von jeder Gesellschaftsform sanktioniert wurde, Wettmann-Jungblut anhand von Eigentumsdelikten – weit über das Konzept des »Social Crime« hinaus: Herrschaftliche Disziplinierung und Kontrolle durch Rechtsprechung, Gesetze und Strafmaßnahmen wurden auf der anderen Seite durch gesellschaftliche Akzeptanz oder Widersetzlichkeit und durch soziale Kontrolle wie Eigengesetzlichkeit der Bevölkerung ergänzt, so ein Ergebnis beider Beiträge. Behringer zeigt für den bayerischen Raum vom 16.–18. Jahrhundert auf, daß die Deliktentwicklung einerseits von strukturalen Veränderungen sozialhistorischer Art beeinflußt war, daß sie andererseits von herrschaftlichen Normen der Verbrechensdefinition und Sanktionierung ebenso abhängig war wie von der konkreten Gesetzgebung, die sich wiederum in Wechselwirkung mit anderen Einflußfaktoren gestaltete. Demgegenüber existierte eine gewisse Resistenz der Bevölkerung gegenüber Delikten, die, wie Wilderei, Holzdiebstahl oder Sittlichkeitsdelikte, nicht unbedingt als kriminell eingestuft wurden. Das Rechtsempfinden des Volkes setzte an dieser Stelle nicht nur eigene Kontroll- und Disziplinierungsmittel in Gang, sondern beförderte gleichzeitig Reformen und Korrekturen in der herrschaftlichen Verbrechensbekämpfung.

Bei der Untersuchung von Eigentumsdelikten in Baden von 1600 bis 1850 kommt *Peter Wettmann-Jungblut* zu dem Ergebnis, daß die Zunahme der Eigentumskriminalität seit dem 18. Jahrhundert vor allem in einer Interessenverschiebung der Strafjustiz zu suchen sei: Diebstahl etwa rückte deshalb immer stärker in den Blickpunkt offizieller Strafverfolgung, weil eine geänderte Eigentumsordnung, ein zentralstaatlich organisierter Polizeiapparat, der Rückgang informeller Konfliktlösungen und die Verrechtlichung sozialer Beziehungen einen härteren Zugriff erlaubten, ja forderten. Dennoch fand, so der Autor, die Härte des gesetzten Rechts nur bei den tatsächlichen Außenseitern der Gesellschaft oder bei Wiederholungstätern Anwendung. Diebe, die sich reumütig zeigten, das Gestohlene zurückgaben oder denen Armut und Not nachgewiesen werden konnte, durften jedoch mit erstaunlicher Milde oder gar mit Straffreiheit rechnen. Hier zeigen die Quellen im Bereich der badischen Strafrechtspflege besonders den Wandel und das mögliche Spektrum herrschaftlicher Disziplinierungs- und Strafmaßnahmen.

In ihrem Beitrag über den Umgang mit Geisteskranken im östlichen Münsterland zwischen 1810 und 1892 betritt auch *Doris Kaufmann* ein bislang in diesem Forschungsgebiet ausgeklammertes Terrain: Während bisherige Untersuchungen sich vorwiegend der Anstaltsgeschichte und der Wissenschaftsgeschichte der Psychiatrie zuwandten, geht es der Verfasserin um die Untersuchung sozialer, ökonomischer Bedingungen sowie mentaler oder gesellschaftlich-kultureller Einstellungen, die im ländlichen Bereich die Bewertung eines Menschen als »irre« oder wahnsinnig beeinflußten, die den Umgang mit Geisteskranken und ihre Versorgung durch die Bevölkerung prägten und schließlich eine gewandelte Versorgung Geisteskranker durch staatliche Institutionen im 19. Jahrhundert beförderten. Der Aufsatz bricht einerseits mit dem Vorurteil, daß Geisteskranke als unnütze und kostspielige Dorfmitglieder einfach von der Gemeinschaft abgeschoben wurden, kann andererseits aufgrund beginnender Reformmaßnahmen aufzeigen, daß es den zuständigen staatlichen Institutionen seit dem frühen 19. Jahrhundert um mehr als um die Verwahrung und Ausgrenzung

von Geisteskranken ging. Mit dieser doppelseitigen Perspektive gelingt es der Autorin, auf der einen Seite Kontroll- und Disziplinierungsmaßnahmen, Formen der Ausgrenzung und Unterdrückung, aber ebenso auch der Integration und Duldung von Geisteskranken im ländlichen Milieu aufzuzeigen. Andererseits läßt sich am Beispiel der Reform der Irrenanstalten ein geändertes, fortschrittliches Überwachungs- und Disziplinierungsverständnis staatlicher Bediensteter, Mediziner und Einrichtungen ausmachen: Es ging nicht mehr um die Einsperrung gemeingefährlicher oder lebensuntauglicher Menschen oder die Korrektur unzumutbaren Verhaltens, sondern um die angemessene Behandlung und Heilung psychisch Kranker.
Anhand der Bestände des Preußischen Justizministeriums für das 19. Jahrhundert untersucht *Dirk Blasius* im folgenden Beitrag »Diebshandwerk und Widerspruchsgeist« im Spannungsfeld zwischen Tradition und Moderne. Ihm geht es dabei weniger um statistische Verschiebungen und Strafpraktiken als vielmehr um das Zusammenspiel von Strafrecht und Strafverfahren in den jeweiligen Lebenswelten von Verfolgern und Kriminellen, um Ahndungsrituale und Sanktionseinrichtungen einerseits, um soziokulturelle Empfindlichkeiten, Vorstellungen von Gerechtigkeit, Formen der Akzeptanz, Ablehnung und Widersetzlichkeit andererseits. Unter diesem geteilten Blickwinkel kommt Blasius zu dem Ergebnis, daß die Kriminalitätsentwicklung im Preußen des 19. Jahrhunderts in enger Wechselbeziehung zu sozioökonomischen Problemen, besonders aber zum gesellschaftlichen Emanzipationsprozeß zur bürgerlichen Gesellschaft und einem damit verbundenen neuen gesellschaftlichen Bewußtsein stand. Dem neu erwachenden Widerspruchsgeist der Untertanen und ihrer Marginalisierung krimineller Handlungen aus Notsituationen begegnete die sich konstituierende Staatsmacht mit veränderten Kontroll- und Disziplinierungsformen.
Der Beitrag von *Bärbel Kuhn* »... und herrschet weise im häuslichen Kreise« wendet sich schließlich einer Erscheinungsform der Disziplinierung zu, die in der Forschung bislang noch nicht als solche wahrgenommen wurde. Gesellschaftliche Normen und Erwartungen an die bürgerliche Hausfrau und ihre Haushaltsführung, bereits seit dem 18. Jahrhundert vermittelt durch Sozialisation, Literatur und Haushaltsratgeber, fügten sich im konkreten Frauenalltag zu einem Zusammenspiel aus gesellschaftlicher Kontrolle und Sanktionierung einerseits, hausfraulicher Selbstdisziplinierung und Anpassung, aber auch weiblicher Rebellion gegen diese Idealvorstellungen andererseits. Die Autorin kommt zu dem Schluß, daß sich die bürgerlichen Frauen

trotz grundsätzlicher Akzeptanz und Erfüllung der gesellschaftlichen Anforderungen, die meistenteils einzige Bezugsquelle für ihr Selbstbewußtsein und Selbstwertgefühl waren, dennoch selbstgesetzte Frei- und Machträume schufen, die allerdings das Funktionieren der bürgerlichen Gesellschaftsordnung nie ernsthaft in Frage gestellt hätten. Kontrolle, Disziplinierung und Ausgrenzung durch Gesellschaft und soziales Umfeld hatten dort ihre Grenzen, wo die Norm allzusehr drückte und eine eigensinnige Lockerung nicht als gesellschaftlicher Affront erachtet wurde.

R. v. D.

Eva Labouvie

Wider Wahrsagerei, Segnerei und Zauberei

Kirchliche Versuche zur Ausgrenzung von Aberglaube und Volksmagie seit dem 16. Jahrhundert

I. Ab dem ausgehenden 15. Jahrhundert hatte die Kirche in Gesamteuropa sowohl für die Legitimierung als auch die schriftliche und mündliche Verbreitung einer systematischen Hexenlehre gesorgt und zugleich festgelegt, welche Inhalte sie mit den Begriffen von Zauberei, Ketzerei, Aberglauben (Superstitio) und Häresie verband. Vor allem aber das Anliegen der reformatorischen Bewegung nach einem Ausschluß aller »papistischen Abgötterei« von der wahren Lehre und einer damit zugleich vollziehbaren Abgrenzung zur alten Kirche bewirkte eine Revision und Ergänzung der Bedeutung des Aberglaubensbegriffes, der sich bis dahin allgemein gegen außerhalb der Lehre stehende, damit unvereinbare oder ohne priesterliche Anwesenheit ausgeübte Rituale der christlichen Religion gerichtet hatte. Die aus dem reformatorischen Lager rührenden neuen Vorwürfe wandten sich, neben der alten Verurteilung aller volksmagischen Bräuche, vor allem gegen Formen der katholischen Volksfrömmigkeit, die dem kirchlich-institutionellen Rahmen und dem geistlichen Monopol zur profanen Nutznießung und Alltagsbewältigung entfremdet werden konnten, vielfach also der ›Magie des Volkes‹ eingegliedert worden waren. Sie richteten sich aber auch gegen in den religiösen Kontext eingebundene Zeremonien und Gegenstände, deren stark diesseitsorientierter Charakter den religiös-sakralen Sinngehalt überdeckte und sie zu Elementen einer funktional einsetzbaren ›Magie der Kirche‹ degradierte.[1]
Vor allem den protestantischen Konfessionen kam vor dem magisch geprägten Hintergrund aus Volksfrömmigkeit und volksmagischer Tradition die schwierige Aufgabe zu, über den Versuch einer Revision des zuvor tradierten, akzeptierten und bewährten christlich-religiösen Verständnisses der vormals katholischen Landbevölkerung hinaus, den ländlichen Bewohnern zusätzlich eine plausible Erklärung dafür zu liefern, daß das alte Hilfsangebot der katholischen Kirche jetzt nur noch den katholischen Gemeindemitgliedern der umliegenden Dörfer zugute kommen sollte. Aus lutherischer und calvinistischer Perspektive gehörten die Heilung von Krankheiten und der Schutz vor Unglück

und Not durch die Heiligen, die Abwehr von Unwetter, Blitz- und Hagelschäden durch Glockengeläut, Hagelfeiern und Prozessionen oder der Erhalt von Nahrung und Viehbestand durch Wallfahrten und Segnungen nunmehr zum abergläubischen Repertoire katholischer Geistlicher.

Im Zuge der Etablierung der neuen Glaubensgemeinschaften und als Ausdruck der Gegenwehr gegen den aus dem protestantischen Lager immer wieder geäußerten Vorwurf des Verharrens in »Abgötterei« und Aberglauben mußte ebenso die katholische Kirche ihre Einstellung, Bewertung und Handhabung bezüglich abergläubischer Delikte und Vorfälle ändern und eine klarere Stellung beziehen. Anders als das Luthertum und der Calvinismus wandte sie sich vor allem der konkurrierenden magischen Tradition des Volkes, weniger abergläubischen Mißbräuchen im eigenen religiösen Geschehen zu, ja bewahrte auch in der Folgezeit ihr eigenes kirchliches Magiespektrum.[2]

Demgegenüber wurde besonders die Landbevölkerung, auch über das Eindringen lutherischen und calvinistischen Gedankengutes hinaus, weiterhin von Glaubensvorstellungen und Erfahrungswerten geleitet, die lebenspraktische Formen der Volksfrömmigkeit mit traditioneller Volksmagie, den Glauben an die Wirksamkeit magischer Kräfte mit christlichen Vorstellungen oder Anweisungen zur Lebensführung und Weltinterpretation ohne Schwierigkeiten in Einklang zu bringen vermochten. Volksmagische Imaginationen und religiöse Inhalte stellten alternative Hilfen zur Alltagsbewältigung und Welterklärung dar, deren gemeinsamer Gebrauch weder als Sünde noch als Straftat angesehen wurde.

Seit der Mitte des 16. Jahrhunderts sahen sich alle Konfessionen im Zuge des Konfessionskampfes und der damit einhergehenden Abgrenzungs- und Konkurrenzsituation, des Aufkommens der neuen Hexenlehre und des gegenseitigen Vorwurfs der Abgötterei und des Aberglaubens vor mehrerlei neue Aufgaben gestellt: Es war notwendig geworden, die alte Begrifflichkeit von Aberglaube, »Superstitio« und Abgötterei neu zu definieren und mit neuen Inhalten angereichert an die Glaubensgemeinschaften zu übermitteln. Zusätzlich mußten sich alle Konfessionen aber zunächst einmal einen Überblick darüber verschaffen, was es an abergläubischem Brauchtum auf dem Land überhaupt abzulehnen und zu bekämpfen galt. Beide Ausgangspunkte führten die Glaubensgemeinschaften zu einer erstmals umfänglichen und gründlichen Erforschung des volksmagischen Repertoires der Landgemeinden und ließen schließlich unterschiedliche Maßnahmen der Verfolgung und Ahndung der als bedeutsam und verbreitet erkannten volkstümlichen Magietradition entstehen.

Die folgenden Ausführungen versuchen nun anhand des regionalen Bezugsrahmens des südwestdeutschen, saarländischen Raumes und der konkreten Entwicklung in dieser ländlichen Region, einerseits der Verzahnung von Disziplinierungs- und Kriminalisierungsmaßnahmen der magisch-abergläubischen Volkskultur durch die Konfessionen mit den andererseits gerade hierin gebotenen besonderen Möglichkeiten der Kriminalisierung von Hexen und Zauberern durch die Landbevölkerung nachzuspüren. Der Saarraum selbst bildete vom 16. bis 18. Jahrhundert ein zwischen Lothringen, Kurtrier, Pfalz-Zweibrücken und Nassau-Saarbrücken geteiltes Herrschaftsgebiet aus vorwiegend kleinen, ländlichen Gemeinden, die sich eine starke Eigenautonomie gegenüber herrschaftlichen Zugriffen erhalten hatten.[3] Seit den 20er Jahren des 16. Jahrhunderts begannen sich neben dem Katholizismus auch lutherische und später calvinistische Glaubensinhalte in den zweibrükkischen Gebieten und lutherisches Gedankengut in den Gebietsanteilen der Grafen von Nassau-Saarbrücken auszubreiten. Während die saarländischen Gemeinden zum einen ihre sehr intensiv ausgeprägte und lebendige volksmagische Tradition bis ins 18. Jahrhundert verteidigten und bewahrten, zeigten sie sich auf der anderen Seite ab dem ausgehenden 16. Jahrhundert gleichermaßen dazu bereit, durch ein umfängliches Ausschußwesen, bestehend aus gewählten Dorfmitgliedern, massiv und eigenwillig gegen das »Laster der Zauberei«, die Hexerei, anzukämpfen. Diese beiden Einstellungs- und Vorgehensweisen, die zunächst als Widerspruch erscheinen mögen, waren jedoch eng aufeinander und ebenso auf das Verhalten der Kirchen im Kampf gegen den Aberglauben bezogen.

II.

Die Geschichte der Diskriminierung und Kriminalisierung magisch-abergläubischer Vorstellungs- und Handlungsweisen des Volkes durch die Konfessionen steht einerseits in engem Zusammenhang mit innerkirchlichen Auseinandersetzungen um die »reine Lehre« und davon auszuschließenden Formen der Abgötterei und des Irrglaubens sowie der theologischen Diskussion um den Einfluß des Teufels auf die Welt. Letzteres manifestierte sich in einer kirchlichen Dämonenlehre als auch in der kirchlichen Zaubereivorstellung, die den Teufelspakt voraussetzte und bei der Bekämpfung abergläubischer und magischer Delikte eine wesentliche Rolle spielte.

Andererseits wirkten sich die aus der vom 16. bis zur Mitte des 17. Jahrhunderts reichenden Diskriminierung und Kriminalisierung der magisch-abergläubischen Kultur resultierenden kirchlichen Disziplinarmaßnahmen und -möglichkeiten auf den Umgang der saarländischen Landbevölkerung mit dem neuen Phänomen der Hexerei aus. Die Entwicklung von kirchlicher Zaubereivorstellung und Hexenlehre gehört damit zur geistesgeschichtlichen und handlungsweisenden Vorgeschichte des systematischen Vorgehens der Konfessionen gegen die Volksmagie. Damit in Zusammenhang stehende Diskussionen um die Macht des Teufels über die Menschen, um Möglichkeiten der Kontaktaufnahme mit Geistern und Dämonen bewirkten zusammen mit aktuellen Zauberei- und ersten Hexenprozessen ein erwachendes Interesse der Kirchen an der umfassenden Kontrolle magischer und abergläubischer Praktiken auf dem Land.

Es steht außer Zweifel, daß die Kirche mit ihrer im 15. Jahrhundert entwickelten, theologisch begründeten Hexenlehre, die den Höhepunkt des bisherigen Kampfes gegen Unglauben, Irrglauben und Abgötterei darstellte, den Grundstein für die Verbreitung eines neuartigen Hexenglaubens und die Verfolgung der Hexerei ab Beginn des 16. Jahrhunderts in Mitteleuropa legte. Bis zur Etablierung und Legitimation des kirchlichen Hexendogmas durch Hexenbulle und Hexenhammer waren die Inhalte, die sich schließlich mit dem Begriff der Hexerei verbanden, einem ständigen Wandel, einer Ergänzung und Korrektur unterzogen. Mit den Aussagen des Canon Episcopi von 906, der die tatsächliche Existenz nachtfahrender Frauen, Tierverwandlungen und das Einwirken von Dämonen auf die Menschen als Vorspiegelungen böser Geister ablehnte und den Glauben an Zauberei in der traditionellen Vorstellungsweise untersagte[4], nahm eine erst mehrere Jahrhunderte später einsetzende Herausforderung an Theologen und Kirchenmänner ihren Anfang. Diese suchten von nun an die Macht des Teufels über die Menschen und deren Möglichkeiten, sich mit Satan zu verbünden, zu beweisen. Kirchenlehrer wie Thomas von Aquin, Augustinus, der Franziskanertheologe Bonaventura oder Albertus Magnus gingen in ihren Schriften immer einhelliger von der Annahme aus, daß eine Verbindung zwischen bösen Geistern oder dem Teufel und den Menschen durch einen Paktschluß, daß sexuelle Kontakte in Form von Incuben und Succuben sowie eine Machtübertragung zur Stiftung von Bösem reale Möglichkeiten der Kontaktaufnahme zwischen den Welten darstellten.[5]
In den Ketzer- und Häretikerbewegungen des 12. bis 14. Jahrhunderts

fanden derartige Spekulationen, die ihre Legitimation aus von der Bibel abgeleiteten Äußerungen erhielten, ihre eindeutige Bestätigung.[6] Zunächst noch verworrene Vorstellungen von der Ketzerei nahmen aufgrund der Prozeßerfahrungen in Südfrankreich und Oberitalien, aber auch in Straßburg und Trier, immer konkretere Züge an, ließen seit dem 13. Jahrhundert also ein klar umrissenes Konzept der Ketzerei entstehen, das sich auf die beiden Pfeiler der Häresie und des Abfalls von Gott unter gleichzeitiger Verehrung eines Götzen oder des Teufels stützte.[7] Zur gleichen Zeit setzte jedoch auch eine Bewertungsverschiebung des Verbrechens der Ketzerei ein, die dieses Delikt immer stärker unter dem Gesichtspunkt der Teufelsbündlerei und weniger unter dem Ausgangsaspekt der Verfolgungen, der ausschließlichen häretischen Abkehr vom Glauben, bewertete. Diskurse über die Macht des Teufels, den Teufelspakt, die Affinität des weiblichen Geschlechts zur Verführung durch Satan, über körperliche Kontakte zwischen Menschen und Dämonen und daraus entspringende Kinder verbanden sich mit Ansichten zum alten Zaubereidelikt und volkstümlichen Imaginationen zur Zauberei, die von kirchlicher Seite aufgrund biblischer Aussagen schon immer als Sünde, die den Tod verdiene, bekämpft worden war.
Seit dem 14. Jahrhundert bewirkte eine allmähliche Koppelung der beiden Vergehen der Ketzerei und der Zauberei zum Doppelverbrechen der ketzerischen Zauberei eine langsame Ablösung der Ketzerverfolgungen durch den Beginn erster Zaubereiprozesse. Gleichzeitig mit der schrittweisen Verflechtung der Bedeutungsgehalte beider Verbrechensformen verschmolzen auch die juristischen Verfahrensweisen im Umgang mit den Delinquenten. War bis ins 14. Jahrhundert das Vergehen der Zauberei von kirchlicher oder weltlicher Seite weder systematisch verfolgt noch mit dem Tode bestraft worden, und hatte man bislang auch Ketzer, die von ihrem Irrtum zurückstanden, größtenteils wieder freigelassen, begannen ab der Mitte des 14. Jahrhunderts Stimmen laut zu werden, die die Todesstrafe für das neue Verbrechen der Zauberei forderten.[8] Papst Eugen IV. war es schließlich, der in einem Schreiben an alle Inquisitoren 1437 zur Verfolgung der Zauberei aufrief und die außerordentliche Gefährlichkeit dieser neuen Sekte unterstrich, der er Teufelspakt, Schadenzauber und den Mißbrauch von Taufe und Kreuz, Hostienschändung und Teufelsverehrung anlastete. Mit den 1459 in Arras beginnenden Prozessen gegen die Waldenser hatte das Doppeldelikt der ketzerischen Zauberei seine für die späteren Hexenprozesse relevanten Elemente ausgebildet: Aufgrund der Geständnisse der Angeklagten konnte davon ausgegangen werden, daß Zauberer und »Hexen«, wie sie vereinzelt bereits genannt wurden, einer Sekte angehör-

ten, einen Pakt mit dem Teufel geschlossen hatten und diesen auf Sabbaten verehrten, daß sie mit seiner Macht Schadenzauber an Menschen, Tieren und ihren Nahrungsmitteln verübten und durch die Lüfte zu fliegen vermochten.[9]

Vor dem Hintergrund eines im 14. Jahrhundert bereits voll ausgebildeten Bedeutungsfeldes zum Delikt der Hexerei, der teuflischen Zauberei also, bildeten die Hexenbulle Papst Innozenz' VIII. vom 5. Dezember 1484 und der Hexenhammer der Inquisitoren Institoris und Sprenger von 1487 den logischen und systematischen Abschluß einer lange zuvor bereits eingeleiteten Kriminalisierung des alten Zauberei- und des neuen Hexereideliktes sowie den Startpunkt für eine legitime, organisierte Verfolgung und Vernichtung von Zauberern und Hexen. Zugleich enthielt die Bulle den Auftrag an alle weltlichen Herrscher, die Inquisition zu unterstützen und bei der Prozeßführung und Vollstrekkung der Urteile zu helfen, an alle Geistlichen, den Inhalt der Bulle in der Bevölkerung zu verbreiten. Diese beiden Anliegen mündeten einerseits in die Übernahme der Verfolgung durch weltliche Inquisitionsgerichte und die Ausarbeitung von Verfahrensmaßnahmen und Gesetzesbestimmungen, andererseits in eine erste Infiltration der kirchlichen Hexenlehre ins Volk.[10]

Der »Malleus maleficarum« gestaltete sich ergänzend zur päpstlichen Instruktion als ein Lehr- und Erfahrungsbuch zur Anleitung für Geistliche, wie sie über das Hexenunwesen predigen, für Juristen, wie sie Verdächtige überführen und einen Prozeß mittels des Inquisitionsverfahrens durchführen sollten. Er führte damit in eine neue Phase der organisierten Bekämpfung von Hexerei und Zauberei. Erstmals beinhaltete er eine Zuspitzung des Hexereideliktes auf das weibliche Geschlecht, gestaltete sich durch seine ausführliche Systematik als Nachschlagewerk in Fragen der kirchlichen Hexenlehre sowie der angemessenen Strafpraxis, aktivierte durch eine Übertragung des Prozeßverfahrens an die weltlichen Gerichte und den Aufruf zur Mitarbeit die Teilnahme der Obrigkeit am Verfolgungsgeschehen und bewirkte durch einen Appell an alle Geistlichen zur Predigt und zur Vermittlung der Lehre über die Kanzeln eine erste Popularisierung des kirchlichen Hexenbildes.

Trotz verschiedenartigster Bemühungen dauerte es dennoch fast hundert Jahre bis zur Etablierung der neuen Hexenlehre und der Hexenangst in der Bevölkerung, die ihren alten magischen und zauberischen Vorstellungen verwurzelt geblieben war und Imaginationen, wie jene vom Teufelspakt, der Buhlschaft oder der Zeugung von Kindern mit

Dämonen, von Sabbatorgien oder der Rolle des allmächtigen Teufels als fremdartig und zweifelhaft ablehnte. Zu Beginn der Hexenverfolgungen in den ländlichen Regionen hatte sich schließlich vor dem Hintergrund einer alten lebendigen volksmagischen Kultur ein spezieller dörflicher Hexenglaube entwickeln können, der die traditionellen Elemente des Zauberglaubens mit plausiblen oder transformierten Bestandteilen der neuen kirchlichen Hexenlehre verband. Er stand in enger Beziehung zu volksmagischen Vorstellungen und ihrer Bewertung und bildete zugleich ein legitimes und akzeptables Gedankengebäude zur Verfolgung von Hexen und Zauberern.[11]

Bereits bei der Entwicklung zur kirchlichen Hexenlehre in ihrer vollen Ausprägung durch den Hexenhammer wurde ersichtlich, wie sehr Begriffe wie Häresie, Unglauben, Irrlehre und Ketzerei in Verbindung mit dem Tatbestand der Zauberei, später auch der Hexerei, genannt werden konnten. Einerseits bewirkten die neuartigen Ketzerbewegungen des 12. und 13. Jahrhunderts eine allmähliche Bedeutungsfestlegung für Vergehen, die häretische und ketzerische Aussagen oder Handlungen beinhalteten. Ebenso mußte im Zusammenhang mit Ketzerei und Zauberei auch das altbekannte, bislang nur strafrechtliche Vergehen der Zauberei von kirchlicher Seite neu definiert werden. Zauberei war demnach im kirchlichen Sinne seit dem 14. Jahrhundert nicht mehr nur ein weltliches Verbrechen, das verschiedenste Formen der Volksmagie umfassen konnte – etwa Krankheitsmagie, Wahrsagerei, Opferungen an Geister, Verfluchungen, Amulettzauber oder Giftmischerei – und mit Leibesstrafen von obrigkeitlichen Gerichten geahndet wurde[12], sondern verband sich in erster Linie mit dem Teufelspakt, einer ketzerischen Beleidigung der Majestät Gottes, welcher dann zur Wahrsagerei, Geisterbeschwörung oder zum Schadenzauber befähigte. Der Zauberer der Kirche, der den Abfall von Gott vollzogen hatte, sollte von jetzt an mit dem Tod durch Verbrennen bestraft werden.
Bis zum 15. Jahrhundert, der Konsolidierungsphase der kirchlichen Hexenlehre, kamen zunächst sowohl kirchlichen Beauftragten als auch gebildeten Traktatschreibern aus dem theologischen, juristischen oder philosophischen Bereich aufgrund der Aktualität von Ketzer- und Zaubereiprozessen beim Verfassen von Schriften zum Aberglauben demgemäß nur Vergehen aus der volksmagischen Praxis ins Blickfeld, die einen Teufelspakt voraussetzten oder denen jetzt und wegen ihrer geheimnisvollen Ritualisierung ein Pakt angehängt werden konnte. Zauberei umfaßte nunmehr alle Formen der Teufelsmagie, war damit zugleich Ketzerei und rückte inhaltlich in sichtbare Nähe zur späteren

Hexerei, während alle nicht-teuflischen Magieformen zunächst keinerlei besondere kirchliche Aufmerksamkeit erfuhren.
Dies änderte sich mit der Verbreitung der Hexenthematik über Kanzeln, Traktate, bildliche und künstlerische Darstellungen sowie literarische Werke seit Ende des 15. Jahrhunderts. Besonders in gelehrten Kreisen stieg das Interesse an der wissenschaftlichen Beschäftigung mit Bereichen der Magie, Alchimie und des Aberglaubens. Pico della Mirandola rief als erster 1486 bereits die kabbalistische Tradition in Europa durch seine »Conclusio cabbalistica« wieder wach; Johann Reuchlin und Agrippa von Nettesheim schlossen sich mit Ausführungen zur ›weißen Magie‹ und zur Kabbala 1494 und 1510 dieser Strömung an, während Paracelsus um 1520 seine »Occulta Philosophia«, vermutlich auch die »Pansophie« und die »Gabalia« verfaßte.[13] Die erste Auflage von »Doktor Faustus' dreifachem Höllenzwang« erschien 1509 in Prag und läutete mit zahlreichen Arbeiten zum Problem und den Formen des Volksaberglaubens eine erstmalig intensivere Beschäftigung mit den bisher von der offiziellen Kirche ausgeklammerten Bereichen von Magie und Aberglauben ein. Das Thema Aberglauben blieb jedoch weiterhin bis zur Reformation ein Beschäftigungsfeld für Theologieprofessoren wie Martin von Arles, für Kirchentheoretiker und Wissenschaftler, vereinzelt auch für Literaten und Landprediger.[14]

Mit der Konfessionalisierung der abendländischen Kirche im 16. Jahrhundert und einer daraus erstmals erwachsenden Konkurrenzsituation waren auch die Glaubensgemeinschaften spätestens seit den 40er Jahren des 16. Jahrhunderts dazu gezwungen, ihr Lehrgebäude, die Inhalte von Gläubigkeit, Frömmigkeit und christlicher Lebensweise neu zu definieren oder zu überdenken. Gerade bei den vom Protestantismus angestrebten Abgrenzungsversuchen und der Verankerung seiner Glaubensinhalte in Bewußtsein und Lebensführung der Gläubigen erhielten Begriffe wie Aberglauben, Abgötterei und Irrlehre eine ganz andere Dimension. Den neuen Konfessionen ging es neben der Etablierung eines neuartigen Glaubens- und Frömmigkeitsverständnisses sowohl um eine rigorose Ausschaltung aller »papistischen Abgötterei« und abergläubischen Inhalte als auch um die Ausmerzung der von Geistlichen und Laien magisierbaren Glaubens- und Frömmigkeitselemente. Durch ein Verbot vieler Rituale der Volksfrömmigkeit wie der Wallfahrten, Prozessionen, der christlich-magischen Bräuche der Hagelfeiern, Pfingst- und Johannisfeste und der Heiligen- und Reliquienverehrung wurde von den protestantischen Religionen eine erste klare Trennung einerseits in Inhalte der »wahren Lehre« und andererseits in

Formen des Volksaberglaubens und der »katholischen Abgötterei« vollzogen, die die katholische Kirche nie zuvor vorgenommen hatte. Auch sie war jetzt zur Stellungnahme aufgefordert, verhielt sich aber weitaus ambivalenter: Einerseits bekämpfte sie seit alters und seit dem 16. Jahrhundert verstärkt alle Formen der religiös gefärbten Volksmagie, die sich ihrem eigenen Monopol entziehen und verselbständigen konnten – etwa christliche Segnungen, Reinigungsrituale oder Gottesanrufungen, die von Laien ausgeübt wurden, den selbständig zu rein magischen Zwecken genutzten Gebrauch von christlichen Gegenständen wie Kreuzen, Hostien, Hubertusschlüsseln, Weihwasser oder Medaillons – sowie Formen der Volksfrömmigkeit, die den magischen Aspekt zu sehr betonten. Andererseits ging es ihr um die Aufrechterhaltung ihres eigenen kirchlichen und als legitim erachteten Magierepertoires, das die Geistlichen mit ritueller Gewalt und magischer Wirksamkeit, Glaubensinhalte, Zeichen und Symbole mit besonderen Eigenschaften und Kräften ausstattete. Ja, diese ›Magie der Kirche‹ erlaubte es den Ortsgeistlichen sogar, ihre magischen Kompetenzen, die aus Gottes Hilfe begründet wurden, auch außerhalb kirchlicher Kontexte der Bevölkerung zur Verfügung zu stellen. Es ging der katholischen Kirche in der folgenden Zeit keineswegs generell um die Eliminierung magischer Elemente als Formen des Aberglaubens, als vielmehr um die Ausschaltung aller ihrem eigenen Magieangebot konkurrierenden Magiesysteme im Bereich der Volksfrömmigkeit und der profanen Alltagsmagie des Volkes.

Die Saargemeinden trugen weder im katholischen noch im lutherischen und calvinistischen Bereich den alten oder neu an sie gerichteten Anforderungen einer äußerlichen und innerlichen Glaubens- und Frömmigkeitsbekundung, die sich in regelmäßigem Kirchgang, Anhörung der Predigten und Kinderlehren, Kommunionsempfang und Empfang der Sakramentalien zeigen sollte, Rechnung.[15] Vielmehr wählte die Bevölkerung aus dem von den Konfessionen angebotenen religiösen Spektrum vorwiegend diejenigen Elemente aus, die einen konkreten Bezug zur alltäglichen Lebenserfahrung und Lebensbewältigung aufwiesen, und bevorzugte Glaubens- und Frömmigkeitsformen, die einen weltlich-materiellen Aspekt berücksichtigten oder zur profanen Nutznießung verwandt werden konnten. Für die Landbewohnerschaft unterschieden sich derartige Glaubensvorstellungen weder in der Ausübung noch in ihrer Wirkung wesentlich von Praktiken und Vorstellungen im volksmagischen Feld, da beide Bereiche sich traditionellerweise gegenseitig durchdrangen und durchaus alternative Hilfsangebote beinhalteten.

Es erstaunt daher keineswegs, daß die Bewohner ehemals katholischer Gemeinden auch noch Jahrzehnte nach Einführung neuer Konfessionen ohne Zögern und regelmäßig das weiterhin bestehende Magieangebot der katholischen Nachbargemeinden in Anspruch nahmen und dort die Messe, Wallfahrten, Heiligenbilder, christliche Feste und Reliquien aufsuchten. Es erstaunt aber ebensowenig, daß sich gerade in protestantischen Gemeinden eine weit intensiver als in katholischen Gebieten ausgeprägte volksmagische Tradition entwickeln und bis ins 18. Jahrhundert erhalten konnte, die vielleicht einen Ausgleich zum Verlust vieler magisch besetzter oder verwendbarer Glaubensinhalte durch Etablierung der neuen Bekenntnisse bildete.[16]

In den Jahrzehnten nach Auftreten der neuen Konfessionen in den Gemeinden des saarländischen Raumes war ein neuerdings gesteigertes Interesse aller Konfessionen am magisch-abergläubischen Brauchtum der Landbevölkerung zu verzeichnen; ein Sachverhalt, der unter Berücksichtigung der unterschiedlichen Bedeutungsgehalte von Aberglauben und Abgötterei in den Glaubensgemeinschaften dann nicht mehr erstaunt, wenn man davon ausgeht, daß der allseitige Kampf der Kirchen gegen den Aberglauben im Bereich der Volksmagie seinen kleinsten gemeinsamen Nenner finden konnte. Im Vordergrund stand es nunmehr, gültige Bewertungskriterien festzulegen, die Begriffe von Aberglauben, Superstition, Unglaube, Abgötterei und auch Zauberei mit Bedeutungselementen zu versehen und beides in den Pfarrgemeinden zu vermitteln. Voraussetzung für diesen Schritt war eine erstmals systematische Entdeckung und Registrierung abergläubischer Elemente und lebendiger volksmagischer Traditionen auf dem Lande.

III.

Im Visitationsprotokoll des Oberamtes Zweibrücken für die protestantische Pfarrei Kirkel hieß es 1558: »Verena zu Kirckhel ist der segen und andern aberglaubens halber gestrafft worden, daruff hat sie ettliche segen, so sie zu brauchen pflegt mit dem viehe und auch den Menschen erzelt. Dieweil dann dieselbige gantz aberglaubisch befunden, ist sie davon mitt ernst abgewiesen worden...«[17] Die Visitation im Oberamt Lichtenberg aus demselben Jahr ergab folgende Eintragungen des Niederkircher Pfarrers: »Die weiber machen ettwan narrenwerck mit dem segen, aber der Pfarrer predigt hartt dawieder.«[18] Im protestantischen Wolfersweiler versicherte der Ortsgeistliche, daß in nächster Zeit »dem volck in der kirchen nachfolgende Puncten furgehalten sollen werden, nemlich: 1. daß sie daß Johannß feur abstellen, 2. die aberglaubische segenn, 3. das ansuchen bei den verstorbenen heiligen«.[19] Ebenfalls 1558 lauteten die Angaben des Pfarrers von Münschweiler im protestantischen Oberamt Zweibrücken an die Kirchenbehörde, zwei seiner Pfarrkinder, die zu Wallfahrten gegangen seien, wären »furgestellt und von solcher Abgötterei mit allem ernst abzustehn gewarnet« worden.[20] Sein Kollege im benachbarten Bierbach konnte wenige Tage später von der dort erfolgten Kirchenvisitation berichten, daß die Visitatoren bei Besichtigung der Bierbacher Kirche »funden ein Brustbild, so man ettwan heraus getragen, wie noch ettliche inticien da gewesen, sampt andern gauckel werckh von götzen und kertzen, auch geopferten Spindeln mit garn und man in erfarung khommen, daß noch ettliche von der gemeind abgötterei damitt treiben«[21].

Auch andere Vorfälle fanden in den 50er und 60er Jahren des 16. Jahrhunderts eine rege Anteilnahme der saarländischen Geistlichkeit: 1544 beschwerte sich der Pfarrer von Hornbach in der Kirchenvisitation, der dortige Vogt habe »offenlich ußgeschollen, das der Pfarherr mit dem deuffel umbgee«[22]. 1565 sei nach den Akten des Kuseler Pfarrkonvents eine »im Kindbett rasend gewordene Frau, die man fur besessen gehalten« zu einem bäuerlichen Exorzisten nach Widdersdorf gebracht worden, »der den Teufelsbänner bei ihr und nachher noch bei anderen spielte«. Derselbe Pfarrkonvent hatte bereits 1559 nach Einführung der lutherischen Konfession in einer Stellungnahme an die herzöglichen Räte darauf aufmerksam gemacht, daß es nicht selten in dieser Zeit vorkomme, »daß manche beim Teufel Wahrheit und Heil suchen«[23] und um Unterstützung gebeten.

Nachweislich seit den 40er Jahren des 16. Jahrhunderts – so bekunden es die kirchlichen Korrespondenzen – scheinen zwei Elemente eine besondere Aufmerksamkeit der Aufsichtsinstanzen aller Glaubensgemeinschaften gefunden zu haben: Es war aufgrund des konfessionellen Unterschieds um die Bedeutung und Begrifflichkeit von Aberglauben und Abgötterei und des damit einhergehenden Definitionszwangs sowie aufgrund der strikten Trennung in »reine Lehre« und Abgötterei, legitime ›Magie der Kirche‹ und verbotene Volksmagie zum einen der gesamte Bereich des außer- oder innerkirchlichen Aberglaubens. Andererseits schien zumindest von kirchlicher Seite im Zuge der jüngsten Diskurse um die Macht des Teufels über die Menschen, um Teufelspakt und Ketzerei auch ein reges Interesse an der Aufdeckung und Weitergabe von Fällen zu bestehen, in denen Satan seine Wirkungsmöglichkeiten gezeigt hatte und seine Opfer der Kirchenbehörde bekannt wur-

den. So waren »Aberglaube«, »Narrenwerk«, »Abgötterei« und »Gaukelwerk« nunmehr Begrifflichkeiten, die sich im Zusammenhang mit Praktiken der Segnerei, der Krankheitsmagie oder des Johannisfeuerbrauchs, aber auch in bezug auf katholische Frömmigkeitspraktiken des Wallfahrts- und Heiligenkults oder der Opferung von Gegenständen des Alltagslebens bei Heiligen ab den 40er Jahren des 16. Jahrhunderts in den Visitationsprotokollen immer häufiger finden lassen. Zur gleichen Zeit begegnet uns jedoch getrennt davon der Begriff der »Zauberei«, der jene Praktiken oder Situationen umfaßte, die ein Zutun des Teufels verlangten, wie man es von kirchlicher Seite für Teufelsbeschwörungen, Wahrsagerei mit Teufelsanrufungen, Paktschlüsse zur Erreichung materieller Güter oder ketzerische Teufelsverehrungen annahm.
Obwohl entsprechende Vergleiche für die Vorzeit wegen Quellenmangels fehlen, so ist für die 40er Jahre des 16. Jahrhunderts ein zunehmendes Interesse der Kirchen am magisch-abergläubischen Bereich der Landbevölkerung des Saarraumes und an Formen der zauberischen Teufelsmagie erkennbar. Diese gesteigerte Aufmerksamkeit manifestierte sich nicht nur in der Aufnahme immer speziellerer und detaillierterer Visitationsartikel, die jetzt zwischen Aberglaube oder »Superstitito« und Zauberei einerseits, sowie Formen des Sektierertums andererseits, unterschieden. Sie zeigte sich auch in der steigenden Ausführlichkeit der Beantwortung der entsprechenden Fragepunkte durch die Ortsgeistlichen. Bedeutungselemente der Zauberei richteten sich dabei nach der kirchlichen Zaubereivorstellung, wie sie sich durch die Ketzer- und Zaubereiprozesse seit dem 14. Jahrhundert entwickelt hatte, und nicht nach dem traditionellen volkstümlichen Zauberglauben der Landbevölkerung, der die Gestalt des Teufels marginalisierte.

Wir können aufgrund der Quellenbefunde nun davon ausgehen, daß spätestens seit der zweiten Hälfte des 16. Jahrhunderts in allen Konfessionen ein parallel einsetzender Ausbau des gesamten Visitationswesens, das jährliche Pfarr- und Kirchenvisitationen oder zweiwöchige Pfarrzensuren umfaßte, und im besonderen eine Intensivierung der Erkundung magisch-abergläubischer Vorgänge in den Pfarrgemeinden ihren Anfang nahmen. Diese Wiederbelebung des im katholischen Bereich aus dem Mittelalter stammenden Visitationswesens und seine Neueinsetzung in der protestantischen Kirche ermöglichten weiterhin eine erstmals umfassende Kontrolle und Erfassung des gesamten sozialen, sittlich-moralischen und religiösen Geschehens auf Dorfebene, erlaubten aber mit ausdrücklicher Genehmigung und Anweisung auch

Abb. 1: Die Zauberin, Lithographie nach einem Gemälde von K. Sawitzky, um 1800

eine neuerliche Bestandsaufnahme, erste Beobachtungen und Bewertungen der volksmagischen und abergläubischen Kultur des Volkes.
Bereits die ältesten überlieferten Kirchenvisitationsprotokolle der Herrschaft Pfalz-Zweibrücken aus dem Jahr 1544 enthielten, ebenso wie die nachfolgend überlieferten Protokolle der Jahre 1555, 1558, 1567 und 1575, in ihren vom Ortsgeistlichen schriftlich zu beantwortenden Fragenkatalogen Anfragen zur Existenz volksmagischer Spezialisten sowie zum Vorhandensein abergläubischer, volksmagischer oder zauberischer Praktiken in den Landgemeinden.[24] Spätere Kirchenordnungen aus den 70er und 80er Jahren des 16. Jahrhunderts für die lutherische Grafschaft Nassau-Saarbrücken und die katholischen Gebiete Kurtriers im Saarraum umfaßten ähnlich den zweibrückischen Ordnungen Fragepunkte nach Wiedertäufern und Sektierern einerseits, nach Wahrsagern, Segnern, »Chrystallenguckern« und Zauberern andererseits.[25] Mit der Aufnahme der entsprechenden Fragenkomplexe zu Aberglauben, Abgötterei und Zauberei in die Kirchenvisitationen konnte es von nun an den Kirchen nicht nur gelingen, das magisch-abergläubische Brauchtum des Volkes offiziell und amtlich zum Gegenstand der ortsgeistlichen Kirchenaufsicht zu deklarieren und es durch Aufnahme besonderer Verfügungen in die Kirchenordnungen zu einer kirchenfeindlichen Verfehlung zu degradieren, beides Maßnahmen, die die volksmagische Kultur aus ihrer bisher verborgenen und subalternen Existenz herauslösten. Vielmehr gaben gerade auch Pfarrvisitationen den geistlichen Visitatoren eine gute Gelegenheit, die Brisanz des Vernichtungskampfes gegen heidnische und irrgläubige Traditionen im Pfarrhaus und in der Gemeindeversammlung nachhaltig zu unterstreichen.
Zusätzlich zur Etablierung und zum Ausbau des Visitationswesens seit der Mitte des 16. Jahrhunderts aktivierten die Konfessionen ein geeignetes Aufsichts- und Kontrollamt auf Gemeindeebene, das sich im katholischen Bereich vor allem mit den bisherigen Aufgaben des Sendneramtes verbinden ließ, in protestantischen und calvinistischen Gebieten in die Einrichtung des gemeindlichen Zensoramtes mündete. So ordnete die pfalz-zweibrückische Kirchenordnung von 1557 neben der periodisch durchzuführenden Visitation der Gemeinden auch die Wahl gemeindlicher Zensoren zur Unterstützung des Dorfgeistlichen und zum Erhalt von Zucht und Ordnung an, wobei spätere Visitationen der Jahre 1558, 1567, 1580, 1581 und 1593 sowie jene des 17. Jahrhunderts die Aufdeckung und Anzeige volksmagischer und zauberischer Delikte als spezielles Aufgabenfeld der Gemeindezensoren erkennen lassen.[26] Gleiches geschah mit der Einführung des lutherischen Bekenntnisses

als offizielle Konfession 1576 in der Grafschaft Nassau-Saarbrücken: Zensoren und Kirchenälteste hatten laut Kirchenordnung fortan ausdrücklich auf die Ausübung abgöttischer Praktiken – etwa des Betens auf Gräbern oder vor Heiligenbildern und des Gewitterläutens – sowie auf die Anwendung und Inanspruchnahme volksmagischer Praktiken der Wahrsagerei, der Segnerei und des »Chrystallen«-sehens zu achten, aber auch alle Formen der Zauberei und des »Teufelsbeschwerens« anzuzeigen.[27] Kurtrierische Sendordnungen von 1588 und 1599 verwiesen wie die zweibrückischen und nassau-saarbrückischen Kirchen- und Zensurordnungen ebenfalls auf eine intensive Beobachtung abergläubischer und volksmagischer Delikte und übertrugen diese Aufgabe sowie die Denunziation des in Erfahrung Gebrachten den Sendnern und Kirchenältesten. Diese hatten Wahrsager »und dergleichen leuth« bei der Oberbehörde zu melden und diejenigen, die »einiche Zauberern, Wahrsagern oder Segnern besucht oder Rhats pfleget«, zu bestrafen.[28]
Die Wieder- und Neueinrichtung des Visitationswesens in allen Gebieten des Saarraums, der Ausbau des Sendneramtes sowie die Einrichtung des neuen dörflichen Zensorenamtes stellten die Installierung eines kirchlichen Beobachtungs- und Kontrollapparates dar, der von der Dorfebene bis zur obersten Kirchen- und Herrschaftsinstanz reichte. Die damit institutionalisierte und legitimierte Kontrolle durch spezielle Aufsichtspersonen und die angeordnete Befragung von Ortsgeistlichen, Zensoren, Sendnern und Pfarrkindern erbrachte erstmals die Möglichkeit einer regelmäßigen Beobachtung und Berichterstattung »vor Ort« und einer qualitativen wie quantitativen Einschätzung des Stellenwertes volksmagisch-abergläubischer Vorstellungsweisen und Praxisformen in der Landbevölkerung des Saarraumes.

Bereits in den ersten Jahren ihrer Recherchen nach 1558 stießen Zensoren, Ortsgeistliche und Visitatoren allein in den wenigen Orten der pfalz-zweibrückischen Besitzungen im Saarraum auf 30 ›professionelle‹ Volksmagier, die sich auf dem Feld der Segnerei und Wahrsagerei betätigten, auf 20 Fälle in Anspruch genommener oder von Nicht-Spezialisten praktizierter Segnungen, Abwehr- und Schutzzauber sowie auf 17 angebliche Zaubereifälle. Auch existierten in den Gemeinden trotz Einführung der neuen Bekenntnisse (1558 Luthertum, 1587 Calvinismus) weiterhin die Hagelfeiertage und das Wetterläuten gegen Gewitter und Wetterdämonen.[29] Schon diese anfänglichen Ergebnisse ließen die kirchliche Vermutung zu, daß der volksmagischen Kultur, aber auch der alten Volksfrömmigkeit nach Ansicht der Bevölkerung ein

besonderer Platz im soziokulturellen gemeindlich-ländlichen Zusammenleben zukam.
Nicht nur die alarmierende Vielzahl unterschiedlicher Praktiken, sondern auch ihre weite Verbreitung und Bekanntheit in allen Schichten des Volkes sowie die Selbstverständlichkeit des Umgangs mit ihnen, riefen von nun an in allen Konfessionen Vorbereitungsmaßnahmen zum Feldzug gegen diese Relikte des Heidentums und Irrglaubens hervor. Die sich in der allgemein üblichen Anwendung und Durchführung magischer Rituale und ihrer Tradition über Jahrhunderte den Kirchen offenbarende Wichtigkeit der volkstümlichen Magie, die sich trotz des Magieangebots der katholischen Religion einen eigenen Stellenwert hatte bewahren können und nach der Einführung der neuen Bekenntnisse immer noch ungebrochen als alternatives Interpretations- und Handlungsmuster weiterexistierte, verlangte geradezu ein energisches Durchgreifen kirchlicher Institutionen. Eben weil sich – und dies war die andere, innerkonfessionelle Sicht – die neuen Lehren den Kampf gegen Abgötterei und falsche Glaubensinhalte auf ihre Fahnen geschrieben hatten und gerade weil die katholische Kirche weiterhin und jetzt besonders auf die Attraktivität ihres eigenen Magieangebotes achten mußte, das sie selbst für Protestanten noch immer anziehend machte, waren alle kirchlichen Behörden spätestens nach den ersten visitatorischen Ergebnissen einmütig dazu bereit, erstmals auch gezielt gegen volksmagische und abergläubische Geschehnisse aktiv vorzugehen.
Hatte die Kirche bereits Jahrzehnte zuvor die Verfolgung der Hexerei aus ihren Händen an weltliche Obrigkeiten abgegeben, die wiederum durch entsprechende Gesetzestexte, Verordnungen und Institutionen den Aufbau einer geeigneten Straf- und Verfolgungsorganisation in die Wege geleitet hatten, so konzentrierte sich die kirchliche Aufmerksamkeit seit den 40er Jahren des 16. Jahrhunderts nunmehr ganz auf den verbleibenden Bereich von Zauberei und Aberglauben. Der entdeckten Relevanz volksmagischer Praktiken und angeblicher Zaubereien ließen alle Konfessionen nach der Installierung eines Beobachtungsapparates aus Visitatoren, Geistlichen, Zensoren, Sendnern und Visitationsprotokollen eine Kombination aus gemeindlicher Disziplinierung und offizieller Diskriminierung folgen. Bis zum Ende des 16. Jahrhunderts und den im Saarraum beginnenden Hexenverfolgungen spitzte sich das kirchliche Vorgehen jedoch zunehmend von der Diskriminierung auf die Kriminalisierung und von der nachsichtigen Disziplinierung auf Bestrafung und Ausgrenzung zu.
Den Beginn einer in allen saarländischen Gemeinden einsetzenden

Kontrolle des volksmagischen Brauchtums markierten offizielle Verordnungen und Anweisungen seitens kirchlicher und weltlicher Herrschaften, die den Ortsgeistlichen und Kirchenbeamten neben der Beobachtung auch den Auftrag zur Korrektur derartiger Mißstände erteilten und damit die Richtung des kirchlichen Eingreifens vorgaben. In allen Herrschaften und bei allen Konfessionen hieß die Devise zunächst, die Gläubigen durch gütliche Mahnungen, Warnungen und Predigten von ihrem Irrtum auf den rechten Weg zurückzubringen. Die nassau-saarbrückische Kanzlei faßte 1577 dieses Anliegen in einem Schreiben an eine bevorstehende Zusammenkunft von Ortspfarrern zusammen und teilte den Geistlichen mit, daß es »nachdem Zauberey, Segen und dergleichen ding, hin und wider eingerissen« allerhöchste Zeit sei, »das das Volck in zutragenden predigten dessen erinert [werden solle] davon abzustehn, Zauberey und dergleichen vertrislich teuffelswerck zu meiden«[30]. Die aus derselben Zeit stammende Kirchenordnung gab Pfarrern und Kirchendienern die Anordnung, sie sollten »die leute warnen und sie eines beßeren underrichten«[31]. Die weltliche Obrigkeit im Herzogtum Pfalz-Zweibrücken gab 1560 mit der neuen Visitationsordnung ebenfalls ihren Geistlichen die Handhabung volksmagischer Bräuche vor: Visitatoren und Geistliche wurden angehalten, den Untertanen ihre »Narheit und Torheit« vor Augen zu führen, sie zu unterrichten und zu belehren, jedoch nicht zu bestrafen.[32] Visitationsberichte über abergläubische Vorfälle in den Gemeinden des Herzogtums enthielten nunmehr Vermerke der Ortsgeistlichen, daß sie »in der gutte« untersagt und das Versprechen zur Abkehr von derartigen Gebräuchen entgegengenommen hätten[33], daß sie »hartt darwider« predigten, die Missetäter verwarnten, belehrten und in langen Gesprächen zu überzeugen suchten.[34] Selbst der vor den Visitatoren des Kuseler Oberamts verhandelte Fall des wegen Segnerei und Zauberei verdächtigten berühmten volksmagischen Spezialisten Johannes Wirt aus Altenglan endete, nachdem dieser behauptet hatte, nur mit Kräutern umzugehen, mit der sehr großzügigen Vereinbarung, er möge »es further weiterbrauchen und sich nit irren lassen, aber das Segen und Zauberei, wo ers bisher nit gehabt, soll er further auch missig gen«[35].
Ebenfalls in den katholischen Gebietsanteilen unter kurtrierischer Landeshoheit, in denen der Erzbischof die Sendner ausdrücklich mit der Beaufsichtigung von Wahrsagerei-, Segnerei- und Zaubereidelikten beauftragt hatte, sollten die Inanspruchnehmer magischer Praktiken und die Ausführenden nach den Sendordnungen denunziert und »gebürlicher weiß angesehen werden«[36]. Katholische Ortsgeistliche versuchten aufgrund von Anweisungen und vorgegebenen Möglichkeiten daher

in den hier weit weniger als in lutherischen und calvinistischen Dörfern auftretenden Aberglaubens- und Magiefällen durch Rügen, Ermahnungen und Belehrungen einzugreifen. Seltener kam es auch zur Erhebung von Geldbußen, deren Einzug durch die Sendordnung von 1599 prinzipiell gestattet war.[37]
Seitens der Landbevölkerung wurde die kirchliche Diskriminierung ihrer volksmagischen Kultur größtenteils abgelehnt, auch wenn der von den Konfessionen zunächst eingeschlagene milde Weg der Belehrung und Verwarnung keinerlei öffentliche Widersetzlichkeiten des Volkes hervorbringen konnte, zum Teil sogar versöhnlich wirkte. Dennoch hatten sich seit den 40er Jahren des 16. Jahrhunderts zweierlei Neuerungen ergeben, die durch die Visitatoren und Ortsgeistlichen, Zensoren, Sendner und Kontrollmaßnahmen auch die Dorfebene erreichten: Zum einen beinhaltete die Neu- und Wiederentdeckung der magisch-abergläubischen Kultur des Volkes den Aufbau eines in den Gemeinden *sichtbaren* Kontroll- und Disziplinierungsapparates und die *offizielle* Diskreditierung vieler volksmagischer Elemente als »Aberglaube«. Zum andern erlaubte der Zugriff der Kirchen durch Send- und Zensurordnungen, Beobachtungs- und Ausgrenzungsmöglichkeiten sowie durch eine breite, volksnahe und individuell spürbare Diskriminierungskampagne, die Praktiken der Volksmagie und des Aberglaubens deutlich und erstmals als Sünde, Relikte des Heidentums oder »papistischen« Irrglauben ins Bewußtsein der Dorfbewohner brachte, ein legitimes, zunächst auf Glaubensbelehrung, Verwarnung, Predigten und soziale Ausgrenzung beschränktes, systematisches Vorgehen der Kirchen. Diese Maßnahmen, die dem doppelten Ziel dienten, volksmagisches Brauchtum oder magisierbare Elemente der Volksfrömmigkeit als Konkurrenz und als Formen des Unglaubens oder der Blasphemie auszuschalten, markierten jedoch nur den Beginn einer weit energischeren Vorgehensweise, die vor und mit Beginn der Hexenverfolgungen im Saarraum deutlich kriminalisierende Züge annahm.

IV.

Das kirchliche Vorgehen gegen magisch-abergläubische ländliche Gebräuche verband neben der Kontrolle und Disziplinierung der Dorfbewohner auch deren Indoktrination mit von den Kirchen vorgegebenen Bedeutungsgehalten und Bewertungen. Es ging einmal um die Ausmerzung magischer Vorstellungen und Praktiken durch gütliche Formen der Belehrung und Ermahnung, zugleich jedoch um eine nachhaltige Richtigstellung und Brandmarkung von verwerflichen, abergläubischen Imaginationen und Handlungsweisen über die Kanzel oder bei Visitationen in Kirche und Pfarrhaus. Bemerkenswert war nun die Feststellung, daß sich sowohl obrigkeitliche Verordnungen, Visitationsartikel, kircheninterne Korrespondenzen als auch Predigten oder private Verwarnungen von Ortsgeistlichen in der Benennung des gesamten volksmagischen Repertoires ausschließlich auf die drei Begriffe der Wahrsagerei, der Segnerei und der Zauberei konzentrierten. Zunächst bedeutete dies eine ausdrückliche Ausblendung etwa der Gelehrtenmagie, der Quacksalberei, des Schutz- und Abwehrzaubers, ebenso aber auch christlich-magischer Gebräuche, von den Hagel-, Johannis- und Pfingstfeiern bis hin zum Gewitterläuten und den Heiligen- und Wallfahrtskulten.

Die zunächst befremdlich erscheinende Beschränkung auf bestimmte Einzelphänomene des volksmagischen Spektrums hatte jedoch mehrere Gründe: Die Kirchen glaubten in Formen der Wahrsagerei, Segnerei und Zauberei die am weitesten verbreiteten magischen Praktiken, die zudem auch die größte »Abgötterei« darstellten, erfaßt zu haben; zum zweiten erlaubte die Ungenauigkeit der Begriffe eine weitgefaßte inhaltliche Auslegung sowohl im gelehrten theologischen Diskurs als auch in der konkreten Verfolgung von Vergehen durch Ortsgeistliche und Kirchenbedienstete. Der für die folgende zeitliche Entwicklung allerdings entscheidendere Grund für die Wahl gerade dieser Begriffskombination in offiziellen Kirchentexten, privaten Korrespondenzen und Unterredungen lag jedoch in der ideologischen Aussage dieser Reihung: Einerseits achteten alle Konfessionen in ihren Visitationspunkten auf eine scharfe Trennung zwischen Formen der Häresie und des Sektierertums und Delikten aus dem magisch-abergläubischen Bereich. Andererseits wurden jetzt Ereignisse und Praktiken der magischen Volkskultur in gleichem Atemzuge mit dem Verbrechen der Zauberei genannt, das in der Zeit vor 1580 noch nicht aus der Perspektive der kirchlichen Hexenlehre definiert, sondern in seiner alten theologischen Bedeutung als ketzerische Teufelsmagie verstanden wurde. Die Gleichsetzung volksmagischer Elemente der Wahrsagerei, Segnerei und Krankheitsmagie mit der Zauberei, der höchsten Majestätsbeleidigung Gottes, implizierte zugleich die höchstmögliche Stufe der Kriminalisierung magisch-abergläubischer Alltagspraktiken. Formen der Krankheitsmagie, des Amulett- und Spiegelzaubers, der Dämonenabwehr oder der Entdeckung von Verborgenem und Zukünftigem waren unter der Prämisse ihrer Gleichbewertung mit der Zauberei nun nicht mehr nur Verirrungen im rechten Glauben oder Verfehlungen einfältiger, ungebildeter Landbewohner, sondern erhielten dadurch den Ruch teuflischer Verführung und eines ihnen zugrunde liegenden Teufelspakts. Selbst christlich-magische Gebete und Segnereien, die nach Einschätzung der Bevölkerung ebenso Ausdruck ihres religiösen wie ihres magischen Verständnisses waren, wurden durch die inhaltliche und formelhafte Nähe zur Zauberei gleich dieser als schadenbringendes Teufelswerk kriminalisiert.

Das neue kirchliche Konzept im Kampf gegen Volksmagie und Aberglauben schloß mit der Konzentration auf die sehr dehnbaren Begriffe von Wahrsagerei und Segnerei und ihrer Koppelung mit dem Begriff der Zauberei gleichzeitig noch zwei weitere Überlegungen mit ein: Kirchliche Behörden konnten davon ausgehen, daß auch nach volkstümlichem Verständnis der Zaubereibegriff eine negative, zumindest aber eine ambivalente Konnotation im Sinne der ihn umfassenden Möglichkeiten ›schwarzer‹ und ›weißer‹ Magie, jedoch ohne Verbindung zum Teufel, beinhaltete, daß also das kirchliche Anliegen einer Kriminalisierung der volksmagischen Kultur auf Dorfebene sehr wohl verstanden würde. Oder umgekehrt: Wenn überhaupt, so konnte eine tatsächliche und auch inhaltliche Kriminalisierung der von der Bevölkerung als positiv bewerteten Volksmagie nur über den Zaubereibegriff und seine auch im Volk negative Besetzung gelingen.
Andererseits – und dies gilt besonders ab der Zeit erster Hexenverfolgungen im Saarraum seit den 80er Jahren des 16. Jahrhunderts – waren alle kirchlichen Vertreter stark darauf bedacht, zwischen der von weltlichen Gerichten geahndeten Hexerei und der unter kirchlichem Strafmonopol stehenden Zauberei zu unterscheiden. Dies hatte zur Folge, daß Zaubereibeschuldigungen von kirchlichen Behörden im Saarraum in keinem Falle in Hexenprozesse mündeten, da sie von Geistlichen weder als Fälle von Hexerei gedeutet noch an weltliche Gerichte weitergeleitet wurden. Der Zaubereibegriff der kirchlichen Verordnungen und Disziplinierungsmaßnahmen beinhaltete damit keineswegs und auch nicht in der Verfolgungsphase einen Appell zur Bekämpfung der Hexerei im Sinne der Hexenlehre, sondern sollte in seiner konkreten Wirkung eine gleichrangige Verteufelung verschiedenster harmloser magischer Praktiken mit der auf teuflischer Macht basierenden Zauberei ausdrücken. Diese inhaltliche Nivellierung, die die Kriminalität allen magischen Brauchtums unterstrich, unterstellte zugleich auch harmlosesten Magiepraktiken die Möglichkeit eines zugrunde liegenden Teufelsbundes.
Formen der Volksmagie und des Aberglaubens fielen in Kirchenvisitationsartikeln nunmehr unter die Rubrik »Zauberei«; Personen, die mit

Segnungen oder Abwehrzaubern umgingen, wurden als Zauberer oder Zauberinnen bezeichnet, ja selbst Heilkundige betrieben, da sie mit angeblich übernatürlichen Kräften operierten, »Teufelswerk«[38]. 1577 hieß es in einem Kanzleischreiben der Grafen von Nassau-Saarbrücken an einen Pfarrkonvent zum Thema Aberglauben, es sei beobachtet worden, daß »etzliche personen den Zaubern umb warsagens willen nachlauffen und ires Ratts pflegen«; 1597 plädierte Jacob Andreae in seinen »Bedenken über die General Artickel Visitationis« für eine Bekehrung des einfältigen Volkes von allen »abgöttischen und aberglaubischen segen, auch andern Superstitionen und Zaubereyen«[39], und auch Petrus Binsfeld behandelte Teufelsbeschwörung und Krankheitszauber unter dem Stichwort »Verzauberung«, »welche weder auß Göttlicher noch naturlicher Krafft oder auß Einsatzung der Kirchen Gottes zu solchen Effecten ordiniert« sei.[40]

Auf Gemeindeebene formierte sich die Strategie der Kriminalisierung magischer Praktiken vor allem über die Begriffe der Zauberei, des Teufelswerkes, des Teufels und des Bösen. Vermittlungsebenen der neuerlichen Bestrebungen waren hier besonders die Visitationsverhöre Beschuldigter und öffentliche Predigten. Als 1558 Bastian, der Bauer von Baumholder, wegen Verdachts der Zauberei vor den Kuseler Kirchenkonvent zitiert wurde, kam es zu folgendem Dialog: Gefragt, mit welchen Mitteln er die Leute, die so zahlreich seine Hilfe in Anspruch nähmen, heile und zufriedenstelle, stellte Bastian richtig: »er habe bucher, darin sein kunst geschrieben, ghe gar mit keiner Zauberei umb, sonder mitt kreutterenn mit denen er den leutten helff. Got solle es ime verbotten, daß er mit dem bosen waß zuschaffen haben solle. Befragt wiederumb, er denn leutten weissage, wo sie waß verloren hetten, sagt er hab weitters nit gesagtt, dann wo sie es ettwann haben hingethan, sonst waß man ime zulege, er mag woll in trunckener weiß einen dermassen uberred haben, daß er nit weiß, will aber davon absteen, khan bei glauben mit keinem weissagen umbgen, vielweniger den teuffel zwingen. ... Darauff hatt man ine lassen abdretten, hat man ime nachvolgende Puncten furgehalten und alsdann abscheiden lassen. Erstlich dieweill man ime nit ins hertz, sonder ins maul seen khann, woll man sich zu ime versehen, er werde, wie er dann zuvor verheissen, mit segen, weissagen oder andern Zaubereien nit mher umbgen, und es schon gethan, solle er darvon absteen, darfur man ine gewarnt haben wollt. ... Zum andern sollte er seinem erbietten wie erstgemelt nachkhommen, und daneben solle ime unverbotten sein, mit kreuttern oder mittell und zulessigen dingen den leutten zu helffen, umbzugehnn und sein handtwerck zutreiben. Allein soll er sich der warsagens, segen und

Zaubereien, dadurch der nham gottes mißbraucht wird, entsagen...«[41]
In Ohmbach im protestantischen Oberamt Lichtenberg stellte der Pfarrer 1572 anläßlich der dortigen Kirchenvisitation eine Liste der Pfarrkinder zusammen, »welche den Teuffelsbeschwerern nachlauffen«, und entlarvte diese angeblichen Diener des Teufels als harmlose Viehsegner, magische Schatzgräber und Krankheitsmagier.[42] Bei einer Kirchenvisitation in Thallichtenberg 1575 brachte die Geistlichkeit schließlich deutlich zum Ausdruck, um was es ihr bei ihren Belehrungsversuchen eigentlich ging: Segnerei, um die es sich vor allem handelte, sei »nit vor ein fantasey der alten weiber zuhalten, sonder alß ein teufflische abgötterei zu fliehen«[43].
Hatten zunächst offizielle Kirchenordnungen, Visitationsartikel der Kirchenbehörden, erzbischöfliche und landesherrliche Verordnungen oder innerkirchliche Korrespondenzen eine Gleichbewertung und demonstrative Gleichsetzung volksmagischer Praktiken mit dem Begriff der Zauberei propagiert, unter dem die alte Kirche alle Formen der Teufels- und Dämonenverehrung zur außer-, über- und unnatürlichen Beeinflussung des von Gott geschaffenen Kosmos zusammenfaßte, so zeigte sich die Übersetzung dieses kirchlichen Anliegens auf Gemeindeebene im gewandelten Umgang, in einer veränderten Begrifflichkeit und einer eindeutig kriminalisierenden Bewertung der volksmagischen Kultur insgesamt. Seit den 60er Jahren des 16. Jahrhunderts rückten daher Ausübung und Beibehaltung magisch-abergläubischer Praktiken und Vorstellungen aus kirchlicher Einschätzung immer stärker vom heidnischen Irrtum Verblendeter zur beabsichtigten Teufelsbündlerei, von der Sünde zur vorsätzlichen Abkehr, ja zur, im kirchlichen Kontext, gegenüber Gott begangenen Straftat. Derartige Verfehlungen sollten fortan nicht mehr wie bislang nur durch Predigten, Belehrungen und gütliche Warnungen richtiggestellt, sondern durch kirchliche Sanktionsmittel geahndet werden. Die deshalb gleichzeitig mit der über den Zaubereibegriff eingeleiteten Kriminalisierung beginnende Einführung von Strafmaßnahmen für Delikte im magisch-abergläubischen Bereich nahm ihren Anfang wiederum in kirchenbehördlichen Anweisungen und Verordnungen.
Hatten in den pfalz-zweibrückischen Gemeinden Ortsgeistliche hie und da bereits ab den 60er und 70er Jahren des 16. Jahrhunderts bei der Verwarnung vor allem rückfälliger Übeltäter mit Kirchenstrafen gedroht, so sollten nach einem herzöglichen Kanzleischreiben von 1602 nicht nur die Geistlichen, sondern auch die herrschaftlichen Amtsleute alle Personen, »welche deß warsagens und segensprechens und ander

dergleichen verbottener kunst sich gebrauchen sollen, mit ernst darumb zu recht setzen und nach befindung ein geburende straf nemmen«[44]. Neben die kirchlichen Strafmaßnahmen, die entweder den zeitlichen Ausschluß vom Abendmahl oder ein Bußgeld umfaßten, gesellten sich im Herzogtum Pfalz-Zweibrücken Bestrafungen durch weltliche Aufsichtsbeamte, zumeist Turm- und Gefängnis- oder Geldstrafen, die allerdings ausschließlich Wiederholungstätern auferlegt wurden.[45] Auch in den Gemeinden der Grafen von Nassau-Saarbrücken folgten der obrigkeitlichen Anweisung zur Belehrung im Glauben und der Bestrafung der Ausübenden verschärfte Strafmaße und Disziplinierungsversuche in Form von Geldbußen, öffentlicher Anprangerung von Personen über die Kanzel sowie Leibes- und Turmstrafen durch weltliche Behörden.[46] Im Erzstift Trier und seinen saarländischen Besitzungen sahen die Sendordnungen der Jahre 1589 und 1599 für die Inanspruchnahme und Ausführung von Praktiken der Wahrsagerei, Segnerei und Zauberei die »Entrichtung der sendtstraffen«, eines Geldbetrages von zwei Goldgulden, vor.[47] Insgesamt blieb es jedoch in den katholischen Gebieten, schon aufgrund einer eingeschränkteren Delikthäufigkeit, bei recht milden Sanktionsmaßnahmen, die sich ausschließlich auf Kirchenstrafen beschränkten.
Ein weiterer Faktor verschärfte vor allem in den lutherischen und reformierten Gebietsteilen des Saarraumes das kirchliche Vorgehen gegen die volksmagische Kultur: Bedingt durch eine allgemeine Kriminalisierungstendenz abergläubischer, irrgläubiger und volksmagischer Einzelvergehen und ebenso begünstigt durch die weite Auslegbarkeit der Begriffe von Wahrsagerei, Segnerei und Zauberei begann bereits in den 70er Jahren des 16. Jahrhunderts eine Ausdehnung der Verfolgung spezieller wie individueller Magie- und Aberglaubensformen auf die kollektiven volksmagischen Gebräuche der Fastnachts-, Pfingst-, Hagel-, Martins- und Johannisfeiern. Die Kirchen waren nun nicht mehr nur am Einzeldelikt eines harmlosen Dorfbewohners, an der Hochstilisierung einer vielleicht nur einmaligen Beanspruchung oder Anwendung eines magischen Rituals interessiert, sondern gleichermaßen an den alljährlich unabdingbar wiederkehrenden, abergläubischen Festen. Eben sie festigten die volksmagische Kultur aller Dorfbewohner und erhielten sie lebendig, boten zugleich aber auch willkommenen Anlaß zur kollektiven Verteufelung ganzer Dörfer.[48]

Am Ende des 16. Jahrhunderts und im gesamten 17. Jahrhundert hatten die Konfessionen ihren Kampf gegen magisch-abergläubische Vorstellungen und Praktiken von der zunächst belehrenden Diskriminierung und verwarnenden Disziplinierung auf eine verurteilende Kriminalisierung und bestrafende Sanktionierung umgestellt. Sichtbare Ausdrucksformen dieses verschärften Vorgehens waren Verhöre vor den Visitatoren und Ortsgeistlichen, Kirchenstrafen, Geldbußen, Inhaftierungen, Entehrungen, Ausgrenzungen aus der Kirchengemeinde und öffentliche Verwarnungen in Predigten; die neuen Maßnahmen umfaßten jetzt Strafandrohungen, Strafen und strenge Verbote individueller wie kollektiver magischer Traditionen.

Die Vorgehensweisen der Konfessionen gegen die volksmagische Kultur blieben im Einzelfall, aber auch von ihrer allgemeinen Wirkung und Rezeption her keineswegs folgenlos, auch wenn die Landbevölkerung des Saarraumes bis ins 18. Jahrhundert eine generelle Kriminalisierung ihrer magisch-abergläubischen Gebräuche ablehnte. Kirchliche Eingriffe, vor allem Verbote kollektiver Magieformen und professioneller Spezialistenmagie lösten Proteste, Beschwerden, ja Gewalttätigkeiten der Pfarrkinder gegenüber ihren Geistlichen aus; so etwa die Androhung der Gemeinden Ennweiler und Niederbexbach, ihren Glockenzehnt nicht mehr zu entrichten, wenn der Pfarrer das Gewitterläuten verbiete, Handgreiflichkeiten von Wolfersweiler Einwohnern, denen ihr Ortsgeistlicher die Hagelfeiern untersagt hatte, oder massive Beschimpfungen des Kirkeler Pfarrers durch seine Gemeinde, weil er den dortigen segnenden Hirten entlassen hatte.[49] Vor allem die Kriminalisierungsversuche der volksmagischen Tradition über den Zaubereibegriff zeitigten insgesamt jedoch noch weit folgenschwerere Auswirkungen.

V. Meinungsäußerungen der Landbevölkerung zu den kirchlichen Versuchen einer Verteufelung ihrer volksmagischen Vorstellungen und Praktiken zeigen ebenso wie die ungebrochene Weiterexistenz des gesamten magischen Repertoires in den Dorfgemeinden, daß die Landbewohner des Saarraumes die Bestrebungen der Konfessionen zurückwiesen, ja daß die volksmagische Kultur als alternatives Denk-, Handlungs- und Interpretationsgeflecht zum Umgang mit der eigenen Lebenswelt und zur Bewältigung alltäglicher Herausforderungen bis ins 18. Jahrhundert ein verteidigter und bewahrter Teil bäuerlicher Volkskultur blieb. Die vorläufige Wirkungslosigkeit der kirchlichen Maßnahmen und die gleichzeitige Resistenz magisch-abergläubischer Traditionen basierten daher auf zweierlei Dissonanzen: Einerseits stießen kirchliche Disziplinierungs- und Kriminalisierungsmaßnahmen wegen ihrer diffamierenden Bezeichnung volkstümlicher Frömmigkeitsbezeugungen als Aberglauben und ihrer undifferenzierten Negativbewertung des gesamten volksmagischen Spektrums auf Verständnislosigkeit und Ablehnung. Dies vor allem deshalb, weil das kollektive magische Werturteil die meisten magischen Praxisformen als notwendig, positiv wirksam und als legitim, da über Jahrhunderte unbeschadet ausgeübt, einstufte. Eine pauschalisierende Verteufelung des zum Teil sogar als lebensnotwendig erachteten Magierepertoires stand damit der traditionellen volkstümlichen Einschätzung und selbstverständlichen Wichtigkeit von Möglichkeiten der magischen Alltagsbewältigung konträr entgegen, erschien also von daher schon nicht akzeptabel. Hinzu trat, daß die Mehrheit der saarländischen Bewohnerschaft weder die Trennung in erlaubte Formen kirchlicher Magie und verbotene Praktiken der Volksmagie noch die Unterscheidung in verbotene magische und erlaubte natürliche Mittel nachvollziehen konnte. Erstere Unterscheidung wurde von katholischen Geistlichen, die selbst als volksmagische Spezialisten außerhalb ihres eigentlichen Amts in den Gemeinden auftraten und keineswegs nur kirchliche Magieformen anwandten, immer wieder untergraben; letztere Trennung existierte in kaum einem magischen Ritual, das zumeist eine Kombination beider Mittel beinhaltete.

Entgegen der kirchlichen Auffassung war sich demnach die Dorfbevölkerung darüber einig, daß der Gebrauch von Magie oder die Inanspruchnahme volksmagischer Spezialisten weder eine abergläubische Sünde noch ein strafrechtliches Delikt im Sinne der zeitgenössischen Kirchen- und Strafrechtsordnungen darstellen konnte. Während Ortsgeistliche in ihren Berichten an Kirchenbehörden entrüstet meldeten, daß Wahrsagerei »heutiges tags von dem rohen volck fast fur keine sunde mehr gehalten wird«[50] und auch die Segnerei oder andere übliche Magieformen ganz selbstverständlich, öffentlich und alternativ zum entsprechenden christlich-religiösen Hilfsangebot ihre Anwendung fänden, argumentierten vernommene Übeltäter zur Rechtfertigung ihres Handelns, sie hätten zunächst erfolglos christliche Mittel in Anspruch genommen und sich erst dann an volksmagische Spezialisten gewandt. Oder eine angewandte magische Praktik habe schon immer geholfen und könne deshalb weder etwas Sündhaftes noch Straffälliges sein. Besonders im Bereich der Segnerei betonten die Ausübenden immer wieder, ihre Rezepturen und Rituale hätten nur mit Gottes Hilfe Erfolg, und »wan es eine hülffe, geschiene es aus Gottes gerechtem gerichte«[51]. Daß viele volksmagische Praktiken keineswegs als Sünde oder Strafdelikt, sondern ganz im Gegenteil als gottgewollte und von ihm unterstützte Hilfeleistungen in alltäglichen Lebenssituationen angesehen wurden, verdeutlichen auch die Bezeichnungen derjengen, die auf dem Gebiet der Magie als ›Profis‹ galten, als Wundermänner, Gnadenmänner, als weise Frauen und Männer, die von Gott mit besonderen Fähigkeiten und Kräften ausgestattet worden seien, um den Menschen zu helfen.[52]

So konnte von der jahrhundertelang tradierten und immer wieder auf die Probe gestellten Überzeugung der Landbevölkerung des Saarraumes, die davon ausging, daß magische und abergläubische Handlungen oder Imaginationen weder Sünde noch Verbrechen, weder Resultate falscher Lebensführung noch falschen Glaubens waren, eine von den Konfessionen betriebene Verbots-, Bestrafungs- und Kriminalisierungstaktik, die sich seit dem ausgehenden 16. Jahrhundert auf alle möglichen Bereiche des volksmagischen Repertoires ausgedehnt hatte, nur auf Unverständnis und Ablehnung stoßen. Aus diesem Mißverhältnis und dem Wunsch des Volkes, seine magisch-abergläubische Kultur trotz der sich verschärfenden Zugriffe und Repressalien der Kirchenbehörden am Leben zu erhalten, gestalteten nunmehr dörfliche Offizialisierungs- und Geheimhaltungsstrategien, Rechtfertigungs- und Verschleierungsversuche gegenüber den Ortsgeistlichen, Visitatoren und gemeindlichen Kirchenbeamten oftmals den Diskurs zwischen Kirche und Dorf.

Ein zweites Faktum war ebenfalls entscheidend für das zumindest bis ins 18. Jahrhundert als gescheitert zu bezeichnende Vorgehen der Konfessionen im Kampf gegen Aberglauben, Abgötterei, Magie und Zauberei: Trotz vielfältiger Anstrengungen und verschiedenster Maßnahmen war es den Glaubensgemeinschaften nicht gelungen, der Bevölkerung plausible Erklärungen für ihre generell ablehnende Haltung gegenüber allen, auch hilfreichen magischen Praktiken zu geben. Statt Ersatzhilfen für den profan-alltagsrelevanten Aspekt vieler volkstümlicher Frömmigkeitsformen und den praktisch-nutzbringenden Gehalt des magischen Hilfsangebots zu liefern, standen die Begründung des sündhaften Verhaltens durch theologische und evangeliare Beweismittel und die Bestrafung der Verfehlung im Glauben durch Kirchenstrafen im Vordergrund kirchlicher Aktivitäten. Während die protestantischen Kirchen den Nützlichkeitsaspekt magisch-abergläubischer Praxisformen und Vorstellungen bei ihren Glaubensunterweisungen gänzlich ausklammerten und es damit versäumten, ihn plausibel zu untergraben oder zu ersetzen, waren der katholischen Kirche letztlich die Hände gebunden: Sie selbst betrieb ein eigenes Magieangebot, ihre Geistlichen waren zuhauf ganz weltliche Dorfmagier, die mit Amuletten, Hubertusschlüsseln, Zauberbriefen und anderen Dingen der profanen Alltagsmagie hantierten.

Keineswegs gescheitert war, im Gegensatz zu den inhaltlichen Zielen der Aberglaubensbekämpfung der Konfessionen, die Rezeption jener Methode des schrittweisen Vorgehens der Kirchen über den Weg der verwarnenden Diskriminierung bis hin zur strafenden Kriminalisierung. Die Disziplinierungskampagne der Kirchen gegen die volksmagische Kultur bewirkte über den Zaubereibegriff keine Abkehr von der als positiv bewerteten Volksmagie insgesamt. Sie schuf jedoch durch die wertende Verbindung von Magie, Aberglauben und Zauberei eine neuartige und jetzt um Handlungsmöglichkeiten erweiterte Sensibilisierung der Bevölkerung für die Unterscheidung in positive, förderliche und negative, schadenbringende Magieformen. Zwar hatte eine derartige Trennung in ›weiße‹ und ›schwarze‹ Magie schon immer existiert und sich im Begriff der Zauberei, die beide Bereiche einschließen konnte, verbunden; dennoch half bislang die positive Bewertung sämtlicher Magieformen, den Wunsch der Landbevölkerung nach einer Ausgrenzung jener als negativ eingestuften Praktiken zu verhindern. Das Kriminalisierungsmuster der Kirchen, das vereinfacht auf die Formel: Volksmagie = Aberglaube = Zauberei = straffällige Teufelsmagie gebracht werden kann, findet sich jedoch ab den 50er Jahren des 16. Jahrhunderts als umfunktioniertes Ausgrenzungsmuster der Gemeinden zur Eliminierung kollektiv unerwünschter Elemente und Personen des eigenen ländlichen Magiebereichs wieder.
Was war geschehen? Das von den Konfessionen angebotene Sanktionsmuster volksmagischer Praktiken hatte zunächst einmal der Landbevölkerung den Negativbestand an eigenen magischen Ritualen wieder vergegenwärtigt, zugleich jedoch durch das strafend-disziplinierende und auf Denunziation beruhende Eingreifen kirchlicher Institutionen eine erste Möglichkeit zur legitimen Ausschaltung unerwünschter volksmagischer Praktiken durch Verrat vorgegeben. Da nun die saarländische Bevölkerung Formen etwa der von der Kirche verfolgten Segnerei und Wahrsagerei keineswegs negativ bewertete und deshalb auch deren Ausübung nicht bestraft sehen wollte, andererseits jedoch mit dem von der Kirche propagierten Zaubereibegriff durchaus auch negative magische Handlungsweisen verband, funktionierte sie das von kirchlicher Seite vorgegebene Konzept zum Ausgrenzungsmuster derjenigen schadenbringenden Magieelemente um, die sich nach ihrem volkstümlichen Zaubereiverständnis mit dem alten Begriff des Schadenzaubers, eines Teilaspekts der Zauberei, verbinden ließen. Im Ge-

ABOMINATION DES SORCIERS

Est il ri.. qui soit plus damnable,
Ny plus digne du feu d'enfer,
Que cette engeance abominable
Des ministres de Lucifer?

Ils tirent de leurs noirs mysteres
L'horreur, la hayne le debat,
Et font de sanglans caracteres
Dans leur execrable Sabat.

C'est la que ces maudites ames
Se vont preparer leur tourment;
Et qu'elles attisent les flammes,
Qui bruslent eternellement.

Abb. 2: Schwarze Magie, anonyme Radierung, 17. Jahrhundert

gensatz jedoch zur kirchlichen Zaubereivorstellung, die eine Verbindung mit dem Teufel voraussetzte, hatte der ländliche Begriff der Zauberei keinen Bezug zu Satan, sondern setzte sich aus traditionellen Elementen des Fluges, der Tierverwandlung, der schwarzen Magie und Giftmischerei, aus mythologischen Überlieferungen und lebensweltlichen Erfahrungswerten zusammen.
Aufgrund der volkstümlichen »eingeborenen« Deutung des Zaubereibegriffs im Sinne dieser weniger dämonologischen als magisch-mythischen Zaubereivorstellung kam es vor allem in den zweibrückischen Gemeinden des Saarraumes bereits 30 Jahre vor Beginn der dortigen Hexenverfolgungen zu Denunziationen, die den Modus der Rezeption kirchlicher Kriminalisierungsmaßnahmen durch die Dorfbewohner erkennen lassen: Folgerichtig zum ländlich-magischen Konnotat der volkstümlichen Zauberei erfolgten hier auf erste visitatorische Fragen zur Existenz von Zauberern, Wahrsagern und Segnern in den Gemeinden keineswegs die von kirchlicher Seite intendierten und erwarteten Preisgaben von Geister-, Dämonen- und Teufelsbeschwörern, Wahrsagern oder Schatzgräbern, die mit Hilfe des Teufels oder eines bösen Geistes operierten, sondern Anschuldigungen, die unter der alten Sammelbezeichnung des Schadenzaubers alle kollektiv unerwünschten oder gefürchteten Elemente und Personen des ländlichen Magiebereichs öffentlich anprangerten. Da Begriff und Bedeutungskomplex der schadenstiftenden Hexerei zu diesem frühen Zeitpunkt in den Dorfgemeinden noch unbekannt waren, konzentrierten sich die Anschuldigungen dementsprechend auf den traditionellen volkstümlichen Bestand der Zauberei, in dem die Hilfe oder Macht des Teufels keine Rolle spielte, der jedoch das umfassendste Feld der Möglichkeiten negativer Magieausübung seit jeher im Begriff des Schadenzaubers subsumiert hatte. Den zu 90% weiblichen Beschuldigten wurden Vergehen des Vieh- und Butterzaubers, der Giftmischerei, der Verwünschung oder Verfluchung und der Tierverwandlung angelastet. Dabei handelte es sich allerdings nicht um Zaubereien, die durch die Macht eines Teufelspaktes oder einer Verbindung zu Dämonen hatten ausgeführt werden können, was dem kirchlichen Zaubereibegriff entsprochen hätte. Vielmehr ging es um im eigentlichen Sinne schwarzmagische Praktiken, die mit diesseitigen magischen oder magisierten Gegenständen und Substanzen oder üblichen Ritualen der Volksmagie bewerkstelligt worden waren.[53] Zum Butterzauber hatte eine ins Butterfaß geschmuggelte giftige Kröte Hilfe geleistet; Krankheitszaubern lagen eindeutige Giftmischereien zugrunde; negative Auswirkungen im Zusammenhang mit Verwünschungen und Verfluchungen gründeten in erster Linie in psy-

chischen Reaktionen und entsprechenden Handlungsunsicherheiten, während die Tierverwandlung eine alte Vorstellung der Volksmythologie war und auch in den angeführten Vorwürfen nicht mit teuflischer Einflußnahme begründet wurde.

Da volkstümliche Bräuche und Praktiken, außer im Falle des mit dem Begriff der Zauberei gekoppelten Schadenzaubers und der schwarzen Magie, als positiv und unabdingbar galten, funktionierten mithin die saarländischen Dorfbewohner die von der Kirche konzipierte Kriminalisierungstaktik zur Unterdrückung und Ausmerzung der magisch-abergläubischen Traditionen zum Ausgrenzungs- und Kriminalisierungsmuster von Ereignissen, Handlungen und Personen um, die aus dörflicher Perspektive abgelehnt, negativ bewertet, verachtet oder gefürchtet wurden. Die ländliche Reaktion auf das in den Kirchenvisitationen auftauchende Stichwort der Zauberei erlaubte über dieses transferierte und modifizierte Muster der Ausgrenzung eine erstmalige, kirchlich legitimierte, dörflich-soziale Ahndung sowie die kirchenrechtliche Bestrafung negativer Ausnahmefälle des volksmagischen Spektrums. Es handelte sich um ein gesellschaftlich-soziales Ausschlußverfahren mit einem gemeindlichen Strafsystem der sozialen Ausgliederung und Disziplinierung, der öffentlichen Beschimpfung und schließlich der Denunziation vor der Ortsgeistlichkeit, die als Strafinstanz fungierte.

Ein typisches Beispiel liefert folgender Fall aus dem Jahre 1567: In jenem Jahr geriet Bilschen Debolds Frau aus Muschbach im Amt Zweibrücken, weil sie der Zauberei bezichtigt worden war, vor die Kirchenvisitation. Es geschah keineswegs zum erstenmal, daß die Frau wegen derartiger Verdächtigungen denunziert wurde. Bereits 14 Jahre zuvor hatte der Schultheiß von Brenschelbach sie aufgrund zahlreicher Anhaltspunkte und Vorfälle vor das Zweibrücker Hochgericht gebracht, wo sie allerdings freigesprochen worden war. Nach dieser Episode hatte Debolds Frau nun aber auf mehrerlei Weise in ihrem Heimatdorf ihren Ruf als Zauberin bekräftigt: Des Schultheißen einäugiger Frau prophezeite sie gleich nach ihrer Entlassung aus der Haft, daß sie auch auf dem anderen Auge erblinden würde, was wenig später tatsächlich geschah. Und obwohl der Schultheiß vier Ärzte konsultierte, »haben [sie] ir nit helfen könden, dann sie sagen, die augen seyen ir außgeblasen«. Auch mit Fabians Frau, einer anderen Dorfbewohnerin, war die Angeschuldigte in Streit geraten, weil diese ihr vorgeworfen hatte, sie könne Kälber und Rinder vergiften und sei deshalb also doch eine Zauberin. Obwohl beide Frauen sich wieder versöhnten, scheint gerade diese öffentliche Zaubereibeschimpfung mit persönlichen Konsequen-

zen für die Bezichtigte verbunden gewesen zu sein: Seit jenem Ereignis wurde sie von den »Kinder[n] auf der gassen« als Zauberin beschimpft, andere segneten sich, wenn sie sie im Dorf trafen, und insgesamt war man sich in Muschbach und den umliegenden Gemeinden nun vollends darüber einig, daß Debolds Frau »den leuthen schaden zuthun troet, item den leuthen uneins seye, iren Man und ander leuth schlage« und die Frau des Schultheißen tatsächlich verflucht habe. Hinzu kam, daß sie sich vor kurzer Zeit erst mit dem Muschbacher Ortsgeistlichen wegen der Birnen in ihrer beider angrenzenden Gärten angelegt, den Pfarrer einen »schelmischen Pfaffen gescholten«, ihm ins Gesicht gespien und gedroht hatte, »sie wölle ime ein spiel machen«.
Alle drei Geschädigten, die Frau des Schultheißen, Fabians Frau und Herr Rocher, der Pfarrer von Muschbach, fanden sich nun 1567 vor den Kirchenvisitatoren zur Aussage bereit. Zu diesem frühen Zeitpunkt endete das Verfahren noch damit, daß die Beschuldigte verwarnt wurde, »von obgemelten lastern, bezichtigungen und treuungen abzusteen und wo furter mehr clag komen wurdt, soll sie fur gewiß ungestrafft nit bleiben«[54]. Trotz des amtlichen Freispruchs vor dem Zweibrücker Hochgericht im Jahre 1553 war Bilschen Debolds Frau in ihrer Heimatgemeinde weiterhin eine Zauberin geblieben, der man mit Vorsicht und Abwehrmaßnahmen begegnete, die man beschimpfte und verspottete, die man zwar fürchtete, sie aber letztlich doch nicht nur sozial, sondern auch auf dem legalen Weg der Denunziation auszugrenzen suchte.
Der seit den 50er Jahren des 16. Jahrhunderts in den Dorfgemeinschaften eingeübte und praktizierte Ausgrenzungs- und Kriminalisierungsmechanismus im Bereich magischer Vorstellungs- und Handlungsweisen, der sich zudem die von kirchlicher Seite bereitgestellten, institutionalisierten Denunziations- und Sanktionsmöglichkeiten zunutze machte, hatte aus volkstümlicher Perspektive einen kognitiven und praktischen Weg zum Ausschluß negativer Magieelemente aufgezeigt. Er hatte damit zugleich und letztendlich für die breite Akzeptanz und aktive Initiierung von Hexenverfolgungen in den Dorfgemeinden gute Vorarbeit geleistet.

Drei Jahrzehnte nachdem die Kirchen die Relevanz der volksmagisch-abergläubischen Kultur entdeckt hatten und noch während der weiteren Verfolgung magischer Praktiken durch Kirchenbehörden sowie der Denunziation negativer Magieelemente durch die Bevölkerung war die Infiltration der kirchlichen Hexenlehre in die volksmagische Vorstellungswelt der saarländischen Gemeinden bereits in vollem Gange.[55]

Die kirchliche Hexenlehre, die auf einen volksmagischen Hintergrund traf, der eine Unterscheidung in positive und negative Magieformen seit einigen Jahrzehnten um so bewußter kannte und dazu Mechanismen und Möglichkeiten der Ausgrenzung letzterer eingeübt hatte, wurde im ländlichen Milieu keineswegs unreflektiert und widerspruchslos rezipiert. Vielmehr verbanden sich hier traditionelle Magie- und Zaubereivorstellungen, Elemente des Schadenzaubers, der schwarzen Magie und mythologische Imaginationen mit Ideen der dogmatischen Hexenlehre zu einem speziell ländlichen Hexenglauben. Dieser volkstümliche Hexenglaube beinhaltete als imaginäres Modell eine entsprechend den Alltagserfahrungen der bäuerlichen Gesellschaft veränderte und ergänzte Hexenvorstellung, die weit weniger von teuflischen Einflußnahmen, Satansverehrungen oder obszönen Zusammentreffen der Hexensekte gespeist wurde, als dies die kirchliche Hexenlehre vorgab. Als Deutungs- und Handlungsmuster stellte das ländliche Hexenbild jedoch zugleich auch ein Orientierungsschema zur Feststellung und Überführung von Dorfhexen und Dorfzauberern nach kollektiv vorgegebenen Kriterien und Kontexten zur Verfügung.

Hexerei umfaßte aufgrund des Verschmelzungsprozesses von alten mit neuen Mustern und aufgrund der Ausklammerung fremdartiger, beziehungsweise der Umdeutung von Elementen der Hexenlehre auf die Lebens- und Erfahrungsebene der Dorfbewohner, nichts anderes als die Ausübung schädigender, negativ bewerteter, gefürchteter und deshalb vom allgemein akzeptierten Magierepertoire ausgeschlossener magischer Praktiken. Sie vereinigte, unter Verzicht auf viele dem volkstümlichen Denken fremde dämonologische Vorstellungen und sadistische Phantasien, alle Elemente der alten Zaubereivorstellung, die ebenfalls Eingang in die kirchliche Hexenlehre gefunden hatten, und war daher als eine besondere Variante des Schadenzaubers bereits nach dem von kirchlicher Seite übernommenen und auf Dorfebene eingeübten Kriminalisierungsmodell unerwünschter schwarzmagischer Praktiken negativ besetzt. Gerade wegen der volkstümlichen Übertragung alter Magie- und Zaubereielemente auf den neuen Begriff der Hexerei brachte die Rezeption der Hexenlehre in den Dorfgemeinden eine nunmehr zweite Sensibilisierung für negative Magieformen und eine zweite Intensivierung des Wunsches nach Ausgrenzung derartiger unliebsamer Praktiken. Aufgrund der im ländlichen Bereich ausbleibenden Dämonologisierung der alten Vorstellungskomplexe von Magie und Zauberei und umgekehrt auch aufgrund der Marginalisierung vieler Kernelemente der neuen Hexenlehre setzte sich der ländliche Hexenglaube in

Abb. 3: Hexenspuk, Ölgemälde von David Teniers d.J., um 1650

erster Linie aus jenen negativen Magieelementen zusammen, die bereits Jahrzehnte zuvor unter den volkstümlichen Begriffen von Zauberei und Schadenzauber gemeindlich denunziert worden waren, denen man jedoch keinen Teufelspakt unterstellt hatte.
Derartige schädigende negative Praktiken der Volksmagie oder der Zauberei, deren soziale und kirchliche Ahndung seit der Mitte des 16. Jahrhunderts als übliche Methode des Umgangs mit ihnen akzeptiert und unterstützt wurde, konnten seit den 80er Jahren des 16. Jahrhunderts nun aber zusätzlich sogar auf schadenstiftende Hexerei zurückgeführt werden. Das Delikt der Hexerei wiederum garantierte als Doppelverbrechen das größtmögliche Maß an Ausgrenzung durch die zugleich höchste Stufe der Kriminalisierung: Abfall von Gott verlangte die Todesstrafe, so lautete die kirchliche und obrigkeitliche Devise. Schadenzauber, der Tod und Unglück über die Menschen brachte, sollte mit dem Tode bestraft werden, so war die Meinung des Volkes zur Hexerei. Man war sich, trotz unterschiedlicher Bewertungen, also einig.

Die von der Kirche eingeführten Maßnahmen zur Ausmerzung der gesamten volksmagisch-abergläubischen Kultur, die aus volkstümlicher

Perspektive eine innerdörfliche Kriminalisierungsmöglichkeit eigener negativer Magieelemente und ihre außergemeindliche, kirchliche Bestrafung aufgezeigt hatten, ließen sich nach dem Einsickern des doktrinären Hexenmusters in den Gemeinden demnach ebensogut für die Verfolgung der Hexerei einsetzen. Gerade weil sich der Hexenglaube der Landbevölkerung nicht an den neuen dämonologischen Inhalten der kirchlichen Hexenlehre, sondern weiterhin hauptsächlich an den bereits 30 Jahre zuvor ausgegrenzten volkstümlichen Magieelementen orientierte, beinhalteten die im Saarraum intensiv auf Dorfebene einsetzenden und vorangetriebenen Hexenverfolgungen zwischen 1580 und 1634 sowohl vom Mechanismus der Verfolgung – Denunziation und Preisgabe an eine Strafinstanz – als auch von der Bedeutungsebene des zu Verfolgenden her – in erster Linie Schadenzauber, bei dessen Durchführung der Teufel eine nur marginale Rolle spielte – nichts anderes als die logische Fortsetzung des schon zuvor und unter anderen Prämissen eingeübten kriminalisierend-ausgrenzenden Umgangs mit unerwünschten, gefürchteten oder gefährlichen Magieelementen.
Der nahtlose Verschmelzungsprozeß, der aus dem Aufeinandertreffen des älteren Sanktionsmusters der Gemeinden für Formen der schädigenden Magie und dem von weltlicher und geistlicher Obrigkeit bereitgestellten und legitimierten neuen Kriminalisierungs- und Strafverfahren des Hexereidelikts resultierte, ermöglichte in den Gemeinden des Saarraumes aber nicht nur eine wohlwollende Akzeptanz von Hexenverfolgungen. Zusammen mit der starken inhaltlichen Übereinstimmung dessen, was Jahrzehnte zuvor von Dörflern als Zauberei bei den Kirchenbehörden denunziert worden war, und dem, was jetzt vom selben Personenkreis als Hexereidelikt vor weltliche Hochgerichte gebracht werden konnte, war es gerade auch dieses plausible Aufeinandertreffen und Aufeinanderpassen von Verfolgungs- (bzw. Ausgrenzungs-)maßnahmen und -gegenständen, welches eine von den Gemeinden des Saarraumes und ihren Hexenausschüssen ausgehende bäuerliche Hexeninquisition beförderte und diese hier weit intensiver als in anderen deutschen Territorien aufbrechen ließ.[56]
War daher einerseits eine kirchlich-gemeindliche Zusammenarbeit zur Ausschaltung aller, auch der positiv bewerteten, magischen und abergläubischen Traditionen gescheitert, so bahnte sich seit den 80er Jahren des 16. Jahrhunderts auf der Basis eines vom Volk selbst gestalteten volkstümlichen Hexenglaubens und der Inanspruchnahme strafrechtlicher Möglichkeiten der Sanktionierung eine gemeinsame staatlich-gemeindliche Verfolgung des weltlichen Kriminaldelikts der Hexerei an, die vielerorts nur per Gesetz beendet werden konnte.

VI. Die Kirchen im Saarraum erkannten bereits seit der Mitte des 17. Jahrhunderts das Scheitern ihrer Verfahrensweisen mit magisch-abergläubischen Delikten, ablesbar sowohl an einer fehlenden Zusammenarbeit zwischen Ortsgeistlichen und Sendnern oder Zensoren, die nur selten zur Denunziation vor allem der in den Gemeinden als positiv beurteilten Magieformen bereit waren; bemerkbar auch an der Widersetzlichkeit vieler Dörfer, die man zur Aufgabe christlicher Frömmigkeitspraktiken und kollektiver Magieformen zwingen wollte, und schließlich ebenso erkennbar an dörflichen, kollektiv vereinbarten Handlungs- und Verbalisierungsstrategien, die den Ortsgeistlichen nur soviel an Information zukommen ließen, daß es dem Erhalt des volksmagischen Repertoires nicht schadete. Kirchliche Vertreter sahen sich Ende des 17. Jahrhunderts einem im Vergleich zum beginnenden 16. Jahrhundert unveränderten Spektrum magischer Praktiken gegenüber, das durch den Hexenglauben sogar seinen Formenbestand eher noch erweitert hatte. Abergläubische Rituale existierten in katholischen und in nichtkatholischen Gemeinden gleichermaßen selbstverständlich, ja selbst weltliche wie geistliche Würdenträger profitierten, wie bereits zuvor, immer noch von der Kenntnis volksmagischer Spezialisten und der Wirksamkeit magischer Kräfte.

Resultat des Fehlschlagens der zunächst durchaus milden Nachsichtigkeit sowie des späteren harten Durchgreifens der Kirchen war es nun aber nicht, daß diese etwa die im Volk entstandene Hexenangst zur weiteren Kriminalisierung der volksmagischen Kultur, jetzt über den zum Zaubereibegriff im Volksmund und oftmals selbst in theologischen und juristischen Traktaten synonym gebrauchten Hexereibegriff, nutzten. Ebensowenig schlossen sich kirchliche Würdenträger auf Gemeindeebene, statt der aussichtslosen Verfolgung magischer Delikte, nun der erfolgversprechenden Hexenjagd der gemeindlichen Ausschüsse an. Vielmehr beharrten alle Konfessionen während der Periode der Hexenverfolgungen im Saarraum auf einer Unterscheidung in die Sünde der Zauberei, deren Überwachung und Ahndung in den kirchlichen Zuständigkeitsbereich fiel, und das Verbrechen der Hexerei, dessen strafrechtliche Verhandlung weltlichen Gerichten oblag. Der vor allem vor dem zeitlichen Hintergrund der Hexenprozesse bewußte Verzicht der Kirchen auf eine weitere Steigerung der Kriminalisierung von Praktiken der Volksmagie zu Elementen der Hexerei wird allerdings nicht verständlich ohne den daraus für kirchliche Institutionen gleichzeitig resultierenden Machtverlust als Bestrafungs- und Disziplinierungsinstanzen, der sich zwangsläufig durch die Umwertung und Aburteilung magischer und abergläubischer Vergehen als nunmehr von weltlichen Gerichten zu bestrafende Hexereidelikte ergeben hätte.

So standen alle Konfessionen, nachdem sie sich im Zuge der Hexenprozeßwellen für einen weiteren Alleingang der Verfolgung magisch-abergläubischer Praktiken entschieden hatten, seit der Mitte des 17. Jahrhunderts vor alten und neuen Problemen: Zum einen war durch den strengeren Zugriff auf die volksmagische Kultur keine Eindämmung des traditionellen Brauchtums erreicht worden; andererseits hatte gerade das über den Zaubereibegriff wirksame kirchliche Kriminalisierungsmuster mit dem Bedeutungsverlust der Zauberei und dem Verschwinden der Hexerei seine, wenn auch ohnehin begrenzte, Wirkung eingebüßt. Es galt demnach, und entsprechend der unveränderten Aktualität magisch-abergläubischer Traditionen, mit neuartigen Maßnahmen die schon seit einem Jahrhundert angestrebte Veränderung zu erzielen.
Trotz der jahrzehntelangen Durchführung eines kombinierten Buß-, Straf-, Schuldzuweisungs- und Verbotskanons war der Mißerfolg des Kampfes gegen die volksmagische Kultur in aller Deutlichkeit an der dörflichen Magiepraxis ablesbar: In 28 Orten des Saarraumes existierten zwischen 1674 und 1740 nachweislich noch die Hagelfeiern, in zehn Orten war nach 1700 das Hubertusschlüsselbrennen ausgeübt worden, und allein 16 Orte der lutherischen Grafschaft Nassau-Saarbrücken kannten noch zu Beginn des 18. Jahrhunderts den Pfingstquackbrauch.[57] Nur in den lutherischen und calvinistischen Gemeinden Nassau-Saarbrückens und Pfalz-Zweibrückens lud man zwischen 1680 und 1745 35 volksmagische Spezialisten vor die Kirchenbehörden, während im selben Zeitraum 43 Fälle von verübter Volksmagie von Ortsgeistlichen in Visitationen gemeldet wurden.[58] Die Zahl der volksmagischen Praktiken, die insgesamt während dieses Zeitraums in Visitationsprotokollen aktenkundig wurden, hatte sich – sieht man von den Hexenabwehr- und -identifikationszaubern ab, die nach 1650 keine Rolle mehr spielten – kaum verringert: Zwischen 1550 und 1650 waren es insgesamt 56, zwischen 1650 und 1750 dann noch 47 Delikte.[59] Wenngleich sich ab der Mitte des 17. Jahrhunderts durchaus Verschiebungen innerhalb des volksmagischen Repertoires aufzeigen lassen – der Bereich des Heilzaubers außerhalb der Segnerei ging in der Sympathiemagie auf; Hexenabwehr- und -identifikationszauber entfielen; Amulette und Symbole wurden größtenteils durch schriftliche Zaubersprüche ersetzt; Magieformen, die der Beschaffung, Wiedergewinnung oder Auffindung materieller Güter dienten, hatten Hochkonjunktur –,

so konnte die volksmagische Kultur insgesamt ihre Integrität über die Periode der Hexenprozesse und die Zeit der kirchlichen Kriminalisierung und Disziplinierung hinaus zunächst bis in die 20er Jahre des 18. Jahrhunderts bewahren.
Andererseits vollzog sich während des 18. Jahrhunderts ein einschneidender Wandel in der generellen Einstellung der Landbevölkerung zur magisch-abergläubischen Tradition, der längerfristig den Stellenwert sowie das Bedeutungs- und Funktionsgeflecht volksmagischer Praktiken und Vorstellungen veränderte. Dieser Wandel wurde nicht zuletzt eingeleitet und forciert durch eine geänderte Haltung der Konfessionen in Richtung des neuen aufklärerisch-›vernünftigen‹ Denkens der europäischen geistigen Eliten und ebenso durch die Wiederbelebung der früheren Taktik einfühlsamer Belehrung.
Seit dem Beginn des 18. Jahrhunderts sollten Ortsgeistliche aller Konfessionen im Saarraum bei auftretenden Fällen von Aberglauben oder Magieanwendung mit einem Konzept aus Aufklärung und Belehrung, sozialer Disziplinierung und erzieherischer Lächerlichmachung operieren, das der früheren Kriminalisierung und Bestrafung die ›natürliche‹ Erklärung und profane Aufdeckung vieler magisch gedeuteter Zusammenhänge vorzog. Anweisungen der entsprechenden geistlichen und weltlichen Oberbehörden muten demnach zunächst wie jene der ersten Verfolgungs- und Diskriminierungsphase volksmagischer Praktiken im 16. Jahrhundert an: 1671 wies das Meisenheimer Oberkonsistorium die Ortsgeistlichen an, »den leuthen zu gelegener Zeit uff der Canzel mit guter manier zu gemuth zuführen, wie solches ein aberglaubisch werckh...«[60]; ein Jahr später, 1672, verordnete Pfalzgraf Friedrich Ludwig den zweibrückischen Ortsgeistlichen, daß die Übeltäter »...in der censur vom Pfarrer ihres Verbrechens erinnert« und mit einer Almosenspende belegt werden sollten.[61] Und auch das Zweibrücker Konsistorium bemerkte 1737 zu einem Fall in Anspruch genommener Wahrsagerei, daß man die Ratsuchenden »zur offentlichen Kirchenbusse anhalten lassen sollte, finde gar nicht vor rathsam, sondern viel besser, daß manchmal in predigten gegen dergleichen... gezeuget werde«[62]. Entsprechend konstatierten von nun an die Gemeindegeistlichen ihr eifriges Bemühen, den Dorfbewohnern durch Erklärungen, Predigten, Unterrichtung im Glauben und ernstliche Warnungen »den ungrund und die Sundlichkeit dieses aberglaubens grundlich vor[zu]stellen«[63]. In seltenen Fällen hieß es sogar, ein bestimmter magischer Brauch existiere in den vom Pfarrer betreuten Gemeinden gar nicht mehr, eine Beurteilung, die ebensogut auf das häufige Schweigen der Zensoren oder Sendner zurückgeführt werden kann.

Der gewandelten Haltung der Kirchenbehörden, die im Umgang der Ortsgeistlichen mit Übeltätern ihren Fortgang fand, lagen zwei geänderte kirchliche Sichtweisen magisch-abergläubischer Betätigungen zugrunde: Da im 18. Jahrhundert der Teufel nicht mehr, wie noch bis zur Mitte des 17. und besonders in der Periode der Hexenverfolgungen, als satanischer Gegenspieler mit einer umfassenden Macht über die Menschheit, sondern weit eher als Werkzeug Gottes begriffen wurde, führte man die Beibehaltung und Anwendung magischer und abergläubischer Gebräuche nun kaum mehr auf teuflische Verführung oder Verblendung, sondern auf Unwissenheit in Glaubensfragen, mangelnde Unterrichtung und Einfältigkeit der Landbevölkerung zurück. Gleichzeitig begannen innerhalb vor allem der calvinistischen Kirche Bestrebungen, die zur allgemeinen Abschaffung der Kirchenbußen Mitte des 18. Jahrhunderts in allen Konfessionen führten und damit eine strafende Disziplinierung auch von Aberglaubens- und Magiefällen unmöglich machten. 1757 begründete die herzögliche Order die Einstellung von Kirchenstrafen für das Herzogtum Pfalz-Zweibrücken mit der sicherlich zutreffenden Feststellung, daß dem »gemeinen volck« nicht die »überzeugung beygebracht werden kan, [daß] sothane kirchenbuße vor eine Wohltat anzunehmen seye, welches vielmehr dieselbe als einen Zwang, Straffe und Beschimpfung ansiehet...«[64] Diese Einsicht traf sich im magisch-abergläubischen Bereich mit den Werturteilen des Volkes über seine eigenen magischen Praktiken, die weder als Sünden noch als moralische oder straffällige Vergehen eingestuft wurden und deren kirchliche Ahndung dementsprechend als zumeist ungerechtfertigt und beleidigend erscheinen mußte.
Die auf Erfahrungen und Einsichten basierende geänderte Vorgehensweise der Konfessionen gegen Volksmagie und Aberglauben konzentrierte sich jetzt einerseits auf Unterrichtung im Glauben und Überzeugung von der Sündhaftigkeit magischen Denkens und Handelns, legte ihren anderen Schwerpunkt zusätzlich aber auf die aufklärerische Widerlegung magischer Praktiken durch ›natürliche‹ Erklärungen und ihre erzieherische Lächerlichmachung durch eine entsprechende Unterrichtung der Jugend.
Hatten die Kircheninspektoren auch schon im 16. und 17. Jahrhundert bei der Untersuchung magischer Vorfälle in Formen, die mit Zaubermitteln, und andere, die mit »Naturalia« operierten, unterschieden, wobei sie ersteres strikt verboten, während sie die weitere Anwendung natürlicher Mittel begrüßten, so ging es jetzt darum, entweder magische Wirkungen als ›natürliche‹ und nicht übernatürliche Phänomene zu entlarven oder für magische Praktiken ›natürliche‹ Ersatzmittel zu

offerieren. Pfarrer ließen sich zusammen mit Vertretern der Kirchenbehörde entdeckte magische Praktiken vorführen oder darüber detailliert berichten und erklärten die einzelnen Schritte des magischen Rituals vor den anwesenden Übeltätern mit den ihnen zur Verfügung stehenden naturwissenschaftlichen oder rein technischen Kenntnissen.[65] Bei volksmagischen Krankheitszaubern wurde auf medizinische oder pflanzliche Hilfsmittel und die Inanspruchnahme der jetzt in größerer Zahl zur Verfügung stehenden Ärzte hingewiesen. Fälle von Krankenheilungen, profanen Teufelsaustreibungen durch Laien oder wirksamer Sympathiemagie wurden rundweg als unmöglich abgelehnt, mit der Begründung, »wenn solches durch eine übernatürliche Crafft geschieht, so ist es nothwendigerweiß ein Wunderwerk«[66], was allerdings die jeweils praktizierenden magischen Spezialisten keinesfalls zuwege bringen könnten. Daß nachdrückliche Verweise auf ›natürliche‹ Ersatzmittel sowie Unterscheidungen in Magie und »Naturalia« ihre Früchte auch in der Argumentation der Beschuldigten zeigen konnten, mag folgender Fall belegen: 1694 stand Jean Jaac Wörnburg, ein in der Schweiz gebürtiger Zimmermann, wegen professioneller Wahrsagerei vor dem Odenbacher Konvent. Befragt nach seinen Wahrsagekünsten, gab er an, »er drähe ein Sieb, das verborgene dadurch zu offenbahren, so aber weder abergläub, wahrsagerey oder Zauberey seye, sondern naturalia, solches zu weißen Euer gnädigsten Herrschaft selbsten getraue...«[67] Hier versuchte umgekehrt ein überführter Volksmagier mit der Preisgabe seiner Magietechnik die diesseitige Herkunft seiner magischen Kräfte zu beweisen, eben dieselbe Argumentation also zu seiner Rechtfertigung anzuführen, die kirchliche Behörden zur Entmystifizierung volksmagischer Praktiken immer wieder vorbrachten.

Die Kirche, vor allem die protestantische, gab jedoch nicht nur profane Erklärungen oder verwies im Einzelfall auf diesseitige Ersatzhilfen, sondern proklamierte, außerhalb der Bezugnahme auf Glaubensinhalte, auch neue Wege der Lebensgestaltung, die die Inanspruchnahme magischer Mittel überflüssig machten. Wer viel arbeite, so hieß es, brauche keinen Butterzauber zur Vermehrung seiner Buttervorräte, sondern erhalte dies durch seinen Fleiß und Gottes Hilfe von selbst. 1743 argumentierte der Ortsgeistliche von Winterbach in einem Fall praktizierter Geisterbeschwörung zum Erhalt von Geld gegenüber den Beschuldigten folgendermaßen: »... es seye eine seelen gefährliche sache solchergestalten vom teuffel geld, gesundheit oder sonsten etwas zu bekommen; Gott habe uns verordnet, andächtig zu betten, fleißig zu arbeiten, Gott vor Augen zu haben und sein anliegen auf Gott zu werffen; wer dieses recht thue, bekäme gewiß sein auskommen, und gesetzt es thäts einem fehlen, so seye es nicht erlaubt zu gottlosen Mitteln, teuffels beschwörungen, diebstahl und dergleichen zu greiffen, sondern man müsse alsdann sein stücklein brod bey gutthertzigen Leuthen suchen...« Zugleich bezeichnete der Pfarrer die Übeltäter gegenüber dem Oberkonsistorium als »arme unwissende leuthe«, die aus »unvermögen«, »erstaunlicher unwissenheit, verblendung und verstrickung« gehandelt hätten, und gab als einzig wirksame Methode zur weiteren Verhütung derartiger Abgötterei an, »mittel ausfindig zu machen, der unwissenheit vorzubeugen«.[68]

Mit ebendiesem Postulat der gründlichen und fundamentalen Bekämpfung der Unwissenheit im Volk setzten die Konfessionen schließlich ab den 70er Jahren des 18. Jahrhunderts ihre Bestrebungen zur Ausrottung von Volksmagie und Aberglauben fort. Die auch auf dem Land einsetzende Alphabetisierung der Bevölkerung lieferte hierfür zwei Ausgangsmöglichkeiten: Zum einen war mit ihr eine stetig anwachsende Rezeption volksmagischen Schrifttums verbunden, der es Einhalt zu gebieten galt; zum anderen eröffneten die Landschulen neue Chancen der Einflußnahme auf die Dorfjugend und damit zugleich auch der Etablierung einer, wenngleich noch nicht entmystifizierten, so aber doch weniger stark magisch geprägten Weltsicht der folgenden Generationen.

Seit den 70er Jahren des 18. Jahrhunderts ging vor allem die katholische Kirche des Erzstifts Trier daran, alle als abergläubisch eingestufte Literatur auf den Index zu setzen. Wiederum durch Visitationsberichte war den Oberbehörden zu Ohren gekommen, daß sich in der Bevölkerung besonders christlich-magisches und volksmagisches Schrifttum großer Beliebtheit erfreue und viele Haushalte derartige Bücher besäßen. Auf Anordnung des erzbischöflichen Generalvikariats Trier wurden 1775 der kommerzielle Vertrieb des sogenannten »Christus Schild«, einer sehr verbreiteten Sammlung von Segen, Gebeten, Schutz- und Bannsprüchen, und 1778 der Druck der »Weissagungen des Emmanuel« im gesamten Obererzstift verboten.[69] 1791 gerieten weitere Bücher über Geister und Planeten unter die Bücherzensur.[70] Auf der anderen Seite gab man vor allem den Ortsgeistlichen jetzt Aufklärungsliteratur, etwa »Beckers Noth- und Hilfsbüchlein« oder eine Schrift mit dem Titel »Vom aberglauben«, zur Unterrichtung und Belehrung der Gläubigen und der Dorfjugend an die Hand.

Gleichzeitig mit den Hinweisen auf hilfreiche, pädagogische Schriften erging an die Ortsgeistlichen aller Konfessionen im Saarraum der Auftrag, ihre Einflußmöglichkeiten auf die jüngere Generation durch den Schul- und Religionsunterricht zu nutzen. Die Dorfpfarrer erhielten

die Anweisung, »in der Schule gegen diese üblen begriffe die Schuljugend zu warnen, damit wenigstens die aufwachsende Jugend vor diesem Uebel behütet werde«[71], zugleich verbunden mit der Auflage, auch den Schullehrer in die Aufklärungskampagne miteinzubeziehen. Ortsgeistliche aller Konfessionen versuchten nun seit dem ausgehenden 18. und das ganze 19. Jahrhundert hindurch mit Unterstützung der Dorfschullehrer die noch vorherrschende volksmagische Tradition »durch fortgesetzten Unterricht zu ersticken« und »diese unrichtigen ansichten der Jugend lächerlich« zu machen.[72] Dies war ein Weg, der zusammen mit der außerhalb der Schule stattfindenden Unterrichtung der Bevölkerung in Glaubensfragen, der öffentlichen Entlarvung magischer Praktiken als Spielereien und Tricks sowie der Angabe alternativer ›natürlicher‹ Hilfsangebote letzten Endes zum Erfolg führte.
Der Versuch der Kirchen, über den Schulunterricht erstmals auf einer breiten und erfolgversprechenden Basis das magisch-abergläubische Weltbild der Dorfjugend zu untergraben, traf zusammen mit allgemeinen Veränderungen im ländlichen Bereich, die auch der Eltern- und Großelterngeneration nicht verborgen bleiben konnten. Aufgrund der agrarisch-technischen Umorientierung der Landarbeit veränderte sich die Einstellung zur Natur und ihren Kräften, die man in früheren Jahren noch mit Praktiken der Magie zu beschwichtigen oder abzuwehren gesucht hatte; der Ausbau von Technik, Medizinalwesen und Innovationen im landwirtschaftlichen Bereich eröffnete der Bevölkerung erstmals verfügbare und in Anspruch nehmbare Alternativen zu volksmagischen Praktiken, die zwar erst langsam, dann aber immer stärker als solche wahrgenommen wurden. In dieser Periode des Aufbrechens der traditionalen ländlichen Gesellschaft im gesellschaftlich-sozialen, im wirtschaftlichen und mentalen Bereich und des Kennenlernens veränderter und neuer Maßnahmen oder Möglichkeiten zur Lebensverbesserung und -bewältigung, erhielten deshalb die Versuche der Konfessionen, erstmals auch unter dem Nützlichkeitsaspekt gegen volksmagische Praktiken zu argumentieren, eine allgemein überprüfbare Plausibilität.
Im aufgeklärten, auf Rationalität und Zweckmäßigkeit ausgerichteten 19. Jahrhundert hatte die Magie schließlich mit der Etablierung neuer konkurrierender Vorstellungen und Handlungsmöglichkeiten beim Volk an Glaubwürdigkeit und Tragweite verloren und war zu einer teils belächelten, teils geheimgehaltenen Subkultur geworden.

Renate Blickle

Rebellion oder natürliche Defension

Der Aufstand der Bauern in Bayern 1633/34 im Horizont von gemeinem Recht und christlichem Naturrecht

> »Wiewol die gemeinen geschriebenen Recht, auch der Länder vnd Stätt Ordnung vnd Gebrauch, je zu zeiten nach gelegenheit der Orth, auch gestalt der Sachen vnd Lauff, geändert vnd verwandelt werden, Bleiben doch die Natürlichen durchaußgehenden Recht der Menschen vnd Völcker, ut pietas in Deum, erga parentes et sanquine junctos, viri et mulieris coniunctio, vis vi repulsio, etc allweg vnverwendet, mögen noch sollen auch dieweil die Menschlicher Art vnd Natur angeboren seyen, vnd derselben ohn mittel anhangen, in kein änderung gestellt werden. Vt hic. Darumben wo von einer Obrigkeit verbotten werde, daß sich einer der von jemandts angegriffen, vnd an seinem Leib oder Gut, wider Recht vnd Billigkeit beschuldigt werden wolt, wehren solte, weren die Underthonen solch Verbott, Menschlichen Satzungen nach, zu halten nicht schuldig, dann die Natur gibt vnd läßt zu, was ein jegklicher zu Schutz vnd Rettung sein selbst thut, oder fürnimbt, das solches billich mit Recht, vnd gentzlich ohn Straff beschehen möge.«
>
> Andreas Perneder, Institutiones.

I. Man kann es heute noch in den Akten lesen [1]: Die Dunkelheit der Nacht war eingeplant und die Wirkung des Schreckens kalkuliert, als die Häscher Kurfürst Maximilians von Bayern abends um 9 Uhr gleichzeitig an mehreren Dutzend Haustüren klopften, am Freitag, dem 24. Februar, in den vier Landgerichten östlich des Inns [2], am Samstag, dem 25., in acht weiteren Gerichten vornehmlich westlich des Stroms.[3] Die kurfürstlichen Amtleute und Reiter waren auf Verbrecherjagd. Allerdings verfolgten sie keine Räuber, Gauner oder Diebe, sie fahndeten nach ganz speziellen Übeltätern; sie suchten »Rädelsführer«, und sie hatten Erfolg, denn etwa siebzig Bauern und Bürger gerieten in ihre Fänge. Die Verhafteten wurden in die Fronfesten der Städte

Wasserburg und Burghausen transportiert, wo man sie in engen Verliesen zusammenpferchte. Diese nächtlichen Razzien waren vom Kurfürsten höchstpersönlich geplant, in die Wege geleitet und unter strenger Geheimhaltung vorbereitet worden.[4]
Die behördliche Aktion zeigt das Ende des Aufstands der südostbayerischen Bauern im Jahr 1634 an.[5] Die Unruhen hatten etwa zwei Monate lang gewährt. Den Beginn datierten die Behörden mit der Weigerung der Bauern im Gericht Kling am 2. Dezember 1633, ihrer Verpflichtung zu landesherrlichen Fronen nachzukommen und gefangene schwedische Söldner von Wasserburg nach München zu transportieren. Den raschen Zusammenbruch der Bewegung leitete das Massaker von Ebersberg am 18. Januar 1634 ein, bei dem aufgrund eines kurfürstlichen Exekutionsbefehls Hunderte von bayerischen Bauern von kurfürstlichen Reitern erschlagen wurden.[6] Danach wartete man nur noch ab, bis »Ruhe« im Land eingekehrt war und man sich risikolos der Bestrafung der »Rädelsführer« zuwenden konnte.[7]

Die Vorgänge spielten sich auf dem Hintergrund des großen Krieges ab, bei dem der bayerische Landesherr als Haupt der Liga mit an der Spitze der katholischen Kriegspartei stand. Als der militärische Führer der Gegenseite, der Schwedenkönig Gustav Adolf, im Frühjahr 1632 über den Lech bis München vordrang, erreichte das Kriegsgeschehen Altbayern zum erstenmal unmittelbar; nach einer Friedensperiode von 128 Jahren brach der Krieg über die Menschen herein. Der eroberte Landstrich wurde systematisch verwüstet. Die Katastrophe aber machte, wie sich bald zeigte, nicht mit den feindlichen Truppen an der Isar halt: im östlich anschließenden Gebiet zwischen Isar und Inn begannen seit 1633 die eigenen Heeresverbände, die Söldner des Kurfürsten und seiner Liga, ähnlich barbarisch zu hausen. Ungezügelt plünderten, erpreßten, raubten und mordeten sie in den Dörfern und Märkten. In diesem Landesteil, nicht im vom Feind verheerten Westen, erhoben die Bauern sich zum Aufstand.
Gleich wo er stand und für wen er kämpfte, der Söldner war der Feind des Bauern. Die Kriegsleute verachteten und verhöhnten die Landleute. Die Waffe in der Hand gab ihnen das Gefühl der Überlegenheit, die Habe der Bauern war ihnen selbstverständliche Beute. Aber auch die Landleute verachteten die Söldner; in Bayern galt es als sehr harte Strafe, unter die Söldner eingereiht zu werden; zum Kriegswesen »condemnirt« zu sein war ebenso verhaßt wie ehrenrührig.[8] Das Verhältnis zwischen Söldnern und Bauern war demnach denkbar gespannt. Zudem stand die Bevölkerung dem Krieg als solchem, nicht nur den

Abb. 4: Szene im 30jährigen Krieg, Kupferstich von Rudolf Meyer

Kriegsleuten ablehnend gegenüber. Dieser Krieg war nicht ihre Sache, sondern eine Angelegenheit des Kurfürsten, dessen Kriegsgründe sie nicht billigte. »Hofart vnd geiz« hätten den »gottlosen fürsten« veranlaßt »auß der Jesuwitten rath«, das Land »zu disem erbarmlichen standt« zu bringen, hieß es im sogenannten »Rosenheimer Famosschreiben«, einem Pamphlet, das Mitte Dezember 1633 im ganzen Inngebiet rasche Verbreitung fand.[9]
Das Ansinnen des Kurfürsten, seinen marodierenden Söldnern Quartier für den Winter zu gewähren, die Bauernfeinde in den Bauernhäusern aufzunehmen, spitzte die Lage dramatisch zu. Es kam zur offenen Konfrontation; denn die Disziplinlosigkeit der Söldner hatte automatische Rückwirkungen auf das Herrschaftsverhältnis. Sie deckte klar und deutlich ein Defizit an landesherrlichem Schutz auf. Unabhängig davon, ob der Kurfürst der Soldateska aus Unvermögen oder aus Kalkül derart lange Zügel ließ[10] – die Soldaten behaupteten den Bauern gegenüber, man habe ihnen die »plinderung an stat irer besoldung bewilligt« –, das Fehlen effektiven »Schutzes« war eine Tatsache und stellte die Verpflichtung der Untertanen zur »Hilfe«, auch in Form der Quar-

tiergewährung, zur Disposition. Die Bauern lehnten die Quartierforderung des Kurfürsten »rotunde« ab.
Sie begannen statt dessen, den Schutz für Heimat, Haus und Hof selbst in die Hand zu nehmen. Hierbei bedienten sie sich des organisatorischen Netzes, das dem Landesdefensionswesen zugrunde lag.[11] Ihr Ziel war es, keinen Söldner über den Inn gelangen zu lassen und die Soldaten aus dem Raum zwischen Inn und Isar nach Westen über den Fluß zurückzudrängen.[12] Ihre »Konspirationspunkte«, so meldeten die Amtleute, hatten sie Anfang Januar niedergeschrieben. Nun erließen sie Aufgebote, wählten Hauptleute – »Obristen« –, erhoben Geldabgaben von denen, die alters- oder krankheitshalber nicht persönlich teilnehmen konnten, zwangen Amtleute, mit ihnen zu ziehen und unwillige Bauern und Bürger[13] durch Drohungen zum Anschluß. Sie beschafften sich Trommeln und Zugang zu den Kirchenglocken, um Sturm läuten zu können, und sie unternahmen Versuche, ihre Bewaffnung, die hauptsächlich aus Morgensternen und umgeschmiedeten Sensen bestand, aus den Arsenalen der Landwehr und durch Überfälle auf Söldnergruppen zu vervollständigen. Gerüstet versammelten sie sich an vielen Orten zu Hunderten und zu Tausenden, die beiden größten Heerlager waren wohl die Bauernversammlungen Anfang bis Mitte Dezember und dann wieder Anfang Januar bei Wasserburg am Inn – bei letzterer sollen sich 20000 Bauern befunden haben. Die Bauern gingen dazu über, die Straßen zu kontrollieren, und richteten Wachdienste ein, an mehreren Orten verhinderten sie die Einquartierung oder vertrieben bereits einquartierte Söldner.
Der Kurfürst war über diese Vorgänge gut informiert. Die Beamten vor Ort berichteten, was sie beobachteten und auch mehr als das, manch »Paurnfeindt« denunzierte ausgiebig.[14] Proteste und Verweigerungen der Untertanen waren Maximilian an sich nichts Unbekanntes. In Form von Beschwerden und Suppliken gehörten sie als wesentliches Element zum damaligen politischen System; nicht ohne Stolz hatte er in der Vorrede der großen Kodifikationssammlung von 1616 berichten lassen, Bayern sei eben deshalb bislang vom »inwendigen krieg« mehr verschont geblieben als andere Länder, weil hier die Möglichkeit zur Beschwerde seit alters gewährleistet gewesen sei.[15] Aber auch in der härteren Form der Herrschaftskonflikte waren ihm Protest und Widerstand vertraut. In den rund 40 Jahren seiner Regierung hatte er mehrere Dutzend solcher größerer Auseinandersetzungen im Lande erlebt.[16]
Die Vorgänge im Dezember 1633/Januar 1634 unterschieden sich jedoch deutlich von den gewohnten Konflikten. Das war vor allem

kriegsbedingt. Auffällige Besonderheiten stellen der Griff der Bauern zur Waffe dar und die großräumige Organisierung der Teilnehmer sowie die Stoßrichtung des ganzen Unternehmens. Die Aktion richtete sich teils gegen die Landesherrschaft, etwa mit den Fron- und Quartierverweigerungen – was sonst eher als Ausnahme denn als Regel vorkam –, teils zielte sie überhaupt nicht auf »Herrschaft«, sondern daran vorbei, weil sie als Funktionsübernahme und Einrücken in verwaiste Positionen verstanden wurde.[17]
Die Reaktion des Kurfürsten bestand in der Anwendung eines erprobten Befriedungsmusters mit bewährten Strategieelementen: Verhandlungen, Aufspaltung der gegnerischen Front, demonstrativer Gewalteinsatz und exemplarische Strafen. Die Verhandlungsphase zog sich im vorliegenden Fall den Dezember über bis etwa zum 10. Januar hin. Die kurfürstlichen Kommissare schwärmten immer wieder aus und propagierten vor je kleinen Gruppen von Bauernvertretern die Mandate der Regierung samt den Kontributions- und Quartierforderungen, um deren Annahme durchzudrücken. Da die Bemühungen erfolglos blieben, ernannte Maximilian zwei Spezialkommissionen, die eine sollte für die Bauernschaften östlich, die andere für die westlich des Inns zuständig sein. Sie hatten verschiedene Order: Die Ostkommission war ermächtigt, die Quartierforderung notfalls fallen zu lassen und sich mit Kontributionen zu begnügen, die Westkommission hingegen durfte keine Zugeständnisse machen. Die weiche Direktive findet ihre Erklärung unschwer in dem Umstand, daß damals östlich des Inns keine Truppen zur Verfügung standen. Eine Befriedung der Bauern schien hier ohne Eingehen auf deren Vorstellungen nicht möglich. Als mit dem Verzicht auf die Quartierforderung ihr Hauptanliegen erfüllt war, lösten sich die Bauernversammlungen östlich des Inns prompt auf: Der Keil der Spaltung saß in der Bauernfront.
Westlich des Inns gab es genügend kurfürstliches Militär, hier wurde nicht nachgegeben, sondern exekutiert. Eine entsprechende Instruktion ging den Truppen schon am 2. oder 3. Januar zu.[18] Am Morgen des 18. Januar war es dann soweit. Der Pflegsverwalter von Schwaben führte den Generalfeldwachtmeister Graf von Cronberg und seine Reiter nach Ebersberg, wo – wie an vielen Orten damals – einige Hundert Bauern versammelt waren.[19] Die Soldaten schossen mit Kanonen, die Bauern ließen die Morgensterne fallen und stoben in alle Richtungen auseinander. Die Reiter hoben die Morgensterne auf und erschlugen, wen sie erreichten, 266 Menschen.[20] Die Exekution war als Exempel gedacht, das Gemetzel sollte »andern aufruehrigen correspondenten billich ein solchen schröcken machen, daß sye sich verner der rottie-

rung noch weniger des gewöhrs... anmassen und gebrauchen werden«.[21] Die Rechnung ging auf. Schon am 23. Januar konnte der Kurfürst seine Westkommission zurückberufen, da die Bauernschaft »sonst schon accommodirt worden sei«.[22]

Nun begann der letzte und längste Akt dieses Dramas. Die »Ruhe« war eingekehrt, Maximilian fand die Zeit reif für das seit Anfang Dezember zurückgestellte Vorhaben der exemplarischen Bestrafung der Bauernführer. Er gab Befehl zu der eingangs geschilderten nächtlichen Massenverhaftung.

Mit den Gefangenen sollte »kein sonder oder langer proceß« gemacht werden.[23] Von Anfang an und immer wieder trieb der Kurfürst zur Eile. Dennoch dauerten die Verfahren in Wasserburg nahezu ein halbes Jahr und in Burghausen immerhin zweieinhalb Monate. Sie verliefen nach den Regeln des Inquisitionsprozesses[24], also des Strafprozeßtyps, der damals laut amtlicher Feststellung »schier allein in übung« war.[25] Es gab zwar insofern Besonderheiten bei den Verfahren, als sie nicht von allenfalls zuständigen Gerichten, sondern von speziell ernannten Kommissionen[26] durchgeführt wurden, aber es handelte sich keineswegs um formlose oder summarische Prozesse, wie es nach Lage der Dinge und der Rechtslehre zu erwarten oder zumindest möglich gewesen wäre. Die Wasserburger Kommission setzte sich aus Lokalbeamten der Region und Mitgliedern des Münchner Hofrats zusammen, die Burghauser bestand aus Räten der Regierung Burghausen unter dem Vorsitz ihres Hauptmanns Rudolf von Donnersberg.[27] Kurfürst Maximilian überwachte das Ganze. Er residierte mit dem Hof und dem Geheimen Rat im nahen Braunau und ließ sich fortlaufend über den Stand der Dinge unterrichten. Es geschah nichts ohne sein Wissen. Aber das war nichts Ungewöhnliches, es gehörte zu seinem Regierungsstil.

II.

Die peinlichen Prozesse gegen die Untertanen in Burghausen verdienen besonderes Interesse, und zwar zum einen, weil derartige Verfahren an sich wenig bekannt sind, und zum anderen aber vor allem, weil mit den Burghauser Kriminalverfahren ungewöhnlich ergiebige und klare Aussagen zur möglichen Rechtfertigung, aber auch zu den Rechtsgrundlagen einer Verurteilung von Untertanenaufständen überliefert sind.

Der Ablauf der Verfahren kann praktisch in drei ineinander übergreifende Phasen gegliedert werden: Am Anfang steht das Ermittlungs- und Vorverfahren, das Inquisitionsverfahren im engeren Sinn also;

daran schließt sich die Urteilsbildung an, ein sehr komplexer Vorgang, an dem mehrere Gremien beteiligt waren; den Abschluß bildete für die schweren Fälle das sogenannte Malefizgericht des Blutbannrichters.
Die Verhöre begannen in Burghausen am Montag, dem 27. Februar, frühmorgens, geleitet von vier Räten der Regierung, zwei davon waren studierte Juristen. Man überhörte die im Schloßamthaus gefangenen 25 Männer auf »Fragstuck« oder »Interrogatoria«, also zu Listen mit vorgefertigten Fragen. Diese Prozedur bezeichnet gemäß der bayerischen Malefizprozeßordnung den Beginn eines gerichtlichen Strafprozesses.[28] Derart Befragte sind in einem Inquisitionsprozeß Beschuldigte.[29] Mit ihren Antworten müssen sie sich »verantworten«, und das ist bei diesem Verfahren zugleich die einzige Möglichkeit, etwas zur eigenen Verteidigung beizutragen.[30] Am 11. März waren die Ende Februar Verhafteten alle gütlich verhört und ihre Aussagen protokolliert. Wie sich zeigte, hatten sie den vorgebrachten Anschuldigungen »durchgehendt widersprochen«, sie waren »nichts gestendtig«.[31]
Mit diesem Befund begnügten sich die Räte allerdings nicht. Sie beschlossen, weitere »Erfahrungen« einzuholen, und schickten einstweilen einen Zwischenbericht nach Braunau. Dort war man mit dem Prozeßverlauf noch weniger zufrieden; beim Geheimen Rat und beim Kurfürsten rief der Regierungsrapport »befrembden und müßfallen« hervor und veranlaßte die postwendende Ermahnung, »die verstockhte gesellen... mit mehrerm ernst anzugreiffen«[32], das heißt, verstärkt mit der Folter gegen sie vorzugehen.
Damit war ein kritischer Punkt des peinlichen Verfahrens und ein Angelpunkt des Inquisitionsprozesses angesprochen. Im allgemeinen werden ja Folter und Inquisitionsprozeß in unheilvoller wechselseitiger Verstrickung gesehen: »Die Geschichte des Inquisitionsprozesses ist zugleich die Geschichte der Folter«[33], heißt es. Dabei wird die prozessuale Rolle der Folter in erster Linie durch ihre Funktion als ›Geständnis-Erzeugerin‹ definiert. Der Nachweis der materiellen Wahrheit als Urteilsvoraussetzung, wie er seit dem späteren Mittelalter im Kriminalverfahren erforderlich wurde, habe dazu geführt, dem Geständnis als der »regina probationis« und damit der Tortur eine zentrale Position im Inquisitionsverfahren einzuräumen.[34] Den Strafprozeßordnungen ist diese Gewichtung allerdings nicht ohne weiteres zu entnehmen. Die Carolina, die Peinliche Gerichtsordnung Kaiser Karls V. von 1532, auf die sich in diesen Punkten auch die bayerische Malefizprozeßordnung beruft, setzt für die Anwendung der Folter den starken Verdacht auf ein schweres Verbrechen voraus und gestattet ihren Einsatz nur subsidiär, in Fällen, in denen kein klares gütlich abgelegtes

Geständnis vorliegt oder kein ausreichend klarer Beweis geführt werden konnte.[35] In Bayern befanden zudem seit Anfang des 16. Jahrhunderts nicht die Richter, sondern allein die Räte der fünf Regierungen über die Anwendung der Tortur.[36]
Die Handhabung der Folter in den Burghauser Rädelsführerprozessen entsprach diesem widersprüchlichen Bild insofern, als auch hier keine eindeutige Linie zu erkennen ist. Auf der einen Seite finden sich die wiederholten Ermahnungen des Geheimen Rats, also der Staatsspitze, »mit geschärftn examine« gegen die Gefangenen vorzugehen oder ihnen »die saitten mehrer spannen« zu lassen. Diesen Ermunterungen gegenüber blieb die Regierung Burghausen allerdings recht zurückhaltend, was schon aus der Tatsache hervorgeht, daß sie in den damals durchgeführten zweiunddreißig Inquisitionsverfahren, von denen zwölf in Malefizverfahren mündeten, nur vier Männer den Folterknechten überließ, und nur einer davon, nämlich Michael Maurberger, schwer gefoltert wurde, indem man ihn nicht nur »leer«, sondern mit Gewichten »aufzog«. Andererseits wird gerade beim Vorgehen der Regierung auch eine rechtliche Grauzone sichtbar. Denn Michael Maurberger wurde der Tortur nicht mit prozeß- oder beweisbezogener Zielsetzung unterzogen, sondern einzig aus politischen Erwägungen. Die Regierung hielt nach eigener Darstellung Maurberger für überführt, »für genugsam convincirt und überwisen«, Kontakte zu den als rebellisch bekannten Bauern im benachbarten österreichischen Land ob der Enns unterhalten zu haben. Sie befragte ihn trotzdem peinlich darüber, und zwar »allein aus der ursach... damit er bekhennen solle, waß er zu den Landel paurn gesagt, mit ihnen tractirt vnd ghandelt habe«; sie hatte nur noch politisches Interesse an näheren Einzelheiten, strafrechtlich war dieser Punkt bereits geklärt und erledigt. Die Räte erfuhren jedoch nichts Neues, denn Maurberger war auch auf der Folter »nichts bestendig«. Sie ließen es dann »dabei bewenden« und erklärten, die Wiederholung der Tortur sei ihnen zu risikoreich erschienen, weil die Möglichkeit bestanden habe, daß Maurberger die Folter auch ein zweites Mal ohne Aussage überstünde und sich in diesem Fall »purgiert« hätte. Das aber hätte zu der für die Räte absurden Folge geführt, daß sie ihn hätten entlassen müssen, obwohl sie ihn für überführt hielten.[37]
Man hatte also von Michael Maurberger zu dieser wichtigen Frage der landesverräterischen Kontakte trotz der Tortur kein Geständnis erhalten, übrigens so wenig wie zu den anderen ihm vorgehaltenen schweren Vergehen, etwa zu seiner angeblichen Beteiligung an der Ermordung eines Soldaten. Die Vorverfahren gegen die übrigen verhafteten Unter-

tanen endeten diesbezüglich ähnlich ergebnislos. Geständnisse gab es nur sehr vereinzelt und in eher nebensächlichen Fragen. Die Regierung konzentrierte ihre Vorverfahren denn auch ganz auf die Recherche. Sie holte »Erfahrungen« ein, befragte Beschuldigte, Zeugen und Amtleute, forderte detaillierte lokale Berichte an, rekonstruierte Tathergänge, überprüfte Aussagen und Rapporte, konfrontierte Beschuldigte mit Zeugen, erwog Ungereimtheiten, Lügen und Irrtümer und ließ von allem Protokolle aufsetzen und Akten anlegen. Das Inquisitionsverfahren ist ein schriftliches Verfahren. Diese »eingeholte Erfahrung«, Evidenz und Zeugenaussagen, sowie Geständnisse in Teilbereichen, bildeten dann die Basis der Urteile. In Burghausen führte man also Inquisitionsprozesse durch, bei denen auf Einsatz der Folter weitgehend verzichtet wurde, und es wurden dort Kriminalurteile ausgesprochen, die sich nicht auf Geständnisse stützten.

An der Urteilsbildung waren die Räte der Regierung maßgeblich beteiligt. Das verstand sich bei den frühneuzeitlichen Strafverfahren in Bayern keineswegs von selbst. Im Gegenteil, im üblichen Kriminalverfahren war die ermittelnde Instanz nicht mit der urteilenden identisch. Die Urteilenden bekamen einen Delinquenten, über dessen Schicksal sie entschieden, gewöhnlich nicht zu Gesicht, sie orientierten sich vielmehr allein an den ihnen vorliegenden Schriftstücken. In diesem Fall aber hatte der Kurfürst den Räten befohlen, die Ermittlungen vorzunehmen und Vorschläge für die Urteile zu unterbreiten. Die Räte sträubten sich zunächst nicht gegen die Doppelfunktion. Sie erarbeiteten bis zum 16. März für die große Mehrzahl der Verhafteten, nämlich einundzwanzig Personen, Urteilsvorschläge und sandten sie zur Ratifizierung nach Braunau. Sie empfahlen, alle einundzwanzig Gefangenen gegen Urfehde aus der Haft zu entlassen, drei ohne jegliche Strafe, die meisten gegen einen Verweis und Bezahlung der Verpflegung, sieben sollten zusätzlich mit einer Schandstrafe belegt, einer ein Jahr lang, ein anderer bis zur Rückkehr seines flüchtigen Sohnes des Landes verwiesen und Michael Orttner zwei Jahre zum Militärdienst verurteilt werden.
Die Strafvorschläge der Regierung steigerten das Mißfallen des Kurfürsten, das ihr Vorverfahren erregt hatte, zum »ungnädigsten missfahlen«.[38] In Braunau hatte man schon länger den »saumsall« der Burghauser zu »spüren« vermeint, nun war man von deren Obstruktionsneigungen überzeugt. »Bei entsezung deß diensts« erging daher ein scharfer Befehl, die Ermittlungen erneut aufzunehmen. Die Mehrzahl der von der Regierung empfohlenen Strafen erschien Kurfürst und Geheimem Rat nämlich bei weitem zu milde.

Mit gleichem Schreiben wurde geboten, einige der Verhafteten vor das Malefizgericht zu stellen. Der Burghauser Bannrichter sollte in eigener Person ein Malefizgericht besetzen, und an die Räte erging wenig später die Anordnung, auch für die Malefizfälle Urteilsvorschläge abzufassen. Diese Befehle lösten in Burghausen starke Proteste aus. Sowohl der Bannrichter wie auch die Räte baten dringend um Verschonung. Sie beteuerten, es sei »alhie und bei andern regierungen nit herkhomen, in malefiz sachen daß urtl zuesprechen«, und erboten sich, um von diesem unangenehmen Geschäft enthoben zu sein, sogar auf eigene Kosten bei der Universität Ingolstadt Konsultativurteile einzuholen.[39] Diese Vorgänge sind einigermaßen erstaunlich, wenn man bedenkt, daß in der erst zwei Jahrzehnte alten bayerischen Malefizprozeßordnung die Vorbereitung von Malefizurteilen zu den ureigensten Aufgaben jeder bayerischen Regierung gerechnet wird.[40] Ob das Herkommen und die Praxis tatsächlich soweit von den gesetzlichen Regelungen entfernt waren, kann man bezweifeln, nicht zu bezweifeln aber ist der ernsthafte Widerwillen der Räte gegen ihre Beteiligung an malefizgerichtischen Dingen. Sie sahen darin eine Gefahr für ihre Ehre. Schon Mitte des 16. Jahrhunderts war nämlich geklagt worden, daß die Nähe zum Malefizgericht dem Adel »hinderlich und schimpflich« sei. Vom Malefizgericht als einem Blutgericht strahlten starke Infamievorstellungen aus, die alle gesellschaftlichen Schichten durchströmten; der Adel machte da keine Ausnahme. So war auf Drängen des Adelsstandes und um die adeligen Pfleger und Landrichter von ihren Aufgaben beim Malefizgericht zu absolvieren, um 1580 das Amt des Bannrichters geschaffen worden[41], und nun, fünfzig Jahre später, protestierte bereits wieder ein solcher Bannrichter gegen seine Beteiligung am Malefizgericht. Die Landesherren duldeten diese Vorgänge nur ungern, und Maximilian ließ die Gelegenheit nicht ungenutzt vorüberziehen, die sich ihm 1634 in Burghausen bot. Er befahl mit Nachdruck die Abschaffung des alten Mißbrauchs und die gänzliche Durchführung der Verfahren durch die Burghauser Räte.

Diese fügten sich am Ende und wandten sich mit großer Sorgfalt der Vorbereitung und Abfassung der Malefizurteile zu. Am 12. April übersandten sie die »unmaßgeblichen rechtlichen gutachten« für die ersten vier Malefizfälle, nämlich die Urteile über Michael Maurberger, Michael Orttner, Balthasar Vettinger und Hans Innerlohner zur »Resolution« nach Braunau. Sie legten ihnen einen sogenannten »Hauptbericht« bei, in dem sie ihre grundsätzliche Rechtsmeinung zum Problem des Untertanenaufstands ausführten. Insgesamt hatten sie zwölf Malefizurteile zu präparieren.

In Braunau überprüfte einer der Geheimen Räte die Burghauser Urteilsvorschläge an Hand der Akten. Er fertigte eine Stellungnahme mit teilweise abgeänderten Strafvorschlägen an, bevor im Kollegium darüber beraten wurde. Mit der kurfürstlichen Resolution, die nochmals leichte Änderungen aufwies, stand das Strafmaß endgültig fest.
Trotz dieser Tatsache und obwohl den beiden Gremien, die hier an der Urteilsbildung mitgewirkt hatten – nämlich die Regierung Burghausen und der Geheime Rat –, zweifellos die höchste jurisdiktionelle Gewalt im Lande zukam, waren diese »Urteile« formell offenbar immer noch »Urteils-Vorschläge« ohne Rechtskraft. Denn jetzt mußte der Burghauser Bannrichter als der gesetzlich zuständige Verwalter des Blutbannes in der Region ein Malefizgericht besetzen. Dies war das erste förmliche Gericht, das sich an der Urteilsbildung beteiligte: Die Regierung Burghausen und der Geheime Rat verstanden sich bei ihren Sitzungen nicht als »Gerichte«, schon gar nicht als »Hofgerichte«.[42] Der Bannrichter besetzte das »stille Malefizrecht« – so wie es seit einiger Zeit in Bayern üblich war[43] – mit Bürgern der Stadt Burghausen als Urteilssprechern. Er ließ ihnen die Vergehen der Bauern und die Urteilsvorschläge der Räte vortragen und forderte sie auf, ihre Meinung dazu zu äußern und darüber abzustimmen. Erst sie »schöpften« das »Urteil«, sie taten es allerdings so, wie es ihnen »bedeutet« oder »an die handt geben« worden war.[44]
Weiter war es Aufgabe des Bannrichters, für die öffentliche Verkündigung der »heimlichen« Urteile zu sorgen, und seine Befugnis, ihren öffentlichen Vollzug anzuordnen.[45] Die förmliche Öffentlichmachung der Urteile im Malefizgericht war ein substantieller Teil der Strafe: Eine scheinbar gleiche Strafe, beispielsweise die Verurteilung auf mehrere Jahre zum Militär, wie sie die Regierung Burghausen am 16. März für den »Rädelsführer« Michael Orttner vorgeschlagen hatte, gewann in dem Moment eine ganz andere Qualität, in dem der »Rädelsführer« vor das Malefizgericht gestellt und ihm dort in der Öffentlichkeit die »Kondemnierung« zum Kriegswesen verkündet wurde. Der Ehrverlust und die Befleckung, die durch die Kontamination mit dem Infamiegehalt des Malefizgerichts als eines Blutgerichts dem Verurteilten anhafteten, bewirkten einen regelrechten Qualitätssprung im Strafmaß. Denn Blutgericht blieb das Malefizgericht seinem Wesen nach, auch wenn in der Praxis damals nur der kleinere Teil seiner Urteile Lebens- oder Körperstrafen betraf.
Von den zwölf in Burghausen 1634 vor das Malefizgericht gestellten »Rädelsführern« wurden zehn – acht Bauern und zwei Bürger – auf Zeit, nämlich zwischen einem und drei Jahren, des Landes verwiesen,

Der
Bayrischen Rebellen
Rädelsführer
Erste
EXECUTION
Lohn und Warnung
Gesangs-Weiß
vorgestellt;
Im Ton:
Ach / daß ich Wasser und Thränen
gnug hätte.

Im Jahr 1706.

Abb. 5: Darstellung einer Vierteilung, die am 29. Januar 1706 in München vollzogen wurde, Holzschnitt von 1706

drei davon, darunter eben Michael Orttner, in der verschärften Form als »Kondemnierung« zum Militär. Die härtesten Strafen trafen die Brüder Michael Maurberger und Balthasar Vettinger aus dem Gericht Mörmoosen. Vettinger wurde mit Ruten gezüchtigt und des Landes auf ewig verwiesen, Michael Maurberger aber enthauptet, sein Leib anschließend gevierteilt und die fünf Körperstücke an Schnellgalgen neben der Straße vor den Toren der Stadt und an der Grenze zu Oberösterreich auf dem Hirschberg zur Schau gestellt. Die Hinrichtung am 28. April fand auf ausdrücklichen kurfürstlichen Befehl in der militärisch gut gesicherten Stadt Burghausen statt und nicht, wie es üblich gewesen wäre, an der heimatlichen Gerichtsstätte des Verurteilten. Man befürchtete ein neuerliches Aufflammen des Aufstandes.
Am 8. Mai waren die Burghauser Malefizverfahren abgeschlossen. In

Wasserburg, wo 1634 zwei- bis dreimal soviele Prozesse durchzuführen waren, endeten die letzten Verfahren erst Ende August. Hier wurden fünf Bauern zum Tode verurteilt.[46] Sie waren alle, wie ja auch Michael Maurberger, beschuldigt worden, an der Ermordung von Soldaten beteiligt gewesen zu sein. Das Leben wurde ihnen als Mördern, nicht als Rebellen abgesprochen.

III.

Bei Schilderung der Burghauser Verfahren gegen die »Rädelsführer« war es mehrmals notwendig geworden, offensichtliche Spannungen innerhalb der Obrigkeit, nämlich zwischen der Regierung Burghausen einerseits und dem Kurfürsten mit dem Geheimen Rat andererseits, anzusprechen. Ungewöhnlich erschien dabei weniger die Haltung des Landesfürsten als vielmehr die der Burghauser Räte. Sie funktionierten nicht als willfähriges Exekutivorgan kurfürstlicher Befehle. Bei näherer Betrachtung ihres Verhaltens erkennt man rasch, daß es sich bei den Querelen nicht um ein gewöhnliches Knirschen im administrativen Getriebe handelte, sondern daß der Sand von der Regierung bewußt und als Mittel zum höheren Zweck gestreut worden war. Die Regierung stand in sachlicher Opposition zum Kurfürsten.

Diese Position hatte sie nicht von Beginn des Aufstandes an eingenommen. Man kann ihr einen Gesinnungswandel nachweisen und diesen auch mit einiger Sicherheit datieren: Als Kurfürst Maximilian um den 20. Februar die Verhaftungen der Untertanen vorbereitete, gebot er der Regierung Burghausen, alsbald Prozesse gegen Rädelsführer durchzuführen, wie es sich in »notorischen rebellionsfällen« gebühre. Damals verwendete man in Burghausen dieselben Vokabeln, man befaßte sich mit der Verhaftung von »Rebellen«, wie Schreiben vom 21. und 25. Februar vermelden. In der Folgezeit verstummte die Regierung für zwei ganze Wochen. Sie war mit den Verhören befaßt, die Räte sprachen mit den gefangenen Bauern und Bürgern und vernahmen ihre Argumente. Während die Regierung völlig mit den Untertanen beschäftigt war und schwieg, drängten aus Braunau unentwegt kurfürstliche Befehle und Ermahnungen herein – am 27. Februar, am 1., 3., 7. und 10. März. Am 11. März meldete sich Rudolf von Donnersberg, der Hauptmann der Regierung Burghausen, dann zu Wort; aus seinem Sprachschatz war jetzt das Wort »Rebell« verschwunden. In Burghausen sprach man fortan nur von den Untertanen, von den Bauern und Bürgern oder der Bauernschaft. Erst am 12. April in ihrem sogenannten »Hauptbericht«

taucht das Wort »Rebellion« in Schreiben der Regierung neuerlich auf. Nach allen Regeln juristischer Kunst wird in diesem Hauptbericht das Vorliegen des Rebellionstatbestandes bestritten.

Die veränderte Wortwahl der Regierung war also kein Zufall, sondern zeigte die veränderte Haltung zur Sache an. Es muß den gefangenen Untertanen in den Verhören trotz der schwachen Position, die sie als Beschuldigte im Inquisitionsverfahren einnahmen – man spricht sogar vom Objektcharakter der Delinquenten im Inquisitionsprozeß –, gelungen sein, die Räte von der Redlichkeit ihrer Sache zu überzeugen. Wenn die Regierung sich anfangs auch nicht alle Konsequenzen ihrer neuen Überzeugung vergegenwärtigt haben mag, daß der Kurfürst den Aufstand grundsätzlich anders beurteilte, das wußte sie freilich ganz genau. Sie vermied es zunächst, offenen Kollisionskurs zu steuern, und versuchte das Rebellionsproblem stillschweigend zu unterlaufen. Die ersten 21 milden Strafvorschläge vom 16. März bezeugen diese Absicht. Sie stehen in keinem Verhältnis zum ursprünglich erhobenen Vorwurf der Rädelsführerei in einer Rebellion und den dafür gesetzlich vorgesehenen Sanktionen. Jedoch der stille Weg des Ausweichens wurde der Regierung durch den kurfürstlichen Befehl, mit Malefizverfahren gegen die Untertanen vorzugehen, prompt versperrt. Sie stand vor der Alternative, als schlichtes Erfüllungsorgan dem Willen und Drängen ihres Herrn nachzugeben oder offen Stellung zu beziehen und die sichere Ungnade ihres bekannt autoritären Landesherrn auf sich zu lenken. Ihr Hauptbericht und ihre Einzelgutachten belegen, daß sie sich für den Kampf entschieden hat. Für diesen Entschluß der Räte waren letzten Endes menschliche Erwägungen ausschlaggebend gewesen. Sie hatten einen Sachverhalt für wahr erkannt und setzten sich unter Inkaufnahme persönlicher Risiken dafür ein, weil ihr Gewissen es ihnen gebot. Den Forderungen des Gewissens auszuweichen, wofür die Entscheidungsfindung im Inquisitionsverfahren damaliger Art an sich regelrecht ersonnen zu sein scheint, war ihnen durch das kurfürstliche Gebot, selbst alle Stadien des Prozesses zu betreuen, verwehrt.

Das offene Bekenntnis zur eigenen abweichenden Meinung bedeutete aber nicht, daß die Räte zugleich alle strategischen Vorsichten außer acht gelassen hätten. Sie bauten dem Kurfürsten Brücken, indem sie sich bereit erklärten, trotz der grundsätzlichen Verneinung des Rebellionstatbestandes, die Taten einzelner Aufständischer einer strafrechtlichen Überprüfung zu unterziehen und einzelne vorgefallene »Exorbitantien« zu ahnden. Diesen Ausweg beging man in der Praxis tatsächlich. Er ermöglichte es, Strafurteile vorzuschlagen und ganz überwiegend auch durchzusetzen, die ausdrücklich auf der Nichtexistenz eines Staatsverbrechens basierten und entsprechend milde waren. Er ermöglichte andererseits aber auch, daß überhaupt gestraft wurde, und kam damit den Absichten des Kurfürsten entgegen. Maximilian wollte strafen, er wollte durch die Strafe demonstrieren, daß er Recht und die Untertanen Unrecht getan hatten, und er versprach sich, wie man es damals allgemein tat, große Wirkungen vom Schrecken, den eine spektakuläre Exekution unter dem Publikum zu verbreiten imstande war. So finden sich wiederholt und eigentlich kontextlos makabre Äußerungen zum Thema Vierteilung und Schnellgalgen in den Schreiben aus Braunau, die ahnen lassen, worauf es bei dem Prozeß nach dem Willen des Landesherrn vor allem ankommen sollte. Er war erst in zweiter Linie als Strafverfahren gemeint, vorrangig war er als polit-pädagogisches Spektakel gedacht gewesen. Die tatsächliche Vierteilung Michael Maurbergers bezeugt diese Art von Strafwillen ziemlich eindeutig. Der Urteilsvorschlag der Regierung Burghausen hatte auf Tod durch Erhängen gelautet. Nach ausgiebiger Würdigung seiner verschiedenen Vergehen – eigenmächtige Aufgebote und Anlage von Kontributionen unter Gewaltandrohung, Schlagen der nachgesetzten Obrigkeit in Amtsausübung, Aufnahme von Kontakt zu ausländischen Rebellen – war sie zu dem Schluß gekommen, Michael Maurberger sei für die Beteiligung und Aufforderung zum Mord an einem Soldaten das Leben abzusprechen. Aus diesem Urteil für einen Mörder oder Totschläger machte man in Braunau ein Urteil für einen Verräter; denn die Strafe der Vierteilung zeigt das Verbrechen der Verräterei an und bedeutet, auf Michael Maurberger bezogen, sein Tod solle gegenüber der Öffentlichkeit und den Untertanen den landesherrlichen Rebellionsvorwurf mit dem Schein gerichtlicher Legitimierung versehen.

Die »Obrigkeit« fand also einen Weg, ihren sachlichen Meinungsgegensatz im Verfahren auszugleichen. Der Grad des Einflusses der Untertanen auf das Verfahren, vor allem aber auf die Argumentation in der Sache, ist trotzdem hoch zu veranschlagen. Die inhaltliche Argumentation der Burghauser Regierung baute auf den Rechtfertigungen auf, mit denen die Bauern und Bürger ihren Aufstand begründet hatten. Was die Räte speziell einbrachten in den gemeinsamen Argumentationshort, das waren die Schätze ihrer juristischen Gelehrsamkeit und das Wissen um den geschickten und effektiven Umgang mit den Mächtigen. Für dieses eine Mal zumindest, im Jahre 1634, nützte das »römische Recht« – um Gustav Radbruchs anschauliche Metapher aufzunehmen und ihre Aussage zugleich mit einem Fragezeichen zu versehen – der »harten Hand« des Landesfürstentums nicht auf gleich bedingungs- und bedenkenlose Weise, wie es das »Schießpulver« getan hatte.[47] Die Justiz federte ihre Härte gelegentlich auch ab, das Militär verstärkte ihre Schlagkraft immer.

IV. In den letzten Jahren sind zahlreiche historische Untersuchungen über Aufstände, Unruhen oder Revolten in der frühen Neuzeit erschienen.[48] Sie basieren weitgehend auf der Bearbeitung von Prozeßakten. Aber bei dem verwendeten Quellenmaterial handelt es sich in erster Linie um Akten von Zivilprozessen, nicht von Strafverfahren. Möglicherweise existieren Strafprozeßakten auch in geringerem Umfang als Zivilprozeßakten.[49] In Hinsicht auf politische Strafverfahren wurde zwar jüngst behauptet, ihre Akten seien auch in der Vergangenheit regelmäßig sorgfältig archiviert worden[50], aber das erscheint doch eher ungewiß, wenn man bedenkt, daß in der Literatur gewöhnlich immer dieselben wenigen Beispielsfälle genannt werden, etwa die Prozesse gegen Peter von Hagenbach, Hieronymus von Stauf oder Wilhelm von Grumbach.[51] Die hier besonders interessierenden Strafverfahren gegen aufständische Untertanen glichen zudem häufiger puren Strafaktionen als förmlichen Strafprozessen, so daß dabei von vornherein wenig Schriftliches und damit Archivierbares, geschweige denn größere Mengen von detailliertem Prozeßmaterial anfallen konnten.[52] Am großen deutschen Bauernkrieg von 1525 kann man das beobachten, ordentliche Prozesse gegen die Führer der Bauern wurden nach der Niederlage nur ausnahmsweise eingeleitet.[53] In Bayern machten die Herzöge damals nicht kurzen, sondern gar keinen Prozeß: Ausdrücklich »an alle Rechtvertigung« sollten 1525 die in Traunstein gefangenliegenden Bauernhauptleute enthauptet werden.[54] Aktenmaterial von Kriminalprozessen gegen bäuerliche Rädelsführer aus dem 16. und 17. Jahrhundert gehört also vermutlich eher zu den archivalischen Raritäten.

Der eigentliche Quellenwert derartiger Akten ist natürlich nicht mit ihrer Kuriosität erfaßt, er liegt in dem zusätzlichen Erkenntnisangebot, das sie darstellen. Die Gegenüberstellung mit den Aussagemöglichkeiten der Zivilprozeßakten aus den Untertanenkonflikten, die ja wie gesagt bereits vielfach fruchtbar verwendet wurden, verdeutlicht das. Die Besonderheit des Strafprozeßmaterials liegt nämlich darin, daß hier das Thema »Aufstand« – Rebellions-Unrecht und Widerstands-Recht – ausdrücklich im Mittelpunkt der ganzen Argumentation steht. In den Zivilverfahren hingegen kann dieses Problem, unabhängig von der Radikalität der während der Konflikte eingesetzten Kampfmittel oder Streitformen, allenfalls am Rande oder implizit zur Sprache kommen, denn Prozeßgegenstand sind hier die zwischen den Parteien strittigen Rechtsverhältnisse, aber niemals strafrechtlich definierte Tatbestände wie Rebellion oder Aufstand, sowie deren Rechtfertigung und Spiegelung in konkreten Ereignissen. Im Zivilverfahren rechtfertigen die Unteranen ihre einzelnen Forderungen oder Weigerungen, im Strafverfahren aber ihren Widerstand. Wenn es irgendwo zu einer Grundsatzdebatte über das Thema »Rebellion« kommen kann, dann im Strafverfahren. Denn natürlich waren die politischen Strafprozesse zu keiner Zeit gewöhnliche Kriminalverfahren, auch damals nicht, als man die Frage »politische Kriminalität, echte Kriminalität?« noch nicht erörterte, und zwar schon deshalb nicht, weil der im Grunde immer gleiche Anspruch der »Rebellen« aller Zeiten, gestützt auf ein vermeintlich »besseres« Recht, die legale Machtordnung angreifen oder übergehen zu können, sie im Verteidigungsfall zwingt, und auch in früheren Zeiten zwang, über die positivrechtliche prozessuale Argumentationsebene hinauszugehen und ihre Handlungsweise mit der Darlegung ihrer Ideale zu legitimieren. In politischen Strafverfahren werden regelmäßig politische Wertvorstellungen ausgesprochen und eingesetzt, um die Verkürzung von Taten zu Tatbeständen zu verhindern.

Diesen Vorgang kann man bei den Burghauser Strafverfahren im Frühjahr 1634 besonders gut beobachten, weil die Aufständischen in den Räten der Regierung kompetente und ausdrucksgewandte Sprachrohre gewonnen hatten.

Zunächst müssen jedoch die Tatbestände, ihre strafrechtlichen Umschreibungen und die gesetzlich vorgesehenen Sanktionen erörtert werden. Die Bauern und Bürger, die Ende Februar 1634 in zwölf oberbayerischen Landgerichten verhaftet wurden, sahen sich mit dem Vorwurf der Rädelsführerei konfrontiert. Die Vorgänge, denen sie als Rädelsführer Vorschub geleistet haben sollten, wurden mit Rebellion bezeichnet. Bauernrebellion war der wahrscheinlich am häufigsten benutzte Ausdruck der Braunauer Zentrale, man sprach auch von Sedition, Aufstand, Tumult, Aufruhr und Rottierung. Der Titel des in der Kanzlei des Geheimen Rats zusammengestellten »Verzaichnuß der jenigen landtsvnderthanen, welche bey iezigem pawrn aufstand und rebellion sich als rädlführer sonderbar aufrüeisch und rebellisch erzaigt, auch ander verhezt vnnd aufgewiglet haben« enthält alle wichtigen Stichwörter.[55]

Die beiden Begriffe Rebellion und Rädelsführer, mit denen die angeblich begangenen Verbrechen ganz überwiegend gekennzeichnet wurden, erscheinen in bayerischen Gesetzen an keiner Stelle. Rädelsführer scheint überhaupt ein Wort der politischen und der Umgangssprache bei Gericht, aber kein Terminus des älteren Strafrechts gewesen zu sein, obwohl es spätestens seit der zweiten Hälfte des 15. Jahrhunderts in Gebrauch war. Mit Rädelsführer wird ein Verbrechertyp bezeichnet, darüber bestand in der frühen Neuzeit offensichtlich Einigkeit, der in der Rechtssprache als »autor«, »causa« oder »prima mater«, zu deutsch als »Aufwiegler« und »Anstifter«, oder als »Anfänger« und »Urheber« eines Aufruhrs wider die Obrigkeit bekannt war. Die bayerische Gesetzgebung geht auf den Sachverhalt im fünften Buch der Landes- und Polizeiordnung von 1616 ein in dem Artikel »Von auffwiglung, Rottierung vnd Auffstandt der Vnderthanen« sowie indirekt im nachfolgenden Artikel, der das Versammlungsrecht der Bauerngemeinden im Protestfall regelt.[56] Es ist dort vom »Auffwigler« und »Anstiffter« die Rede. Die Carolina von 1532 spricht in Artikel 127 lediglich von »einem«, der Aufruhr des Volkes wider die Obrigkeit mache.[57] Strafrechtlich erfaßt wäre demnach der Urheber und der Agitator eines Aufstands. Die Strafpraxis wurde häufig nicht so zurückhaltend gehandhabt, dort bemerkt man allenthalben die gefährliche Tendenz, es nicht beim Anstifter zu einem Aufstand zu belassen, sondern allgemein den Sprecher und Wortführer der Untertanen zu strafen.

Die Gefahr war schon 1525 gesehen und angesprochen worden, als man angesichts des Strafterrors der Obrigkeiten prophezeite, es könne sich hinkünftig niemand mehr bereit finden, die »Notdurft« der Gemeinden zu reklamieren, denn »wer die Notdurft sagen und vortragen wirt, der wirt vor Ufrwischer geacht werden, es wirt iderman aus Furcht der Tyrannen schweigen müssen«[58]. In den Führern der Gemeinden und des Volkes witterte die Obrigkeit immer auch den Konkurrenten in der Herrschaftsübung. Einige südwestdeutsche Landrechte aus der Zeit um die Wende zum 17. Jahrhundert sprechen den Sachverhalt direkt an, unter den politischen Schwerverbrechern nennen sie ausdrücklich denjenigen, der »sich für ein Herrn und Obrigkeith, die er nit ist, uffwürfft«.[59] Die durchgehende Neigung zu spektakulärer Bestrafung der Rädelsführer hat auch hier ein Motiv.

Der Aufwieglerartikel der bayerischen Landes- und Polizeiordnung von 1616 enthält keine Strafbestimmungen, sondern verweist auf die »ernstliche Strafe, welche wider die Auffwigler in Rechten versehen« sei. Dabei war mit Sicherheit auch an den Artikel 127 der Carolina gedacht, der Enthauptung, Rutenschläge, Landes- oder Ortsverweis als Strafe androht; denn 1596, 1634 und 1705 wurden in Bayern Rädelsführer mit Berufung auf die Carolina verurteilt.[60]

In die strafrechtliche Bewertung des Tatbestandes Rädelsführerei fließen Umstände ein, die nicht aus der einfachen Berücksichtigung der Tathandlungen des Beschuldigten resultieren, sondern von der Art des Delikts, dessen Agitator der Rädelsführer angeblich war, abgeleitet werden. Das Vergehen der Rädelsführerei bezieht sich notwendig auf ein zweites Delikt, nämlich auf den Aufstand der Untertanen, den der Rädelsführer maßgeblich verursacht haben soll.

»Aufstand« aber war nicht gleich »Aufstand«. Dieses Vergehen konnte in schwerer und in minder schwerer Form begangen werden. In der historischen Strafrechtswissenschaft wird die Ansicht vertreten, Artikel 127 der Carolina begreife den Urheber eines schweren staatsverbrecherischen Aufruhrs nicht mit ein, sondern sanktioniere das Vergehen eines Rädelsführers, der einen Aufstand eher geringerer politischer Gefährlichkeit verursacht habe.[61] Man sieht in Artikel 127 einen jurisdiktionellen Fortschritt, weil der dort erfaßte Tatbestand dem alten umfassenden und ungefügen römisch-rechtlichen Majestätsdelikt entzogen worden sei, und vermutet aufgrund der Ausführlichkeit der Tatbestandsbeschreibung im Gesetz, daß es sich dabei um ein Produkt aus neuerer Zeit gehandelt haben müsse. Diese Annahme ist von anderer Seite als zutreffend erwiesen worden, wobei die Neuartigkeit der Aufstandsgesetzgebungstätigkeit deutscher Obrigkeiten um 1500 als Reaktion auf die vermehrten Untertanenaufstände der Zeit und als Bemühen um deren Kriminalisierung erklärt wird.[62] Die Unterscheidung zwischen einem Aufstand staatsverbrecherischer und einem eher polizeideliktischer Art wird vor allem mit der »milden« Strafe begründet, die Artikel 127 verglichen mit Artikel 124 der Carolina ausspricht. Artikel 127 sieht, wie gesagt, im Höchstfall die Enthauptung des Delinquenten vor, während Artikel 124 den »Verräter« mindestens mit Vierteilung, die Verräterin mit Ertränken, bedroht. Die Vierteilung gilt als die härteste Strafe und die Verräterei, die sie ahndet, als das schwerste Verbrechen nach deutscher Rechtsvorstellung.[63] Verräterei umfaßte politische Vergehen und Untertanendelikte, sie konnte aber auch an Privatpersonen begangen werden.

In einer bayerischen Rechtsquelle wird Verräterei als politisches Vergehen ebenfalls angesprochen, und zwar bei Aufzählung der Viztumhändel, deren Bestrafung Sache des Landesherrn oder seines Vertreters, des Viztums war, in der Landesfreiheitserklärung von 1508. In Artikel 16 heißt es lapidar: »Wer wider sein herrschaft, obrigkeit oder den landfriden verräterey yebet und getriben hat.«[64] Wie das Vergehen näherhin aussah oder welche Folgen und Strafen es nach sich zog, wird nicht gesagt. Aber anders als die Rädelsführerei gemäß der Landes- und Poli-

zeiordnung und anders als in Artikel 127 der Carolina konnte das Delikt der Verräterei von jedem einzelnen oder auch von einer Menge, nicht nur vom Agitator, begangen werden.
Der Satz in der Landesfreiheitserklärung und die beiden Artikel der Landes- und Polizeiordnung waren die einzigen Gesetzesstellen, in denen in Bayern bis zum Jahre 1751 und dem Erscheinen des »Codex iuris criminalis Bavarici« politische Delikte eine Regelung erfuhren. Das sogenannte »Zentraldelikt des politischen Strafrechts in der europäischen Rechtsgeschichte«[65], das »Crimen laesae maiestatis«, wird vor 1751 in Bayern nicht gesetzlich geordnet. Bei den Prozessen 1634 spielte das Majestätsdelikt auch keine Rolle. Mit verfassungsrechtlichen Rücksichten läßt sich diese verglichen mit der Mehrzahl der Staaten im Deutschen Reich ungewöhnliche Zurückhaltung nicht erklären; denn ganz abgesehen davon, daß schon Ende des 15. Jahrhunderts sogar Städte den Majestätsschutz für sich in Anspruch nahmen[66], besaß der bayerische Landesfürst seit 1623 die Kurwürde, die ihm ohne jedes Wenn und Aber den weitgefaßten Majestätsschutz des Kapitels 24 der Goldenen Bulle von 1356 sicherte.[67]

Die Durchsicht der strafgesetzlichen Bestimmungen legt es nahe, unterschiedliche Tatbestände für das Untertanendelikt »Aufstand« anzusetzen. Dieselbe Begehungsart, ein Aufstand, konnte als Verrätereidelikt ein schweres Staatsverbrechen oder als Tumult und Aufruhr eher ein Verstoß gegen die öffentliche Ordnung sein, und die Taten der Anführer waren entsprechend zu beurteilen, die Bestrafung der Rädelsführer demgemäß vorzunehmen. Die Rechtslage ist aber in der frühen Neuzeit mit der Erwähnung der gesetzlichen Vorschriften nicht vollständig erfaßt. Dafür ist es unumgänglich, das gemeine Recht und die wissenschaftliche Rechtslehre zu berücksichtigen. Denn die Juristen, die durch ihre Urteilsvorschläge den entscheidenden Einfluß auf den Ausgang eines jeden Strafprozesses ausübten, wurden seit langem am römisch-kanonischen-italienischen Recht ausgebildet und trafen ihre konkreten Entscheidungen nicht, ohne neben den Gesetzen die Lehrbücher, Kommentar- und Konsiliensammlungen ihrer Lehrer und Kollegen, das Corpus iuris civilis und das kanonische Recht zu Rate gezogen zu haben. Was dort ausgeführt und gelehrt wurde, hatte nicht weniger Rechtskraft als die Reichs- und Landesgesetze: Die 1634 zum Tode verurteilten Bauern wurden mit Berufung auf die »Lex Cornelia de Sicariis«, also ein Gesetz aus der Zeit vor Christi Geburt, gerichtet. Vieles, was mit Sicherheit längst dem Vergessen anheimgefallen wäre, überlebte durch das Kollektivgedächtnis der Wissenschaft die Jahrhunderte. Zur rechtlichen Beurteilung der Aufstandsproblematik trug das gelehrte Recht Wesentliches durch seine Rebellionsdefinition bei.

Der Rebellionsvorwurf, dem sich die Untertanen 1634 gegenübersahen, war im Strafverfahren nur mit dem Instrumentarium des gelehrten Rechts handzuhaben, auch wenn in der Anschuldigung selber deutlich ein vorwissenschaftliches Verständnis und ein umgangssprachlicher Begriff von Rebellion zum Ausdruck gekommen waren. Auf die Frage, was eine Rebellion sei, beanspruchte im 17. Jahrhundert die Wissenschaft die Antwort zu geben. Sie griff dabei zurück bis ins 14. Jahrhundert auf ein Edikt Kaiser Heinrichs VII., das 1313 in Pisa zur Bändigung der italienischen Städte erlassen und dem die sogenannte »Declaratio, quis sit rebellis« angefügt worden war, eine Erklärung darüber, wer als Rebell zu gelten habe.[68] Dieses kaiserliche Gesetz war in die Extravagantensammlung des »Corpus iuris« aufgenommen und von dem berühmten Rechtsgelehrten Bartolus von Sassoferrato 1355 im Auftrag Kaiser Karls IV. umfassend kommentiert worden.[69] Johannes Martin Ritter meint, 1313/55 sei Rebellion als neuer Begriff in die Lehre von den Staatsverbrechen eingeführt worden, und zwar neu im Hinblick auf die römisch-rechtliche Tradition und den sachlich rechtlichen Inhalt des römischen »Crimen laesae maiestatis«; inhaltlich bestünde das Neue in der Infiltration mit dem deutsch-rechtlichen Gedankengut über den Begriff der Infidelität.[70]

Merkmale der Rebellion blieben seither die offen vorgetragene Auflehnung von Treuepflichtigen oder Untertanen gegen den eigenen Herrn, insbesondere den Gerichtsherrn, die als Ausdruck treuebrüchiger und feindlicher Gesinnung sowohl mit Taten handelnd als auch durch Nicht-Tun, mit Ungehorsam und Unterlassen begangen werden kann. Rebellion war von Anfang an als Majestätsdelikt bezeichnet worden, sie hatte die Vorstellungen vom Crimen laesae maiestatis inhaltlich abgewandelt, und da sie sachlich dem politischen Verrätereidelikt nahestand, das ebenfalls durch treubrüchige, feindliche, hinterhältige Gesinnung – zusätzlich jedoch auch noch durch Feindbegünstigung – gekennzeichnet war[71], baute der Rebellionsbegriff eine Brücke zwischen den aus verschiedenen Wurzeln stammenden schweren Untertanendelikten.

Das Gesetz Kaiser Heinrichs und der Kommentar des Bartolus blieben Grundlage für jedermann, der sich gelehrt zum Thema Rebellion äußerte, und bald hatten sie auf diesem Weg Folgen für jedermann, der in der Praxis »rebellierte«. Die Rechtswissenschaft verwandelte sich die Definitionsgewalt über diesen zentralen Bereich des Herrschaftsver-

hältnisses immer weiter an. Im 16. Jahrhundert hatte sie ihn schon fest im Griff und lehrte, es sei niemand »vor einen Rebellischen« zu erachten – außer im Falle andauernder Offenkundigkeit –, ohne daß ein vorausgegangenes gerichtliches »ErklerungsUrtheil« ihn als solchen erkannt hätte.[72] Anfang des 17. Jahrhunderts verantworteten sich ganze Dorfgemeinden, etwa die Gemeinde Oberammergau, vor Gericht gegen den ihnen gemachten Rebellionsvorwurf.[73]
Rebellion war im allgemeinen kein Individualdelikt, sondern als eine Form von Aufstand ein Gruppenvergehen. Das wirft die Frage der strafrechtlichen Haftung der beteiligten Menge auf, zumal auch die Organisationsformen, wie Versammlungen und Bündnisse, die für das gemeinsame Handeln einer Gruppe unerläßlich sind, in der frühen Neuzeit fast überall verboten oder doch an restriktive Voraussetzungen geknüpft waren. Gesetzliche Grundlage des Bündnisverbotes im Reich stellt Kapitel 15 »de conspirationibus« der Goldenen Bulle von 1356 dar.[74] In der ständigen Wahlkapitulation der deutschen Könige und in vielen Landesordnungen wird es zudem ausgesprochen. In den Prozessen 1634 wurde auf Kapitel 15 der Goldenen Bulle Bezug genommen.[75]
Die Bestrafung von Gemeinschaften oder Korporationen war gemeinrechtlich an sich nicht gestattet, da die Gefahr, Unschuldige mit zu bestrafen, vermieden werden sollte. Aber diese Regel galt nicht für Untertanenaufstände, hier konnten alle Beteiligten zur Verantwortung gezogen werden.[76] Doch unterschied sich die Strafe für die Menge von der für ihre Führer. Nur für die Rädelsführer waren die peinlichen Strafen in den Gesetzen vorgesehen.[77] In der Praxis verfuhr man, wie Anton Wilhelm Ertl Ende des 17. Jahrhunderts feststellte, meist nach der Regel »Geld von allen, Köpfe von wenigen, Furcht für alle«[78], oder die Obrigkeit nützte gleich die günstige Gelegenheit, der Menge gegenüber ihre »Gnade« zu demonstrieren und die Last der Sühne mit um so schrecklicherer Strafe den wenigen Rädelsführern aufzuladen.

Die Prozesse in Burghausen und Wasserburg im Frühjahr 1634 waren peinliche Prozesse und nur gegen die als Rädelsführer verdächtigten Personen gerichtet. Daß man die Menge, in diesem Fall Zehntausende von Untertanen, gerichtlich nicht belangen konnte, versteht sich von selbst. Auch wäre ein solches Vorgehen für die Obrigkeit kaum opportun gewesen. Die Beurteilung der Rädelsführervergehen hing entscheidend von der Bewertung des Aufstands ab, bei dem sie begangen worden sein sollten.
Der Streit zwischen der Regierung Burghausen und dem Landesfürsten entbrannte auf Grund ihrer unterschiedlichen Einschätzung dieses

Faktums. An der Tatsache des Aufstands selbst war nicht zu rütteln, man bedenke nur die Vorfälle im Dezember und im Januar, angefangen von der Nichtbefolgung der landesherrlichen Fuhrfrongebote über die Quartierverweigerungen, die selbstorganisierten militärischen Aufgebote bis zu den zahlreichen bewaffneten Versammlungen und der Austreibung landesfürstlichen Militärs. Der »auflauff der underthanen« war evident, als Aufstand waren die Vorgänge »notorisch«. Selbst die Regierung Burghausen sprach in ihrem Hauptbericht, dem Anti-Rebellions-Traktat, und in den Einzelgutachten vom »Paurnaufstandt« oder »Paurnauflauf«. Die Frage war nur, ob die Ereignisse deshalb schon zu den »hechststraffmessigen vnd notorischen rebellionsfällen« zu zählen waren, wie es für den Kurfürsten von Anbeginn gewiß und durch Notorität auch erwiesen war.
Hier setzte die Regierung Burghausen an und machte ihrem Landesfürsten einen Strich durch die rasche Rechnung. Sie verwendete denselben schlichten Beweisweg, um genau das Gegenteil zu belegen. In ihrem Hauptbericht eröffnete sie die Widerlegung des Rebellionsvorwurfs mit der Feststellung, es wäre »diser orthen herumb notorium vnd kundbar, daß vorbesagter tumult oder auflauff der vnderthanen, weder wider Eure Churfürstliche Durchlaucht als ihren von Gott vorgesezten Landsfürsten vnd Herrn, noch auch dern nachgesezte beambten vnd obrigkhaiten im geringsten nit gemaint« gewesen sei. Mit dem Satz waren die wesentlichen Definitionsmerkmale des Rebellionstatbestandes aufgegriffen und ihr Vorhandensein zugleich bestritten: Das Tun der Untertanen war nicht »wider« ihren eigenen Herrn gerichtet gewesen, es stellte keinen Angriff auf die eigene Obrigkeit dar. Dergleichen hätten die Untertanen »im geringsten nit gemaint«, das hatten sie nicht beabsichtigt, nicht gewollt, ihre Intentionen zielten nicht in diese Richtung. Ein Aufstand muß, um als Rebellion bezeichnet werden zu können, von Untertanen gegen die eigene Obrigkeit gerichtet sein und nicht gegen einen Dritten oder überhaupt ganz anderen Zielen dienen.
Die Argumentation der Regierung konzentrierte sich auf die Untersuchung und Darstellung des Willens, der Absichten und Ziele, die hinter den Taten der Untertanen ihrer Meinung nach standen. Für die strafrechtliche Haftung spielten damals offenbar der freie Wille des Täters, seine Absicht und der Vorsatz, eine Tat zu begehen, sowie im Rebellionsfall insbesondere die aufrührerische, feindliche Gesinnung eine entscheidende Rolle. So behaupteten die Räte, von einem freien Entschluß der Untertanen zum Aufstand könne in den von ihnen untersuchten Fällen nicht die Rede sein, und insofern wäre es auch nicht möglich, davon auszugehen, hier seien rebellische Vorhaben geplant

gewesen; denn die Untertanen seien zum Handeln gezwungen worden. Dabei habe es sich um einen doppelten Zwang gehandelt, einmal waren es die befürchteten, und zwar zu Recht befürchteten katastrophalen Zustände, die über das Land hereinzubrechen drohten, die die Menschen zum Handeln und in den Aufstand getrieben hätten, und zum anderen waren es häufig die Drohungen der Nachbarn, die sie zum Anschluß an die Bewegung nötigten. Zwang verhindere bekanntlich in Zivilsachen die Rechtsgültigkeit eines Vorgangs, und es sei nicht einzusehen, wieso dies in Kriminalfällen anders sein solle; denn was aus berechtigter, hier aus zweifach berechtigter Furcht, also iusto metu, getan würde, sei rechtlich allemal ungültig. Ein freier Wille käme in den Taten der Untertanen nicht zum Tragen, und ebensowenig ein Wille in Form eines Vorsatzes, ein Verbrechen begehen zu wollen; es fehle der animus delinquendi.

Zum vollen Delikt gehörten nach gemeinrechtlicher Lehre die Tat und der Vorsatz, nur wenn beides zusammenkam, traf den Täter die volle Strafe des Gesetzes, während andernfalls eine Ermessensstrafe ausgesprochen werden konnte. Die fehlende Vorsätzlichkeit erfordere also im vorliegenden Aufstandsfall sowieso das Aussetzen der Normalstrafe und gestatte, wenn überhaupt, allenfalls die Anwendung der milderen poena arbitraria. Vor allem aber und am gründlichsten ließ sich die Regierung darüber aus, daß es bei den Aufständischen an der Absicht zu rebellieren vollkommen gefehlt habe. Weder wären die Untertanen dem Fürsten feindlich gesonnen gewesen, noch hätten sie ihn oder den Staat angreifen wollen. Es gäbe beispielsweise auch keine Traktate oder Schriften, die einen Angriff oder Umsturz des Gemeinwesens propagiert hätten. Der Tatbestand der Rebellion stand und fiel mit der Gesinnung der aufständischen Untertanen. Die große Bedeutung der Gesinnung für die Delinquenz gehört zu den überzeitlichen Eigenheiten politischer Vergehen. So steht man nicht an, die »staatsgefährdende Absicht« unserer Tage mit dem »animus hostilis«, einem zentralen Rechtsbegriff der gemeinrechtlichen Lehre von den Staatsverbrechen, zu vergleichen.[79]

Für ihre Sezierung des Rebellionsvorwurfs mit dem scharfen Besteck des gemeinen Rechts zogen die Räte der Regierung bekannte juristische Gewährsleute hinzu. Sie zitierten die in der deutschen Strafrechtswissenschaft wohl bekannten Italiener Baldus, Tiberius Decianus und Jacobus Menochius sowie die Deutschen Ludwig Gilhausen und Matthias Berlich.[80] Ihr Kronzeuge aber war der Franzose Nicolaus Boerius mit seiner um 1530 verfaßten Schrift »de seditionibus«. Ebenso wie der von den Räten auch herangezogene Konrad Braun bleibt er in der

strafrechtswissenschaftlichen Tradition hierzulande gewöhnlich unerwähnt.[81]
Als Rechtsquellen nennen die Räte beiläufig das »Corpus iuris civilis« und das »Corpus iuris canonici«, die Carolina, die Goldene Bulle und die bayerische Landes- und Polizeiordnung von 1616, aber auf diesbezügliche Vollständigkeit wurde ganz offensichtlich kein Wert gelegt.

V. Mit Hilfe der »allgemeinen geschribnen rechten, vnd denselben lehrern, so von disem crimine ex profess schreiben«, hatten die Räte ihre Rechtsmeinung abgesichert und für erwiesen erachtet, daß der jüngste Aufstand nicht »pro vera et formali seditione zu halten, per consequens... mit der ihenigen straff, so in peinlichen rechten auf dergleichen verbrechen gewibmet« nicht geahndet werden könne. Aber dabei ließen sie es nicht bewenden. Nachdem sie die Rebellion argumentativ zum Aufstand heruntertransformiert hatten, gingen sie daran, nun den Aufstand als eine gerechtfertigte Tat darzustellen. Sie waren ja von den Aufständischen überzeugt worden, daß die Untertanen ihr Tun sehr wohl begründen und legitimieren konnten. Sie hatten deren Argumente verstanden, sie teilten offensichtlich deren Rechtsüberzeugung, und sie waren daher in der Lage, den einfachen, aber grundsätzlichen Aussagen der Bauern und Bürger die Sprachform und den Gedankenrahmen zu geben, die das Gewicht und die Reichweite der bäuerlichen Aufstandsbegründung erst klar erkennbar machten. Sie griffen auf die Grundsätze des christlichen Naturrechts zurück.
Das zentrale Argument der Bauern, mit dem sie ihr Handeln und ihre Weigerungen begründeten, konnte schon bei Ausbruch der Auseinandersetzungen vernommen werden. Sie vermochten es nicht, die geforderten Fuhrfronen zu leisten, sagten die Klinger am 2. Dezember 1633, denn sie müßten zum Schutz ihrer Häuser daheim bleiben. Entsprechend lautete die Parole, mit der in den folgenden Tagen in den Gemeinden für den Anschluß an die Bewegung geworben wurde, die Nachbarn sollten »eines aufstandts mit zusein, sich vnd das irige zuretten und den schedlichen soldaten widerstand zuthuen«[82]. Die meisten Untertanen, so erfuhren die Räte bei den Verhören, waren entschlossen gewesen, »sich ehender beysammen vnd auf dem hauffen erschlagen zu lassen, dann daß sie mit heryberlassung der soldaten solliches ehlendt an ihren weib und khünden, hauß vnd hoff ansehen sollen«, wie es ihnen durch die glaubhaften Schreckensschilderungen ihrer Nachbarn im Westen bekannt war.

Die Untertanen hatten sich, so übersetzten die Räte, in »äußerster Not« und aus »berechtigter Furcht« versammelt, und sie hatten zu den Waffen gegriffen, um »ihr leib und leben wie auch hauß und hof zu erhalten«. Sie wollten sich selbst schützen, ihre Familien und Höfe verteidigen, sie sorgten sich um den Erhalt ihrer eigenen Existenz. Hier und sonst nirgendwo ist das Motiv für ihre Taten zu suchen. Eine vernünftige und einigermaßen erfolgversprechende Selbstverteidigung ist aber nur möglich, wenn man sich organisiert. Die Bauern mußten also Versammlungen und Beratungen abhalten, sie mußten sich bewaffnen und in Haufen zusammenfinden, die Aufgebote und der Glockenstreich waren notwendig gewesen. Auch wenn der einzelne nur sich und die Seinen hätte retten wollen, so erforderte dieses Ziel doch die Ausdehnung der Maßnahmen auf die weitere Umgebung, den Einbezug einer größeren Region in die Pläne, die Organisierung des Unternehmens als Schutz der Heimat. Man würde dem Tun der Untertanen nur gerecht, wenn man zugestünde, daß sie der Überzeugung gewesen wären, nicht gegen, sondern für den Staat zu handeln, wenn sie die Heimat verteidigten – sie wären »darein gangen, quasi non contra sed de republica sit, regionem defendere, et armis tueri«. Das Unternehmen war von keiner anderen Absicht getragen gewesen, als dem Willen von Bauer und Bürger, sich selbst zu verteidigen; es war keine andere Maxime verfolgt worden als die »defensio sui et rerum suarum«.
Die Selbstverteidigung aber ist ein Recht, das die Natur gewährt: »defensio quippe est iuris naturalis.« Die Selbstverteidigung ist von Natur erlaubt, »cum defensio de naturali licita«. Die Räte griffen auf einen naturrechtlichen Grundsatz zurück und verwiesen dabei auf das »Corpus iuris civilis« und auf das kanonische Recht. Die Gültigkeit dieser Vorstellung war für sie und ihre bayerischen Zeitgenossen über jeden Zweifel erhaben. Eine Handlung war erst strafbar, wenn sie »terminos defensionis« überschritt – so setzten die Räte die Grenzen, jenseits derer sie Vorfälle während des Aufstands zu strafen bereit waren – oder wenn mit dem »Mantel der Defension« die Rebellion verdeckt werden sollte, wie Kurfürst Maximilian argumentierte.
Das Recht der Selbstverteidigung aber mußte immer und überall anerkannt werden, weil es von Gott durch die Natur den Geschöpfen mitgegeben, in sie hineingelegt worden war. Das Recht, sich zu verteidigen, gehörte zu jenen Rechten und Pflichten, die so allgemeiner und grundsätzlicher Art waren, daß die Natur nicht nur die Menschen aller Rassen und Völker, sondern auch ihre Mitgeschöpfe, die Tiere, damit ausgestattet hatte. Die allergemeinsten Grundsätze des Naturrechts

waren den Geschöpfen gemeinsam. Das spätantike Naturrecht, wie es im »Corpus iuris civilis«, und das christliche Naturrecht, wie es im »Corpus iuris canonici« Niederschlag gefunden hatte, nehmen dieselbe Einordnung des Menschen unter die Kreatur vor, und zumindest in den ersten beiden neuzeitlichen Jahrhunderten folgte man in Bayern ohne Bedenken dieser Sehweise. Erst Kreittmayr Mitte des 18. Jahrhunderts glaubte, Ulpian wegen der Albernheit, den Tieren Rechte eingeräumt zu haben, tadeln zu müssen.[83]

Für die erste Hälfte des 17. Jahrhunderts galt noch, was Andreas Perneder einhundert Jahre zuvor gesagt hatte.[84] Seine Bücher über Recht und Gericht erreichten eben damals ihre weiteste Verbreitung. »Den Pernedern« pflegen die bayerischen Gerichtsbeamten auf dem Lande »gemainikhlich« zu lesen, wird 1608 im Münchner Hofrat zufrieden konstatiert[85], und im Vorwort zur Neuauflage 1614 wird sogar behauptet, die Beliebtheit der Pernederschen Bücher sei derart groß, daß man sie nicht nur in jeder Bibliothek, sondern schier gar in jedem Hause vorfände.[86] Andreas Perneder aber erläutert in seinen Institutionen wie »deß natürlichen Rechtens... nicht allein die Menschen, sondern gemeinigklich alle vnvernünfftige Thier... von der Natur vnderwisen vnd theylhafftig gemacht wären«. So sei auch »einer jeden lebendigen Creatur eingeben, von Natur sich selbst, auch sein Leib vnd Leben zubeschützen, das, so ihme schädlich abzulainen,vnd sonst, was er zu Auffenthalt seines Lebens nottürfftig, als Nahrung vnd waid, Underschleiff vnd Herberg zu suchen und vberaiten«. Ergänzend kommt er bei Erörterung des Völkerrechts, das allen Menschen ebenfalls von Natur gegeben ist und das die »nothtürfftige Gegenwehr« gestatte, zu der summierenden Aussage, »dann was jemandt zu Schutz und Rettung seins Leibs oder Guts fürnimbt oder thut, darinn ist er billich ohn Straff«.[87]

Der Einbezug der Tiere in das Recht dient argumentativ in der Praxis dazu, den Geltungsanspruch dieser Rechtsgrundsätze für den Menschen mit um so größerer Schärfe betonen zu können. Das Würmlein, das sich unter dem Druck eines gewaltigen Tieres krümmt, und nicht einfach töten läßt, wurde zur Legitimationsmetapher für das Recht des Menschen zur Selbstverteidigung, zur Selbsthilfe, zu Notwehr und auch zum Widerstand. Dietrich von Plieningen war damit bei den scharfen Auseinandersetzungen im bayerischen Landtag im Sommer 1514 den Herzögen entgegengetreten: »Der Babst vnnd Kayser mögen den vnnderthanen Jus naturale & Jus gentium, das nattürlich Recht vnnd das menschlich Recht, das aus der nattur genomen, nit benemmen, ob sy es aber vnnderstuenden, so seind die vnnderthanen solches zugedulden nit schuldig. Defensio ist den vnderthanen von natur zugelassen, vnnd mögen sich dagegen sezen. So ain klain würmlein von ainem gwaltigen Thier gedruckht wirdet, so khrymbt es sich von nattur, das ist dem menschen auch zugelassen.«[88] Ähnlich argumentierten Georg Erasmus Tschernembl während des oberösterreichischen Bauernkriegs 1597 und die aufständischen oberösterreichischen Bauern in ihrem Schreiben an den Kaiser im Juli 1626.[89]

Das Recht, sich selbst zu verteidigen, das die Natur den Menschen und den Tieren gab, folgt zwingend aus ihrem Recht auf Leben. Sich verteidigen ist ebenso natürlich, wie sich ernähren, ist eine andere Form des Selbsterhalts. Bei Perneder ist zu sehen, wie zwanglos das Recht der Kreatur, sich selbst zu beschützen, neben das Recht, für seine Nahrung zu sorgen, gestellt ist, beide sind eben die zwei Seiten einer Medaille. Bei Kreittmayr findet sich dieselbe Verbindung in der Beschreibung der christlichen Pflichtenordnung, als welche er die Sozialordnung versteht: »Nach den Pflichten gegen Gott sind die gegen uns selbst die allernächsten, welche wir mit dem Recht der Natur zu beobachten haben.« Diese Pflichten gegen uns selbst sind das »Notwehrrecht«, der Wille zum Guten, die Pflicht, sein Leben, seine Gesundheit zu erhalten und für die eigene Notdurft zu sorgen.[90] Das natürliche Recht der Defension, das dem Menschen gegeben ist, erwächst ausschließlich aus seinem Recht auf Leben, ist von seiner Herkunft und in seinem Wesen auf die Situation des kreatürlichen Menschen bezogen. Erst in Ableitung davon erreicht es auch Bedeutung im Herrschaftsverhältnis. Die natürliche Defension hat statt, wenn der Mensch, sein Lebensunterhalt, seine Familie, Haus, Hof und Heimat in Gefahr sind, wenn der »Exitial-Untergang« der »Provinz« droht, wie im bayerischen Bauernkrieg 1705/06 geklagt wurde.[91] Geht diese Gefahr von der eigenen Obrigkeit aus, dann greift dieses Recht auch gegenüber der eigenen Obrigkeit. Worauf es aber ankommt, ist zu erkennen, daß nicht das Handeln oder Unterlassen der Obrigkeit der Ausgangs- und Angelpunkt für das Tun der Untertanen war, sondern deren eigene Situation, die Betrachtung ihrer eigenen Lage. Unsere herrschaftsbesetzte Sehweise verführt dazu, Untertanen immer als auf Obrigkeit reagierend wahrzunehmen, aber so weit war es damals möglicherweise noch nicht. Der Mensch war erst in zweiter Linie Untertan oder Obrigkeit, zuerst stand er auf seinem Platz in der göttlichen Schöpfungsordnung.

Der Begriff »Defension« war in der frühen Neuzeit sehr positiv besetzt, wobei ein Teil dieser positiven Konnotation sich der Negativbesetzung des Gegenbegriffs »Offension« verdankt. Der Defension entsprach als Mittel der Auseinandersetzung das »Wort«, der Offension die »Tat«. Im Streit kam es darauf an, die Rolle desjenigen einzunehmen, der gezwungen ist, sich zu verteidigen. In den frühneuzeitlichen Staaten und Herrschaften diente dem Zweck, den Menschen ihre ungehinderte Defension zu ermöglichen und zu gewährleisten, ein gut organisiertes und fest institutionalisiertes Beschwerde- und Supplikenwesen.[92] Beschwerden und Bitten waren das verbreitetste Mittel der Defension. Natürlich wurde auch der Gerichtsweg zu diesem Zweck beschritten. Diese beiden Wege waren die favorisierten Wege der Defension ohne »Tat«.

Wesentlich spannungsreicher stellt sich die Defension durch Tun oder Nicht-Tun, nämlich die Notwehr dar. Im engeren strafrechtlichen Sinne gab es seit dem Mittelalter im gemeinen Recht, auch in der Carolina beispielsweise, Notwehrbestimmungen für die spontane Abwehr eines lebensbedrohlichen Angriffs.[93] Ein Recht auf Notwehr im Falle allgemeiner Existenzbedrohung und eines allgemeinen Notstandes, wie es 1633/34 in Anspruch genommen wurde, war nirgends gesetzlich geregelt, sondern bezog seine Legitimation aus dem Naturrecht der »defensio sui et rerum suarum«. Das war das Recht auf Selbsthilfe, das aufgrund der Pflicht zur Selbsterhaltung notwendig und gerechtfertigt war. Seine Inanspruchnahme konnte rasch und auf verschiedene Weise zur Kollision mit der Obrigkeit führen. Denn obrigkeitliche Gebote und Forderungen, die die Wahrnehmung des vordringlichen Existenzschutzes gefährden konnten, wurden als zweitrangig hintangestellt, nichtbefolgt und nicht erfüllt. Die Scharwerks-, Kontributions- und Quartierforderungen des Landesherrn, die zu erheben er ebenso berechtigt war wie die Untertanen schuldig ihnen nachzukommen, verfielen der Ablehnung mit Rücksicht auf die höhere Dignität des Selbsterhalts der Untertanen. Erst in dieser nachgeordneten und abgeleiteten Weise wurde das Tun der Bauern und Bürger Widerstand gegen Obrigkeit.[94]

Wolfgang Behringer

Mörder, Diebe, Ehebrecher

Verbrechen und Strafen in Kurbayern vom 16. bis 18. Jahrhundert

I. Im Jahre 1748 hat Montesquieu in seinem »De l'esprit des loix« die genaue Kenntnis des Standes der Kriminaljustiz eines Landes als unverzichtbar bezeichnet.[1] Er sprach diesem sensiblen Bereich, in dem die Gesellschaft bzw. deren herrschende Klasse unerwünschte Verhaltensweisen sanktioniert, eine Indikatorfunktion zu. Und er verwies auf die Geschichtlichkeit des oft für unabänderlich betrachteten Bereichs der »Verbrechen und Strafen«[2]. Wie veränderlich dieses weite Feld ist, möchte ich im folgenden kurz am Beispiel des Kurfürstentums Bayern zeigen. Selbst die Betrachtung eines relativ kurzen Zeitraumes zeigt eine atemberaubende Verschiebung dessen, was von einer Gesellschaft als »kriminell« betrachtet wurde, verdeutlicht auch die Diskrepanz zwischen unterschiedlichen gesellschaftlichen Gruppen und Klassen, wie die jeweiligen Delikte zu sanktionieren seien.[3]

Die historische Kriminologie der deutschen Territorien der frühen Neuzeit ist immer noch praktisch unbekannt.[4] Historiker stehen deshalb literarischen Zeugnissen relativ hilflos gegenüber. Ein Beispiel: In dem Roman »Faustin« heißt es über die Wirklichkeit der Strafjustiz des Kurfürstentums Bayern im Jahrhundert der Aufklärung: »Um sich zu zerstreuen nahm er das kurfürstlich privilegierte Intelligenzblatt vor sich, in der Hoffnung, irgendeine Anstalt zu finden, die dem philosophischen Jahrhundert Ehre mache. Himmel! Welch ein Grauen überfiel ihn, als er in einem aktenmäßigen Aufsatz eines ansehnlichen Kavaliers las, daß in der einzigen Regierung Burghausen vom Jahr 1748 bis 1777 11000 Menschen durch den Henker hingerichtet worden, ›von Rechts wegen‹. Er erinnerte sich, daß im Jahr 1748 das philosophische Jahrhundert anfange.«[5]

Zahlreiche Details des Romans lassen eine gute Kenntnis der regionalen Verhältnisse erkennen. Doch in welchem Verhältnis stehen »fiction« und »facts«? Das Zitat setzt sich fort wie folgt: »Den wohltätigen Einfluß der Göttin Gerechtigkeit näher zu beleuchten, zog er folgenden Kalkül: Wenn in Burghausen innerhalb 28 Jahren 11000 Menschen nach aller Form rechtens sind erwürgt worden, so muß man im gleichen Zeitraum nach Proporzion der Größe auf Straubingen wenigst 12000,

auf Landshut 12000 und auf München 15000 Malefikanten rechnen. Dieß zusammen gibt also in Zeit von 28 Jahren ein Sümmchen von 60000 gesetzlichen Morden.
Fährt man die noch übrigen zwey Drittheile des Sekulums mit gleichem Eifer fort, der blinden Göttin zu Opfern, so haben wir von 1748 bis 1848, im ganzen philosophischen Jahrhundert, in einem Ländchen von 729 Quadratmeilen nicht weniger als 220000 Menschen sämtlich geköpft, gehenkt, gerädert, verbrannt, geviertheilt, mit Pferden zerrissen. etc., ...« Diese provozierende Hochrechnung des Schriftstellers Johann Pezzl (1756–1838), jährlich mehr als 2000 Hinrichtungen in einem Territorium, widerspricht unserer Vorstellung von den Jahrzehnten der deutschen Hochaufklärung. Sie entspricht auch nicht dem, was wir in den letzten Jahren aus der angelsächsischen »history of crime and punishment« gesehen haben[6], oder den in Richard van Dülmens »Theater des Schreckens« zusammengefaßten Hinrichtungszahlen deutscher Städte.[7] Vieles deutet dort auf einen Rückgang der Todesurteile in West- und Mitteleuropa seit etwa 1600 oder 1630 hin. Behauptungen wie der von Pezzl haben wir jedoch wenig entgegenzusetzen, denn Untersuchungen zur Praxis der territorialen Kriminalität und Strafjustiz gibt es in Deutschland bisher kaum.[8]

Ich möchte im folgenden versuchen, das Feld der historischen Kriminologie[9] für eines der größeren deutschen Territorien zu umreißen. Dabei folge ich nicht der Theorie, das strafrechtliche Normensystem sanktioniere schlicht »abweichendes Verhalten«[10], aber auch nicht dem Konzept des »social crime«, wie es von Eric J. Hobsbawm und Edward P. Thompson[11] entwickelt worden ist. Bei allem Klassencharakter[12] sind doch nicht alle Verbrechen Folge einer unsozialen Gesetzgebung, wie John H. Langbein in seiner Kritik an dem berühmten Sammelband »Albion's Fatal Tree«[13] hervorgehoben hat.[14] Selbst wenn man »Verbrechen« im weitesten Sinn als sozial determiniert begreift, gibt es einen Kernbestand an Delikten, der – wie zum Beispiel vorsätzlicher Mord – von jeder Form menschlicher Gesellschaft sanktioniert werden dürfte, wenn auch nicht stets in Form eines institutionalisierten Strafrechts.[15]
Die Orientierung an vorgegebenen Interpretationsrastern verbot sich bei meiner Untersuchung allein schon aus dem Grund, weil ihr Zweck die Herausarbeitung langfristiger Verschiebungen im »Verbrechensgefüge« und Normensystem einer deutschen »Gesellschaft« sein sollte. Als Historiker muß man dabei primär von den Quellen ausgehen, sie dienen als Prüfstein für die vorhandenen Theorien. Als Arbeits-

hypothese diente die Vermutung, daß Normwandel und Änderungen im Verbrechenstableau in Wechselwirkung zueinander stehen, dabei aber durchaus gemeinsam von weiteren Faktoren abhängig sein können. Daher war es notwendig, sowohl Veränderungen im ideologischen als auch im sozialen Bereich in die Überlegungen einzubeziehen, also einen quantifizierenden mit einem hermeneutischen Ansatz zu verknüpfen.[16]

II. Das Herzogtum beziehungsweise seit 1623 Kurfürstentum Bayern eignet sich für eine solche Fragestellung. Aufgrund seiner historischen Identität stellt es eine untersuchbare Einheit dar. Die »bayerische Rechtsgeschichte« gilt als ein »in sich abgeschlossenes Forschungsgebiet«[17]. Man hat nicht versäumt, darauf hinzuweisen, daß »gerade im strafrechtlichen Gebiet eine besonders bedeutsame Differenz zwischen Gesetz und Anwendung« zu beobachten ist, daß eine nur an der Gesetzgebung orientierte Darstellung »weit... an der Wirklichkeit vorbeigehen kann« und damit zur reinen »Fiktion« zu werden droht.[18] Trotzdem beschäftigte sich die Rechtsgeschichte vornehmlich mit den normativen Quellen. Hier zeigt Bayern tatsächlich ein hohes Maß an Eigenständigkeit. Die regionale Rechtstradition umspannt von der frühmittelalterlichen »Lex Baiuvariorum« bis zum oberbairischen Landrecht Kaiser Ludwigs des Bayern von 1346[19] und der niederbairischen Landesordnung Herzog Heinrichs des Reichen von 1474 das ganze Mittelalter. Nach der 1505 erfolgten Wiedervereinigung der Landesteile (Herzogtümer Oberbayern und Niederbayern) wurde an einem einheitlichen Landesrecht gearbeitet, das auf den Landtagen des frühen 16. Jahrhunderts zur Verabschiedung kam. Ergebnis war die »Landesordnung« von 1516[20], die 1520, 1553 und 1578 reformiert wurde und sich auf die gesamte Landes-»policey« bezog.[21] Eine umfassende neue Kodifikation erfolgte mit dem »Codex Maximilianeus« von 1616, der 1657 auch für die Oberpfalz Gültigkeit erlangte.[22] Eine dritte Rechtskodifikation erfolgte Mitte des 18. Jahrhunderts mit dem Gesetzeswerk des Staatskanzlers Kreittmayr.[23] Parallel dazu erfolgte die Kodifikation des Strafrechts: Zunächst in der »Reformation der baierischen Landrechte« von 1518[24], dann in der Malefizprozeßordnung von 1616[25] und schließlich im »Codex Juris Bavarici Criminalis« von 1751[26], der bis zur grundlegenden Strafrechtsreform von 1813 Gültigkeit haben sollte.[27] Zu den jeweiligen Gesetzgebungen existierten Erläuterungen in Form von Gesetzeskommentaren der jeweiligen politischen Führungen des Landes.[28]

Die Strafgerichtsbarkeit weist in Bayern seit dem Entstehen des Territorialstaats im 12. Jahrhundert stark zentralistische Züge auf. Bereits die »Ottonische Handfeste« von 1311 legte fest, daß »die drei Fälle, die an den Tod ziehen, Diebstahl, Totschlag, Notnunft, Straßenraub« dem Herzog zur Entscheidung vorbehalten blieben.[29] Die Blutgerichtsbarkeit war seit dem 14. Jahrhundert unbestrittenes herzogliches Reservatrecht im Territorium. Die drei ursprünglichen »Fälle« wurden als Typen verstanden, die für die Gesamtheit der peinlichen Gerichtsbarkeit standen. Bis zum 16. Jahrhundert wurde ein Katalog todeswürdiger Verbrechen zusammengestellt, die sogenannten 20 »Viztumshändel«[30]. Zu Beginn des 16. Jahrhunderts existierte eine straffe Justizadministration, die eine Behandlung dieser Kriminalfälle durch die Landgerichte von der Entscheidung der Oberbehörde abhängig machte«[31]. Die Landrechtsreformation von 1518[32] enthält das sogenannte Folter-Interlokut, das die extensive Folteranwendung des Spätmittelalters drastisch eindämmte: Landrichter durften die Tortur nur bei »Gefahr im Verzug« selbst anordnen. Ansonsten entschied allein die Oberbehörde über die Anordnung der Tortur, das heißt, sie kontrollierte den Strafprozeß von einem relativ frühen Stadium an.[33] Feudale Gerichtsbarkeiten gab es innerhalb des Landes auf der Hochgerichtsebene nicht mehr, es war ein großer geschlossener Rechtsbezirk. Feudalherren und Klöster hatten jeden Kriminalfall an das zuständige Landgericht auszuliefern, nur einige größere Städte besaßen Sonderrechte.[34] Spätestens zu Beginn des 17. Jahrhunderts wurden die letzten Relikte selbständiger Urteilsschöpfung ehemaliger Hochgerichtsbezirke innerhalb des Territoriums beseitigt.[35] Eine Beweiswürdigung oder Urteilsschöpfung durch Schöffen oder Universitätsgutachten war in Bayern nicht üblich. Der Hofrat war das zentrale und entscheidende Gremium für die Strafgerichtsbarkeit. Eine Appellationsmöglichkeit an eine höhere Instanz innerhalb oder außerhalb des Landes bestand nicht.[36]

Aufgrund der Größe des Landes gliederte sich die Justizadministration in ca. 100 Landgerichte, die in vier »Viztums« (= vicedominus)-Bezirken zusammengefaßt waren. Sie wurden von den später sogenannten »Regierungen« (in Burghausen, Landshut und Straubing) überwacht, im Rentamt München war die Regierung mit dem Hofrat identisch. Alle Regierungen waren politisch dem Hofrat in München weisungsgebunden. Im Rahmen ihrer strafrechtlichen Tätigkeit waren sie jedoch keine Mittelbehörden, sondern infolge ihres Vikariats höchste Instanz.[37] Zwar konnte der Hofrat theoretisch jedes Verfahren direkt an sich ziehen, doch nur ausnahmsweise baten die Regierungen den Hofrat um Rat, beispielsweise in besonders schwierigen Hexenprozessen.[38] Größter Regierungs- beziehungsweise »Rentamts«-Bezirk war Oberbayern (= »Rentamt München«). Er unterstand mit seinen 35 Landgerichten direkt dem Hofrat und bildete gleichsam dessen Experimentierfeld.[39] Nach jedem Verhör mußten die Landrichter die Prozeßakten vollständig einsenden und weitere Befehle abwarten. Die Urteile setzte im Rentamt München der Hofrat fest. Mit der Institutionalisierung des Bannrichter-Amts (seit 1584) konnte er die Erstellung des Endurteils delegieren, doch war auch dies nur ein formaler Akt: Prozeßakten und Bannrichtergutachten wurden vom Hofrat kontrolliert, und Fehler wurden gerügt. Landgerichte und Bannrichter waren nur ausführende Organe, entscheidend war die Zentralbehörde, der Hofrat.[40]

Grundlage meiner Untersuchung waren die weitgehend erhaltenen Protokolle dieses Hofrats.[41] Der Quellenbestand »Kurbayern Hofrat« (KHR) beginnt mit dem Jahr 1557, der erste Band umfaßt die Jahre 1557–1580.[42] Bis Ende 1606 finden sich aber nur wenige Kriminalfälle in den Protokollen, offenbar wurden die Bescheide des Hofrats nicht zentral aufgezeichnet, sondern mit den Akten mitgeschickt.[43] In den ersten Regierungsjahren Herzog Maximilians I. (1598–1651) setzte jedoch eine starke Verschriftlichung des Kriminalverfahrens ein. Nun ändert sich der Charakter der Protokolle, möglicherweise im Zusammenhang mit der Forderung der Landstände nach einer Reform des Justizwesens auf dem Landtag von 1605.[44] Im Anschluß an die Hofratsvisitation des Jahres 1606 wird mit Dekret vom 14. Oktober 1606 die Führung zweier vollständiger Protokolle angeordnet, eines Bescheidbuches (Beschlußprotokoll) und eines Sitzungs- oder Verlaufs-Protokolls.[45] Tatsächlich führten diese Dekrete zur Ausbildung einer effizienten Bürokratie: Seit dem Jahr 1607 besitzen wir für jeden Sitzungstag Protokollnotizen über jeden verhandelten Gegenstand[46], die Protokollbände sind relativ vollständig erhalten. In der Regel besteht ein Jahrgang der Protokolle aus vier Vierteljahresbänden plus zugehörigen Registern – ein wahrer Ozean an Quellenmaterial, der neben vielen anderen Materien sämtliche im Hofrat behandelten Kriminalfälle umfaßt. Erst nach dem Ende der Regierungszeit des Kurfürsten Max Emanuel (1679–1726) werden Einträge über Malefizfälle, also todeswürdiger Schwerverbrechen, in den Protokollen seltener, und man bekommt wieder Zweifel an der Verläßlichkeit der Einträge.[47] Die Hofratsprotokolle sind nicht sehr wortreich, aber sie vermitteln sichere Aufschlüsse über die wesentlichen Stationen aller Malefizverfahren von der Verhaftung bis zum Endurteil.[48] Die Hofratsprotokolle eignen sich von ihrer Qualität her zur statistischen Auswertung. Unberührt davon bleibt natürlich ein prinzipielles Problem der historischen Kriminologie: Gearbeitet werden kann nur mit dem Material, das aufgezeichnet wurde. Alle Zahlenangaben, müssen daher mit einer gewissen Vorsicht genommen werden.[49]

III.

Wie der Hofrat arbeitete, soll an einem Beispiel aus dem ersten vollständigen Protokollband kurz gezeigt werden: Anfang Januar 1607 wurde im Pfleggericht Reichenhall eine junge Frau namens Magdalena Pfränzlerin wegen »Verdacht eines verthonen Kinds oder abgetriebener Frucht« verhaftet. Abtreibung war nach der Reichsgesetzgebung (Art. 133 CCC) ein todeswürdiges Verbrechen, das dem »Malefizrecht« unterlag. Der Straftatbestand war in diesem Fall von Anfang an unumstritten. Der Pflegrichter von Reichenhall berichtete die Sachlage durch einen Boten umgehend an den Hofrat in München. Dieser beschloß aufgrund des Berichts, die Täterin zur Erfahrung der näheren Tathintergründe foltern zu lassen, konkret, »das er die verhaffte Pfränzlin auf ordentlich Interrogatoria an ort strenger frag mit anleg: und zutruckhung des Thaumbstocks ernstlich befrage, Ire aussagen ordentlich beschreibe und zu weiterem beschaid wieder überschicke«[50]. Der Bote ritt mit diesem Befehl von München zurück nach Reichenhall. Der Pflegrichter führte den Befehl aus. Er entwarf ein Frageschema, es folgte das förmliche Verhör »in loco torturae« in Anwesenheit des Scharfrichters und vermutlich der üblichen drei Zeugen. Aufgrund der Protokollnotizen des Schreibers verfaßte der Pflegrichter das Verhörsprotokoll, das von den üblichen vorgeschriebenen Zeugenvernehmungen flankiert wurde. Sein offenbar ziemlich ausführlicher zweiter Bericht legte die näheren Umstände der vorehelichen Schwangerschaft dar, die auf Anraten von Bekannten mit einem Abtreibungstrunk beendet worden war. Ein Bote ritt von Reichenhall nach München, um den Bericht des Pflegers dem Hofrat zu übermitteln.

Durch die Aussagen der Verhörten wurden sechs weitere Personen in den Strafprozeß verwickelt: die Eltern des Mädchens, ihr Liebhaber, ein Ehepaar, das dem Mädchen zur Abtreibung geraten hatte, und eine Frau, die den Abtreibungstrank gemixt hatte. Am 7. Februar erteilte der Hofrat den Befehl, den Liebhaber »gütlich« (ohne Tortur) zu verhören, die drei an der Abtreibung Beteiligten aber zu verhaften und »mit der tortur, nach des Pflegers discretione, anzugreifen«[51]. Der Pfleger kam diesen Befehlen nach und erstattete erneut Bericht. Der Vater des abgetriebenen Kindes hatte zwar die Flucht ergriffen. Doch

der Tatbestand planmäßiger Abtreibung war samt den Umständen seiner Durchführung rekonstruiert.
Am 2. März referierte der als »hardliner« im Hofrat bekannte Dr. Aurelius Gilg[52] den Fall nach Aktenlage ausführlich vor dem Hofratsplenum, wobei für jeden einzelnen Prozeßbeteiligten die weitere Vorgehensweise vorgeschlagen und ohne Gegenstimmen bestätigt wurde: »Erstlich sy Fränzlin für das Malefiz zu stellen.
2. den Staudinger, wofern es bereit nit beschehen, der Fenkhnuß (zu) erlassen.
3. die Krausin betreffend, so das Poleywasser (?) ausgepreut, der Hexerey und anderer unthaten halber bessere erfahrung einzenemmen.
4. die Bluetschöpperin besser (zu) besprachen.
5., 6. und 7. den Scherger Meßner und sein Weib, wie auch die Zingerin und den Ölheimer aus(zu)erlassen.
8. der Fränzlin Vater und Mutter, als sie umb die schwengerung vermuethlich gewußt, mit Fenkhnuß ab(zu)straffen.
9. auf den ausgerissenen Kuesinger, Salzmeier Amtsschreiber, begangner Schwengerung halber guete Spech, ob er zu betretten, (zu) bestellen.«[53]
Der Prozeß hatte sich also mittlerweile auf elf Personen ausgedehnt. Das Mädchen wurde schuldiggesprochen und hingerichtet. Damit war der eigentliche Fall nach etwa zwei Monaten abgeschlossen. Fünf Personen wurden freigelassen, die Eltern des Mädchens mit einer kurzen Haftstrafe sanktioniert. Nach dem Liebhaber wurde gefahndet, als Amtmann mußte er über seine Amtsenthebung hinaus mit einer empfindlichen Strafe rechnen. Zwei verdächtige Frauen blieben übrig, und gegen diejenige, die den Abtreibungstrank gemischt haben sollte, wurde wegen Hexereiverdachts ermittelt.[54]

Es kann uns hier nicht darum gehen, das nach heutigen Begriffen unbegreifliche Urteil zu kritisieren – allein unser Unverständnis dafür zeigt ja die starke Zeitgebundenheit des rechtlichen Normensystems. Hier ging es nur darum, den charakteristischen Verlauf eines Kriminalverfahrens aus der Perspektive des Hofrats darzustellen: Alle nach damaligen Kriterien todeswürdigen Verbrechen wurden in dieser Form abgehandelt, vom Raubmord bis zum mehrfachen Ehebruch. Das Verfahren war stark bürokratisiert, aber klar und übersichtlich im Ablauf. Die drakonischen, uns unmenschlich erscheinenden Rechtsmittel des 17. Jahrhunderts – Folter und Todesstrafe – waren in Mitteleuropa nicht nur üblich, sondern wurden oft in einer willkürlichen Form eingesetzt. Demgegenüber bot das in Bayern entwickelte bürokratische

Verfahren unbestreibare Vorteile: Der Einsatz der Folter war in jeder Hinsicht limitiert: Umfang und Häufigkeit waren eingeschränkt, nur wenige Mittel waren erlaubt, und ihr Einsatz war der Willkür lokaler Richter entzogen. Verhaftungen durften nur bei begründetem Verdacht vorgenommen werden und mußten sofort der Zentralbehörde gemeldet werden. Der Verhaftung folgte zunächst das »gütliche« Verhör. Bei starken Verdachtsmomenten konnte der Hofrat Tortur anordnen. Dabei wurden verschiedene Grade unterschieden. Der einfachste Grad des »peinlichen« Verhörs war die Befragung »in loco (torturae)«, der durch die Androhung des Einsatzes der vorgezeigten Folterwerkzeuge verschärft werden konnte (»territio«). Vor der tatsächlichen physischen Tortur wurde noch das Verhör »cum proximo metu torturae« unterschieden, bei dem den Verdächtigen die Folterwerkzeuge angelegt, aber nicht angewandt wurden. Die physische Folter erfolgte meist durch das »Aufziehen«: Dem Häftling wurden die Arme auf den Rükken gebunden, mittels einer Seilzugvorrichtung wurde er dann vom Erdboden aufgehoben. Da das Seil (»corda«) an den Handgelenken befestigt wurde, verursachte diese Tortur starke Schmerzen in den Schultergelenken. Ziel war die dosierte Zufügung von Schmerz, die Gesundheit des Gefolterten sollte jedoch nicht dauerhaft geschädigt werden. Für alte oder dicke Menschen war diese Art von Tortur zu gefährlich, sie wurden mit der als leichter geltenden Tortur des »Daumenstocks« bedroht. Auch bei Frauen kam, wie bei der Magdalena Pfränzlerin, meist nur der Daumenstock zum Einsatz. Maximal durfte ein Verdächtiger in Bayern dreimal gefoltert werden. Lag bis dahin kein Geständnis oder ein anderer überzeugender Nachweis der Schuld vor, mußte der Verdächtigte freigelassen werden. Der Verdacht galt als »purgiert«, wegen desselben Verdachts durfte kein zweites Strafverfahren eingeleitet werden.
Der Einsatz der Tortur in den Landgerichten unterlag seit Beginn des 17. Jahrhunderts einer starken Kontrolle der Zentralgewalt. Die Beamten mußten genaue Angaben über Anzahl und Dauer der Torturen machen.[55] Der Einsatz der Tortur scheint im Verlauf des 17. Jahrhunderts abgenommen zu haben: Während im Jahr 1650 in 44 % aller Kriminalfälle die Folter zum Einsatz kam[56], war der Anteil der Verfahren mit Foltereinsatz im Jahr 1680 auf 24 % gesunken[57], zehn Jahre später sogar auf 16 %.[58] Parallel dazu hatten sich die Fälle von mehrmaligem Einsatz der Tortur verringert:

Tabelle 1: Zurückgehender Einsatz der Tortur im Einflußbereich des Hofrats im 17. Jahrhundert

	Gesamtzahl der Fälle	davon mit Einsatz der Tortur einmal	zweimal	dreimal	Gesamt
1650	344	16 %	18 %	10 %	44%
1680	301	14 %	6 %	4 %	24%
1690	227	8,5%	4,5%	2,5%	16%

Auch wenn man diese Tendenz sicher nicht im Sinne eines linearen Rückgangs des Einsatzes von Zwangsmitteln im Strafverfahren verabsolutieren kann, scheint sich doch die zentrale Kontrolle im Sinne einer Eindämmung physischer Gewalteinwirkung bemerkbar zu machen.

Vor dem Einsetzen serieller Quellen lassen sich der praktische Ablauf der Strafjustiz, vor allem aber ihre quantitativen Aspekte nur punktuell erfassen. Für München lassen sich die Aktivitäten des Henkers anhand der städtischen Kammerrechnungen seit dem späten 14. Jahrhundert verfolgen, allerdings oft ohne Aufschluß über die sanktionierten Delikte.[59] Im ehemaligen Herzogtum Bayern reichen Bestände von Urgichtensammlungen bis in die Zeit um 1440 zurück, wenn auch sehr lückenhaft. Eine gute Überlieferungssituation besteht für die Jahre 1503/04: Aus diesen zwei Jahren sind aus der Hauptstadt München 35 Urgichten beziehungsweise Urfehden von zum Tode verurteilten Personen überliefert. Vornehmlich handelte es sich bei den Hingerichteten um Männer, die wegen Raub und Diebstahls vor Gericht kamen. Die meisten von ihnen wurden geköpft oder erhängt, exotischere Hinrichtungsformen wie Rädern und Verbrennen waren die Ausnahme. Solche Urteile wurden nicht nur ausgesprochen, sondern auch ausgeführt: Ein Brandstifter wurde lebendig verbrannt, ein Dieb mit dem Strang gerichtet, ein Mörder aufs Rad geflochten. Der Aufrührer Ulrich Rapp, der im Bayrischen Erbfolgekrieg ein Attentat gegen den »Großbauch« Herzog Albrecht IV. intendiert und 1504 angeblich einen Aufstand in München vorbereitet hatte, wurde lebendig gevierteilt.[60] München zählte um 1500 etwa zehntausend Einwohner. 35 ausgeführte Todesurteile innerhalb von nur zwei Jahren waren auch dann viel, wenn man in Rechnung stellt, daß fast alle Hingerichteten von außerhalb der Stadt kamen – denn daran änderte sich auch später nichts.
Den Urteilen gingen zu Beginn des 16. Jahrhunderts jeweils Prozesse von äußerster Härte voraus. Der Einsatz der Folter war offenbar unbe-

schränkt möglich, ein Umstand, der vor allem im Vergleich zum 17. Jahrhundert kontrastiert. Auffallend ist zu Beginn des 16. Jahrhunderts die Härte der Torturen, und dies vor allem bei den Männern: Während die einzige hingerichtete Delinquentin wegen Diebstahls immerhin dreimal ohne Gewicht aufgezogen wurde[61], legte man bei den Männern Maßstäbe an, die später in Bayern nicht einmal mehr in Hexenprozessen erreicht wurden: Diebstahlsverdächtige wurden bis zu zwanzigmal »aufgezogen«, davon etwa jedes zweite Mal mit dem besonders schmerzhaften »Schnellen« des Seils oder mit an den Beinen angehängtem Steingewicht. Der Brandstifter Stefan Neumayr wurde 23mal an den auf den Rücken gedrehten Armen »aufgezogen«, dreimal mit einem Stein, viermal mit zwei Steinen, und sechsmal mit »Schnellen«[62]. Der Augsburger Kaufmann Hans Vogl, der einen Münchner Gläubiger auf der Nördlinger Messe mit dem Tod bedroht und andere Untaten begangen hatte, wurde 1522 an einem Tag sechzehnmal, an einem anderen Tag achtzehnmal mit einem schweren Steingewicht an den Beinen »aufgezogen«, sowie an sechs Stellen seines Körpers gebrannt, »daß ihm die Sohlen von den Füßen fielen«. Vogl klagte später in einem für die Stadt kostspieligen Prozeß vor dem Reichskammergericht in Speyer und erhielt zwar nicht die geforderten 32000 Gulden Schadenersatz, aber immerhin eine Leibrente zugesprochen.[63]
Möglicherweise repräsentiert sich in diesen Dokumenten ein humanitärer Tiefstand, der wenig später durch Justizreformen behoben wurde. Die Überlieferungsgüte der Jahre 1503/04 läßt an ein bewußtes Sammeln dieser Dokumente denken, möglicherweise mit Bezug auf die kommenden Landtage der Jahre 1506–1514, auf denen die entscheidenden Justizreformen in Landschaftsausschüssen beraten und schließlich verabschiedet wurden. Die Bayerische Landrechtsreformation von 1518 regulierte die Rechtsprechung und den »Justizvollzug« des Landes noch vor der Justizreform im Reich neu, stand aber durchaus im Einklang mit anderen zeitgenössischen Reformversuchen, die von der »Bambergischen Halsgerichtsordnung« von 1509 über die »Brandenburgensis« von 1514 schließlich in das große Reformwerk der »Constitutio Criminalis Carolina« von 1532 einmündeten.[64] Im Herzogtum Bayern wurde die Carolina zwar nicht formell als verbindlich anerkannt, doch bewegte sich Bayerns Justiz in dieselbe Richtung, wie deutlich aus dem Strafrechtskommentar des Münchner Juristen Andreas Perneder (gest. 1543) hervorgeht, der bis zum Ende des 16. Jahrhunderts maßgeblich blieb.[65]

Gegen Ende des 16. Jahrhunderts besitzen wir für das Stadtgericht der Hauptstadt München ein vollständiges Hinrichtungsverzeichnis für die Jahre 1574–1591. In diesen 18 Jahren wurden in der Hauptstadt Bayerns 48 Personen hingerichtet, also zwei bis drei Menschen jedes Jahr. Immer noch kamen fast alle Delinquenten von auswärts. Die Einwohnerzahl Münchens hatte sich mittlerweile gegenüber dem Jahrhundertbeginn verdoppelt. Die Zahl der Hinrichtungen war niedriger als in den Vergleichsjahren 1503/04. Der Frauenanteil war deutlich höher: Sieben der 48 hingerichteten Personen (14,5 %) waren Frauen, darunter die vier im Jahre 1590 hingerichteten Hexen. Das neben der Zauberei typische Frauendelikt – Kindsmord – finden wir in diesen beiden Jahrzehnten noch nicht geahndet. Ganz typisch ist jedoch das Überwiegen der Hinrichtungen wegen Eigentumsdelikten.[66] Mehr als zwei Drittel der Hingerichteten mußten ihr Leben wegen Diebstahls lassen. Auf Deliktgruppen aufgeteilt sieht die Müncher Hinrichtungsstatistik dieser Jahre so aus:

Tabelle 2: Hinrichtungen in München nach Delikten 1574–1591[67]

Delikt	Hinrichtungen
Raub/Diebstahl	31
Mord/Totschlag	4
Hexerei	4
Häresie (Wiedertäufer)	3
Falschmünzerei	2
Landzwingen	1
Sodomie	1
Bigamie	1
Ehebruch	1

Die Vielzahl der Einzeldelikte, wie sie in der »Carolina« oder im bayerischen Kriminalrecht aufgeführt werden[68], werden in dieser Untersuchung der Übersichtlichkeit halber zu mehreren Deliktgruppen zusammengefaßt, ein Umstand, der durch den filternden Charakter der Hofratsprotokolle erleichtert wird. Während bei Kriminalurteilen in der offiziellen, vor dem Volk verlesenen Urteilsbegründung oft eine Kombination von Delikten präsentiert wird, um die obrigkeitlichen Sanktionsmaßnahmen um so plausibler erscheinen zu lassen[69], wird in den Entscheidungsprotokollen des Hofrats das Delikt meist auf ein Hauptdelikt reduziert. Bei einer Frau, deren Geständnisse sich auf

Leichtfertigkeit, Diebstahl und Kindsmord erstreckten, diente das Hauptdelikt zur Klassifikation des Falles. Ausgehend von dieser Vereinfachung wurde eine weitere Reduktion des Deliktfeldes nach folgenden Kategorien vorgenommen:

1. Verbrechen gegen das Leben (= Gewaltverbrechen): Mord (morthat, attentatum), Giftmord (veneficium), Muttermord (matricidium), Vatermord (patricidium), Gattenmord (paricidium), Kindsmord (infanticidium), Abtreibung (ebenfalls infanticidium!), Totschlag (homicidium), Selbstmord (suicidium), Brandstiftung (incendium), gefährliche Körperverletzung (vulneratio), Bedrohung, »Landzwingen«, Exzesse, Duell (crimen perduellonis).

2. Verbrechen gegen die Eigentumsordnung: Raub (roboria, latrocinium, rapina), Einbruchdiebstahl, Diebstahl (furtum), Wilderei (fericidium), Kirchendiebstahl (sacrilegium), Viehabtreibung (abigeatus), Pferde-, Fisch-, Bienen-, Perlendiebstahl, Veruntreuung, Betrug (stellionatus), Hehlerei, Erbschaftsbetrug (expilatio haereditatis).

3. Verbrechen gegen die Moral (= Sittlichkeitsdelikte): Vergewaltigung (raptus, stuprum violentum), Sodomia (=Bestialität und Homosexualität), Doppelehe (bigamia), Ehebruch (adulterium), »Leichtfertigkeit« (fornicatio), Inzest (incestus), Priesterehe (concubinatus), »liederliches Leben«, Kuppelei (lenocinium).

4. Verbrechen gegen die Religion (= Religionsverbrechen): Ketzerei (haeresia), Hexerei (maleficium), Zauberei (sortilegium), Gotteslästerung (blasphemia), Wahrsagerei (divinatio), Aberglauben (superstitio) Kirchenschändung (sacrilegium), Kommunikationsverweigerung, Konfessionswechsel (mutatio religionis).

5. Verbrechen gegen den Staat (= Staatsverbrechen): Majestätsbeleidigung (crimen laesae majestatis), Hochverrat, Verrat (proditio), Verschwörung (coniuratio), Spionage, Aufruhr (rebellio), Desertion (desertio), Schmuggel, Münzfälschung (falsum monetae), Urkundenfälschung, Amtsmißbrauch, Amtsuntreue, unerlaubte Werbung von Soldaten.

6. Verfahrensverbrechen: Meineid (periurium), Urfehdebruch (fractum urphedae), unerlaubte Rückkehr nach Landesverweis, Flucht, Fluchthilfe.

7. Statusverbrechen: Zigeuner, Türken, Perser, Juden ohne Paß, Vaganten, Bettler, herumziehende entlassene Soldaten (»Gartende Knechte«).

8. Sonstige Delikte: z. B. »Beherbergung« verdächtiger Personen (receptatio), »Müssiggang«, Verleumdung, Import schlechter Münze, Tragen von Männerkleidung durch Frauen, Verkleidung (als Priester,

als Bauer...), verbotener Fleischverkauf, Fleischessen an Fasttagen, Fürkauf, Frevel, Mißhandlung der Eltern.
9. Unklare Delikte: »Untaten«, »böser Verdacht«, etc.[70]

Auffallend im Spektrum der Hinrichtungen am Ende des 16. Jahrhunderts sind die Verbrechen gegen die Religion. Sieben der 48 hingerichteten Personen (14,5 %) wurden wegen Hexerei und Häresie (Wiedertäufer) hingerichtet, und sie bilden nur die Spitze eines Systems der weltanschaulichen Überwachung im Territorium.[71] Die Verfolgung von Verbrechen gegen die Religion war in Bayern zumindest in diesem Ausmaß eine charakteristische Erscheinung des 16. Jahrhunderts. Wie die Hexenverfolgungen war auch die Verfolgung von Häretikern überraschenderweise keine Erscheinung des »Mittelalters«[72], sondern der beginnenden Neuzeit. Im frühen 16. Jahrhundert ist innerhalb des Spektrums der Verbrechen gegen die Religion ein steiler Anstieg der Häresieverfahren zu beobachten, eingeleitet 1522 durch die Kriminalisierung der evangelischen Bewegung, deren Unterdrückung seit dem großen Bauernkrieg mit Härte durchgeführt wurde.[73] Die Justizmorde an den Täufern bildeten in Bayern den Höhepunkt der Verfolgung[74], zumal die benachbarte Reichsstadt Augsburg ein frühes Zentrum des Täuferwesens mit unübersehbarer Ausstrahlung auf das Herzogtum Bayern war. Mit Hans Denck (Habach) und Balthasar Hubmair (Friedberg) stammten zwei führende täuferische Ideologen aus Oberbayern.[75] Während Protestanten nur vereinzelt hingerichtet wurden[76], nahm die Verfolgung und Tötung der Mitglieder täuferischer Bekenntnisse den Charakter einer Massenverfolgung an. Nach dem bayerischen Wiedertäufermandat von 1527 wurden binnen Jahresfrist etwa 80–100 Personen wegen ihres Glaubens umgebracht, darunter allein in München die sechzehnköpfige Täufergemeinde. Die Männer wurden lebend verbrannt, die Frauen in der Isar ertränkt.[77] Zu weiteren Hinrichtungen kam es das ganze Jahrhundert hindurch, nicht zuletzt bedingt durch die Nachbarschaft der Täuferkolonien im toleranteren Böhmen, die Glaubensflüchtlinge, deren Weg auf der Donau durch Bayern dorthin führte und die täuferischen Missionare, die von dort nach Bayern und Südwestdeutschland zurückkehrten, um hier den Märtyrertod zu erleiden.[78]
In der zweiten Hälfte des 16. Jahrhunderts erlebte das Delikt der Hexerei seinen Aufstieg zum neuen Super-Verbrechen: Hier lag der Höhepunkt der Verfolgung zwischen 1590–1630, mit etwa 150–200 Hinrichtungen im Herzogtum Bayern im interregionalen Rahmen vergleichsweise moderat. Im Rahmen der Landesjustiz war dies jedoch ein völlig

außerordentliches Ereignis.[79] Das Hexenverbrechen galt vielen Zeitgenossen als Ausnahmeverbrechen, dessen Verfolgung außergewöhnliche justizielle Maßnahmen rechtfertigte.[80] So ist es kein Zufall, daß sich gerade an der Behandlung des Hexenverbrechens eine der ausdauerndsten Debatten festhakte, die jemals innerhalb der bayerischen Justiz geführt wurde: die generelle Diskussion über das Verhältnis von religiöser Ideologie und der Notwendigkeit der Einhaltung rechtlicher Normen war – soweit ich sehen kann – nicht zufällig, denn die Auseinandersetzung darüber war die drängendste Frage der Strafjustiz in diesem religiös geprägten Zeitalter. Die Schärfe der Torturanwendung und des Strafvollzugs waren im Hofratskollegium umstritten: einer Fraktion mit sehr rigiden, religiös determinierten Ansichten stand eine Fraktion gegenüber, die mehr die humanitären Aspekte betonte, wobei Bezüge zur sozialen Herkunft und zum weltanschaulichen Hintergrund der Kontrahenten hergestellt werden können.[81]
Stellt man die Hinrichtungsquote Münchens in den Zusammenhang anderer mitteleuropäischer Städte, bekommt man den Eindruck, daß die Zahl der Hinrichtungen pro Jahr für die Hauptstadt eines relativ zentralisierten Flächenstaates durchaus im Rahmen lag.

Tabelle 3: Hinrichtungszahlen während des 16. Jahrhunderts[82]

Stadt	Jahre	Summe	Schnitt
Nürnberg	1503–1600	597	6,09
Zürich	1500–1600	569	5,69
Augsburg	1545–1596	167	3,21
München	1574–1591	48	2,66
Mecheln	1500–1600	255	2,55
Frankfurt	1501–1600	248	2,48
Memmingen	1551–1600	72	1,44

IV. In der ersten Hälfte des 17. Jahrhunderts werden wir erstmals in die Lage versetzt, mit Hilfe der Hofratsprotokolle einen Überblick über die Gesamtkriminalität des Landes zu geben – aus dem Blickwinkel der zuständigen Oberbehörde. Der Hofrat behandelte durchschnittlich 300 Kriminalfälle pro Jahr, also etwa einen pro Sitzungstag. In Krisenjahren wie 1607 oder 1628 konnte die Zahl der Fälle auf über 400 ansteigen, in ruhigen Jahren wurden gerade die Hälfte, nicht ganz 200 Fälle behandelt. Greifen wir willkürlich das Jahr 1618

heraus, so finden wir, daß in den ersten beiden Januarwochen an 11 Sitzungstagen neben 247 andern Materien 15 Kriminalfälle behandelt wurden: Am ersten Sitzungstag zwei Fälle von wiederholter Leichtfertigkeit (»fornicatio«) in den Landgerichten Dachau und Mainburg, am nächsten ein Diebstahl (»furtum«) in Pfaffenhofen, am dritten ein »böser Verdacht« in Aichach. Am Montag ein Totschlag (»homicidium«) in Marquartstein, ein Wilddiebstahl in Vohburg und ein »verdächtiger Müssiggänger« in Friedberg, am Dienstag zwei Fälle von »fornicatio« in Dachau und Wolfratshausen sowie das Verfahrensdelikt der »unerlaubten Rückkehr« nach Landesverweis in Murnau, am Mittwoch Diebstahl in Schrobenhausen, am Donnerstag eine Vergewaltigung (»stuprum violentum«) in Kösching, am Freitag eine Abtreibung (»infanticidium«) in Aichach, am Samstag »Untaten« in Wasserburg und Reichenhall.[83]
Tag für Tag setzte sich so in der Zentralbehörde mosaikartig ein Gesamtbild der Kriminalität des Landes zusammen. Im Lauf eines Jahres ergab sich dabei folgendes Bild[84]:

Tabelle 4: Kriminalität in Kurbayern in der 1. Hälfte des 17. Jahrhunderts

Sittlichkeitsdelikte	30 %
Eigentumsdelikte	25 %
Gewaltdelikte	20 %
Verbrechen gegen die Religion	6 %
Verbrechen gegen den Staat	3 %
Verfahrensdelikte	3 %
Statusdelikte	7 %
Sonstige	4 %

Auffallend ist der Bereich der Sittlichkeitsdelikte, der noch vor den Eigentumsdelikten an der Spitze des Deliktfeldes zu finden ist. Hier wird die Zeitgebundenheit dessen, was als Schwerverbrechen betrachtet wird, deutlich. Nur Vergewaltigung würde man auch heute noch zur Schwerkriminalität zählen, nicht jedoch die anderen »Verbrechen«, die im Strafrecht des frühen 17. Jahrhunderts dazu rechneten: Homosexualität[85], Sodomie (bestialitas), Ehebruch (adulterium) und »Leichtfertigkeit«, womit im wesentlichen voreheliche Sexualität gemeint war. Ehebruch und Leichtfertigkeit wurden vor dem Hintergrund einer religiösen Weltordnung taxiert, wobei die Radikalisierung

dieser Ordnung im »konfessionellen Zeitalter«, in Bayern konkret als Folge der jesuitisch geprägten Gegenreformation, zu einer schrittweisen Hochstufung dieser Delikte zu Verbrechen führte. Noch auf dem Landtag von 1612 beschwerte sich die Ritterschaft über diese Entwicklung, die nicht nur das Klima im Land veränderte, sondern auch die Kompetenz der ständischen Niedergerichtsbarkeit beschnitt.[86]
Der Aufstieg der Sittlichkeitsverbrechen ist seit der zweiten Hälfte des 16. Jahrhunderts zu beobachten. Als Indizien kann man das Verbot des »Hurenlaufens« 1562, die beginnende systematische Verfolgung des Priesterkonkubinats nach dem Konzil von Trient und die Kriminalisierung der Prostitution unter Herzog Wilhelm »dem Frommen« (1579–97) betrachten, der auch das städtische »Frauenhaus« (Bordell) schließen ließ, das 1433 zum Schutz der »ehrbaren Bürgersfrauen« eingerichtet worden war. Die letzten sieben Huren wurden sinnigerweise in ein Kloster eingewiesen.[87] Ihren Höhepunkt erreichte die Hochstufung der Sittlichkeitsdelikte im frühen 17. Jahrhundert, als umfangreiche legislatorische Bemühungen einsetzten, deren Endpunkt das berühmte Sittlichkeitsmandat von 1635 bildete, das erstmals das in Bayern so beliebte »Fensterln« erwähnt.[88] Über den verbrecherischen Charakter der Sexualität klafften allerdings die Ansichten zwischen Volk und Obrigkeit weit auseinander, und nicht von ungefähr kamen Leichtfertigkeitsdelikte in der Regel nur dann vor die Obrigkeit, wenn sie nicht mehr zu vertuschen waren, nämlich im Falle einer Schwangerschaft. Die Verbannungsstrafen, die in diesen Fällen gegen Männer verhängt werden konnten, stellten eine Grausamkeit ersten Ranges dar, da hier zukünftige Ehepaare in einer schwierigen Situation getrennt wurden. Erst 1650 wurde diese Strafpraxis abgemildert.[89] Generell bestand die Möglichkeit, die vorgesehenen harten Sanktionen »in favorem matrimonii«, also bei geplanter Eheschließung, in Kirchenbußen umzuwandeln. Ewiger Landesverweis bei wiederholter Leichtfertigkeit oder die Hinrichtung mit dem Schwert bei wiederholtem Ehebruch zeigen jedoch, daß die Sittlichkeitsdelikte nicht als Bagatelldelikte betrachtet worden sind.

Ungewöhnlich für unsere Sichtweise sind jene Delikte, die hier unter dem Begriff Statusdelikte zusammengefaßt werden. Damit sind jene »Kriminalfälle« gemeint, bei denen Menschen nicht wegen nachgewiesener Verbrechen, sondern wegen ihres sozialen oder rassischen »Status« verfolgt wurden. Dies war zum Beispiel bei den Zigeunern der Fall, die unter Generalverdacht standen und allein wegen ihrer Volkszugehörigkeit der Folter unterworfen werden konnten, bei wiederhol-

ter Landesbetretung sogar mit der Todesstrafe bedroht wurden. Ein Mandat vom 5. Juni 1716 verhängte die Todesstrafe bereits bei erstmaliger Verhaftung und sah die Maximalstrafe der Räderung bei lebendigem Leibe vor.[90] In unterschiedlicher Härte, letztlich aber mit der Todesstrafe bedroht waren auch Juden, Bettler und »gartende Knechte«, wie der zeitgenössische Ausdruck für entlassene vagabundierende Soldaten lautete. Diesen Personengruppen war gemeinsam, daß sie als landfremd betrachtet wurden. Allerdings ist mir kein Fall bekannt geworden, in dem ein »Statusdelikt« allein für die Verhängung der Todesstrafe ausgereicht hätte. Die landfremden Personen wurden meist aus dem Land ausgewiesen, wobei die einfache Ausweisung verschärft werden konnte: Bei Rückfälligkeit konnte die tatsächliche Verhängung einer Leib- oder Lebensstrafe angedroht werden, und deren Wahrscheinlichkeit durch einen Urfehde-Schwur bekräftigt werden. Zusätzlich zum »Statusdelikt« kam als Verurteilungsgrund bei der Rückkehr oft das schwere Verfahrensdelikt des Urfehdebruchs (»fractum urphedae«) oder des Meineids (»periurium«) hinzu, mindestens jedoch war das Wiederbetreten der Heimat ohne vorherige Erlaubnis (»Belandshuldigung«) eine strafbare »unerlaubte Rückkehr«.
Hier gilt es einen kurzen Blick auf die Geschlechtsspezifik der Delinquenz zu werfen, die für die frühe Neuzeit in Deutschland noch kaum erforscht wurde.[91] Für die Zeit nach 1800 geht man in Deutschland von einem Anteil von ca. 20% für die »Frauenkriminalität« aus.[92] Im Bayern des frühen 17. Jahrhunderts lag der Frauenanteil bei den Kriminalverfahren eindeutig höher, nämlich bei ca. 30%. Bei den fünf voll ausgewerteten Jahrgängen der ersten Jahrhunderthälfte zeigt sich folgendes Bild:

Tabelle 5: Geschlechtsspezifik der Kriminalität in der 1. Hälfte des 17. Jahrhunderts

Jahr	Zahl der Fälle weiblich	männlich	weiblich und männlich
1607	110	306	416
1618	97	197	294
1628	98	314	412
1637	70	126	196
1646	55	139	194
Summe	430	1082	1512
%	28,4	71,6	

Ausgesprochene Frauendelikte wie der Kindsmord spielten im Gesamtspektrum der Tötungsdelikte statistisch eine untergeordnete Rolle. Sein Anteil an der Gesamtkriminalität lag bei 1,4 %, zu denen noch einmal 0,8 % andere Tötungsdelikte kamen. Strafverfahren wegen Tötungsdelikten durch Männer machten 9,4 % der Gesamtkriminalität aus. Im Bereich der Eigentumsdelikte sieht es ähnlich aus. Der weibliche Anteil liegt bei 3 %, der männliche bei 20 %. Anders bei den Sittlichkeitsdelikten, wo Frauen etwas mehr als die Hälfte der Delinquenten stellten. Es war dieser »Verbrechensbereich«, der den Frauenanteil an der Gesamtkriminalität im frühen 17. Jahrhundert höher erscheinen läßt. Bei allen anderen Deliktgruppen war der Frauenanteil gering, auch bei den Zaubereidelikten, die 3,2 % ausmachten. Einzige Ausnahme ist das Hexenverbrechen, dessen Gesamtanteil aber nur bei 1,5 % lag. Der Deliktanstieg in den Krisenjahren 1607 und 1628 ist auf einen Anstieg der von Männern begangenen Verbrechen, speziell der Gewalt- und Eigentumsdelikte zurückzuführen. Ihr Anteil stieg dann auf über drei Viertel der Kriminalverfahren an, während umgekehrt in ruhigeren Jahren der Frauenanteil auf mehr als 35 % ansteigen konnte.[93]

V. Der Dreißigjährige Krieg brachte auf dem Sektor des Verbrechens eine Zäsur. Die Heere saugten Aggressionspotential aus dem Land ab, Gewalt- und Eigentumsdelikte gingen zurück. Nach den Bevölkerungsverlusten durch die Pest von 1634 sank proportional die Gesamtzahl der im Hofrat behandelten Kriminalfälle auf regelmäßig unter 200 Fälle ab. »Krisenfeste« Delikte wie Ehebruch und Leichtfertigkeit ließen den Anteil der Sittlichkeitsverbrechen in den 1630er Jahren auf fast 50 % ansteigen. Genau in dieser Zeit, nämlich 1635, wurde das berühmte bayerische Sittlichkeitsmandat erlassen.[94] Die Gesetzgebung der Kriegsjahre beschäftigte sich vornehmlich mit der Bestrafung der Ehebrecher, die beim drittenmal (»adulterium triplex«) mit der Todesstrafe zu rechnen hatten, im Wiederholungsfall mit fünfjährigem Landesverweis. Nach einigem Hin und Her kam man zu der Neuregelung, daß rückfällige Ehebrecher (»adulterium duplex«) nicht zwangsexiliert, sondern unter dem Gedanken der Resozialisierung im Lande selbst beschäftigt werden sollten. Seit 1650 trat die »condemnatio ad opera publica«, befristete Zwangsarbeit, an die Stelle vieler Landesverweisungen, und dies nicht nur bei Ehebrechern, sondern mehr noch bei Wilderern, Dieben und anderen Delinquenten.[95] Die Reformmaßnahme erwies sich rasch als effektiv: Noch im gleichen Jahr 1650 finden wir, daß die Verurteilung zur Schanzarbeit 31 % der Malefizstrafen ausmacht[96], bereits nach zehn Jahren arbeiteten 700 Personen bei Schanzarbeiten an der Landesfestung Ingolstadt.[97]

Diese Normänderung war gewissermaßen das Gebot der Stunde. Denn die Teuerungs- und Notjahre 1649/50 nach Kriegsende hatten die Eigentumsdelikte auf 60% der Gesamtkriminalität ansteigen lassen, mit immerhin 15 % Frauenanteil. Außerdem schwappte eine Welle der Schwerkriminalität über das Land. *Raub* (»roboria«) als Bandendelikt und mörderische Überfälle auf Einödhöfe erschreckten die Bevölkerung. Dies wird deutlich, wenn man sich die erste Arbeitswoche des Hofrats in der zweiten Jahrhunderthälfte betrachtet. Diesmal wurden 21 Kriminalfälle behandelt, die etwa 13 % aller verhandelten Materien ausmachten. Aber die Delikte nahmen sich jetzt anders aus als vor dem Dreißigjährigen Krieg: Am ersten Sitzungstag wurde verhandelt über drei Räuber in Schwaben, Haag und Dachau, am zweiten über drei Fälle von Wilderei in Aibling und einen Raubmörder in Schrobenhausen, dann über widerspenstige Untertanen in Dachau, Wilderer in Starnberg und Schrobenhausen, Diebe in Tölz und Abensberg.[98] Auffällig gegenüber der ersten Jahrhunderthälfte ist das Fehlen der Leichtfertigkeitsfälle, beziehungsweise die Häufung des offenen Raubes (»latrocinium«). Bar jeglicher Räuberromantik[99] ereigneten sich Bandenverbrechen, die eine harsche Abwehrreaktion verständlich erscheinen lassen: Ein Bericht hielt beispielsweise fest, wie Räuber ihre Opfer auf einsam gelegenen Bauernhöfen in viehischer Weise folterten, um Aussagen über vermeintliche vergrabene Schätze zu erpressen. Niemand aus der ansässigen Bevölkerung konnte Sympathie für derartige »in der Hölln nit wohl ärger erdenkliche Roborien« empfinden.[100]

Auf diese Verbrechensentwicklung, das Auftauchen von Räuberbanden, reagierte der Staat mit Härte. Mit einem Generalbefehl gegen die Räuber vom 10. März 1650 wurde die Räderung mit anschließender Vierteilung als Strafe für Raubmörder verfügt, »zu mehrer abschreckh- und vertreibung dergleichen heillosen gesindels«[101]. Wegen einer im Chiemgau operierenden Räuberbande wurden umfangreiche Korrespondenzen geführt. Auf die Ergreifung des Haupträubers wurden 24 Reichstaler Belohnung ausgesetzt, und er wurde steckbrieflich gesucht: »Mittlere Länge, 30 Jahre alt, schwarzes Bärtl, langes Haar, schwarze lederne Hosen, weisses wollenes Leibhemd, weisses Barchent leibl, Grauer langer Reiter Rock, brauner breiter Hut, trägt einen Säbel«[102]. Noch im März 1650 wurden in Traunstein sechs Räuber ergriffen. Ihre Hinrichtung war ein Exempel ersten Ranges.[103] Erst nach acht Jahren tauchte wieder eine vergleichbare Räuberbande auf.[104] Als 1657 eine Bande von 12–15 als Pilger und Landfahrer verkleideten Personen den Süden des Kurfürstentums unsicher zu machen begann, reagierte der Hofrat sofort mit einem Generalbefehl »Leze Leuth und Mörder betreffend«[105]. Noch im gleichen Jahr glückte die Verhaftung eines wichtigen Mitglieds der Bande, des Haupträubers Caspar Schmidtinger, der 1658 im Landgericht Schwaben zusammen mit zwei Komplizen mit dem Strang hingerichtet wurde. Aufgrund seiner Aussagen begannen systematische Ermittlungen für einen großen Prozeß, der sich bis 1661 hinzog. Der Hofrat maß diesem Prozeß große Bedeutung bei. Mitglieder der Bande, der sogar Amtmänner angehörten, waren schließlich in verschiedenen Gerichten der Regierungen Amberg (Schwandorf, Wetterfeld), Burghausen (Braunau, Schärding, Julbach, Ried, Mauerkirchen), Straubing, Landshut (Eggenfelden) und München (Schwaben, Tölz) inhaftiert.[106] Die Tiroler Regierung in Innsbruck lieferte den in Schwaz (Tirol) ergriffenen neuen Bandenführer Hans Püringer, genannt »Höllerhänsl«, 1660 an Bayern aus, der Landrichter von Tölz überführte ihn in den Falkenturm nach München, wo schon sein Kumpan Sebastian Rasp, genannt »der Fliegenwadlwastl«, einsaß. Korrespondenzen mit Wien, Salzburg und Innsbruck offenbarten den Aktionsradius der Bande im Alpenraum. Im März 1661 fällte der »Bannrichter Oberlands« das Malefizurteil über die vier letzten Haupträuber.[107]

Der Kampf gegen die Räuberbanden wurde nach dem Krieg und bis zum Ende des Jahrhunderts mit Erfolg geführt. Dabei veränderten sich die staatlichen Maßnahmen in den ca. 250 Jahren von der Mitte des 16. bis zum Ende des 18. Jahrhunderts kaum. Sie entsprechen den von Carsten Küther für das spätere 18. Jahrhundert beschriebenen.[108] Die Bandenkriminalität hatte ihre Refugien im Süden im Gebirge, den Alpentälern Tirols und Salzburgs, aber auch in den territorialen Splittergebieten der im Westen (Schwaben) und Norden (Franken) an Bayern angrenzenden Gebiete. Innerhalb des Territoriums boten vor allem die großen Wälder Schutz. Doch der relativ geschlossene absolutistische Flächenstaat Bayern stellte für die Banden ein erhöhtes Risiko dar, das sie in der Regel eher mieden. Erst zur Zeit des Spanischen Erbfolgekrieges stellten sie wieder eine ernsthaftere Bedrohung dar. Die Juristen waren auf die Rechtssicherheit des Landes stolz und diskutierten sogar die Frage, ob der Landesherr als der für den Rechtsfrieden Verantwortliche nicht verpflichtet sei, im Falle von Raubüberfällen gegenüber seinen Untertanen Schadensersatz zu leisten.[109]

Der vermehrte Schußwaffenbesitz nach dem Dreißigjährigen Krieg führte zu einem drastischen Anstieg der Wilderei. Hochwild gehörte zu den Lieblingsspielzeugen des Hofes. Mit dem Jahr 1650 beginnt eine Serie von Wilderei-Mandaten und -Dekreten, in 33 Jahren wurden nicht weniger als siebzehn Stück publiziert, die letztlich den Wilddiebstahl mit der Todesstrafe bedrohten.[110] Wie Regina Schulte herausgearbeitet hat, war Wilderei nicht irgendein peripheres Delikt, sondern eines, das in der Volkskultur der bayerischen Unterschichten eine große Rolle spielte: Es war das Männerdelikt par excellence. Über den ökonomischen Anreiz hinaus waren damit elementare Männlichkeitsrituale verbunden, die von der notwendigen Mutprobe zur Aufnahme in den Kreis der Erwachsenen bis hin zu erotischen Phantasien reichten, die das zu jagende Wild mit der zu gewinnenden Geliebten gleichsetzten.[111] Damit der symbolischen Dimensionen nicht genug: Das Recht im Absolutismus unterschied zwischen Hoch- und Niederwild. Die Jagd auf Hochwild war der Aristokratie vorbehalten, die Verletzung dieses Jagdmonopols stellte gleichzeitig eine Verletzung der sozialen Schranken der Gesellschaft dar. Ein von Bauern erlegter Hirsch konnte wohl die Gemüter nur deshalb so erregen, weil dieses Tier als König des Waldes mit dem absolutistischen Herrscher assoziiert wurde. Wie von E. P. Thompson erkannt, war Wilderei einer jener Sektoren, wo die Ansicht über den Verbrechenscharakter des Tatbestandes zwischen Bevölkerung und Aristokratie weit auseinandergingen. Die Gesetzgebung der absolutistischen Staaten wies hier echten »Klassencharakter« auf, und die Kennzeichnung des Straftatbestandes als »social crime« erscheint gerechtfertigt.[112]
Die Strafgesetzgebung gegen Wilderer war in Bayern lange vor dem Erscheinen des »Black Act« hart, doch erwiesen sich die Wilderer hier als besonders widerborstig. Wie eine Art Sport betrieben sie ihr Metier, jegliches Unrechtsbewußtsein ließen sie vermissen, sie genossen Rückhalt in der Bevölkerung und setzten sich in offensiver Form mit der Obrigkeit auseinander. Dabei wurden Freiräume genutzt, die das verfaßte oder gewohnheitsmäßig existierende Landesrecht zur Verteidigung bot. Angebliche Wilderer wollten stets die geschossenen Tiere nur gefunden haben, bei Haussuchungen gefundenes Wildbret war prinzipiell von fremden Durchreisenden erstanden worden. Die Beweisnot der Obrigkeit konnte in Komik umschlagen, wenn die in flagranti von Amtleuten ertappten Männer behaupteten, sie trügen ihre Gewehre nur zum Selbstschutz mit sich – zum Beispiel, um sich vor bösen Wilderern zu schützen! Da sich die Landgerichte diesen Verfahren offenbar nicht gewachsen fühlten, gingen die Regierungen dazu

über, Wildererfälle an die Zentralbehörde zu überstellen. Wenig später beschwerte sich der kurfürstliche Bannrichter Johann Vischer über die Praxis, Wilderer »von allen Regierungen alhero in den Falkenturm yberbringen zu lassen«[113]. Das Wilderer-Problem führte zur Überlastung des Hofrates, die man 1664 durch die Gründung eines Sonderausschusses, des »Wildpretschützen-Collequiums«, abzuwenden suchte.[114] Doch am Wilderer-Problem biß sich der Staat die Zähne aus: Bereits 1666 wurde verfügt, nur die »gefährlichen Hauptwildpretschützen« dürften in den Falkenturm gebracht werden.[115] Quantitativ erreichte der Anteil der Wildereifälle an der Gesamtkriminalität im letzten Drittel des 17. Jahrhunderts seinen Höhepunkt.

Das Wiederansteigen des Gesamtaufkommens an Kriminalfällen führte in den 1660er Jahren zur steigenden Belastung der zentralisierten Justiz. Eine drohende Überlastung durch geringfügigere Delikte wußte die Zentralbehörde durch Delegation von Strafverfahren an die Unterbehörden abzuwehren. Von einer generellen Zentralisierung der Wildereifälle war man rasch abgekommen. Einfache Sittlichkeitsdelikte mußten die Landgerichte nun von selbst nach dem Mandat von 1635 abstrafen. Als während einer Notzeit 1670 kurzfristig der Anteil von Bettlern und Vaganten mit 225 Fällen auf 40% aller Fälle angestiegen war, reagierte der Hofrat, indem er festsetzte, daß Bettler grundsätzlich nicht inhaftiert, sondern ohne Rückfragen Inländer versorgt und Ausländer des Landes verwiesen werden sollten.[116]
Diese Weichenstellung führte zum Plan der Zuchthausgründung, der 1680 mit dem Münchner Zuchthausbau verwirklicht wurde.[117] Die unmittelbare Vorgeschichte des Zuchthausbaus begann mit einer Getreidemißernte im Herbst 1675, die im Osten des Landes zur Hungersnot führte.[118] Im folgenden Jahr verstärkte sich die »Not der Untertanen« durch eine Viehseuche. Schwärme von »heillosem Gesindel, gartende Knechte, Stationierer, Bettler« tauchten auf und beunruhigten auch im folgenden Jahr das Land.[119] 1678 erreichte die Bettlerplage einen neuen Höhepunkt. Der Mord an einer Einödbäuerin im Landgericht Schwaben[120] und die berüchtigte diabolische Jugendbande des Salzburger Zauberjackls ließen neuartige Maßnahmen geraten erscheinen.[121] Die »außreittung des umbvagierenden faulenzenden Gesündels« war erklärtes Ziel des ersten Befehls zum Zuchthausbau Anfang Januar 1679.[122] Das Münchner Zuchthaus veränderte den »Strafvollzug« des Landes einschneidend: Bereits nach einem Jahr ersetzte die Zuchthausstrafe weitgehend die Verurteilung »ad opera publica«, und zehn Jahre später gab es nur noch die Alternative Zuchthaus zum Landesverweis,

der ja eigentlich eine abgemilderte Todesstrafe war. 1690, nach zehn Jahren, wurde etwa ein Sechstel aller Delinquenten ins Zuchthaus eingewiesen, mehr als die Hälfte derer, die eine Malefizstrafe erhielten.[123] Mit der Zuchthausgründung stand Kurbayern natürlich keineswegs alleine. Ausgehend von Amsterdam wurde die Zuchthausgründung zur charakteristischen Justizreform der Neuzeit, die auch im regionalen Umkreis ihren Niederschlag fand.[124]
Diese faktische Strafmilderung kann man in einen sozialgeschichtlichen Zusammenhang einbetten, wobei vornehmlich an den drastischen Bevölkerungsrückgang nach den extremen Notzeiten des Dreißigjährigen Krieges zu denken ist. Schätzungen zufolge sank die Bevölkerungszahl in Bayern 1634/48 auf die Hälfte ab. Die Ernährungs- und Beschäftigungssituation verbesserte sich schlagartig, ebenso das Generationenverhältnis und die Heiratsmöglichkeiten. Damit wurde das soziale Spannungspotential innerhalb der Gesellschaft enorm vermindert: Noch während der 1650er Jahre war die schwere Kriminalität zurückgegangen und hatte sich entsprechend den gesunkenen Bevölkerungszahlen auf einem niedrigen Niveau eingependelt. Erst nach einer Generation, in den 1680er Jahren erreichte sie wieder annähernd die Vorkriegsfrequenz. Dies zeigt nicht nur den Wiederanstieg der Bevölkerung an, sondern auch eine Wiederkehr der Knappheitskrisen der Jahrzehnte um 1600 mit den entsprechenden sozialen Folgen.

In dem Jahrzehnt 1680–1689 wurden vor dem Hofrat ca. 2700 Kriminalfälle verhandelt, also im Durchschnitt 270 pro Jahr.[125] Gegenüber der Vorkriegszeit hatte sich jedoch die Zusammensetzung dessen, was von der Obrigkeit und ihrer Justiz als Schwerkriminalität betrachtet wurde, verändert. Der Frauenanteil war bei den Kapitaldelikten zurückgegangen von etwa 30 auf 23%. Der Grund dafür war sehr einfach: Die religiöse Anspannung der Gesellschaft hatte nachgelassen, die Zentralbehörde interessierte sich nur mehr für schwere Sittlichkeitsdelikte. Die Deliktgruppe ging generell von etwa 30 auf 20% zurück. Das Leichtfertigkeits-Delikt sank von 15 auf 7%, Priester-Concubinat fiel kaum mehr ins Gewicht. Bei dem Komplex Zauberei/Hexerei überwog nun der Männeranteil drei zu eins.[126]
Nur Kindsmord hatte an Bedeutung zugenommen, und dazu paßt, daß erstmals 1684 sich ein Mandat mit dem Kindsmord beschäftigte.[127] Kindsmord als typisches Frauendelikt verweist auf Probleme der unterbäuerlichen weiblichen Existenz und damit auf neuerlich wachsende Spannungen im Gefüge der bäuerlichen Gesellschaft. Wie noch im 19. Jahrhundert sind es meist Mägde, die nach Schwangerschaften, die

aufgrund der Stellung im Arbeitsprozeß verheimlicht wurden, keine gefühlsmäßige Beziehung zu den Neugeborenen entwickeln konnten. Die Frauen, denen in der traditionalen Gesellschaft das Recht auf Familiengründung verweigert wurde, verwehrten auch ihrer Leibesfrucht das Lebensrecht.[128] Allerdings fällt die strafrechtliche Neuwürdigung des Verbrechens im Jahre 1684 als Beispiel für eine verfehlte Gesetzgebung auf. Das Kindsmordmandat vor 1684 bewirkte einen drastischen Anstieg der behandelten Kindsmorddelikte. Von kaum zwei Fällen war ihre Anzahl auf durchschnittlich fünf Anfang der 1680er Jahre gestiegen. Als die Zahl der Fälle 1687 überraschend auf 21 anstieg, zog die Zentralbehörde die Notbremse. In einer Hofratsresolution vom 12. Dezember wurde Ende des Jahres die obligatorische Todesstrafe wieder zurückgenommen[129], und »eröffnet alle Thier und Thor denen Gottlosen Kinder Mörderinnen nunmehro fast durchgehendt durchzuschlupffen, dann schier alle giren und sagen, das Kind habe in der Geburt nit mehr gelebt, stehen daryber eine leichte tortur aus, kommen also mit dem leben davon...«[130] In der Folge ging die Zahl der Kindsmordfälle wieder auf den früheren Stand zurück.
Bei der männlichen Kriminalität fällt auf, daß Tötungsdelikte gegenüber der Vorkriegszeit um die Hälfte zurückgingen, was man vielleicht vorsichtig als Zeichen eines gesunkenen Gewaltpotentials interpretieren könnte. Der ordnende Staat lenkte dafür seinen Blick vermehrt auf mindere Formen von Gewalttätigkeiten: Wegen der Zunahme von »Exzessen«, zu denen auch bäuerliche Widerstandshandlungen und Duelle gerechnet wurden, bleibt der Anteil der Gewaltdelikte bei etwa 20% scheinbar gleichmäßig erhalten. Zur größten Deliktgruppe wurden in dieser Zeit gesunkener religiöser Anspannung und zunehmenden demographischen Drucks die Eigentumsdelikte mit einem Anteil von 36%. Simpler Diebstahl (furtum) war sowohl in absoluten als auch in relativen Zahlen gestiegen. Außerdem differenzierte man jetzt zahlreiche Unterarten des Diebstahls: Unterschieden wurden jetzt der Viehdiebstahl (»abigeatus«), aber auch der »Impen«- (Bienen), Fisch- und Flußperlendiebstahl sowie der Rebhuhnfang. Die überraschendste Neuerung liegt jedoch in der Quantität: Wilderei (fericidium) war zu einem neuen Großdelikt avanciert, an Umfang in manchen Jahren vergleichbar mit dem Diebstahl. In den 1680er Jahren macht Diebstahl durchschnittlich 20%, Wilddiebstahl ca. 14% (früher ca. 4%) der Gesamtkriminalität aus.[131]

Interessant ist die Beobachtung der Entwicklung des Anteils der Deliktgruppen rund um die große europaweite Agrarkrise von 1693[132],

die auch in Oberbayern zu Teuerung und Hungersnot führte.[133] Sie soll hier stellvertretend für andere Agrarkrisen betrachtet werden. Der Hofrat war während dieser Krisenzeit in mehrfacher Hinsicht betroffen: Als oberste Polizeibehörde versuchte er, Preisspekulation mit Grundnahrungsmitteln zu verhindern. Zu den herkömmlichen »Fürkauf«-Mandaten, die die spekulative Hortung der Ware unter Strafe stellten, trat von 1690–1696 eine totale Ausfuhrsperre für Getreide in Kraft.[134] Doch auch in seiner Funktion als justizielle Oberbehörde erwartete den Hofrat angespannte Arbeit: Von durchschnittlich 270 Malefizfällen pro Jahr in den 1680er Jahren schnellte die Zahl auf 371 empor. Wie in der ersten Jahrhunderthälfte veränderte sich vor allem der Anteil der Eigentumskriminalität: Er stieg von 36% auf über 60% an, allein das Diebstahlsdelikt bereits von 20% auf 38%. Von allen anderen Deliktgruppen stiegen nur die Verbrechen gegen den Staat an, ausgelöst durch Delikte wie Getreideschmuggel und Falschmünzerei, die mit der Versorgungskrise in Verbindung standen.[135]
Der in der sozialgeschichtlichen Forschung immer wieder hervorgehobene Einfluß der Agrarkrisen[136] bestätigt sich ebenso wie bereits früher bei der großen Krise von 1628.[137] Auch bei der im frühen 19. Jahrhundert beginnenden amtlichen Kriminalstatistik sah man in Bayern noch diesen Zusammenhang, vorab bei der schweren Agrarkrise von 1817.[138] In den Jahren nach der Hungerkrise nach 1693 »normalisierte« sich kurzfristig wieder das Verhältnis der Deliktgruppen. Allerdings folgte in den Jahren 1698–1702 die nächste Mißernteperiode, die 1698 zur Einsetzung einer »Großen Geheimen Kommission« führte, die sich mit den Ursachen des Getreidemangels und der großen Teuerung befassen sollte.[139] In der krisenhaften zweiten Hälfte der 1690er Jahre lag die Eigentumskriminalität mit durchschnittlich fast 50% deutlich über dem Anteil der 1680er Jahre oder gar der ersten Jahrhunderthälfte.[140] Das Anwachsen der Eigentumskriminalität, das Wiederauftauchen der Räuberbanden, kann sicher als Ausdruck wachsender sozialer Spannungen interpretiert werden, sein relativer Anstieg außerdem als Anzeichen einer zunehmenden Säkularisierung der Gesellschaft.

VI.

Die Trends des ausgehenden 17. Jahrhunderts verstärkten sich zu Beginn des 18. Jahrhunderts.[141]
Diebstahl allein machte bereits ein Drittel aller Delikte aus, Wilderei verlor wieder an Bedeutung, aber Viehdiebstahl mit 3% und vor allem

Tabelle 6: Kriminalität in Kurbayern zu Anfang des 18. Jahrhunderts

Sittlichkeitsdelikte	14 %
Eigentumsdelikte	52 %
Gewaltdelikte	18 %
Religionsdelikte	4 %
Staatsdelikte	4 %
Verfahrensdelikte	1 %
Statusdelikte	3 %
Sonstige	4 %

Raub mit über 8 % hielten jetzt einen nennenswerten Anteil. Hier ordnen sich zeitlich die Räuberbanden Uwe Dankers ein.[142] Auf dieses Wiederauftauchen der Räuberbanden und auf die neuerliche Umgruppierung des Deliktfeldes im 18. Jahrhundert werden wir noch zu sprechen kommen.

Betrachtet man den Strukturwandel der Gesamtkriminalität innerhalb des 17. Jahrhunderts, so kann man eine Konzentration der Strafjustiz auf schwere Delikte erkennen. Schon im frühen 17. Jahrhundert finden wir während des Strafprozesses ein starkes Überwiegen der Torturanwendung bei Tötungs- und Diebstahlsdelikten, während man beim Wilddiebstahl und bei Sittlichkeitsdelikten vorsichtiger verfuhr. Überdies tendierte man bei Raub und Diebstahl zu wiederholter und verschärfter Tortur, während man sich bei Sittlichkeitsdelikten – ausgenommen Sodomie – oft mit dem Vorzeigen der Folterwerkzeuge – der »territio« – begnügte. Noch deutlicher wird die Akzentuierung, wenn wir die Sanktionen betrachten. Das Münchner Hinrichtungsverzeichnis der Jahre 1575–1591 sieht dem Deliktspiegel des frühen 18. Jahrhunderts relativ ähnlich: Mit 65 % der Hingerichteten stehen Eigentumsdelikte weit an der Spitze, Gewaltverbrechen liegen bei 12 %, Verbrechen gegen den Staat bei 6 % und Sittlichkeitsdelikte bei 4 %, wobei es sich um Inzest und Sodomie handelt. Aus dem Rahmen fallen lediglich die Hinrichtungen von Hexen und Wiedertäufern, die den Anteil der Religionsverbrechen auf 14 % anheben. Im späten 16. Jahrhundert wurden in München pro Jahr drei Personen hingerichtet.[143]

Der Münchner Scharfrichter Hans Stadler gab 1626 an, er habe während seiner 26jährigen Amtszeit im Rentamt München 550 Personen hingerichtet, das wären immerhin 20 Personen pro Jahr in diesem Teil

des Territoriums.[144] Derselbe Scharfrichter gibt uns in einer Supplikation eine wichtige Information über die justizielle Infrastruktur des Territoriums. Er beklagte sich 1622 über Arbeitsüberlastung: »Fürs ander, so ist zugenügen bewüßt, daß ein Nachrichter zu München under allen Nachrichtern im Landt die schweriste Richtstatt hat, dan wo hin und wider im Landt die große Malefikanten gefencklich einkhomen, dieselbigen mehrerteils nacher München gebracht und alda iustifiziert und hingerichtet werden. Nun hab ich in dem Rentamt München die Zeit, daß ich alda Nachrichter bin, bey 4 Panrichtern beraith über 500 Malefizpersonen gericht...«[145] Aufgrund dieser Sonderstellung Münchens ist es von besonderem Interesse, wenn wir ein halbes Jahrhundert später eine geradezu entgegengesetzte Supplikation finden. Rückschlüsse auf eine relative Milde der Strafjustiz in der zweiten Hälfte des 17. Jahrhunderts bieten sich an angesichts einer Supplikation des langjährigen Münchner Scharfrichters Hans Georg Fachner. Dieser beschwert sich bei der Regierung über eine Minderung seines Einkommens, weil »gleichsamb balt alle Personen, so ufm Landt in verhafft ligen, in das Zuchthaus alhierhero iberlieffert! (sic) und also mir ia dardurch vill reisen und executionen abgeschnitten werden«[146].
Ein zum Beweis beiliegendes »Verzeichnis, was ich Endtunterschriebner von 17 Jahren her für verzweiflete Personen verbrendt oder vergraben hab« scheint zwar zunächst gegen die Vermutung eines starken Rückgangs der Exekutionen zu sprechen, doch zeigt der zweite Blick, daß es sich bei den 44 Amtshandlungen tatsächlich um die Beseitigung der Leichen von Selbstmördern handelte, wobei die krisenhaften späten 1670er Jahre die höchste Selbstmordquote aufweisen. 13 der Leichen wurden verbrannt, darunter die eines Pfarrers, der Rest vergraben. Der Frauenanteil lag bei diesen Suizidfällen immerhin bei 45 %.[147]
Der Münchner Scharfrichter Hans Michael Fachner klagte als Nachfolger seines Vaters 1697 in drei Punkten über die fortgesetzte Geschäftsschädigung: Auch Abdecker dürften nun Selbstmörderleichen beseitigen, auch Amtleute dürften (seit 1673) geringfügige Torturen ausführen, und durch das Zuchthaus würden Verbrecher ihrer traditionellen Bestrafung entzogen. Anläßlich der Exekution eines Mannes (wegen Diebstahls und Gotteslästerung) mit dem Strang bemerkte Fachner, eine solche Hinrichtung habe es im betroffenen Landgericht Weilheim seit zwanzig Jahren nicht mehr gegeben.[148]
Für die relativ niedrige Hinrichtungsfrequenz noch am Ende des 17. Jahrhunderts gibt es zahlreiche Indizien. Im September 1702 wurde der Scharfrichter nach der Verhaftung einer Diebesrotte damit beauftragt, den Körper des 1697 exekutierten Hans Holzklinger vom Hoch-

gericht herunterzunehmen. Fünf Jahre lang waren die skelettierten Überreste dieses Mannes dort gehangen, der Bevölkerung und den Vorüberreisenden zum abschreckenden Beispiel! Seine Überreste konnten erst bestattet werden, nachdem ein neuer schwerer Strafprozeß die Aussicht auf frischere Exempel der Gerechtigkeit eröffneten.[149] Möglicherweise war diese relative Milde im Kurfürstentum Bayern nicht typisch für ganz Süddeutschland, denn der als Nachfolger Fachners 1725 bestellte auswärtige Scharfrichter Johann Michael Kober rühmte sich, er habe in seiner bisherigen Laufbahn bereits 300 Personen hingerichtet.[150]

Überraschenderweise läßt sich zu Beginn des 18. Jahrhunderts eine neuerliche Verhärtung der Strafjustiz feststellen. Die »Rationalisierung« des Gerichtswesens im Sinne einer fortschreitenden Humanisierung, die man in Kurbayern aufgrund der Entwicklung der zweiten Hälfte des 17. Jahrhunderts hätte erwarten können, fand im Jahrhundert der Aufklärung keine Fortsetzung. Nach den Kriegen des Jahrhundertbeginns, insbesondere des Spanischen Erbfolgekrieges (1701–1714), von dem Kurbayern aufgrund der politischen Ambitionen seiner regierenden Dynastie schwer betroffen wurde, reagierte die Justiz mit steigender Härte auf einen möglicherweise vorausgehenden Anstieg von Gewaltkriminalität. In jedem Fall läßt sich seit 1697 das Wiederauftreten von Bandenverbrechen im Land feststellen, wobei es sich nicht mehr um die oft in Gruppen auftretenden landsässigen Wilderer oder Schatzgräber handelte, sondern um vagierende Räuberbanden, die die Wälder und Straßen unsicher machten. Ein Unterschied zwischen dem Verhalten der österreichischen Besatzungsmacht, die 1706–1711 das Heft in der Hand hielt, und der kurbayrischen Regierung ist dabei übrigens nicht festzustellen.
Seit dem späten 17. Jahrhundert ordnete der Hofrat bei jeder zu erwartenden Todesstrafe ein Gutachten des Bannrichters an.[151] Eine vollständige Liste von Bannrichtergutachten der Jahre 1723–1729 kann zum Vergleich mit früheren Hinrichtungsverzeichnissen dienen. Die Zahl der Gutachten betrafen pro Jahr etwa 37 Personen, der Frauenanteil liegt etwa bei 30% – nur bei 22% Personen vermerkt der Bannrichter ausdrücklich eine später erfolgte Hinrichtung, und hier liegt der Frauenanteil nur bei 3% in Fällen von Kindsmord, Raub und Inzest. Insgesamt liegt Raub mit 26% vor dem Diebstahl mit 24% und Kirchendiebstahl mit 8%, Wilderer wird nur einer begutachtet. Zusammen betreffen wieder 62% der Bannrichtergutachten Eigentumsdelikte, also beinahe zwei Drittel. Auf Gewaltdelikte entfallen 19%, die

größten Gruppen sind hier homicidium mit 10 % und infanticidium mit 6 %. Sittlichkeitsdelikte folgen an dritter Stelle und machen nur noch 6 % aus, wobei Sodomie, Inzest und Vergewaltigung vor dem mehrfachen Ehebruch stehen. Fast die gleiche Bedeutung wie Sittlichkeitsdelikte haben mit 5,5 % jetzt die Verbrechen gegen den Staat gewonnen. 3,5 % der Fälle handeln von Urfehdebruch, einem Verfahrensdelikt, Religionsdelikte sind unter 1 % abgesunken.[152]

VII. Abschließend möchte ich zum Ausgangspunkt zurückkehren, zu Pezzls Schätzung der Hinrichtungszahlen, beginnend mit dem Jahr 1748. Die Mischung von »facts« und »fiction« ist perfekt. Denn tatsächlich existierte eine Regierungsanordnung zur Offenlegung der Tortur- und Hinrichtungskosten, beginnend mit eben jenem Jahr 1748[153], das Pezzl als Beginn des »philosophischen Jahrhunderts« bezeichnet und zum Ausgangspunkt seiner Betrachtungen genommen hatte. Die Kenntnis dieser Dienstanweisung deutet auf Insider-Kenntnisse Pezzls. Im »Churbayerischen Intelligenzblatt« findet sich der zitierte Zeitungsartikel nämlich keineswegs.[154] Wie steht es aber mit den von Pezzl angegebenen Zahlen? Für das Rentamt München setzt er beispielsweise 15 000 Hinrichtungen in 28 Jahren ein, in Wirklichkeit dürften es etwa 350 gewesen sein, 2 % von Pezzls Schätzung. Aber das ist immer noch eine enorme Summe, nur wenig geringer als die, die der Münchner Scharfrichter zu Beginn des 17. Jahrhunderts als seine Lebensleistung bekanntgegeben hat. Doch immerhin ergibt sich für das Rentamt München 1749–1758 eine Summe von 126 Hinrichtungen (Frauenanteil von 13,5 %), also von beinahe 13 Hinrichtungen jährlich. Allein in der Hauptstadt München wurden bei einer um die Hälfte gestiegenen Bevölkerung pro Jahr mehr als doppelt so viele Personen hingerichtet als am Ende des 16. Jahrhunderts: in zehn Jahren 58 Personen. Hinzu kamen noch zwölf Hinrichtungen durch die Militärgerichtsbarkeit, zusammen ergibt das einen statistischen Mittelwert von sieben Personen, die die Justiz pro Jahr legal töten ließ.[155] Dies ist ein auch im Rahmen der internationalen Forschung durchaus überraschendes Ergebnis.[156]

Die regionale Verteilung der Kriminalfälle zwischen den Landgerichten des Rentamts München war sehr ungleich. In manchen Landgerichten, beispielsweise Miesbach, Auerburg, Kösching, Mainburg oder Neustadt/Donau, gab es in elf Jahren keinen einzigen Strafprozeß wegen eines Schwerverbrechens. In anderen Landgerichten wurden zwar Kriminalverfahren durchgeführt, doch kam es zu keinen Hinrichtungen. Hohe Hinrichtungszahlen finden wir in den Landgerichten Wolfratshausen (7), Schwaben (6), jeweils fünf in Rain und Schrobenhausen, jeweils drei Exekutionen finden wir in Aichach, Reichenhall, Rosenheim und Traunstein. Daß diese Zahlen in etwa mit der zeitgenössischen Bevölkerungsverteilung übereinstimmen, überrascht kaum. Das Rentamt München zählte damals etwa 350000 »Seelen«, von denen ca. 10% in München lebten. Die volkreichsten Landgerichte Wolfratshausen, Schwaben und Dachau grenzten an München oder wie die Landgerichte Landsberg und Aichach an die Reichsstadt Augsburg. Kleine Pfleggerichte wie Auerburg oder Miesbach zählten nicht einmal zweitausend Einwohner. In seiner statistischen Beschreibung meint ein zeitgenössischer Statistiker zu Recht, daß die Verhängung von Todesstrafen hier praktisch unbekannt war.[157]

Analysieren wir wieder die Deliktgruppen, so können wir eine interessante Feststellung machen: Die Gewaltverbrechen liegen relativ konstant bei 18% (homicidium mit 10% vor dem Frauendelikt Kindsmord mit 6%). Die Eigentumsdelikte (Diebstahl mit 33% vor Raub mit 17%) liegen mit 54% weit an der Spitze der Delinquenz, haben aber anteilmäßig abgenommen. Das Überraschende ist die Entwicklung der Verbrechen gegen den Staat: Mit 24% Hinrichtungen, meist wegen Desertion, rangieren sie jetzt an zweiter Stelle! Sittlichkeitsverbrechen liegen nur noch bei 3% und betreffen das Kerndelikt der Vergewaltigung (Notzwang), das Verfahrensdelikt Urfehdebruch führte noch zu einer Hinrichtung.[158]

Interessant ist das neue Delikt der Verbrechen gegen den Staat, das im Zeitalter des Absolutismus die Verbrechen gegen die Religion an Bedeutung überholte und gewissermaßen ablöste. Wie setzte sich diese Deliktgruppe zusammen? Teilweise handelte es sich dabei um traditionelle Delikte von Amtsmißbrauch oder Amtsuntreue, also Vergehen von Staatsdienern, die auch früher schon geahndet worden waren. Ihr Anwachsen hängt mit dem Anwachsen des Staatsapparats und mit seiner strafferen Organisation zusammen. Teilweise verstießen die Delinquenten wie beim Schmuggel, der Urkunden- oder Münzfälschung (»falsum monetae«) gegen staatliche Monopolansprüche. Der Vorwurf von Rebellion, Hochverrat oder Spionage wurde meist in Kriegszeiten erhoben, in größerem Maße tauchte er jedoch erst während des Spanischen Erbfolgekrieges auf. Besonders charakteristisch für die Verbrechen gegen den Staat sind die durch Soldaten begangenen Verbrechen, die vermehrt logischerweise erst mit der Errichtung stehender Heere

auftauchen konnten. Bayern war als Agrarland relativ arm. Zwar gab es nach dem Dreißigjährigen Krieg mehrere Werbekampagnen, die eigentliche Errichtung eines stehenden Heeres glückte jedoch erst im Jahre 1682 im Zusammenhang mit den Türkenkriegen.[159]
Der relativ hohe Anteil der mit dem Kriegsdienst verbundenen Verbrechen an der Deliktgruppe »Verbrechen gegen den Staat« erfordert eine kurze Beleuchtung: Ihre Ahndung leitete sich gewohnheitsrechtlich aus dem Militärstrafrecht her, ein »Artikelsbrief« Kaiser Maximilians II. von 1570 bildete »eine Art Katechismus des militärischen Rechts«. Sein Inhalt wurde von den Vorgesetzten den Soldaten vermittelt, seine Befolgung mußte mit Eid beschworen werden. 1672 reformierte ein bayerischer »Artikelsbrief« das Militärstrafrecht. Neu war die Ergänzung der Ehren-, Leib- und Lebensstrafen durch Vermögensstrafen. Der Artikelsbrief zur Zeit des Kurfürsten Ferdinand Maria (1651–1679) war milder als die späteren Regelungen und paßt insofern zu der allgemeinen Tendenz einer Humanisierung des Strafrechts in dieser Periode. Todesstrafe war zunächst nur für Desertion und Meuterei vorgesehen. 1674 kam in einem Mandat gegen das einreißende »Duelliren und Balgen« noch das Duell hinzu. Zuständig für die Kriminalfälle waren Hofrat beziehungsweise Regierungen, seit 1673 wurden Kriegs- beziehungsweise Standgerichte eingesetzt, die an den Ort der Garnisonen reisten. Sie unterstanden dem »Hofkriegsrat« in München, ebenso alle Angehörigen, Diener und Marketender der Soldaten. Eigene Militärscharfrichter gab es nicht, die Exekutionen wurden von den »normalen« Henkern ausgeführt.[160]
Auf Desertion, das wegen der chronischen staatlichen Geldknappheit verbreitetste Delikt, war die entehrende Todesstrafe – Erhängen am Galgen – gesetzt. Zur Zeit des Kurfürsten Ferdinand Maria wurde die Todesstrafe selten ausgeführt.[161] Eine Verschärfung des Militärstrafrechts wie auch der -justiz begann unter dem Kurfürsten Max Emanual (1679–1726), insbesondere nach der starken Expansion der Armee durch die Rüstungen zum Spanischen Erbfolgekrieg. Inhumane Strafen wie körperliche Verstümmelungen (Nasen- und Ohrenabschneiden) oder das Spießrutenlaufen (noch 1673 als in Bayern ungebräuchlich bezeichnet) wurden wiederbelebt beziehungsweise neu eingeführt. Charakteristisch ist die häufigere Verhängung der Todesstrafe, meist als entehrende Strafe durch Erhängen.[162] Seit 1695 wurden Spezialgalgen zur Hinrichtung von Deserteuren eingeführt.[163] In einem 1717 revidierten »Artikelsbrief« schlug sich die Verschärfung der Militärstrafjustiz auch in der Legislation nieder, zusätzlich wurde das Duellmandat 1701 und 1720 erneuert und verschärft. Schließlich erging am 12. September 1715

ein Generalmandat gegen Desertion.[164] Wie die Erneuerung des Artikelsbriefs von 1717 in den Jahren 1742 und 1746 zeigt, ließ der Druck der Militärjustiz auch unter den beiden folgenden Regenten nicht nach.[165] Der konservative Geist hielt sich bis weit ins 18. Jahrhundert hinein: »Auch die Strafmittel lassen in ihrer Vielgestaltigkeit erhebliche Unterschiede zu der älteren Zeit kaum erkennen.«[166]

Die Umgruppierung des Deliktfeldes – vom Verbrechen gegen die Religion zum Verbrechen gegen den Staat – läßt sich auch an den Strafarten zeigen: Im späten 16. Jahrhundert wurden die schwersten Strafen wegen Hexerei und Sodomie ausgesprochen, gefolgt von Mord. – Im mittleren 18. Jahrhundert wurden immer noch neben der Schwertstrafe archaische Strafarten ausgeführt: Ein Brandstifter mußte 1753 mit der Feuerstrafe büßen, zweimal wurde die Strafe des Vierteilens ausgesprochen (nach vorhergegangener Tötung), immerhin siebzehnmal die Strafe des Räderns, davon siebenmal ohne vorherige Tötung mit dem Schwert. Die Schandstrafe des Erhängens wurde neunmal gegen Zivilisten und zwölfmal gegen Soldaten wegen Desertion verhängt.[167] Keine Milderung also, sondern nur eine Verschiebung der Akzente: Der Staat hatte als schützenswertes Gut die Religion verdrängt, und die Strafjustiz war nach der Einführung des stehenden Heeres und den Kriegen der ersten Hälfte des 18. Jahrhunderts so grausam wie kaum in einem anderen Land Westeuropas. Der aufgeklärte Schriftsteller Pezzl traf also mit seiner Kritik genau ins Schwarze: Diese Justiz sprach jedem aufgeklärten Humanitätsidol hohn, und er bringt diese Paradoxie zum Ausdruck, wenn er im Zeitalter der Peuplierung von einer »gesetzlichen Entvölkerung des Vaterlandes« spricht.[168]
Die Regierung des »aufgeklärten« Kurfürsten Maximilian III. Joseph (1745–1777) tat sich gerade mit dem Bereich der Kriminaljustiz schwer. Die Rechtskodifikationen des Staatskanzlers Kreittmayr (1706–1790), die mit dem »Codex Juris Bavarici Criminalis« auch den Bereich der Strafjustiz umfaßten, ordneten das vorhandene Recht neu, ohne die Gesetzgebung grundlegend zu entschärfen. Zwar wurden endlich die grausamen Verstümmelungsstrafen abgeschafft, doch selbst die veraltete Gesetzgebung gegen das Hexereiverbrechen blieb bis zu den Strafrechtsreformen Anfang des 19. Jahrhunderts in Kraft. Reformmotive in der Mitte des 18. Jahrhunderts waren angesichts des drohenden Staatsbankrotts die hohen Gerichtskosten.[169] Ein Gutachten der Hofkammer rechnete die Steigerung der Kosten der Strafjustiz in Kurbayern vor.[170] Die angestrebte Verringerung der Prozeßdauer führte zu der Anordnung, bei zu langwierigen Ermittlungen Ver-

dachtsstrafen zu verhängen.[171] Neben einer zögernden Einschränkung der »Spitz-Gerten-Tortur« im Jahre 1747 gab es eindeutige Verfahrensverschärfungen wie beispielsweise 1751, als in einem ausführlichen Mandat festgelegt wurde, daß »verstockte Delinquenten«, nämlich solche, die »sich per omnes grades torturae verstockhter weis durchlaugnen«, nicht mehr wie bisher freizulassen, sondern ins Arbeitshaus einzuliefern seien.[172] Die Justizreformen dienten eher dazu, die Zentrale zu entlasten, als den inhumanen Strafvollzug zu ändern. Zwar gab es immer wieder Versuche, die Tortur einzudämmen, doch man kann nicht von einer linearen Entwicklung sprechen.[173] Noch 1779 hatte ein Mandat des Kurfürsten Karl Theodor (1777–1799) die Eindämmung der Tortur zum Ziel, gleichzeitig wurden die Landgerichte jedoch zur Anschaffung fehlender Folterwerkzeuge aufgerufen und der Abschreckungswert öffentlicher Hinrichtungen unverändert beibehalten. Allerdings wurde unmißverständlich festgelegt, daß die Werkzeuge mehr zur »tortura animi« als zum tatsächlichen physischen Einsatz bestimmt waren.[174]

Erst im letzten Viertel des 18. Jahrhunderts begann man sich ernsthaft an dem veralteten Straf- und Strafprozeßrecht des Landes zu stören. Zwar kritisierte der Staatskanzler Kreittmayer bereits 1752 in einem Kommentar das von ihm selbst kompilierte neue Strafrecht in einigen Punkten, und eine Debatte wie der sogenannte »Bayerische Hexenkrieg« der Jahre 1766–1770 muß ebenfalls unter dem Gesichtspunkt der angestrebten Strafrechtsreform gesehen werden.[175] Der Gebrauch der Folter und der Einsatz der Todesstrafe wurden jedoch erst später prinzipiell kritisiert, beispielsweise 1773 in Andreas Zaupsers (1748–1795) »Bedenken über einige Punkte des Criminalrechts«, der sich in den gedanklichen Bahnen Beccarias und von Sonnenfels' bewegte.[176] Um 1800 schreibt ein berühmter bayerischer Publizist: »Der Kriminalkodex ist sehr scharf.« Nach einer Auflistung der bekannten alten Talionsstrafen und des gebräuchlichen Malefizprozesses mit seinen verschiedenen Graden der Torturanwendung, die der »Codex Juris Bavarici Criminalis« vorsah, schließt der Verfasser: »Diese strengen und zweklosen Gesetze haben bisher die Richter oft in Verlegenheit gesezt und daher ist es jezt das eifrige Bestreben der gegenwärtigen Regierung, ein neues Kriminalgesezbuch zu verfertigen.«[177] Erst im Jahr 1803 wurde endlich die Folter abgeschafft, und 1813 kam es zur vollkommenen Revision des Strafrechts alter Prägung.[178] Verfasser dieses revidierten Kriminalrechts war der berühmte Jurist Anselm Feuerbach (1775–1833), den man gleichzeitig als Begründer der »historischen Kriminologie« in Deutschland betrachten kann.[179]

VIII. Folgende Aspekte einer historischen Kriminologie eines deutschen Territoriums der Frühen Neuzeit gilt es festzuhalten: Erstens die Abhängigkeit der realen Deliktentwicklung von Veränderungen der sozialhistorischen Konstellationen: Die Ergebnisse über den Einfluß der demographischen Bewegung,[180] der Agrarkrisenjahre und der Kriegs- und Nachkriegszeiten sind mit Ergebnissen der englischen »history of crime« vergleichbar.[181] Agrarkrisenjahre führten regelmäßig zu einem sprunghaften Ansteigen der Eigentums- und Gewaltkriminalität. Andererseits gab es wohl gesellschaftsspezifische Delikte, wie beispielsweise das Delikt der vorehelichen Sexualität. In einer Gesellschaft, die die Heiratsmöglichkeiten vor allem der nicht begüterten Schichten rigoros einschränkte, stand das Strafrecht im Widerspruch zu menschlichen Grundbedürfnissen. Allerdings hatte auch der zu kodifiziertem Recht geronnene Moralkodex einer bäuerlich geprägten Gesellschaft seinen Hintergrund. Bei ihren begrenzten Ressourcen mußte unkontrollierte Sexualität aus sozialen und politischen Gründen verwerflich erscheinen, da unkontrollierte Nachkommenschaft die soziale Stabilität in Frage stellte. Solche Zusammenhänge wurden vielleicht nicht auf dieser Ebene reflektiert, trotzdem scheint der Höhepunkt der moralischen Repression mit der Zeit demographischer Anspannung vor 1634 zusammenzufallen. Sozialer Druck, so die These, erzeugte sowohl kurz- als auch mittel- und langfristig spezifische Konstellationen von Normverstößen.

Zweitens der Einfluß ideologischer Vorstellungen einer Herrschaftselite, die an religiösen, später an etatistischen Normen orientiert war. Die jeweiligen Ideologien prägten die Vorstellungen von dem, was als Verbrechen definiert, verfolgt und sanktioniert wurde, in hohem Maße. Am Beispiel der Ketzer- und Hexenprozesse des 16., aber auch der zahlreichen Sittlichkeitsverfahren des frühen 17. Jahrhunderts kann man exemplarisch sehen, in welch hohem Maße »Verbrechen« gesellschaftlich bedingt werden: Nach unseren Maßstäben handelt es sich bei vielen dieser Delikte überhaupt nicht um Verbrechen, teilweise nicht einmal um sanktionswürdige Vergehen: Hexerei existiert nicht, religiöse Überzeugungen und außereheliche Sexualität sind reine Privatangelegenheiten geworden, die den Staatsanwalt nichts angehen. Bereits Mitte des 17. Jahrhunderts setzte eine radikale Umgruppierung des Deliktfeldes ein, die von einem Nachlassen des religiösen Interesses zeugt. Selbst offenkundige Häretiker, wie beispielsweise der quäkerische Missionar John Philly, wurden in den 1660er Jahren nicht mehr hingerichtet.[182]

Das Nachlassen des »kriminellen Drucks« aufgrund des Bevölkerungsrückgangs nach dem Dreißigjährigen Krieg wurde bereits erwähnt. Auch dies blieb nicht ohne Konsequenzen für das System des Strafvollzugs: Unverkennbar ist zwischen den beiden großen Kriegen, zwischen 1648 und 1700, im Justizwesen experimentiert worden. Die »condemnatio ad opera publica«, befristete Zwangs- beziehungsweise Schanzarbeit, Kriegsdienst in Ungarn oder Freiheitsstrafen in den Zucht- und Arbeitshäusern: All dieses diente letztlich sowohl der Verringerung der Hinrichtungszahlen als auch der Verringerung des Vagantenheeres, aus dem sich nach Ansicht der Administration das Verbrechertum speiste. Im Vergleich zur früheren Praxis stellten die immer noch harten Strafen eine Humanisierung dar. Es gibt manche Anzeichen dafür, daß hinter dieser Humanisierung die gezielte Innenpolitik einer relativ effektiven Justizverwaltung stand. Zu denken ist dabei an den überraschenden Resozialisierungsgedanken in dem erwähnten Hofratsgutachten von 1650 sowie an zahlreiche Einzelmaßnahmen, die sich zu einem Mosaik zusammenfügen: Die Zentralregierung milderte nicht selten Bannrichtergutachten, die noch im Vorkriegsstil abgefaßt waren, ab, besonders sinnfällig bei dem Todesurteil eines zum Strang verurteilten Diebes. Auf Fürbitten seiner Ehefrau griff der Hofrat in die Kompetenz der Regierung Straubing ein, kassierte das Urteil und gab grundsätzlich zu bedenken: »Nun ist uns bey... referierung der sachen selzamb vorkhomen, daß ir in diesen deß Menschen leben betreffenden sachen... nit daßjenig beobachtet, was auch hernach zur Einrichtung eures berichts auf ein extra-ordinari straff bewogen: Da doch, wie ihr selbsten angezogen, die angriff nit allein schlecht, undt die entfremdte essende sachen nur von 4 in 6 Gulden wert, sondern der verhaffte nach zeig der Erfahrung bonae famae und niemals corrigiert, Und vor 3 Jahren ein bekhante große Noth und Hunger under dem gemainen Mann und tagwerchen gewesen, welches solche Umbstend sein, so den rigorem iuris Carolinarum billich mitigiern, dardurch wir befinden, daß vorderist durch den Pannrichter und hernach durch euch... dem Armen Menschen zu khurz geschenen wehre und er mit dem Leben bezahlen [hätte] miessen... Ermahnen Euch dahero in dergleichen, das heisse Menschenblueth betreffende sachen, nit obenhin dardurch zu gehen, sondern alle circumstantias zu gebrauchen, damit wür nit zu anderem bewogen werden.«[183]
Der Hofrat rügte häufig das »unformbliche procedieren« der Landrichter, beispielsweise wenn ohne genügende Indizien Verhaftungen vorgenommen wurden,[184] wenn unzulässige Fragen gestellt oder unerlaubt Druck auf die Inhaftierten bei den Vernehmungen ausgeübt wur-

de.[185] Amtsmißbrauch wurde im absolutistischen Territorialstaat streng bestraft, die Skala reichte von Geldstrafen über die Amtsenthebung bis hin zu Landesverweis oder der Verhängung der Todesstrafe gegen Beamte,[186] ebenso Selbstjustiz an Dienstleuten.[187] Adelige Unterdrücker konnten sich harte Sanktionen einhandeln, ein Franz Bonaventura Freiherr von Bernsdorff wurde 1670 wegen »Bedrängung der Ehehalten und Untertanen« zu lebenslänglicher Haft, »Verwahrung bis zum Tode«, verurteilt – in seinem Fall waren dies immerhin 28 Jahre.[188] Der Junker Nikolaus Bernhard von Eck wurde 1661 sogar formell vom Bannrichter Oberlands zur Todesstrafe verurteilt und ein Hinrichtungstermin angesetzt; aufgrund »eingereichter hoher Interzession« wurde er dann allerdings zum Kriegsdienst nach Ungarn begnadigt.[189] In der zweiten Hälfte des 17. Jahrhunderts wird oft betont, daß man bei Strafen die Milde der Schärfe vorziehe.[190] Daß dies keine bloße Floskel ist, erhellten erstaunliche Anordnungen der Zentralbehörde: Lange Haftzeiten werden nicht wegen der Unkosten gerügt, sondern wegen dem bedauernswerten Schicksal der Gefangenen, um deren Gesundheit und Ernährung man sich sorgte.[191] Landrichtern wurde befohlen, Bettlern bei der Arbeitssuche zu helfen.[192] Zur Versorgung der »berechtigten armen Bettelleut« wurden Sammlungen angeordnet, um den »armen Bauersmann vor Bedrückung zu bewahren«.[193] Bei einem Mann wird – statt Bestrafung – nach dem zweiten mißglückten Selbstmordversuch nach den Ursachen für seine Melancholie geforscht. Als sich herausstellte, daß er »kleinmütig« geworden sei, weil seine Frau seit drei Jahren die »eheliche Pflicht« verweigerte, wird der Landrichter beauftragt, mit ihr darüber zu sprechen.[194]
Auch Geisteskrankheit wurde jetzt im Strafprozeß in Betracht gezogen. Als Beispiel sei hier genannt der spektakulärste Versuch eines politischen Attentats in der bayrischen Geschichte dieser Zeit: Der Hartschier-Wachtmeister Jacob Rittinger versuchte Anfang des Jahres 1679 im Münchner Jesuitenkolleg, durch Schüsse den bayerischen Staatskanzler Caspar von Schmid (1622–1693) sowie den kurfürstlichen Beichtvater Bernhard Frey SJ[195] zu ermorden. Er wurde zur Todesstrafe verurteilt, schließlich aber für unzurechnungsfähig erklärt und unter dauerndem Arrest auf Schloß Wolfratshausen gehalten, wobei sich der Hofrat regelmäßig über den Zustand des Verrückten berichten ließ und über die angemessene tägliche Ration Bier zu seiner Zufriedenstellung beriet.[196] Überhaupt wurden nicht mehr nur stur Straftatbestände nachgewiesen, sondern nach den Motiven gefragt. Ein erstes Interesse an der Psychologie wird darin sichtbar.[197] Alter und Familienstand werden bei der Strafzumessung berücksichtigt.[198] Unverkennbar

hatte man in der zweiten Hälfte des 17. Jahrhunderts nach neuen Wegen in der Justiz gesucht. Der spanische Erbfolgekrieg und die nachfolgende Welle neuer Gewaltkriminalität scheinen solche autochthonen Reformansätze zunichte gemacht zu haben.
Drittens die Resistenz der Bevölkerung gegenüber bestimmten ideologischen Zumutungen der Obrigkeit, etwa im Fall der Wilderei. Hier findet das Konzept des »social crime« eine einleuchtende Anwendung, wie es von E. P. Thompson[199] und J. Brewer/J. Styles[200] präfiguriert worden ist. Das gleiche gilt für das Feld der Sittlichkeitsdelikte, deren größter Anteil, nämlich die vor- und außereheliche Sexualität, von der Mehrzahl der Bevölkerung keineswegs für kriminell gehalten wurde. Obrigkeitliche Strafmaßnahmen kamen dieser Ansicht insofern entgegen, als die im Strafrecht vorgesehenen groben Sanktionen selten in voller Schärfe angewandt wurden. Die meistens verhängte Strafe – an drei Sonntagen mit einer brennenden Kerze in der Hand vor der Kirche stehen und »büßen« – wurde nicht als entehrend betrachtet und anscheinend hingenommen, wie man heute Bußgelder wegen Falschparkens akzeptiert. Selbst Angehörige des Adels mußten sich wegen Leichtfertigkeitsdelikten vor dem Hofrat verantworten und einige Tage Arrest im »Schottenstübl« verbüßen – für den Fall, daß sie sich nicht freiwillig stellten, wurde Verhaftung angedroht.[201] In Fällen, wo das Strafrecht in Schärfe angewandt werden sollte, etwa bei der geplanten Hinrichtung des dreifachen Ehebrechers Christoph Götschl 1660, kam es mitunter zu harten Konflikten, die anzeigten, daß hier die Obrigkeit ihre Kompetenzen überschritt. Der Pflegsverwalter Karl Wilhelm zum Ackher handelte sich von seiten des Hofrats eine strenge Rüge ein:
»Hierauf waist du solch dein verfaßtes Urtl gegen dem Maleficanten dergestalt exequiern zlassen, wie du dir es im khünfftig gegen Gott und uns [!] zuverantwortten gethrauen würdest. – Sunsten aber hast du fürohin nit, wie dermahlen geschehen, zu disputieren, ob das gesez zu scharff seye oder nit, weniger daryber vil zu lamentiern, sondern dein Urtl gleichwohl denen geschriebenen Rechten und unsern ergangenen Mandaten gemeß zu verfassen ...«[202]
Der Jurist wird nicht von ungefähr nochmals Widerspruch gegen das Urteil des Bannrichters eingelegt haben, doch drohte ihm der Hofrat mit Amtsenthebung. Das Urteil wurde schließlich ausgeführt. Zum Ackher ließ sich noch im selben Jahr in die weit entfernten Landgerichte Eggenfelden und Mitterfels versetzen. Die Stelle in Reichenhall blieb in den folgenden drei Jahren unbesetzt. Selbst der Gerichtsschreiber Wäginger ließ sich noch im selben Jahr versetzen.[203] Die Obrigkeit wußte um die Begrenztheit ihrer Einflußmöglichkeit. 1665 heißt es in

einem Generalmandat über die Leichtfertigkeiten, man wisse, daß die Knechte und Mägde bei ihrer Anstellung von den Bauern »ganz unverschampt begehren«, zusammen in einer Kammer schlafen zu dürfen, und dieses Recht mit der Drohung der Dienstverweigerung erkämpften.[204] Das eigentümliche Spannungsverhältnis zwischen dem drakonischen Strafrecht und seiner inkonsequenten Anwendung scheint einen Grundzug des Gerichtswesens der Frühen Neuzeit darzustellen.[205] Die inkonsequente Anwendung erstreckte sich nicht einmal nur auf Einheimische, sondern beispielsweise auch auf zugewanderte Zigeuner, deren Anzahl im Land man trotz angedrohter Todesstrafe im Jahre 1657 auf »6–700 Mann« schätzte.[206]
Viertens die Korrespondenz von Kriminalitäts-Entwicklung und Gesetzgebung, die an einigen Beispielen gezeigt werden konnte. Vielleicht mag es stimmen, wenn Hobsbawm schreibt: »Das Auge der Zentralregierung dringt in vorindustriellen Tagen nicht allzutief in das Gestrüpp der Agrargesellschaft ein, solange ihre eigenen Interessen nicht gefährdet sind.«[207] Doch immerhin konnten Zentralregierungen flexibel auf neue Entwicklungen reagieren, um das System intakt zu halten. Mißerfolge wie das rasch wieder entschärfte Kindsmordmandat von 1684 hielten sich die Waage mit Erfolgen in den Bereichen, wo die Intentionen von Zentralregierung und Bevölkerung zur Deckung gelangten. Auf der Ebene der Kriminalgerichtsbarkeit sind in Bayern die erfolgreiche Eindämmung der Bandenkriminalität und der langfristige Rückgang von Tötungsdelikten entsprechende Beispiele für die Flexibilität einer frühmodernen Justiz, deren Wirksamkeit bei der Befriedung des Landes meist unterschätzt wird. Der Trend zur Pazifikation der Gesellschaft hatte freilich mehr als eine Determinante, wie man aufgrund der Entwicklungstheorien Max Webers oder Norbert Elias' annehmen kann. Der Umbau der Verbrechensstruktur der europäischen Gesellschaften dürfte im »Prozeß der Zivilisation« jedoch keine unwichtige Rolle gespielt haben. Lawrence Stone hat in einem interessanten Aufsatz für die englische Gesellschaft den langfristigen Trend zur Reduzierung von zwischenmenschlicher Gewaltanwendung zu charakterisieren versucht.[208]
Fünftens die Akzeptanz dieser Justiz, die doch einen wesentlichen Beitrag zur Stabilität der deutschen Kleinstaaten geleistet haben dürfte.[209] Auf der Ebene der Niedergerichtsbarkeit kam vor einigen Jahren Walter Hartinger zu dem überraschenden Schluß, daß die Rechtsprechung im absolutistischen Bayern in hohem Maße dem Rechtsempfinden der Bevölkerung entsprochen haben muß.[210] Am Beispiel der Münchner Stadtgerichtsbücher des 17. Jahrhunderts kann man zeigen, daß diese

Niedergerichtsbarkeit überraschend rational arbeitete, beispielsweise im Sinne einer Beilegung von Streitigkeiten zwischen Mitgliedern der Gemeinde in den zahlreichen Prozessen wegen Tätlichkeiten oder Verleumdungen. Geradezu erstaunlich ist es, daß sich das Gericht über kodifiziertes Recht hinwegsetzte, wo es nicht dem Rechtsempfinden der Bevölkerung entsprach. Exemplarisch kann man dies bei der Rechtsmündigkeit der Frau beobachten: Ihre formalrechtliche Einschränkung wurde in der Praxis überhaupt nicht beachtet.[211] Auf der Ebene der Strafgerichtsbarkeit muß man sich wohl auf ähnliche Überraschungen gefaßt machen: Das Wechselspiel zwischen Volk und Obrigkeit in »vordemokratischer« Zeit wird hier in einer interessanten Facette beleuchtet. Der Rechtsfriede bildete die Voraussetzung für das Gedeihen und Blühen einer Gesellschaft, für den Historiker einen wichtigen Indikator für den inneren Zustand einer Gesellschaft. Die Untersuchung der Kriminalität Bayerns in der Frühen Neuzeit hat recht eindeutig gezeigt, daß Delikte wie: Aufruhr, Rebellion, »Hochverrat«, etc. vollkommen marginal waren. Zumindest in der Strafgerichtsbarkeit des Landes spielten sie keine Rolle. Selbstverständlich ist dies nicht, denn die »Untertanen« werden im Untersuchungszeitraum als selbstbewußt und »wehrhaft« beschrieben. Der Humanist Johannes Turmair (»Aventinus«) (1477–1534) bemängelte zwar, daß der »gemeine Mann« in Bayern keine politischen Mitwirkungsrechte habe, fügt jedoch hinzu: »... doch ist er sunst frei. Mag auch frei ledig eigen guet haben, dient seinem herren, der sunst keine gewalt über in hat, jerliche güld zins und scharwerk, tuet sunst was er wil, sitzt tag und nacht bei dem wein, schreit, singt, tanzt, kart, spilt; mag wer tragen, schweinspieß und lange messer. Grosse und überflüssige hochzeit, totenmal und kirchtag haben ist erlich und unsträflich, raicht kainem zu nachtail, kumpt kainem zu übel.«[212]
Die Bewaffnung der Untertanen, die in nicht wenigen Landstrichen Alpträume der höheren Gesellschaftsschichten hervorgerufen hätte, war und blieb in Bayern in gewissem Umfang selbstverständlich und erfuhr im späteren 16. Jahrhundert sogar noch durch die sogenannten »Landfahnen« eine institutionelle Absicherung. Im Jahr 1662 bemühte sich der Hofrat, das Tragen langer Messer einzuschränken, aber keineswegs, weil man dies als Ordnungsproblem betrachtete, sondern weil es nach den Bauerntänzen immer wieder zu Fällen von Totschlag kam.[213]
Der Schutz vor feudaler Unterdrückung und die relative Zurückhaltung der staatlichen Obrigkeit bei Reglementierungsversuchen erzeugte eine Atmosphäre, in der den Menschen Freiraum zu individueller Entfaltung blieb. Gelegentliche Schmähreden gegen den Kurfürsten

konnte dieses Land verkraften, die Wirtin in Auerdorf mußte sich deshalb zweimal an die Schandsäule stellen.[214] Der Weilheimer Handwerksgeselle Willibald Weiß, der 1684 mit zwei Freunden »Ungebühr gegen ein Bild des Kurfürsten« gezeigt hatte, sollte mit einem Monat Zuchthaus büßen, doch auf Supplikation der Verwandten wurde die Untersuchungshaft »in poenam computiert«, als tatsächliche Strafe zwei Tage Haft bei Wasser und Brot angeordnet.[215]

Das Verhalten der Einheimischen im Jahrhundert der Aufklärung wurde von den gebildeten Schichten – beispielsweise von dem Berliner Aufklärer Friedrich Nicolai – in der Regel als »grob« empfunden. Die Kommentare schwankten zwischen Verärgerung und Verwunderung. Als typisch kann Westenrieders Zusammenfassung gelten: »Von dem Karakter der Eingeborenen. Der wahre eingeborene Münchner und Baier ist sehr leicht von einem andern wegzukennen. Er ist männlich höflich, und schämt sich, jemand eine Schmeicheley zu sagen, welche der andere nicht verdient, oder woran sein Herz nicht denkt. Er spricht über seine Angelegenheiten ohne allem Umweg, und sezt durch seine Kühnheit den höfischen Fremden in Erstaunen; denn der Eingeborene heuchelt nicht, und wo ihm etwas mißfällt und Unrecht däucht, sagt ers geradezu, und beurtheilt öffentlich den Vornehmen wie den Niedern. Er sagt es laut, und ins Gesicht sagt ers ihm. Diese ihm gleichsam angeborne Gewohnheit, den geraden Weg zu gehen, begleitet ihn allenthalben...«[216]
Die Angehörigen dieser Gesellschaft machen keinen besonders gedrückten Eindruck. Sie erlaubten sich auch gegenüber Höherstehenden ihre eigene Meinung zu sagen und über Recht und Unrecht selbst zu urteilen. Humanisten, Bürokraten oder Aufklärer schätzten solche Eigenschaften der Bevölkerung nicht. Aber der Respekt vor der »Eigenständigkeit« der Untertanen war offenbar groß genug, daß man selbst ein bestimmtes Maß an Frechheit in Kauf nahm, um keine größeren Konflikte zu riskieren. Die »Bauernaufstände« von 1634 und 1705 zeigen, auch wenn sie letztlich niedergeschlagen wurden, daß die Bevölkerung im Notfall sehr wohl imstande war zu handeln. Kleinere Aufmüpfigkeiten wurden nicht übermäßig streng geahndet. Die Beleidigung des Adeligen Georg Ernst von Logau im Jahre 1667 oder selbst die »Beschädigung«, wie der zeitgenössische Ausdruck für Körperverletzung lautet, des Grafen Constantin Fugger zu Zinnenberg im Jahre 1669 hatten für die Täter keine gravierende Folgen.[217] Bei ernsthafteren Auseinandersetzungen, wie etwa einer regelrechten Kampagne, die 1664 von drei Dachauer Brüdern gegen den dortigen Pfarrer mit Bil-

dern im Fenster, Flugschriften (»geschriebene Pasquille«) und Maueraufschriften an Schloß und Kirche geführt worden war, kam es zu Strafen wie einem dreijährigen Landesverweis, wohl nicht zuletzt deshalb, weil sich in der Ermittlung die Vorwürfe gegen den Pfarrer nicht bestätigten.[218] Bei Zusammenrottungen von Bürgern gegen den Magistrat in Weilheim im Jahre 1669, die einen Aufstand anzukündigen schienen,[219] beließ man es zunächst einmal bei Verwarnungen, allerdings wurde den »Rädlführern«, dem Apotheker Ignaz Prezensteiner und dem Stadtschreiber Johann Grießinger, die Leib- und Lebensstrafe angedroht, dem Pfarrer wurde bei hoher Geldstrafe verboten, sich einzumischen. Die Proteste richteten sich gegen den Bürgermeister Georg Widmann, einen »eigennutzigen und der Burgerschaft schädlichen Mann«, wie eine Hofratsinquisition ergab.[220]

IX. Angesichts der politischen Einflußlosigkeit der Unterschichten im Ancien Régime kann man die These aufstellen, daß in dieser Gesellschaft bestimmte ungeschriebene Grundregeln eingehalten wurden, die das Gleichgewicht zwischen Volk und Obrigkeit gewährleisteten. Trotz der fehlenden Institutionalisierung politischer Einflußmöglichkeiten der Unterschichten bestanden doch Kanäle, durch die Wünsche der »Untertanen« wirksam werden konnten. Zum einen besaß die staatliche Bürokratie aufgrund ihrer sozialen Dynamik als Aufstiegsmedium eine Tendenz zur Absorption von Reformwünschen. Immerhin konnte ein Corbinian Prielmayr (1643–1707), der Sohn eines Erdinger Tagwerkers, bis zum leitenden Minister Kurbayerns aufsteigen.[221] Daneben war es vor allem die »Landschaft«, die als Vertretung des Landes Auswüchse der Strafjustiz frühzeitig beschnitt. In der »Landschaft« saßen in drei Kurien Vertreter des Adels, der Städte und der Prälatenklöster. Alle drei Instanzen stellten zwar innerhalb des Landes selbst »Obrigkeiten« dar, doch muß man sehen, daß sie über ihre Niedergerichtsbarkeit in engem Kontakt zu den Lebensverhältnissen, Forderungen und Ansichten ihrer »Untertanen« standen – wie immer sie diese beurteilten. Bis zu einem gewissen Ausmaß übernahmen die Kurien der Stände eine Fürsprecherschaft für ihre »Untertanen«. Bereits im frühen 16. Jahrhundert waren es die Stände, die auf den Landtagen auf eine Regelung des Strafverfahrens und die Eindämmung der Folter drangen, ein Verlangen, das sich auch in Andreas Perneders »Halsgerichtsordnung« niederschlug.[222] Nach den Exzessen der Hexenverfolgung von 1590, die von einer neuen Juristengeneration nach »Ausnahmerecht« durchgeführt worden waren, drangen die Stände auf eine weitere rechtliche Eindämmung von »willkürlichen« Verhaftungen und Folterungen, und auch auf dem Landtag von 1605 war dies wieder der Fall. Die Landstände stellten ein wichtiges Korrektiv staatlicher Inquisitionswünsche dar.[223]

Hier scheint mir ein interessanter Ansatzpunkt zur weiteren Erforschung der historischen Kriminologie der Frühen Neuzeit zu liegen: Bei einer scheinbar starren politischen und gesellschaftlichen Ordnung wird im Verhältnis von Verbrechen, Gesetzgebung und Strafen ein äußerst dynamischer Bereich der Gesellschaft sichtbar, der Indikatorfunktion für Veränderungen im Normengefüge haben kann, sichtbar beispielsweise an der Höher- oder Zurückstufung der Bedeutung bestimmter Verbrechensgruppen oder Einzelverbrechen. Mit Hilfe der historischen Kriminologie ist es möglich, diesen Prozeß sowohl quantifizierend nachzuweisen, als auch vom individuellen Anlaß her zu untersuchen, beispielsweise den konkreten Vorfällen, die legislatorische Maßnahmen auslösen. Begibt man sich auf diese Ebene, so wird ein komplexer Interaktionsprozeß sichtbar, in dem das Verhalten der einfachen Bevölkerung keine geringe Rolle spielt.
Ebenso interessant scheint mir jedoch jene Kerngruppe von Verbrechen zu sein, die über längere Zeiträume hinweg konstant die wichtigsten waren, nämlich die hier zu den Gruppen Gewalt- und Eigentumsverbrechen zusammengefaßten Delikte.[224] Bereits das Hinrichtungsverzeichnis des späten 16. Jahrhunderts weist einen Anteil der Eigentumsdelikte von 65 % und der Gewaltdelikte von 10 % auf. Nimmt man die zeittypischen »Verbrechen gegen die Religion« aus der Rechnung, schnellen die Anteile auf 76 % bzw. 16 % hoch. – Eine Hinrichtungsliste von fünf repräsentativen Landgerichten für den Zeitraum 1650–1705 zeigt einen Anteil von 59 % Eigentumsdelikten und 25 % Gewaltdelikten als Hinrichtungsgrund.[225] Im frühen 18. Jahrhundert (Bannrichtergutachten) liegen die Eigentumsdelikte bei 62 %, die Gewaltdelikte bei 19 %, im mittleren 18. Jahrhundert (Hinrichtungsverzeichnis) bei 54 % bzw. 18 % – nimmt man hier jedoch das zeittypische Delikt der Desertion (Verbrechen gegen den Staat) aus der Rechnung heraus, steigern sich die Anteile wieder auf 71 % beziehungsweise 24 %.
Der statistische Anstieg der Gewaltdelikte muß interpretiert werden, möglicherweise resultiert er aus einer verbesserten Kontrolle. Klar scheint jedoch die Dominanz der Sanktion von Eigentumsdelikten für den gesamten Zeitraum zu sein, einer Erkenntnis, die sich auch auf der

Ebene des Strafverfahrens (Härte und Häufigkeit des Einsatzes der Tortur) in vollem Umfang bestätigt. Dazu nur ein Beispiel: Im Jahr 1650 (344 Kriminalfälle) machten Eigentumsdelikte 60 % der behandelten Fälle aus, aber 71 % der verhängten Todesstrafen, und gar 74 % (114/153) der Prozesse, in denen die Folter angewandt wurde. Unter den 35 Strafverfahren mit maximaler Torturanwendung (3 Grade) waren 94 % (33/35) Eigentumsverbrechen.[226] Ähnliche Rechnungen könnten für jedes der im Detail untersuchten Jahre aufgemacht werden. Vermutlich werden künftige Untersuchungen Ausnahmen ergeben, aber diese bestätigen bekanntlich die Regel. Der Schutz des Eigentums bei gleichzeitiger Pazifikation der Gesellschaft scheint das Thema gewesen zu sein, das Kurbayern in der frühen Neuzeit am meisten beschäftigte. Bei einer Gesellschaft, die mehrheitlich aus Kleineigentümern – Bauern auf dem Land, Handwerker in den Städten – bestand, verwundert dies vielleicht gar nicht. Der Kampf der Besitzenden gegen die Armen und Fremden überlagerte alle anderen denkbaren Themen. Probleme, die mit der »feudalen« Gesellschaftsordnung zusammenhingen, fielen dagegen nicht ins Gewicht. Folgen eines Systemwechsels vom »Feudalismus« zum »Kapitalismus«, wie sie von englischen Sozialhistorikern gesucht worden sind,[227] werden hier nicht sichtbar. Die Scheidelinie verläuft zwischen den Einheimischen, deren Familien über Besitz verfügen, und den »Anderen«, den Besitz- und Wohnsitzlosen, die man bei der ersten Gelegenheit vertreiben konnte. Aus der Sicht der Armen, der Ausgegrenzten, trug diese Justiz den Charakter einer Klassenjustiz,[228] und angesichts der quantifizierenden Auswertung versteht man ein Motiv besser, das immer wieder in Strafprozessen als Wunsch der verurteilten Delinquenten zum Vorschein kommt: »Es möcht' die Reichen auch einstmals treffen, sonst richte man nur die Armen hin.«[229]

[Auf den Seiten 128–132 folgen 10 Grafiken zu diesem Thema.]

Hinrichtungen nach Deliktgruppen
in München 1574–1591 (100% = 48 Pers.)

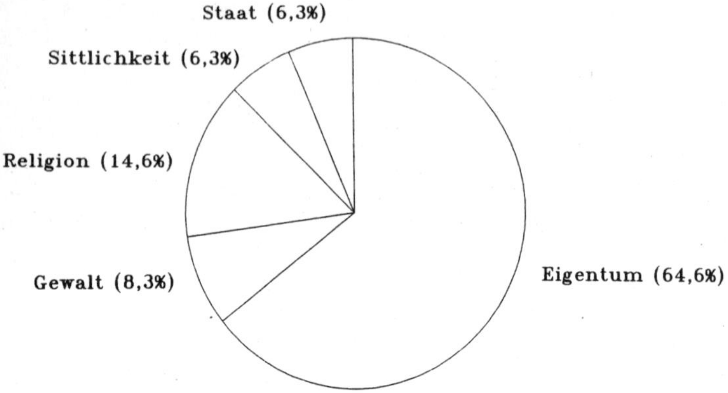

Bannrichtergutachten / Deliktgruppen
Rentamt München 1723 – 1729

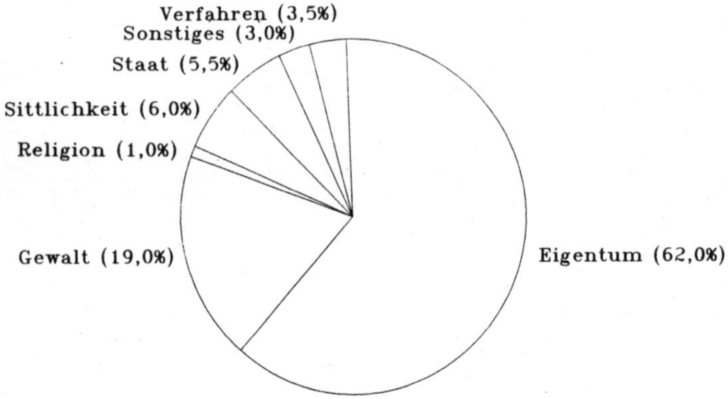

Hinrichtungen nach Deliktgruppen
in München 1749–1758 (100% = 126 Pers.)

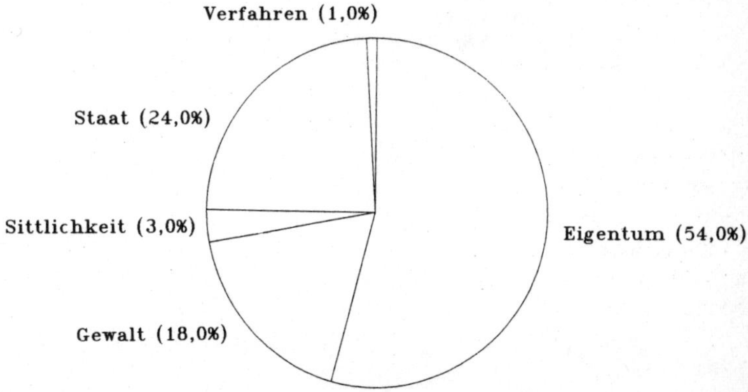

Gesamtkriminalität nach Deliktgruppen
Rentamt München 1. Hälfte 17. Jh.

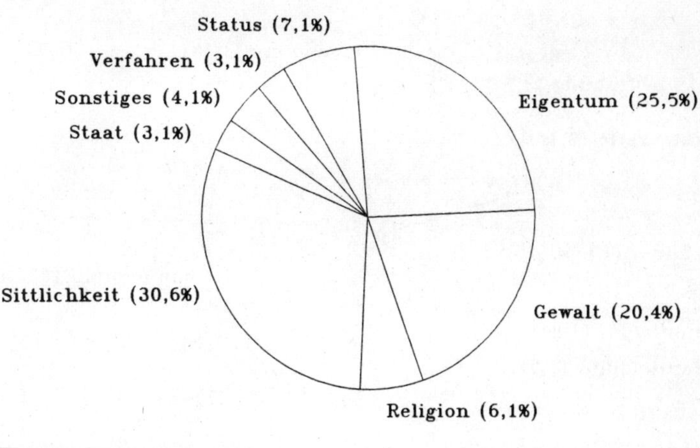

Gesamtkriminalität nach Deliktgruppen

Rentamt München 1701 – 1705

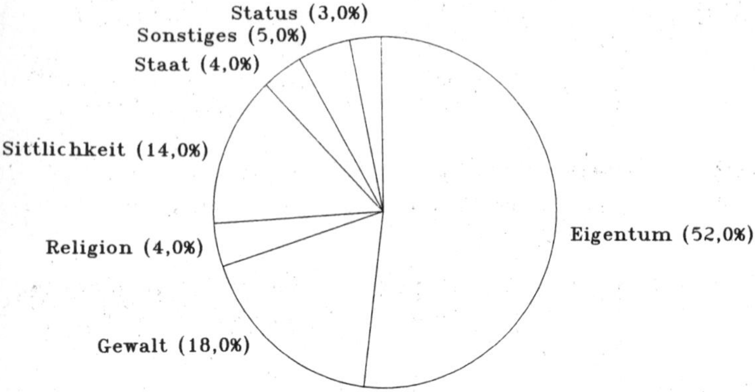

Gewaltverbrechen Kurbayern / Männer

1. Hälfte des 17. Jahrhunderts

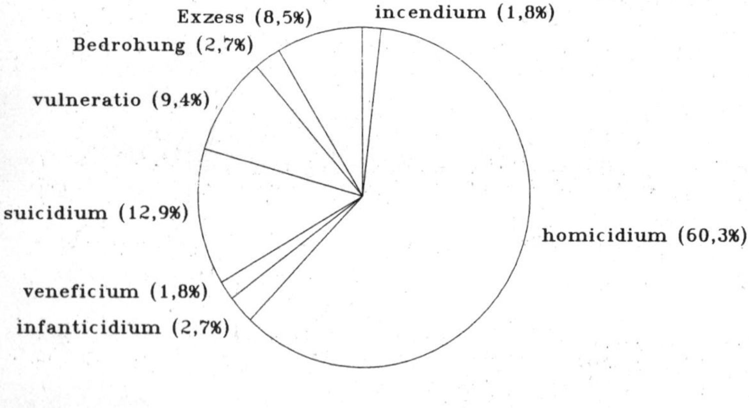

Gewaltverbrechen Kurbayern / Frauen

1. Hälfte des 17. Jhs. (= 17,3 %)

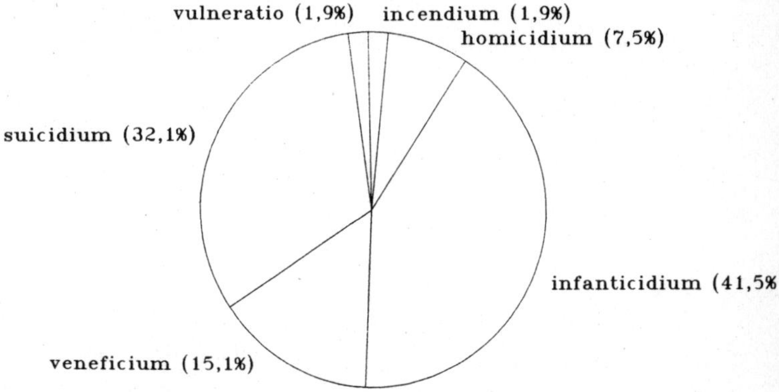

Gewaltverbrechen Kurbayern Gesamt

1. Hälfte des 17. Jahrhunderts

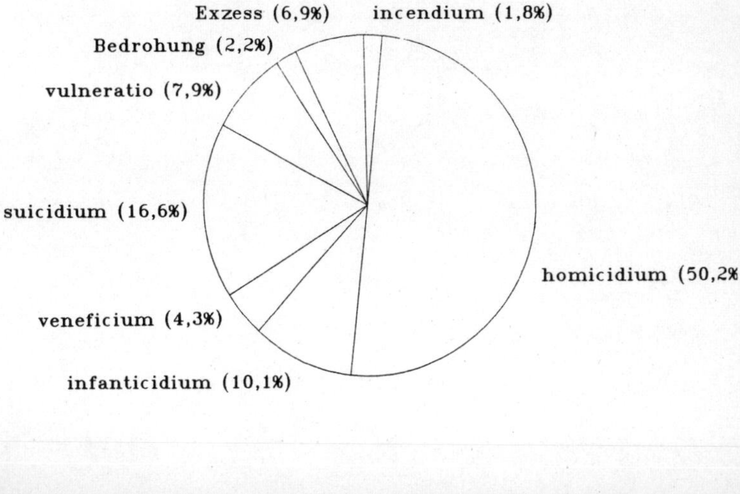

Gewaltverbrechen Kurbayern Gesamt

1. Hälfte des 17. Jahrhunderts

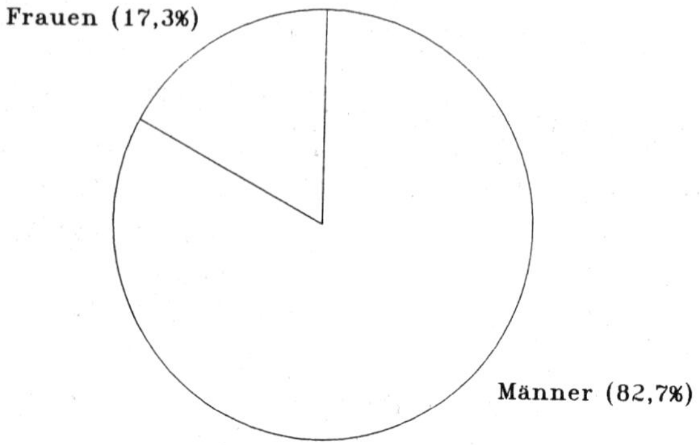

Peter Wettmann-Jungblut

»Stelen inn rechter hungersnodtt«

Diebstahl, Eigentumsschutz und strafrechtliche Kontrolle im vorindustriellen Baden 1600–1850

I. Bei Jakob Schurler, einem Krämer von St. Peter im Schwarzwald, ereignet sich 1732 ein Einbruchsdiebstahl. Seine Aussagen zu den drei Tätern, einem Vater und seinen beiden Söhnen, die ihm bekannt sind, werden zu Protokoll genommen. Vom Amtmann befragt, was er denn von diesen wisse, erwidert Schurler, er »habe zwar noch niemahl etwas ungebührliches auff sie gehört doch seyen sie sehr arm, undt wollen wohl gelebt haben«.[1]

Diebstahl als einziger Ausweg aus einer lebensbedrohlichen Notlage, als eine Tat, die »in höchsten nöthen«, »aus grossem mangel undt hunger« oder deshalb geschehen ist, weil der Dieb andernfalls »seinen kleinen kinderen kheine nahrung gehabt hätte«[2] – solche und ähnliche Argumente zur Rechtfertigung oder Entschuldigung von Diebstahlsdelikten finden sich vom 17. bis frühen 19. Jahrhundert immer wieder in Verhör- und Gerichtsprotokollen. Dies sollte niemanden verwundern, wenn man sich der Tatsache bewußt ist, daß die Gesellschaft der frühen Neuzeit eine Mangelgesellschaft war, daß das Leben eines Großteils der Bevölkerung vom Kampf ums Überleben bestimmt und ihre Subsistenz und »auskömmliche Nahrung« nur in wenigen Perioden einer Zeit, die ständig von Krieg, Hungersnot und anderen Krisen erschüttert wurde, relativ gesichert waren. »Alle, die von ihrer Hände Arbeit lebten«, so beschreibt Michael Stürmer die Situation im 18. Jahrhundert, »waren einer Ökonomie der knappen Mittel, des Überlebens und des jähen Untergangs ausgesetzt«.[3] Nicht jeder Diebstahl, Einbruch oder Raub geschah aus unmittelbarem Hunger, und ein Pferdedieb, der seine Beute zudem auf dem nächsten Markt verkaufte, konnte schwerlich auf Mundraub plädieren. Wirtschaftliche Not hätte aber sicherlich die überwältigende Mehrheit der Tagelöhner, der Knechte und Mägde, der Vaganten, Bettler und entlassenen Soldaten, der wandernden Handwerksgesellen und in zunehmendem Maße auch der Kleinbauern und Handwerksmeister, mithin die Angehörigen der unterprivilegierten und armen oder besitzlosen Schichten, aus deren Reihen sich die wegen Diebstahls Angeklagten vorwiegend rekrutierten, als Motiv anführen können.

»Niemand kann verbunden seyn, das Eigenthum eines anderen zu respektieren, wenn ihm bey der allgemeinen vertheilung desselben nicht auch sein Theil zukommt, wenn er bey dem Ueberflusse anderer in hülflosem Mangel gelassen wird. Vergriffe ein solcher sich an fremdem Gute, so wäre eine Bestrafung dieser That nur rechtlose Gewaltthätigkeit.«[4] Ob jedoch diese Argumentation des Naturrechtslehrers Jakob Fries dem Denken und Handeln des kleinen frühneuzeitlichen Diebes zugrunde lag, ob er gar bewußt gegen die bestehende Eigentumsordnung verstieß und somit gegen soziale Ungleichheit und Ungerechtigkeit protestierte, sei vorerst dahingestellt. Die englische sozialgeschichtliche Forschung hat für das 18. und 19. Jahrhundert in diesem Zusammenhang den nicht unumstrittenen Begriff des »social crime« geprägt; laut Eric Hobsbawm liegt ein »social crime« immer dann vor, »when there is a conflict of laws, e. g. between an official and an unofficial system, or when acts of law-breaking have a distinct element of social protest in them, or when they are closely linked with the development of social and political unrest«.[5] In seiner schärfsten Ausformung impliziert dieses Konzept, daß die meisten der von den »labouring poor« begangenen Eigentumsinfraktionen eine Art von Opposition gegen ihre Ausbeutung und Unterdrückung durch die Besitzenden, ja von Widerstand gegen die Entwicklung des Kapitalismus darstellen. Mancher Dieb, Wilderer oder Holzsammler mag in dem Bewußtsein das Gesetz übertreten haben, daß er sich nur das nahm, was ihm sein ausbeuterischer Herr vorenthielt oder was ihm nach altem Brauch und Herkommen schon immer zugestanden hatte, von einem gewissen Zeitpunkt an aber durch obrigkeitliche Satzung kriminalisiert und bestraft worden war. Doch kann man daraus zum einen keine Generalisierung herleiten; und zum andern wird dieser Widerstand spätestens vor Gericht, wenn es oft genug darum ging, den Kopf aus der Schlinge zu ziehen oder andere harte Bestrafungen abzuwenden, in devote Unterwürfigkeit und bereitwilliges Eingeständnis der eigenen Verfehlung umgeschlagen sein. So etwa bei Jakob Gasser aus dem Klettgau, der 1691 nach einem Diebstahl bei seinem Dienstherrn in Öschingen flüchtet, nach 5 Monaten freiwillig zurückkehrt und auf die Frage: »Warum er solches gethan? Ob er nicht wisse, daß das stehlen verbotten seye?« neben vielen anderen Entschuldigungen vorbringt, »er habe böße gedankhen gehabt, bitte umb verzeihung«.[6] Ein kategorisierender Begriff wie der des »social crime« trifft nicht die Mehrschichtigkeit einzelner Situationen, er »überdeckt die Gleichzeitigkeiten von Hinnahme, Distanz und Widersetzlichkeit«.[7]

Gerade beim Diebstahl fällt es schwer, ihm angesichts der Tatsache, daß viele der Opfer oft nur wenig mehr als diejenigen besaßen, welche sie bestahlen, ein Attribut wie ›rebellisch‹ zuzuschreiben. Selbst für Ernst Bloch ist der Verbrecher »nirgends revolutionär, auch seine Slum-Gestalt würde, wenn ihr Gelegenheit dazu gegeben würde, als Rentier enden. Der Kriminelle sieht als noch so kühner nicht heroisch aus, er ist untragisch, er hat, statt den großen Schlaf der Welt zu stören, ... die Besitzenden nur aus einem kleinen Schlaf gestört, und diese fallen zugleich in ihn zurück«.[8]

Der Tatbestand Diebstahl ist allerdings nicht schon dann erfüllt, wenn eine Person einer anderen etwas wegnimmt oder – im Sprachgebrauch des 17. und 18. Jahrhunderts – »entfrembdet«. Es gehört dazu ein gesetzgeberisches Regelwerk, das gewisse Arten der Wegnahme eben als solchen definiert und mit Strafe belegt; ferner ein Geschädigter, der die Wegnahme seines Eigentums als Diebstahl auffaßt und den Dieb dafür gestraft sehen bzw. das ihm Gestohlene zurück haben möchte; und zuletzt ein Apparat der sozialen Kontrolle, der die Gesetzesübertretungen registriert und für die Ergreifung und Verurteilung des Straftäters sowie für den Strafvollzug zuständig ist. Ohne die Interaktion dieser vier Komponenten – Täter, Opfer, Zwangsstab und Rechtskodifikation – existiert Diebstahl weder als rechtliche Kategorie noch als Kategorie der sozialen Aktion. Nach der Definition der kriminologischen »labeling theory« (Etikettierungstheorie) ist abweichendes Verhalten »not a quality of the act the person commits, but rather a consequence of the application by others of rules and sanctions to an ›offender‹«[9].

Man sollte den modernen »labeling approach« nicht ohne gewisse Einschränkungen für die Erklärung von Verbrechen in der frühen Neuzeit anwenden. Es gilt zu berücksichtigen, daß einerseits die Religion bis ins 18. Jahrhundert hinein die Hauptquelle zur Legitimation staatlicher Normen und staatlicher oder lokaler Autorität war; und daß andererseits kein Staat in Westeuropa die finanziellen und administrativen Mittel besaß, Verbrechen auch nur annähernd in dem Maße strafzuverfolgen, wie es heute mittels eines staatlich organisierten Polizei- und Justizapparates geschieht. Dennoch bietet er der historischen Forschung einen wichtigen Ansatz, um die äußerst selektive Art und Weise zu erklären, in der die Kriminaljustiz auf Verbrechen und Verbrecher reagierte. Auch in der frühen Neuzeit besaß Verbrechen durchaus keine ontische Qualität; es bestanden zwar »durchaus normative Rechtsvorstellungen in einer Vielzahl territorialer Rechtskodifikationen, doch die Strafpraxis ... folgte einer eigenen Logik, in die nur so viele abstrakte Strafvorstellungen aufgenommen wurden, als die noch regional gültigen traditionellen Rechtsvorstellungen des Volkes und die rechtswirksam werdenden sozialen Interessen einer Gerichtsgemeinde nötig machten«.[10]

Für die badischen Gebiete[11] des 17., 18. und frühen 19. Jahrhunderts bedeutet dies, über die Definition von Diebstahl, wie sie in den Statuten der Carolina und verschiedener Landesordnungen zu finden ist, über das rein theoretische Recht der Strafrechtskodifikationen hinauszugehen und sich dem Recht zuzuwenden, das die Gesellschaft durch ihre Handlungen macht und mit einem weiteren Begriff der Kriminalsoziologie als »second code«[12] bezeichnet wird. Dieser Begriff schließt an den »labeling approach« an und ergänzt ihn zugleich; wie dieser geht er von der Prämisse aus, daß es nicht die simple Tatsache des Rechtsbruches ist, die bestimmt, wer ein Verbrecher ist und wer nicht. Die Zuschreibung des Etiketts Verbrecher erfolgt nicht ausschließlich aufgrund des Bruchs legaler Normen, sondern hauptsächlich aufgrund der Verletzung eines zweiten Satzes von Regeln. Diese Regeln sind ungeschrieben, dem einzelnen vielleicht unbewußt und manchmal auch widersprüchlich; es sind aber die Regeln, nach denen die Gesellschaft ihr Zusammenleben in Wirklichkeit organisiert. Vor allem wer diesen »second code« bricht, läuft Gefahr, für ein Vergehen gegen den offiziellen »first code« bestraft zu werden. Zwischen beiden »codes« kann weitgehende Übereinstimmung herrschen; von Interesse sind jedoch nicht nur unterschiedliche oder gemeinsame Inhalte, sondern auch ihre unterschiedliche Funktion. Diebstahl war sicherlich immer ein in allen gesellschaftlichen Schichten unerwünschter Akt der Aneignung; um jedoch zu verstehen, warum für die gleiche Tat der eine Dieb an den Galgen oder in die Verbannung geschickt wurde, der andere aber nur sehr milde bestraft wurde oder gar straffrei ausging, ist es unerläßlich herauszufinden, welche Motive die Handlungen und Entscheidungen der ›Akteure‹, d. h. der Täter, Opfer und Strafrechtsinstanzen, bestimmten und in welchem Zusammenhang die Motive mit Einstellungen und alltäglichen Erfahrungen der Akteure in bezug auf Recht und Unrecht, Eigentum und adäquaten Eigentumsschutz bzw. darauf einwirkende soziale Veränderungen standen.

Die historische Kriminalitätsforschung bietet für eine ›Geschichte von unten‹ eine nicht zu unterschätzende Gelegenheit, »die Lebenswirklichkeit jener Schichten zu erschließen, die für die Geschichtsforschung gemeinhin als sprachlos gelten«.[13] Es waren nun einmal vor allem die ›armen Leute‹, die vor der peinlichen oder niederen Gerichtsbarkeit wegen Eigentumsvergehen erscheinen mußten. Die verschiedenen Formen illegaler Aneignung, auf die die Gerichte ihre Aufmerksamkeit lenkten, können das Verhalten und die Einstellungen der Armen zu entschlüsseln helfen, ohne daß man dabei zwingend voraussetzen muß, daß Verbrechen ein automatischer oder offensichtlicher Reflex auf Armut und das Verhältnis der Armen zum Recht ein von Mißtrauen geprägtes war. Doch kann dies niemals ohne Miteinbeziehung der Interessen der Herrschenden, also derjenigen, welche die Gesetze erließen und die Mühlen der Justiz in Gang brachten, bewerkstelligt werden; denn gerade die Geschichte der Eigentumsvergehen ist »to a considerable extent, the history of the control of large sections of the poor«.[14] Beide Aspekte, d. h. die Sozialgeschichte der Kriminalität und der Kriminellen und die Geschichte der Durchsetzung des Strafrechts, können nicht voneinander getrennt betrachtet werden; ihre gegenseitige Bedingtheit und ihr synthetisches Miteinander sollen im folgenden für den Zeitraum von 1600 bis 1850 dargestellt werden.

II.

In der neueren englischen und französischen Sozialgeschichte werden häufig Kriminalstatistiken zur Feststellung und zum »Messen« von Kontinuitäten und Veränderungen der Kriminalität und Kriminalitätsentwicklung verwandt. Mit Hilfe der Methoden der positivistischen Sozialwissenschaft wird der Versuch unternommen, gesellschaftliche Verhaltensmuster – zu denen ja auch die Devianz zählt – zu entdecken und zu erklären.[15] Pierre Chaunu bezeichnet diese Vorgehensweise als »étude sérielle de la criminalité« bzw. als »histoire quantitative de la longue durée«.[16] Sowohl in England als auch in Frankreich führten solche quantifizierenden Studien zu der Feststellung, daß sich im 17. und 18. Jahrhundert eine Verschiebung von Delikten gegen Personen (mit Gewaltanwendung) hin zu Delikten gegen das Eigentum vollzog.
Auch für Baden wird hier versucht, die langfristige Veränderung des Gewalt-Diebstahl-Verhältnisses im Zeitraum von 1600–1850 u. a. anhand von quantifizierenden Statistiken in etwa nachzuzeichnen. Die Gründe für diese Entwicklung sollen allerdings nicht, wie dies Chaunu tat, in einer fundamentalen Veränderung der »structures mentales« der Kriminellen, sondern vielmehr in den sich verändernden sozio-ökonomischen und kulturellen Bedingungen Badens gesucht werden. Offizielle Kriminalstatistiken wurden in Baden seit 1808 jährlich im »Regierungsblatt für das Großherzogthum Baden« und seit 1829 als eigenständige Serie des Justizministeriums unter dem Titel »Uebersicht der Strafrechtspflege im Großherzogthum Baden« veröffentlicht. Das 17.

und 18. Jahrhundert zählen somit, wie auch in England und Frankreich (hier wurden seit 1805 bzw. 1826 nationale Kriminalstatistiken geführt), zum ›vorstatistischen‹ Zeitalter. Statistiken, die mittels Auswertung von Malefiz- und Urteilsbüchern oder anderen überlieferten Gerichtsaufzeichnungen für diesen Zeitraum nachträglich erstellt werden, können zum einen keinen Anspruch darauf erheben, daß sie die Gesamtheit der vor Gericht gebrachten Verbrechen erfassen, da man der Tatsache Rechnung tragen muß, daß zumindest einige Gerichtsakten im Laufe der Jahrhunderte verlorengegangen sind. Zum anderen bestehen berechtigte Zweifel daran, daß das Ausmaß des strafverfolgten und aufgezeichneten Verbrechens mit dem Ausmaß des ›wirklichen‹ Verbrechens übereinstimmt. Staatliche Strafgerichtsbarkeit und deren Aufzeichnungen liefern kein genaues Spiegelbild der Kriminalität, sondern zeigen nur eine selektive Anzahl von Vergehen. Vor Gericht gebrachte Fälle »emerge from a filtering and selection process and... there is no necessary relationship... between the ›real‹ crime committed and the crime dealt with by the courts«.[17] Die Dunkelziffer von Verbrechen kann heute wie in der frühen Neuzeit nur annähernd geschätzt werden, doch die überwiegende Mehrheit dessen, was man im 17. oder 18. Jahrhundert als solche bezeichnen kann, bezieht sich im Gegensatz zu heute auf illegale Handlungen, deren Urheber der Gemeinschaft oft bekannt waren, die aber nicht strafverfolgt, sondern mit informellen Sanktionen, Wiedergutmachungszahlungen und ähnlichem belegt wurden, oder aber nicht strafverfolgt werden konnten, da der dazu notwendige Kontrollapparat erst im Entstehen begriffen war.

Die Aufzeichnungen der Gerichtshöfe reflektieren also in weitaus geringerem Maße die absolute Häufigkeit und proportionale Verteilung von Diebstahls- und anderen Delikten als die spezifisch organisatorischen Kontingenzen, die die Anwendung von gesetzlichen Bestimmungen auf ein bestimmtes Verhalten durch die Interpretationen, Entscheidungen und Handlungen von Mitgliedern der strafrechtlichen Institutionen bedingen. Die Aktivitäten dieser Institutionen sind dennoch eine historische Quelle ersten Ranges, da sie Definitionen von Verbrechen gleichzeitig erzeugen und aufrechterhalten und eine kriminelle Population produzieren; sie belegen die Formen von Verhalten, die auf den unterschiedlichen Ebenen der sozialen Kontrolle in unterschiedlichen Epochen und unter unterschiedlichen sozialen Bedingungen als abweichend von der Norm betrachtet wurden, aber nicht die Gesamtmenge von kriminellen Handlungen.[18]

Wie unterschiedlich die Arten von Verbrechen waren, auf die lokale Obrigkeiten und weite Teile der Bevölkerung im selben Zeitraum ihr

Hauptaugenmerk richteten, mögen zwei Beispiele aus dem frühen 17. Jahrhundert zeigen. Für das Territorium des Klosters St. Peter im Schwarzwald sind von 1601–1631 die peinlichen Urteile gegen insgesamt 102 Personen erhalten. 14 Personen (13,7%) wurden wegen Diebstahls, ebenso viele wegen Vergehen gegen die Person (Mord, Totschlag, Verwundung), 12 (11,8%) wegen moralischer Vergehen (Unzucht, Ehebruch, Hurerei, etc.), 60 (58,8%) wegen Hexerei/Zauberei und 2 (2%) wegen anderer Vergehen bestraft.[19] Ein davon stark abweichendes proportionales Verhältnis der einzelnen Deliktgruppen liefert das zwischen 1596 und 1636 geführte Urgichbuch der freien Reichsstadt Ulm. Von den insgesamt 148 peinlich Verurteilten standen 74 (50%) wegen Diebstahls, 17 (11,5%) wegen anderer Eigentumsvergehen (Raub, Betrug, etc.), jeweils 26 (17,5%) wegen Vergehen gegen die Person bzw. moralischer Vergehen, 3 (2,1%) wegen Hexerei/Zauberei sowie 2 (1,4%) wegen anderer Delikte vor Gericht.[20]

Grundlage der Strafgerichtsbarkeit war sowohl im katholischen St. Peter als auch im reformierten Ulm die Peinliche Gerichtsordnung Kaiser Karls V. von 1532, so daß kein unterschiedliches normatives Regelwerk für diese offensichtliche Diskrepanz in der prozentualen Gewichtung der strafverfolgten Vergehen verantwortlich sein kann. Doch die kirchlichen Herren von St. Peter haben wohl eher die Rettung der Seelen ihrer Untertanen als besonders wichtig und daher das mit dem Etikett »Häresie, Zauberei oder Hexerei« versehene Verhalten als ungemein schädlich und strafwürdig erachtet, während der weltlichen Obrigkeit von Ulm, das vom Handel und Handwerk lebte, mehr an der Wahrung des Eigentums und folglich auch an einer härteren und intensiveren Strafverfolgung von Diebstahl gelegen gewesen sein dürfte. Da alle Arten von Gerichtsakten nicht nur abweichendes Verhalten, sondern auch Interessen und Einstellungen der Herrschenden, die sich in der Gesetzesanwendung ausdrücken, dokumentieren, sollte man sie hauptsächlich als »a guide to changes in the administration of justice, as a searchlight on particular social relationships, and as essential clues both to popular attitudes to the official legal code and to the role of law in society«[21] nutzen.

Für den badischen Raum ist es unmöglich, vor dem 19. Jahrhundert eine das gesamte Gebiet abdeckende Kriminalstatistik zu erstellen, da dieses in zahlreiche unabhängige Herrschaften, unter denen sich natürlich auch die als Kernland zu bezeichnenden beiden badischen Markgrafschaften (seit 1771 vereint) befanden, zersplittert war. Erst die von Napoleon erzwungene territoriale Neugliederung des Deutschen Reiches schuf in der ersten Dekade des 19. Jahrhunderts das Großherzog-

tum Baden in seiner endgültigen Form. Durch den Reichsdeputationshauptschluß von 1803, den Preßburger Frieden von 1805 und schließlich die Rheinbundakte von 1806 wurden u. a. die rechtsrheinische Kurpfalz, verschiedene mediatisierte Reichsstädte und mehrere Abteien und Reichsstifter, der Breisgau, die Landgrafschaften Ortenau und Klettgau, die Fürstentümer Fürstenberg, Löwenstein-Wertheim, Leiningen und Krautheim dem neuentstandenen Großherzogtum zugeschlagen, so daß Baden um 1810 ein Gebiet von 15 070 qkm mit ca. 975 000 Einwohnern (das Vierfache des vorherigen Territoriums und das Sechsfache der vorherigen Bevölkerung) umfaßte.
Die Entwicklung der Diebstahlskriminalität kann vorher nur in kleineren Herrschaften nachgezeichnet werden. Doch selbst hier ist es nicht möglich, den gesamten Zeitraum von 1600–1800 zu erfassen, da die überlieferten Gerichtsaufzeichnungen stets größere zeitliche Lücken aufweisen. Eine Kriminalstatistik der frühen Neuzeit muß allerdings unvollständig bleiben, wenn sie nur die Urteile der Peinlichen oder Malefizischen Gerichtsbarkeit berücksichtigt, da diese nur einen Bruchteil der Streit- und Konfliktfälle, derentwegen ein richterlicher Urteilsspruch gefordert wurde, widerspiegelt. Mord und Kindsmord, Raub, schwerer Diebstahl und Brandstiftung, Hexerei und Häresie, Inzest und Sodomie sind nur die Spitze des Eisberges und wurden ob ihrer Gefährlichkeit für die bestehende politische, religiöse und soziale Ordnung meist mit der ganzen Strenge des Gesetzes geahndet. Sie blieben die Ausnahme und repräsentieren sicher nicht die Fälle von Kriminalität, mit denen die Bewohner einer frühneuzeitlichen Stadt oder eines frühneuzeitlichen Dorfes fast täglich konfrontiert waren.[22]
Dies erforderte für den badischen Raum vor allem eine Miteinbeziehung der von den Ämtern und Oberämtern erlassenen Strafurteile. Die Strafbefugnisse der Ämter waren beschränkt; sie konnten nur »bürgerliche« Strafen verhängen, die seit dem 16. und dann verstärkt im 17. und 18. Jahrhundert neben den nur von Malefizgerichten ausgesprochenen »peinlichen« Strafen aufgekommen und in den Reichspolizeiordnungen oder verschiedenen territorialen Landesverordnungen festgelegt waren. Zu diesen bürgerlichen Strafen zählten u. a. Geldstrafen, öffentliche Arbeit, Schellenwerkstrafe, Eintürmung oder bürgerliches Gefängnis (im Gegensatz zur peinlichen Zuchthausstrafe), körperliche Züchtigungen mit Ruten, Stöcken, Ochsenziemern etc. und die Strafe der öffentlichen Ausstellung (auf dem Marktplatz, vor der Kirche oder dem Gefängnis). Die Ämter urteilten über geringfügige Unzuchtsdelikte, über Real- und Verbalinjurien, über Feld- und Gartendiebstähle, sonstige kleine Diebstähle und Betrügereien und Delikte gegen die öf-

fentliche Sicherheit und Ordnung. Gemäß dem 8. Organisationsedikt über die Verwaltung der Strafgerichtspflege vom 4.4.1803, das bis zur Verabschiedung des badischen Strafgesetzbuches und der badischen Strafprozeßordnung im Jahre 1845 die Strafrechtspflege in der 1. Hälfte des 19. Jahrhunderts regelte, besaßen sie bei Vergehen gegen das Eigentum nur dann Kompetenz, wenn »der Werth des Entwendeten nicht über 12 fl. beträgt, im ersten Straffall und auch im zweiten, wenn weder der Werth des erstern noch des zweiten diese Summe übersteigt, in beiden Fällen aber nur, wenn das Vergehen nicht wegen der Art der Verübung einen schwereren Character annimmt«.[23]

Ein ›schwererer Character‹ lag immer dann vor, wenn der Diebstahl unter Einsatz von Gewalt oder mittels Einbruchs oder Einsteigens begangen worden war. Doch vor allem im 17. und 18. Jahrhundert läßt sich feststellen, daß sich die Amtsleute nicht unbedingt an die Statuten der Landesordnungen und der Carolina gebunden fühlten. Es lag in ihrem Ermessensspielraum, einen Missetäter trotz eines vorliegenden schweren Verbrechens vor dem Inquisitionsgericht zu bewahren; ihre Entscheidungen wurden dabei weniger von der Verwerflichkeit der Tat als vielmehr vom guten oder schlechten Leumund des Täters bestimmt. So wurde Andreas Burri, der 1692 in die Scheune von Hans Ehrensperger aus Wutöschingen einbrach und Getreide entwendete, vom Amt Tiengen erstaunlich milde behandelt: er mußte dem Geschädigten das Entwendete ersetzen und 10 fl. Geldstrafe zahlen, und zwar »in ansehung daß nach zeugniß verschiedener gemaindts leuthen er dergleichen sonst sein lebtag nicht mehr gethan, sondern dieses das erste mahl seye, wozu er ohnwissendt auß was bösem instinctu verleitet worden«; gegen Kautionszahlung durch seinen Vetter wurde er schon vor der Urteilsverkündung aus dem Arrest entlassen.[24]

Ähnlich nachsichtig war das Oberamt Salem 1752 mit einem Schmiedemeister von Weildorf, der wegen unterschiedlicher Entwendungen und Diebstähle sowie »böslicher Verleitung seines ehemaligen Schmidknechtes zum Wildern und auch Treulosigkeiten« angeklagt wurde. Es verurteilte ihn nur zu einer Geldstrafe und zur Schadenswiedergutmachung bei mehreren Personen innerhalb der nächsten 14 Tage; obwohl er »de rigore wol mit einer infamen leibesstraff hätte angesehen werden können«, wollte »man aber gleichwohlen in ansehung seines und der seinigen frau eren, zumalen seithero bezeigter und fürohin anhoffend besserung ihm für diesmahl gnad vor recht wider fahren lassen«.[25]

Im 18. Jahrhundert waren auch die Ortsvorgesetzten bemächtigt, beim ersten Fall von Feld- und Gartendiebstählen die entsprechende Strafe auszusprechen und zu vollziehen; diese Fälle können jedoch in einer

statistischen Auswertung nicht miteinbezogen werden, da die betreffenden Quellen zu spärlich sind. Dasselbe gilt für die Vogt-, Rüge- und Frevelgerichte, die in jedem Ort mindestens einmal im Jahr abzuhalten waren. Die Zuständigkeit dieser lokalen Gerichte umfaßte die »Aburteilung u. a. von Mundraub, Feldraub, Scheltworten und Schlägereien unter Abgrenzung der Strafbefugnisse und unter Auferlegung des Gebots, bei der Notwendigkeit der Verhängung von die Zuständigkeit überschreitenden Strafen den Fall an die ›Zent‹ zu verweisen«.[26] Ihr ursprünglicher Zweck, die Rügung und Bestrafung von Freveln, ging jedoch im Laufe des 18. Jahrhunderts verloren; sie entwickelten sich mehr und mehr zu einem Kontrollmittel der die Dorfgemeinschaft beherrschenden Personen, vor allem des Amtmanns oder Schultheißen, mit dem ›schlechte‹ Bauern diszipliniert und zu besserem Wirtschaften, mehr Fleiß und ›Industrie‹ angehalten werden sollten.[27]
Anhand der auf einige Zeitserien beschränkten Auswertung der Gerichtsakten der peinlichen wie der niederen Gerichtsbarkeit zweier relativ kleinen Territorien kann man ungefähr ermessen, in welchem zahlenmäßigen Verhältnis die vor beiden Gerichten verhandelten Fälle standen, und wie die proportionale Verteilung der vier großen Deliktgruppen, d. h. Diebstahl / andere Eigentumsvergehen, Vergehen gegen die Person, moralische Vergehen und Vergehen gegen die öffentliche Sicherheit und Ordnung, im 17. und 18. Jahrhundert aussah. Die Landgrafschaft Klettgau mit zwei Ämtern in Tiengen und Jestetten hatte bis 1687 unter der Herrschaft der Grafen von Sulz gestanden, danach gehörte sie, bis zu ihrer Angliederung an Baden im Jahre 1806, zum Besitz der Fürsten von Schwarzenberg. Die Zisterzienserabtei Salem war Reichsstift und besaß territorialen Besitz im Bodenseeraum; Sitz ihrer weltlichen Verwaltung war das Oberamt in Salem.
Das kaiserlich-fürstenbergische Landgericht, dem die Malefizgerichtsbarkeit oblag, urteilte von 1607–1612 lediglich über elf Personen; davon waren fünf wegen Gotteslästerung / Zauberei, drei wegen Mordes / Totschlags und je eine wegen Diebstahls, Notzucht, Ehebruch / Blutschande bzw. Mordes / Weiberschänderei angeklagt.[28] Hingegen wurden von Amts wegen zwischen 1605 und 1612 379 Personen angeklagt und verhört; die Deliktverteilung sah folgendermaßen aus:[29]

Tabelle 1: Vom Amt abgeurteilte Delikte, Landgrafschaft Klettgau, 1605–1612

Diebstahl	23	= 13,5 %
andere Eigentumsdelikte	28	
Totschlag	8	= 14,3 %
Realinjurie / Schlaghandel	46	
Verbalinjurie	173	= 45,5 %
moralische Vergehen	19	= 5,0 %
Vergehen gegen öffentliche Ordnung	82	= 21,7 %
Total	379	= 100 %

Knapp 200 Jahre später ergibt sich aufgrund der Klettgauer Akten zu Kriminal- und Prozeßsachen von 1796–1803 folgendes Bild[30]:

Tabelle 2: Kriminal- und Prozeßsachen, ebda., 1796–1803

Diebstahl	58	= 59,5 %
andere Eigentumsvergehen (nun auch mit Vagantentum)	48	
Realinjurie / Schlaghandel	15	= 8,4 %
Verbalinjurie	6	= 3,4 %
moralische Vergehen	40	= 22,4 %
Vergehen gegen öffentliche Ordnung	11	= 6,3 %
Total	178	= 100 %

Die nächste Statistik wurde anhand der Akten der Salemschen Justizverwaltung des 18. Jahrhunderts erstellt; sie beinhaltet unter I. die von 1707–1796 geführten Inquisitionsprozesse, unter II. bzw. III. die beim Oberamt angeklagten Personen in der Zeit von 1751–1758 bzw. von 1781–1786 und 1789–1798 (bei III. fehlen jedoch die Angaben zu insgesamt 31 Monaten).[31]

Tabelle 3: Vergleich der Deliktgruppen bei Malefiz- und Amtsgerichten

<table>
<tr><th></th><th colspan="2">I.</th><th colspan="2">II.</th><th colspan="2">III.</th></tr>
<tr><td>Diebstahl</td><td>16</td><td rowspan="2">= 31,7 %</td><td>22</td><td rowspan="2">= 12,6 %</td><td>61</td><td rowspan="2">= 20,8 %</td></tr>
<tr><td>andere Eigentumsvergehen</td><td>10</td><td>23</td><td>81</td></tr>
<tr><td>Mord / Totschlag</td><td>4</td><td rowspan="2">= 9,8 %</td><td>–</td><td></td><td>–</td><td></td></tr>
<tr><td>Realinjurie / Schlaghandel</td><td>4</td><td>106</td><td>= 30,0 %</td><td>73</td><td>= 10,3 %</td></tr>
<tr><td>Verbalinjurie</td><td>–</td><td></td><td>73</td><td>= 20,8 %</td><td>173</td><td>= 24,3 %</td></tr>
<tr><td>Hexerei / Aberglauben</td><td>22</td><td>= 26,8 %</td><td>–</td><td></td><td>–</td><td></td></tr>
<tr><td>moralische Vergehen</td><td>26</td><td>= 31,7 %</td><td>96</td><td>= 27,5 %</td><td>158</td><td>= 22,2 %</td></tr>
<tr><td>Vergehen gegen öffentliche Ordnung</td><td>–</td><td></td><td>31</td><td>= 8,8 %</td><td>166</td><td>= 23,2 %</td></tr>
<tr><td>Total</td><td>82</td><td>= 100 %</td><td>351</td><td>= 100 %</td><td>712</td><td>= 100 %</td></tr>
</table>

Bevor nun diese statistischen Befunde analysiert werden, sollen noch zwei Erläuterungen gemacht werden: Zum einen bedarf es wohl einer Erklärung, warum das Vergehen der Landstreicherei, des Umherziehens, des Jauner- und Vagantenlebens in den obigen Tabellen unter der Rubrik »andere Eigentumsvergehen« geführt wird. Im Denken der frühen Neuzeit – dies kann man zumindest mit Sicherheit für das der Obrigkeit behaupten – wurde diese Art der Lebensführung zwangsläufig mit unehrlichem Lebenserwerb mittels Diebereien oder anderer Vergehen gleichgesetzt. Noch 1807 heißt es in einer Anweisung des badischen Justizministeriums zur Behandlung von »Jaunern«, man habe dieses Vergehen unter die Paragraphen gesetzt, »welche von der Bestrafung des Diebstahls redeten«, um damit zu erkennen zu geben, »daß man das JaunerLeben für eine Gattung des gewöhnlich damit verbundenen Diebstahls, und also für ein gleichwertiges Verbrechen mit letzteren angesehen habe«.[32]
Zahllose Patente und Verordnungen drohen im 17. und 18. Jahrhundert Bettlern und Vaganten im Falle der Ergreifung schwere körperliche Strafen bis hin zur Todesstrafe an.[33] Im 18. Jahrhundert wurden in den meisten Gebieten besondere Streifen ausgeschickt, die umherziehende Personen aufgreifen sollten. Wer von den Aufgegriffenen keine gültigen Papiere besaß, wurde, gleichgültig ob es sich um umherziehende Handwerksgesellen oder um Bettler handelte, mit Auspeitschung und Landesverweis bestraft; bestand beim Militär Bedarf an Soldaten, dann wurden männliche Vaganten im Falle der Tauglichkeit auch einfach zwangsrekrutiert. Und in der 1. Hälfte des 19. Jahrhunderts war es

durchaus üblich, Bettler und anderes fahrendes Volk zwecks Erlernung einer besseren und dem Allgemeinwohl dienlicheren Lebensführung auf unbestimmte Zeit ins Arbeits- oder Correctionshaus zu schikken.

Zum andern sollte erwähnt werden, daß Totschlag bis weit ins 17. Jahrhundert hinein keineswegs notwendigerweise in den Zuständigkeitsbereich der peinlichen Gerichte fiel (s. Tab. 1). So wurden Hans Riegern und sein Weib Elsa Meyerin von Grießen wegen des Totschlags an Verona Boringin 1608 zwar einer »Malefitzischen Rechtfertigung« zwischen ihnen als Beklagten und dem »Landvogt der Landgrafschaft Cleggau, von Herrschaft wegen und Klein Hanß Jordan, von Geißlingen sampt der gantzen, weilandt Verona Boringin nachgelassene freundschaft« als Klägern unterzogen. Nach Feststellung der Schuld wurden beide Parteien aber an das Amt verwiesen, das die Beklagten »mit leib und guth zu straff« erkannte und einen Vergleich mit den Klägern einleitete. Hans Riegern zahlte der Freundschaft (d. h. den Verwandten) der Getöteten die gerichtlichen Unkosten und eine Strafe von 200 fl., für die fünf Personen bürgten, und verpflichtete sich, jedes Jahr am Tag des Verbrechens eine Messe für die Erschlagene lesen zu lassen.[34]

Es kann nicht verwundern, daß in einer Gesellschaft, in der physische Gewaltanwendung als ein alltägliches und weitgehend akzeptiertes Mittel zur Bewältigung von interpersonalen Spannungen oder zur Wiederherstellung der vielfältig angreifbaren persönlichen Ehre angesehen wurde, Vergehen gegen die körperliche Integrität bis hin zum Totschlag relativ milde gestraft und oft gar nicht vor einer gerichtlichen Instanz verhandelt wurden.[35] Daran änderte sich, trotz der stärkeren Sensibilisierung vieler gesellschaftlichen Schichten gegenüber Gewaltanwendung, bis ins 19. Jahrhundert nur wenig. Wie ungleich das Strafmaß für – zumindest unserem heutigen Empfinden nach – schwere Gewaltdelikte und leichte Eigentumsvergehen war, kann man vier Urteilen des Mannheimer Hofgerichts aus dem Jahre 1817 entnehmen; verurteilt wurden: ein Mann von Dieberg wegen Notzucht (»gewaltsame Schwächung einer unreifen Person«) zu 3 Wochen Schellenwerk und einfacher körperlicher Züchtigung; ein Soldat von Unterschupf wegen eines Einbruchdiebstahls, bei dem er Kartoffeln und 40 Äpfel erbeutete, zu 2 Jahren und 3 Monaten Zuchthaus, seine Schwester wegen Teilnahme zu 1 Jahr Zuchthaus; ein Mann von Schönfeld wegen lebensgefährlicher Verwundung und dem danach erfolgten Tod eines anderen Gemeindemitglieds zu 2 Jahren Zuchthaus, ein Mittäter wurde klagfrei erklärt; vier Männer aus Malsch wegen Wilderei (sie hatten 2 Rehe und 4 Hasen erlegt) zu 8 bzw. 12 Jahren Zuchthaus.[36]

Die geringe Repräsentanz von Vergehen mit Gewaltanwendung in den Tabellen 1–3 erklärt sich somit zum Teil aus dem vorher Gesagten. Viele Vergehen gegen die Personen sind wahrscheinlich nie vor Gericht gebracht worden und können folglich in keiner Kriminalstatistik auftauchen. Zudem gibt es vor 1829 keine Angaben über Fälle, in denen der Täter unbekannt war; die Gerichte befaßten sich nur mit solchen Fällen, in denen konkrete Verdachtsmomente gegen eine Person vorlagen. Das Carlsruher Wochenblatt berichtet am 2. März 1757, daß man einen fremden Händler »in der Herrschaft Röteln ohnweit Eimeldingen nahe bey der Landstrase im Wald, Kirchemer Banns, im Gesicht und hinten am Kopf mit Schlägen übel zugerichtet, tod gefunden« habe. Bisher sei unbekannt, »wer die Person des Erschlagenen, oder die Thätere seyen«,[37] wobei man vermuten kann, daß dies auch so blieb, da weder die Möglichkeiten zu noch das Interesse an intensiveren Nachforschungen vorhanden waren.
In bezug auf die Verteilung von Diebstahls- und Gewaltvergehen gilt es auch zu berücksichtigen, daß der Klettgau und das Territorium des Reichsstifts Salem rein ländliche Gebiete waren. Größere Städte fehlten hier wie auch im gesamten badischen Raum bis zum 19. Jahrhundert. Gegen Ende des 18. Jahrhunderts waren Karlsruhe mit 7200, Pforzheim mit 5000 und Durlach mit 4000 Einwohnern die größten Städte der Markgrafschaft. Erst mit dem 1803 erworbenen Mannheim und Heidelberg, die 1802 19000 bzw. 9000 Einwohner besaßen, kamen zwei größere Städte unter badische Herrschaft.[38] Noch 1815 lebten 78,6 % der Bevölkerung auf dem Lande, lediglich 21,4 % in den insgesamt 94 Städten, deren Durchschnittsgröße allerdings nur bei 2290 Einwohnern lag; die 12 Städte mit mehr als 3000 Bewohnern stellten nur 8,7 % der Gesamtbevölkerung.[39] Es ist zu vermuten, daß in ländlichen Gebieten der Anteil der Diebstahlskriminalität im allgemeinen, vor allem aber auch in Hinsicht auf die angezeigten Diebstähle, niedriger lag als in den Städten. So erreichte der Anteil der Eigentumsdelikte im Klettgau erst um die Wende vom 18. zum 19. Jahrhundert die Quote, die Ulm bereits zu Anfang des 17. Jahrhunderts aufwies; Ulm hatte jedoch schon um 1600 eine Einwohnerzahl von 21 000, die dann bis 1650 infolge des Dreißigjährigen Krieges auf 13 500 zurückging, während 1806 gerade 9203 Einwohner in der Landgrafschaft Klettgau wohnten.[40]
Des weiteren repräsentieren Tabelle 2 und das Ulmer Malefizbuch nur die peinliche Gerichtsbarkeit; die niedere Gerichtsbarkeit weist im 17. und 18. Jahrhundert durchgehend eine weitaus niedrigere Diebstahlsquote auf, und ihre Miteinbeziehung würde wahrscheinlich auch die

Ulmer Statistik relativieren. Sie bewältigte den Löwenanteil der anfallenden Klagen, und man kann ihr in bezug auf die Darstellung der ›wirklichen‹ Kriminalität eine höhere Genauigkeit unterstellen. Ihr Ohr lag näher am ›Herzschlag des Volkes‹, d.h. sie zeigt wohl eher die Konfliktfälle, die das soziale Miteinander bzw. Gegeneinander im Dorf und in der Stadt produzierte. In Salem urteilte allein das Oberamt zwischen 1751 und 1758 jährlich über durchschnittlich 43,8 Angeklagte, und gegen Ende des 18. Jahrhunderts waren es schätzungsweise schon über 50; hingegen liegen für die 90 Jahre von 1707–1796 die Inquisitionsakten von gerade 82 Personen vor. Den 11 malefizisch Verurteilten im Klettgau 1607–1612 (1,8 pro Jahr) stehen 379 Urteile des Amts 1605–1612 (47,4 pro Jahr) gegenüber. Das »Theater des Schreckens« machte – sieht man von der ersten Hälfte des 17. Jahrhunderts ab, in der die Hexenverfolgung und -verbrennung ihren absoluten Höhepunkt erreichte und die Scheiterhaufen der Inquisition zu Tausenden brannten – auch im 17. und 18. Jahrhundert nur einen Bruchteil der Strafrechtspflege aus.

Die exemplarischen und oft grausamen Bestrafungsarten der Malefizgerichtsbarkeit, das »Fest der Martern«, waren sicher, im Sinne von Michel Foucault, symbolischer Ausdruck der bedingungslosen Unterwerfung des Delinquenten unter die schrankenlose Macht des absoluten Souverains.[41] Das Foucaultsche Modell der Entstehung der Disziplinargesellschaft ist in vielerlei Hinsicht richtungsweisend, bedarf aber in drei Punkten einer Korrektur: erstens aufgrund der schon erwähnten zweifelhaften Repräsentanz der peinlichen Gerichtsbarkeit für das Strafrechtssystem des Ancien régimes; zweitens angesichts der Tatsache, daß die Zahl der verhängten Todesstrafen im Zeitalter des Absolutismus bereits stark rückläufig war.[42] Und schließlich waren exemplarische Hinrichtungen, unter Berücksichtigung der eingeschränkten Möglichkeiten einer effektiven Strafverfolgung, das einzige pragmatische und nicht nur symbolhafte Mittel der Obrigkeit, potentielle Rechtsbrecher abzuschrecken und die ihrer Auffassung nach schädlichsten Arten von Verbrechen herauszustellen.

Diese Auffassung konnte von Territorium zu Territorium, von Staat zu Staat stark variieren. Während sich die Strafverfolgung der obergerichtlichen Instanzen in England bereits im 17. Jahrhundert zunehmend auf Eigentumsvergehen fokussierte, lag ihr Schwerpunkt in den meisten badischen Gebieten dieses Zeitraums noch eher auf moralischen Vergehen und auf Hexerei, Zauberei und Aberglauben.[43] Erst zu Ende des 18. und dann verstärkt im 19. Jahrhundert deutete sich auch hier ein Umschwung an. Als Indiz dafür können die Kurpfälzischen Regie-

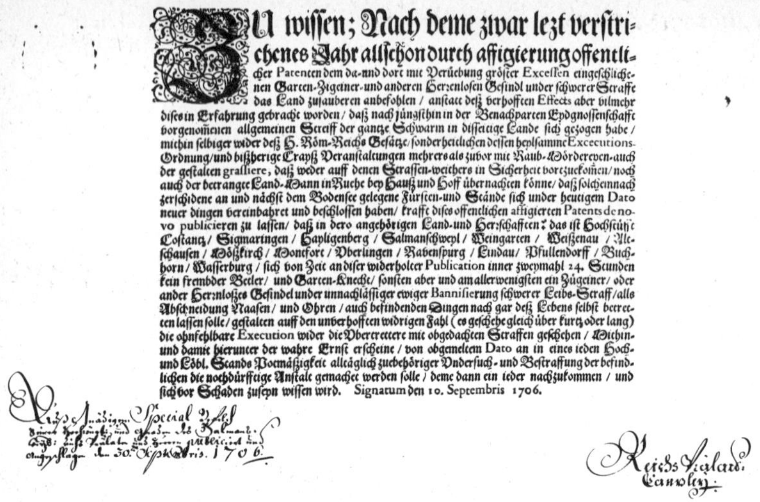

ZU wissen; Nach deme zwar lezt verstrichenes Jahr allschon durch affigierung offentlicher Patenten dem da- und dort mit Verüebung gröster Excessen eingeschlichenen Garten-Zigeiner- und anderen Herrenlosen Gesindl under schwerer Straffe das Land zusauberen anbefohlen / anstatt desz verhofften Effects aber vilmehr dises in Erfahrung gebracht worden / dasz nach jüngsthin in der Benachparten Eydgnossenschafft vorgenommenen allgemeinen Streiff der gantze Schwarm in disseitige Lande sich gezogen habe / mithin selbiger wider desz H. Röm-Reichs Gesätze / sonderheitlichen dessen heylsamme Executions-Ordnung / und biszherige Craysz Veranstaltungen mehrers als zuvor mit Raub-Mördereyen-auch der gestalten grassiere, dasz weder auff denen Strassen-weithers in Sicherheit vortzukommen / noch auch der betrangte Land-Mann in Ruehe bey Hausz und Hoff übernachten könne / dasz solchemnach zerschidene an und nächst dem Bodensee gelegene Fürsten- und Stände sich under heutigem Dato neuer dingen vereinbahret und beschlossen haben / krafft dises offentlichen affigierten Patents de novo publicieren zu lassen / dasz in dero angehörigen Land- und Herrschafften: das ist Hochstüfft Costantz / Sigmaringen / Hayligenberg / Salmanschweyl / Weingarten / Weiszenau / Altschausen / Möszkirch / Montfort / Yberlingen / Ravenspurg / Lindau / Pfullendorff / Buchhorn / Wasserburg / sich von Zeit an diser widerholter Publication inner zweymahl 24. Stunden kein frembder Betler / und Garten-Knecht / sonsten aber und am allerwenigsten ein Zügeiner / oder ander Herrnloszes Gesindel under unnachlässiger ewiger Bannisierung schwerer Leibs-Straff / alls Abschneidung Naasen / und Ohren / auch befindenden Dingen nach gar desz Lebens selbst betretten lassen solle / gestalten auff den unverhofften widrigen Fahl (es geschehe gleich über kurtz oder lang) die ohnfehlbare Execution wider die Ybertrettere mit obgedachten Straffen geschehen / Mithin- und damit hierunter der wahre Ernst erscheine / von obgemeltem Dato an in eines ieden Hoch- und Löbl. Stands Botmäszigkeit alltäglich zuebehöriger Undersuch- und Bestraffung der befindlichen die nothdürfftige Anstalt gemachet werden solle / deme dann ein ieder nachzukommen / und sich vor Schaden zuseyn wissen wird. Signatum den 10. Septembris 1706.

Abb. 5 a: Patent des schwäbischen Reichskreises wider die Bettler und Gauner von 1706

rungsrats-Kriminalprotokolle von 1776–1784 und die Kriminalprotokolle des badischen Hofgerichts zu Mannheim der Jahre 1806, 1817 und 1833 (nur Januar–August) herangezogen werden,[44] wobei es sich um Protokolle der höheren Gerichtsbarkeit handelt. Es sei vorweggesagt, daß sich der starke Rückgang der moralischen Vergehen aus der Tatsache erklärt, daß diese allmählich dekriminalisiert wurden bzw. zur Aburteilung an die niederen Instanzen verwiesen wurden; seit 1773 lag in Baden die Verfolgung der Hurerei und seit 1791 die der Unzucht und des Ehebruchs im Zuständigkeitsbereich der Ämter.[45]

Tabelle 4: Prozentualer Anteil der in der Hochgerichtsbarkeit verhandelten Delikte

	Kurpfälzische Regierungsrats-Kriminalprotokolle										Kriminalprotokolle Hofgericht Mannheim			
	1776	1777	1778	1779	1780	1781	1782	1783	1784	Total	1806	1817	1833	Total
Diebstahl	34	47	28	24	29	46	43	36	24	311 = 17,1 %	15	171	149	335 = 36,4 %
andere Eigentumsvergehen	42	44	27	32	48	69	64	30	29	385 = 21,2 %	17	160	79	256 = 27,8 %
Vergehen gegen die Person	78	58	58	23	36	78	50	65	64	510 = 28 %	22	48	117	187 = 20,3 %
moralische Vergehen	61	78	87	47	45	51	45	42	33	489 = 26,9 %	16	5	8	29 = 3,2 %
Vergehen gegen öffentl. Sicherheit und Ordnung	11	8	14	–	28	13	17	24	9	124 = 6,8 %	26	27	60	113 = 12,3 %
Total	226	235	214	126	186	257	219	197	159	1819 = 100 %	96	411	413	920 = 100 %

Tabelle 5: Von den Hofgerichten verhandelte Delikte, Baden 1808–1847

	Mord/ Tot-schlag	Verwun-dung	Raub	Wilde-rei	Vagant	Dieb-stahl	Ein-bruchs-diebstahl	Betrug/ Untreue/ Fälschung etc.	Total
1808	22	126	18	54	86	295		76	937
1809	17	161	17	23	73	265		47	826
1810	29	152	20	61	76	321		77	915
1811	31	213	34	33	113	338		104	1175
1812	32	244	34	43	108	326		87	1170
1813	45	172	10	29	57	314		134	935
1814	17	97	7	30	37	284		72	671
1815	22	156	12	42	32	269		91	822
1816	45	211	20	67	24	431		102	1162
1817	34	161	10	83	40	850		97	1472
1818	22	248	4	111	56	561		121	1328
1819	34	258	6	34	69	396		76	1054
1820	45	299	11	57	52	383		79	1186
1821	30	349	3	19	77	323		133	1161
1822	28	381	6	59	92	360		98	1309
1823	44	370	11	80	91	386		141	1383
1824	48	443	6	50	67	342		121	1319
1825	35	358	8	43	60	413		126	1279
1826	55	451	20	41	61	389		154	1401
1827	68	339	18	39	53	452		162	1431
1828	90	544	16	95	65	554		168	1823
1829	72	578	26	62	33	592	35	151	1737
1830	50	413	20	57	37	487	110	168	1689
1831	43	436	26	55	25	549	83	165	1669
1832	58	348	18	31	20	656	125	104	1680
1833	61	414	29	35	24	611	65	66	1629
1834	81	656	23	39	28	540	59	133	2040
1835	84	798	37	34	17	637	61	147	2138
1836	92	804	51	73	16	635	78	115	2376
1837	62	795	27	54	25	815	52	117	2289
1838	71	738	38	39	12	854	58	205	2365
1839	108	754	37	44	11	936	76	177	2649
1840	106	793	47	47	13	862	74	189	2511
1841	99	805	32	29	2	828	55	189	2417
1842	91	583	43	24	1	806	60	213	2200
1843	96	641	45	39	1	1014	57	196	2577
1844	90	514	43	24	–	722	66	151	1970
1845	108	527	24	19	–	798	87	249	2156
1846	86	547	46	31	–	1254	91	231	2683
1847	137	533	51	60	–	1740	208	248	3409

Tabelle 6: Von den Ämtern verhandelte Delikte und Anzeigen gegen Unbekannt, Baden 1829–1847

	Straferkenntnisse der Ämter						Verbrechen, wo Täter unbekannt					
	Diebstahl	Fälschung/Betrug/ Unterschlagung	Jagdfrevel	Verbalinjurie	Realinjurie	Total	Mord/Totschlag	Verwundung	Raub	Diebstahl	Einbruchdiebstahl	Total
1829	871	143	64			1280	5	9	17	469	39	547
1830	1031	188	69			1289	1	12	17	545	78	665
1831	1121	158	28			1307	8	14	17	919	121	1104
1832	1232	174	53	666	78	2203	5	31	9	1285	148	1496
1833	866	153	45	1414	577	3055	11	11	15	837	162	1050
1834	992	183	43	2017	485	3720	7	22	11	809	122	1008
1835	1112	283	57	2323	520	4595	10	21	12	896	145	1108
1836	1470	212	72	2240	627	4864	7	15	16	923	177	1192
1837	1786	275	75	2448	656	5526	9	21	13	965	157	1237
1838	2158	317	37	2227	603	5603	8	20	16	1182	174	1489
1839	2135	340	82	2437	762	5901	7	21	20	1517	196	1854
1840	2098	410	64	2406	854	5916	3	28	24	1406	197	1964
1841	1930	331	113	2673	985	6177	6	42	16	1479	269	1959
1842	2390	359	112	3772	657	7391	9	36	28	1558	268	2057
1843	2293	430	225	1960		5732	8	33	44	2016	291	2639
1844	2065	362	92	1815		5182	4	29	44	1949	216	2478
1845	1929	367	151	1873		4979	12	20	13	1967	219	2465
1846	2442	418	6	1485		5015	10	35	37	3293	531	4208
1847	2918	459	2	1200		5243	15	24	43	3688	598	4690

Die Tabellen 5 und 6 zeigen die Entwicklung der Kriminalität (von angeklagten Personen, nicht Fällen), wie sie die seit 1806 veröffentlichten Kriminalstatistiken darstellen.[46] Bis 1829 wurden nur die Urteile der 4 badischen Hofgerichte in Mannheim, Rastatt, Freiburg und Meersburg veröffentlicht, danach auch die Straferkenntnisse sämtlicher badischer Ämter sowie die Verbrechen, bei denen der/die Täter unbekannt war/waren. Die Tabellen enthalten nur noch den Anteil der Eigentumskriminalität und der Vergehen gegen die Person, da die moralischen Vergehen, wie schon erwähnt, immer mehr dekriminalisiert und die Vergehen gegen die öffentliche Sicherheit und Ordnung größtenteils direkt von der Polizei abgestraft wurden.
Die Statistik der Kurpfalz (Tabelle 4) zeigt für die 70er und 80er Jahre des 18. Jahrhunderts noch keine einheitliche Aufwärtsentwicklung an, während diese in Baden zwischen 1808 und 1847, von einigen Ausnahmen abgesehen, stattgefunden zu haben scheint. Diebstahl und andere Eigentumsdelikte kommen in der Kurpfalz insgesamt für knapp 40% der Kriminalität auf, die dominanten Deliktgruppen bleiben aber immer noch die Vergehen gegen die Personen und moralische Vergehen mit zusammen über 50%. Um die gesamtbadische Entwicklung im 19. Jahrhundert besser einschätzen zu können, bedarf es zunächst einer Darstellung des Bevölkerungswachstums in der ersten Hälfte dieses Jahrhunderts, die folgendermaßen aussieht:[47]

1810:	975000 Einwohner	1816:	1000000 Einwohner
1825:	1132470 Einwohner	1829:	1171294 Einwohner
1844:	1367000 Einwohner	1849:	1362774 Einwohner

Der proportionale Anteil der Diebstahlskriminalität lag bei den Hofgerichten in den ersten drei Dekaden des 19. Jahrhunderts meist zwischen 30–40%, der von Diebstahl und anderen Eigentumsdelikten zwischen 50–60%. Nach 1830 ergab sich ein leichter Anstieg, der jedoch durch die nun mögliche Hinzunahme der Straferkenntnisse der Ämter und der Anzeigen gegen Unbekannt, im Gegensatz zu den statistischen Ergebnissen aus dem 17. und 18. Jahrhundert, nicht mehr gemildert, sondern verstärkt wird. So ergibt sich z. B. für 1830 aus allen Straferkenntnissen und Anzeigen ein Diebstahlsanteil von 61,8%, von allen Eigentumsdelikten gar von 75,2%, für 1845 von 52,1% bzw. 60,7%. Die Diebstahlsdelikte und die aufgezeichnete Gesamtkriminalität wuchsen auch absolut. Zwischen 1808 und 1829 stieg die Einwohnerzahl Badens um ca. 18% an; gleichzeitig stieg die Gesamtkriminalität um 85,4%, die Diebstahlskriminalität um 112,5%. Von 1829–1843 wuchs die Bevölkerung um 16,7 %, die bei den Hofgerichten verzeichnete Kriminalität um 48,4 % und die Diebstahlskriminalität um 70,8 %. Nimmt man für diesen Zeitraum Tabelle 5 und 6 als Berechnungsgrundlage, dann ergibt sich eine Zunahme von 207,2 % bzw. 183 %.

Überraschenderweise stieg auch die Gewaltkriminalität an. Wurden von 1808–1817 durchschnittlich 29,4 Morde/Totschläge und 169,3 Verwundungen pro Jahr vor den Hofgerichten verhandelt, so waren es von 1838–1847 schon 99,2 Morde/Totschläge und 723 Verwundungen pro Jahr – insgesamt mehr als eine Vervierfachung der Vergehen gegen die Person bei einem Bevölkerungszuwachs von nur 40 %.

Drei Jahre fallen durch eine besonders hohe Rate von Eigentumsvergehen auf. Das Jahr 1817, als in Baden die Diebstähle 57,7 %, die Eigentumsdelikte insgesamt 72,7 % (beim Hofgericht Mannheim sogar 80,5 %) einnahmen, sowie die Jahre 1846/1847 mit einem ungefähr identischen prozentualen Anteil. Die Jahre 1816–1818 und 1846–1849 waren Jahre der Mißernte, der Not und des Hungers in Baden. Der durchschnittliche Weizenpreis im Erntejahr 1817/1818 lag bei 32 Gulden 10 Kreuzer für das Malter, an einzelnen Tagen im Mai und Juni 1817 stieg er gar über 50 Gulden (gegenüber einem mittleren Preis von 14 Gulden 49 Kreuzer in den Jahren 1810–1860). Die Teuerung der Grundnahrungsmittel infolge von Mißernten war in der zweiten Hälfte der 1840er Jahre zwar nicht so gravierend – im Erntejahr 1847/48 kostete das Malter Weizen 23 Gulden 33 Kreuzer, doch sie wurde zusätzlich von einer gewerblichen Absatzstockung begleitet.[48]

Da man weiß, daß viele Unterschichtsmitglieder selbst in ›guten‹ Zeiten nur mit Mühe für eine ausreichende Versorgung ihrer Familien mit Nahrungsmitteln sorgen konnten und daher von kurzfristigen Erhöhungen der Lebenshaltungskosten am Lebensnerv getroffen wurden, scheint die Hypothese naheliegend, daß Fluktuationen der Anzahl von Anklagen wegen Eigentumsvergehen in einem Kausalverhältnis mit Fluktuationen der Nahrungsmittelpreise und der Verdienstmöglichkeiten der arbeitenden Bevölkerung stehen.[49] Sicherlich kann nicht bezweifelt werden, daß in Not- und Hungerszeiten die Diebstahlsdelikte zunahmen. Ein Anstieg wie zwischen 1815 und 1817, als sich die Zahl der wegen Diebstahls Angeklagten verdreifachte, oder wie zwischen 1845 und 1847, als sich sowohl die diesbezüglichen Anklagen bei den Hofgerichten als auch die Anzeigen gegen Unbekannt mehr als verdoppelten, scheint jedoch unrealistisch. Hier müssen auch die in Krisenzeiten höhere Anzeigebereitschaft und die stärkere Konzentrierung staatlichen Verfolgungsinteresses auf Eigentumsvergehen berücksichtigt

werden. Solange das Verhältnis zwischen strafverfolgten und tatsächlich begangenen Vergehen relativ gering war – und dies war in der ganzen vorindustriellen Epoche der Fall, so lange müssen selbst kleinste Veränderungen in der Anzeigebereitschaft und in der Verfolgungsintensivität weitaus größere Auswirkungen auf Fluktuationen der jeweiligen Anklagen haben als vermutete tiefgreifende Veränderungen im Verhalten von Gesetzesbrechern.
Für eine Veränderung im Anzeigeverhalten spricht zum einen, daß die Mitglieder der armen Bevölkerungsschichten und wohl auch die sogenannte Mittelschicht in sozialen Krisenzeiten durch Diebstähle selbst in ihrer Existenz bedroht waren. Ulrich Bräker, ein kleiner Garnwarenhändler, der die Not in seinem Schweizer Heimatort zu Beginn der 70er Jahre des 18. Jahrhunderts schildert, schreibt: »Ich hatte fünf Kinder und keinen Verdienst, ein bißchen Gespunst ausgenommen. Bei meinem Händelchen büßte ich von Woche zu Woche mehr ein... Mein kleiner Vorrat von Erdäpfeln und anderem Gemüs' aus meinem Gärtchen, das mir die Diebe übriggelassen, war aufgezehrt.«[50] Zum andern genügte bei den besitzenden Schichten, beim Bürgertum und bei der Obrigkeit schon das Wissen um eine heranziehende Gefahr für das Eigentum, um eine »moral panic« und Sorge um die Aufrechterhaltung von Disziplin und Ordnung hervorzurufen. Diese Ängste, begründet oder nicht, liefen immer auf die Forderung nach einem stärkeren polizeilichen Schutz des gefährdeten Eigentums hinaus. In diesem Sinne erließ das Stadt- und erste Landamt Wertheim im August 1817 folgende Bekanntmachung: »Die Zeit naht heran, wo das Obst reift, aber manche Hoffnung, nach so vielen Fehljahren einmal etwas zu erndten, wird durch die überhand nehmenden Frevel vereitelt; in dem man nun die bereits bekannt gemachte Warnungen wiederholt, die Aufsicht verdoppelt, und Wächter und Eigentümer ermächtigt, auf nächtliche Diebe Feuer zu geben, wird erinnert, daß auch die an den öffentlichen Plätzen und Straßen, sowie den Schloßweg hinauf stehend Bäume unter dem nemlichen Schutz der Gesetze stehen, wie in geschlossenen Gärten und Privateigenthum.«[51]

III.

In der frühen Neuzeit stößt man zumindest im badischen Raum immer wieder auf drei »klassische« Fälle von Diebstahl:
1. den von einem Vaganten oder sonstigen Mitglied der entwurzelten unteren Gesellschaftsschichten begangenen Diebstahl oder Einbruch,

wobei die ländlichen Gebiete hierfür den typischen Kontext liefern und der Diebstahl oft unter Ausnutzung der von der Bevölkerung gewährten Nachtherberge stattfindet.

2. den Diebstahl durch einen Knecht, eine Magd, einen Handwerksgesellen oder andere Personen, die in einem abhängigen Lohnverhältnis stehen und ihren Dienstherrn, Meister oder Arbeitgeber bestehlen.

3. den Diebstahl im Dorf / in der Stadt, bei dem Mitglieder der Gemeinschaft sich gegenseitig bestehlen, sei es aus Not, Neid, Habgier oder seit langem bestehender Feindschaft.

Andere Formen illegaler Aneignung, so etwa Raub und Taschen- oder andere Arten von Trickdiebstählen, sind in den Aufzeichnungen der Gerichtshöfe nur selten erwähnt. Der Versuch einer sozialen Verortung von Tätern und Bestohlenen sowie die Darstellung dessen, was gestohlen wurde, kann sich daher weitgehend auf die drei oben genannten Formen beschränken. Die dabei gewählte Reihenfolge ist nicht zufällig; sie soll zusammen mit einigen paradigmatischen Beispielen dokumentieren, welche unterschiedliche Schwere den einzelnen Delikten im allgemeinen zugemessen wurde und welcher Täter im Falle der Ergreifung mit der jeweils härteren Strafe zu rechnen hatte.

Zu Fall 1: 1783 wird Hans Jörg Bauernschmid aus Elspach in Bayern »als ein... aus zerschiedenen Ursachen verdächtiger Vagant zu Nußdorf angehalten, und hirhero [nach Salem] in Verhaft gebracht«. Er ist 32 Jahre alt, katholisch, ledig und ohne Handwerk; sein in Salem angefertigtes Inquisitionsprotokoll ermöglicht es, seine Lebensgeschichte in groben Zügen zu rekonstruieren. Er habe sich, so heißt es dort, »bis in das 18te Jahr seines alters gut angeführet, und nachhin noch einige zeit mit dienen und tagwerken ehrlich ernähret, nachhin aber zu diebischen Vergehen sich verleiten laßen«. 1776 wird er daher zum erstenmal abgestraft, ist aber, »anstatt... hieran ein anschreckendes beyspiel« zu nehmen, »dem Müßigang nachgezogen, und da und dort in Schwaben, Tyrol und Bayern herumgestrichen«. Nach erneuter Verhaftung und körperlicher Züchtigung in Kufstein ist er bis zum 1. Januar 1779 als Brauknecht in Innsbruck, streift danach in Bayern herum »und gerieth endlichen in die unglückliche bekanntschaft [einiger bereits hingerichteten Erzjauner], die ihn vollends in das betrübteste Verderben zohe«. Am Nicolaitag 1779 wird Bauernschmid in Landshut ergriffen und wegen »müßigen herumziehens« für ein halbes Jahr ins Zucht- und Arbeitshaus nach München geschickt. »Diese wahrnung diente aber nicht zur beßerung seines wandels, ohngeachtet derselbe gute gelegenheit gehabt hätte, sich in seinem vaterort bey seinen noch lebenden, und verbürgerten Elteren, auf eine ehrliche art zu ernähren«; er begibt sich,

»aus übel angewandter Schamhaftigkeit von seinen Elteren hinweg, und zu seinen vorhiesigen bösen Raub Gesind«. Es folgen zwei Verhaftungen und Verurteilungen in Mundelheim in Württemberg und in der St. Gallischen Landvogtei Lichtenstein, wo er bei einem Metzger in Dienst stand; später schließt er sich den »gefährlichen ErzJaunern, und Dieben, dem so genannten lutherischen Frieder, dem Victor Wilhelm und ihren Menschern« an, bis man ihn schließlich in Salem einfängt und nach seinem Geständnis mit dem Strang hinrichtet. Seinen Richtern ist es unmöglich, »mildernde, und gültige Umstände für Delinquenten zu erdichten... was hell, und offenbahr, lässt sich zwar verdunkeln, aber nicht ganz verbergen. Die fruchtloß vorgegangenen züchtigungen haben den verbrecher vollends schwarz, und aller gnad unwürdig gemacht«.[52]
So oder ähnlich dürfte das Schicksal vieler Vaganten im 17. und 18. Jahrhundert gewesen sein. Der Anteil dieser vagierenden Unterschichten lag im 18. Jahrhundert etwa zwischen 4% und 10%; in Frankreich schätzt man ihn am Vorabend der Französischen Revolution gar auf 10–15%. Das grundlegende Problem dieses ins soziale Abseits gedrängten Bevölkerungsteils, »das man heute als übergroße strukturelle Arbeitslosigkeit charakterisieren würde«,[53] wurde auch in der ersten Hälfte des 19. Jahrhunderts nicht gelöst. Man ließ sie nun aber nicht mehr hängen, sondern im Zuchthaus die Arbeitsmoral der bürgerlichen Gesellschaft erlernen, wobei ihnen als Stimulus wöchentlich oder monatlich meist eine gewisse Anzahl von Stock- oder Rutenschlägen verabreicht wurde. Solche Intentionen wurden schon früher verfolgt; die im 18. Jahrhundert errichteten Zucht- und Arbeitshäuser in Pforzheim, Mannheim, Bruchsal, Breisach und Ravensburg sind »Produkte einer Politik, Arbeitsplätze zu schaffen und Arme durch Arbeit zu nützlichen Gliedern des Staates zu machen«.[54]
Die Vaganten rekrutierten sich aus fast allen Teilen der arbeitenden Bevölkerung und versuchten, wie das obige Beispiel zeigt, sich mit ehrlicher Arbeit zu ernähren, wann immer es möglich war. Gelegenheitsdiebstähle und Betteln waren notwendige Bestandteile ihrer Existenzsicherung, doch nur wenige wurden letzthin zu gewalttätigen Räubern. Einen nicht unwesentlichen Anteil stellten entlassene oder desertierte Soldaten, wie jener Georg Strohe, der in Heidelberg bei einem Einbruch ertappt und im Januar 1806 zu acht Jahren Zuchthaus verurteilt wird. Er stammt »von Mannheim, wo sein Vater Schäfer war«, ist ledig, 39 Jahre alt und völlig vermögenslos, und »schon als Knabe wegen einer trauben entwendung polizeilich bestrafet worden, ...habe kein ordentliches handwerk gelernt, sondern bald bei dem Condeschen

Abb. 6: Prügelstrafe im Innenhof des Zuchthauses Schwabach, Kupferstich von J. G. Leitner, 18. Jahrhundert

Corps, bald bei dem bayerischen, bald bei dem österreichischen Militär als gemeiner Soldat gedient«. Nach seiner Desertion streift er »ohne bestimmte beschäftigung in den gegenden zwischen Straßburg, Mannheim und Heidelberg« umher, »wobei er sich theils durch arbeiten im taglohne und durch betteln, theils aber auch durch falsches spielen durchgebracht habe«. Wie Bauernschmid gesteht auch Strohe Verbin-

Abb. 7: Abbildung der in Heidelberg verhafteten Mitglieder der »Hölzerlips-Bande«, anonymes Aquarell, 1812

dungen zu »Jaunern«, und zwar zu »der ehemals in der hiesigen gegend so berüchtigten und gröstentheils seit einigen Jahren in dem Mannheimer Zuchthauße inhaftierten Waldschmittischen oder Dumonteidlichen diebsbande«.[55]

Unter diesen Banden sollte man sich keine, dem modernen organisierten Verbrechen ähnelnde Gebilde vorstellen. Der Zusammenhang dieser aus Vaganten und randständigen Schichten bestehenden Organisationen war lose, ihre »Mitglieder« fanden sich eher zufällig zusammen, verübten einen Diebstahl oder Raub, gingen auseinander und traten zur nächsten Aktion oft in völlig anderer Besetzung an, wie etwa eine Untersuchung der »Hölzerlips-Bande« zeigt, die von 1803 bis 1811, als ihre führenden Köpfe in Heidelberg hingerichtet wurden, im badisch-hessisch-fränkischen Grenzraum aktiv war. Zudem überwog der Anteil der »kleinen, häufig in der Nähe des Mundraubs anzusiedelnden Delikte« gegenüber »den großen, spektakulären Aktionen« bei weitem.[56]

Der Schaden, den vagierende Schichten vor allem der ländlichen Bevölkerung zufügten, sollte nicht verniedlicht werden; die Bauern standen ihrer Mehrheit aber nicht unbedingt feindlich gegenüber, sondern gewährten ihnen meistens die erbetene Nachtherberge und eine bescheidene Mahlzeit. Die Haltung der lokalen Obrigkeiten hingegen war fast immer von dem Aspekt der Gefahrenabwehr bestimmt. Es gibt zahllose Fälle aus dem 18. Jahrhundert, wo Dorfbewohner wegen verbotener oder ohne Anforderung eines von der Obrigkeit auszustellenden »Nachtzettels« erfolgter Beherbergung fremder Personen mit einer Geldstrafe belegt wurden. Herrschaftliche Darstellungen des Bettler- und Vagantenproblems neigen häufig zu Übertreibungen, etwa wenn das Thalvogteiamt Kirchzarten 1786 berichtet, der Bauer brauche zur Zufriedenstellung der Bettler »mehr Lebensmittel als für die ganze Haushaltung, selbst wenn er 20 Personen über Tisch zu unterhalten« hätte.[57] Die von dem badischen Hofrat Roth aus Emmendingen im Jahre 1800 erstellte »Hochberger Liste« umfaßte 3600 »Jauner«; aber gerade die darin enthaltenen Lebensläufe zeigen, wie schnell das Stigma »Jauner« in einer Gesellschaft, der Mobilität von Grund auf verdächtig war, auf Menschen fiel, die fern ihres meist aus Not verlassenen Heimatortes in die Mühlen der Justiz gerieten.

Zu Fall 2: Zur typischen Klientel der Gerichte gehörten die ebenfalls oft ortsfremden Mägde, Knechte und Handwerksgesellen. Johann Michael Dießler von Wollmatingen, 16 Jahre alt und seit 2 Jahren Schneiderlehrling, wird 1754 von seinem Meister, der zugleich Mesner von St. Stephan in Konstanz war, eines Diebstahls beschuldigt. Die ihm ursprünglich andiktierte Strafe – öffentliche Auspeitschung durch den Nachrichter und Verweis aus dem Territorium des Hochstifts Konstanz – wird im Januar 1755 durch »Ihro hochfürstlichen Gnaden ... in ansehung dessen jugend und ohnfehlbahrer hoffnung, selber eines besseren lebens-wandel künftig hin sich befleißen werdt, dahin gnädigst zu mildern geruhet«, daß er *nur* auf »ein Viertel Jahr lang in das zucht und arbeithhauß nacher ravenspurg abgeführt, bevor aber gleichwohlen in der Canzley oder gefangenschaft von dem ambtswaibel mit einem halben schilling auf dem Rucken belegt« werden soll. Die ewige Landesverweisung bleibt zwar bestehen, wird aber im Juli 1764, als er um »dispensationem super relegatione« nachsucht und Zeugnisse verschiedener Personen vorlegt, bei denen er nach seiner Entlassung aus dem Zuchthaus gedient hat, aufgehoben.[58]

Etwas glimpflicher kommt Therese Schlageter von Schlageten (St. Blasische Herrschaft), die als Dienstmagd bei einem Bäckermeister in Grießen im Klettgau arbeitete, bei ihrem ersten Diebstahl davon. Am

25. Februar 1803 wird sie mit 15 Streichen auf das Gesäß, einer Geldstrafe und Zurückweisung in ihre Heimat bestraft. Keine drei Monate später – daran mag man auch die Wirkungslosigkeit der häufig ausgesprochenen, aber praktisch nie überprüfbaren Landesverweisungen ersehen – wird sie wegen eines Diebstahls bei ihrem neuen Dienstherrn, dem Apotheker Harrer in Waldshut, in Tiengen wiederum verhaftet. Man straft sie nun mit drei Wochen Gefängnis in Eisen bei schmaler Kost, mit jeweils 25 Streichen auf das Gesäß am Anfang und am Ende der Haftzeit, »welche derselben öffentlich auf der Gasse vor dem Rathhause abzumessen sind«, und erneuter Verweisung aus Schwarzenbergischer Herrschaft.[59]
Entehrende peinliche Strafen wurden meist jenen zugedacht, die auf der sozialen Stufenleiter auf den untersten Sprossen standen. Sozialer Stand, Status und Ansehen blieben bei der Strafmaßermessung nicht ohne Einfluß;[60] zudem besaßen Mägde und Knechte selten, Vaganten wohl nie die Möglichkeit, den entstandenen Schaden durch Schadensersatzzahlungen zu kompensieren – wer nichts besaß, wurde deswegen noch härter bestraft. Aufgrund ihrer ortsfremden Herkunft fanden sie auch selten Fürsprecher, die sich zu ihren Gunsten hätten einsetzen können. Welche strafmildernden Wirkungen für ortsansässige Delinquenten von solchen guten Leumundszeugnissen ausgingen, wurde schon bei der Darstellung der Diskretionsgewalt der Ämter erwähnt.
Zu Fall 3: Mitglieder eines Dorfes waren keineswegs generell von entehrenden Strafen ausgenommen, erhielten aber nur selten die je nach Straftatbestand mögliche Höchststrafe. Christoph, Hans Jacob und Joseph Weissenberger von Degernau wurden wegen zweier Einbrüche (im rechtlichen Sinne schwerer Diebstahl) bei dem Müller Michel Berg bzw. bei dem Gerichtsgeschworenen Caspar Maurer, bei denen sie fünf Laibe Brot und etwas Speck bzw. vier Laibe Brot und zwei Ballen Butter entwendeten, vom Amt Tiengen 1692 zur Verantwortung gezogen. Man belegte sie, »weilen nun diese... ohne mittel sindt, ...allein mit 2 tag und 2 nächtlicher thurm straf« sowie öffentlicher Vorstellung unter Umhängung einer Schandtafel vor der Kirche. Des weiteren mußten sie sämtliche Gerichtskosten übernehmen und dem »müller nach der erndt 1 muth korn und 40 Gulden gelt, dem Caspar Maurer 5 Gulden 42 Kreuzer thuen«.[61]
Ein offenbar gewordener Diebstahl konnte, auch wenn der Täter ein Amt bekleidete und somit zu den Respektspersonen der Gemeinde gehörte, nicht ohne Folgen bleiben. So wurde der Förster von Leutershausen im Februar 1817 wegen mehrerer kleinen Holzentwendungen zu dreieinhalb Monaten Arbeitshaus verurteilt; in dem hohen Strafmaß

schlug sich aber auch nieder, daß er als großherzoglicher Bediensteter zugleich einen Gelübdebruch begangen hatte.[62] Da die lokalen Amtsinhaber eher den besitzenden Schichten entstammten, waren sie vermutlich selten gezwungen, sich mittels Diebstahls das Lebensnotwendigste zu besorgen. Wurden sie wegen anderer Delikte angeklagt, dann waren die ihnen übergeordneten Instanzen durchaus willens, die eventuell gefährdete Autorität der Magistraten selbst mit dem Mittel der offensichtlichen Rechtsbeugung aufrechtzuerhalten. Nicht anders kann man es bezeichnen, wenn der schwarzenbergische Regierungsrat ein vom Obervogteiamt Jestetten gegen die Frau des Vogtes von Berwangen verhängtes Urteil, in dem jener wegen Verbalinjurien eine Turmstrafe zuerkannt worden war, nach dem Revisionsgesuch des Vogtes aufhebt und konstatiert: »Die Bestrafung ist den Umständen allerdings angemessen. Da es aber erforderlich seyn will, das Ansehen der Vorgesetzten zu handhaben, und durch obrigkeitliche Unterstützung denselben in der Gemeind Achtung und Gehorsam zu verschaffen, so scheint es gar nicht schicklich, wenn Vögte oder ihre Weiber bey minderbeträchtlich Vergehung mit Thurmstrafen zu rechtgewiesen werden. Diese sind vielmehr mit Geld zu büssen, und bey nicht erfolgender Besserung ihres Dienstes zu entlassen.«[63]

Andererseits fanden gerade die kleinen Beleidigungen und Widersetzlichkeiten gegen den Schultheißen, Vogt, Amtmann oder die Rats- und Gerichtsgeschworenen wenig Gnade vor den herrschaftlichen Gerichten. Die hierarchische Struktur der Gesellschaft, die Dichotomie von oben und unten, von Macht und Machtlosigkeit im Dorf wurde durch die strafrechtliche Praxis tagtäglich stabilisiert, aber nie völlig gesichert, oder wie Douglas Hay schreibt: »The fabric of authority was torn and reknit constantly.«[64] Einzelner oder kollektiver Widerstand gegen die lokalen Machtinhaber bei der Gemeindeversammlung, im Wirtshaus oder auf der Straße waren an der Tagesordnung, und es ist kein Einzelfall, wenn 1753 der Amtmann und die beiden Pfleger von Tüfingen zwei Männer, Lenz und Schaz, wegen »bey abgehaltener Mayengemeind occasione« gemachten unanständigen Einwendungen und Ungehorsams beim Oberamt Salem anzeigen. Da zu befürchten steht, daß »die ganze gemeind angestecket, und zu gleich ungebühr und widersezlichkeit gebracht werde«, wird Lenz zu einer und Schaz zu einer halben Stunde öffentliche Vorstellung im spanischen Mantel verurteilt. Die für Schaz vorgesehene Strafe wird noch auf eine Stunde erhöht, da er »sich aus dieser öffentlichen strafe nicht viel gemacht, sondern bald noch dem Oberamt den truz gebotten« hat.[65]

Es ist leider nicht immer feststellbar, in welchem Ausmaß jede der drei erwähnten Tätergruppen bei den wegen Diebstahls Angeklagten vertreten war; die Gerichtsakten schweigen zu oft über Herkunft, sozialen Status und Profession der Verurteilten. Doch zumindest in der peinlichen Gerichtsbarkeit scheinen bis ins 18. Jahrhundert Urteile gegen Vaganten und Fremde im allgemeinen zu überwiegen. Von den 74 abgeurteilten Dieben, die das Ulmer Malefizbuch verzeichnet, sind 32 eindeutig als Vaganten, herumziehende Personen oder in Banden organisierte »Jauner« zu identifizieren, weitere 19 als Fremde. Nur 9 stammen aus Ulm oder Umgebung, 10 werden als Handwerksgesellen, Knechte oder Mägde, die meist im Umland dienten, bezeichnet. Daß die niedere Gerichtsbarkeit fast ausschließlich mit solchen Personen zu tun hatte, die aus ihrem lokal begrenzten Gerichtsbezirk stammten, versteht sich von selbst. Die statistische Detailbesessenheit der Justizbehörden ermöglicht es aber im 19. Jahrhundert, den »typischen« Dieb zu charakterisieren: er ist männlich, zwischen 18 und 30 Jahre alt und ledig. 1829 waren von den insgesamt 592 wegen Diebstahls Angeklagten 418 (70,6%) ledig, 483 (81,6%) wurden zudem als völlig vermögenslos bezeichnet. Unter allen Angeklagten stellte die Gruppe der 18–30jährigen 48% (gegenüber nur 27,8% der Gesamtbevölkerung), die der Frauen nur 13% (1841: 56% bzw. 10,5%). Die Zahl der weiblichen Angeklagten scheint im Untersuchungszeitraum rückläufig gewesen zu sein; noch in den 80er Jahren des 18. Jahrhunderts stellten in der Kurpfalz Frauen zwischen 15% und 30% der Angeklagten.[66]

Im späten 18. Jahrhundert legten verschiedene Oberämter Verifikationsprotokolle an, denen man entnehmen kann, wer bestohlen und was gestohlen wurde. Der Bestohlene mußte unter Eid angeben, wie und wann ihm etwas entwendet worden war; er konnte ferner einen Verdacht gegen eine bestimmte Person äußern. Die Protokollbücher des Oberamtes Stühlingen von 1779–1800 und des Oberamtes Wolfach der Jahre 1786–1788 und 1800–1801 ergeben dabei folgendes Bild:[67]

Als gestohlen wurde gemeldet:	
Kleidung / Schuhe / Tuch / Garn	in 32,2% bzw. 23,3% der Fälle
Lebensmittel / Vieh / Frucht	in 31,7% bzw. 36,8% der Fälle
Gebrauchsgegenstände	in 11,7% bzw. 12,6% der Fälle
Geld	in 9,4% bzw. 14,6% der Fälle
nichts / keine Angaben	in 15,0% bzw. 12,6% der Fälle
Verdächtigt wurden:	
Fremde	in 22,8% bzw. 13,6% der Fälle
Mitglieder des Dorfes / Nachbardorfes	in 17,2% bzw. 16,5% der Fälle
Niemand	in 60,0% bzw. 69,1% der Fälle

Tabelle 7: Anzeigende gemäß Berufs- oder Standesbezeichnung

	Stühlingen		Wolfach	
Bürger	94	(26,4 %)	–	
Bauern	94	(24,4 %)	50	(48,5 %)
Handwerker	61	(17,1 %)	10	(9,7 %)
Mägde / Knechte	19	(5,3 %)	4	(3,9 %)
Tagelöhner	22	(6,2 %)	7	(6,8 %)
Amtspersonen	36	(10,1 %)	5	(4,9 %)
Wirte	11	(3,1 %)	6	(5,8 %)
Witwen	12	(3,4 %)	3	(2,9 %)
Pfarrer / Mesner	7	(2,0 %)	4	(3,9 %)
keine Angaben	–		14	(13,6 %)
Total	356	(100 %)	103	(100 %)

Die in Stühlingen als Bürger bezeichneten Personen können – da die Voraussetzungen der Stadt- und Dorfbürgerschaft entweder ein landwirtschaftlicher Betrieb oder ein eigener Gewerbebetrieb waren – sowohl Bauern als auch Handwerker gewesen sein. Die prozentuale Verteilung der einzelnen Erwerbszweige unter den Bestohlenen deckt sich in etwa mit der Erwerbs- und Bevölkerungsstruktur Badens. 1810 waren von allen Erwerbstätigen 52 % in der Landwirtschaft, 33 % im Kleingewerbe (einschließlich Handel), 5 % in den freien Berufen und öffentlichen Diensten und 3 % in den Manufakturen oder der Heimindustrie beschäftigt; 7 % zählten zur Gruppe der Witwen und Rentner, und der Anteil der Tagelöhner lag 1829 bei 6 %.[68]

Der überwiegende Teil der Anzeigenden stammte wohl aus den ärmeren Bevölkerungsschichten. Mägde, Knechte und Tagelöhner gehörten schon immer zu diesen, doch seit dem späten 17. Jahrhundert muß man auch die Mehrheit der Handwerker im Süden und Südwesten des Reiches darunter zählen. Für den Niedergang des Handwerks gab es verschiedene Gründe. So gelang es den süddeutschen Städten nach dem Dreißigjährigen Krieg nicht mehr, die Handelsbeziehungen zu dem wirtschaftlich ruinierten Norditalien zu erneuern; die meisten Handwerker waren in den ohnehin überbesetzten Handwerkszweigen tätig und wurden bei Steueraufnahmen meist mit Bettlern gleichgesetzt. Und landesherrliche Peuplierungspolitik sowie die Frucht- und Viehausfuhrverbote des Reiches während der anhaltenden Kriege mit Frankreich im 17. und 18. Jahrhundert taten ein übriges, um Handel und Handwerk in den süddeutschen Städten zu schwächen.[69]

Die Lage der Bauern war im allgemeinen etwas besser. Da seit 1650 die Bevölkerung zunahm und die Löhne sanken, verbesserte sich das aus landwirtschaftlicher Arbeit zu beziehende Einkommen bis zum Ende des 18. Jahrhunderts. Bevölkerungswachstum bedeutete aber auch eine stärkere Differenzierung der Dorfgemeinschaft. Zusammen mit der im Südwesten üblichen Realteilung führte es dazu, daß viele der Hofstellen so klein wurden, daß der erwirtschaftete Ertrag nicht mehr zur Existenzsicherung reichte. Von dieser Entwicklung profitierten lediglich die großen Bauern der Erbbestandsgüter, da ihnen nun mehr Arbeitskräfte zur Verfügung standen. Die Situation der zur Arbeit im Taglohn gezwungenen Kleinbauern und der unterbäuerlichen Bevölkerung verschlechterte sich weiterhin durch die seit Mitte des 18. Jahrhunderts betriebene Aufhebung und Aufteilung der Allmende. Die Nutzung der Brache bescherte den ohnehin besitzenden Bauern zusätzliche Erträge, während die Armen im Dorf ihr Vieh nicht mehr auf den Brachefeldern weiden lassen konnten.

Die Dörfer des 18. und frühen 19. Jahrhunderts wiesen somit neben der schmalen bäuerlichen Oberschicht eine breite Mittelschicht von Bauern und Handwerkern auf, die jedoch ständig vom Absinken in die Unterschicht der Tagelöhner und kleinen Handwerker bedroht war. Die Bezeichnung Bürger, Bauer oder Handwerker sagt wenig über den Besitzstand aus; Hans Adam Haist, Bürger und Seilermeister von Wolfach, dem im Dezember 1787 bei einem Diebstahl auf dem Markt 12 Gulden 15 Kreuzer gestohlen werden, klagt, »daß er ein so mittelloser mann seye, welcher das handwerk für sich zu treiben außer stand, und nur durch den geringen hanpfhandel und mit tagelöhnen erhalten müssen, und ein ganzer Jahrsgewinn ihm den verluest nicht mehr ersetze«.[70]

Geld oder Wertgegenstände waren allerdings nicht das typische Objekt von Diebstählen; die meisten der entwendeten Gegenstände waren für den unmittelbaren Verzehr oder Gebrauch bestimmt. Getreide, Lebensmittel, Vieh, alle Arten von Haushaltsgegenständen oder in der Landwirtschaft eingesetzten Gerätschaften, Kleidungsstücke, Schuhe, Tuch und Garn kamen für mindestens 80%–90% des Gestohlenen auf; zu ähnlichen Ergebnissen gelangten Untersuchungen hinsichtlich Englands im 17. und Frankreichs im 18. Jahrhundert.[71] Von einigen Fällen abgesehen, finden sich nur wenige Belege dafür, daß die besitzenden Schichten um ihr Geld, ihren Schmuck oder sonstige Kostbarkeiten hätten fürchten müssen. Bezeichnenderweise untersagt ein Erlaß aus dem Jahre 1750 den Hofbediensteten in der Residenzstadt Karlsruhe, »etwas von dem ihnen vorgesetzt werdenden Essen oder

Trincken zu verkauffen, zu vertauschen, an Zahlungs-Statt zu geben, oder zu verportiren, sondern das ihnen Geordnete entweder zu geniessen, oder solches zurück- und so mehrers stehen zu lassen«.[72]

Vieles deutet auch darauf hin, daß trotz der weitverbreiteten Furcht vor Vaganten und »Jaunern« die meisten Diebstähle von Ortsansässigen ausgeführt wurden. Verdacht fiel natürlich oft auf Fremde, vor allem dann, wenn sie am nächsten Morgen aus dem Haus, in dem man ihnen Nachtherberge gewährt hatte, verschwunden waren, manchmal erwies er sich aber als unbegründet. Eine Bäuerin aus Hagenbuch, der in derselben Nacht, in der sie einige Fremde beherbergte, zwei Töpfe Schmalz aus dem Keller entwendet werden, läßt diese durchsuchen, doch findet sich »nichts von diesem« bei der »durch den Commandierten Serle selbst vorgegangenen Visitation bei solchen«.[73]

Das frühneuzeitliche Dorf besaß ein ungeheures kollektives Gedächtnis für alles Auffällige und Ungewöhnliche, selbst wenn dieses schon Jahre oder Jahrzehnte zurücklag, und die Gerüchteküche rumorte immer dann, wenn keine konkreten Verdachtsmomente vorlagen. Wegen Diebstählen verdächtigte man z. B. einen Bauern, weil dieser vor fünf Jahren in Alpirsbach in Untersuchung gelegen habe, einen Knecht, da dieser häufig das Wirtshaus besuchte, »auch ohne geld erhalten zu haben weißbrod ins haus gebracht« habe und überhaupt »ein so verthuelischer Pursch seye..., auch schon 4. Jahr auf dem Meer gedient, allwo sich mehresteils die verwegensten Leuthe antreffen ließen«, den Nachbarn, weil er »vor mehreren Jahren auch einige frucht genommen«, oder einen »taglöhner in Schwaningen, einen Mann, der nach aussage der dortigen ortsvorgesetzten selbst nicht in ganz unbescholtenem rufe stehe«. Ein Schmid von Schapbach, der angab, »Verdacht könne er keinen haben, und auf Geschwäz der Muthmassigen könne er nicht gehen«, bildet eher eine Ausnahme.

Dieses »böse Geschwäz«, ein Gemisch aus tatsächlichen, vermuteten und rein fiktionalen Elementen, ist ein vorzüglicher Indikator für die unzähligen Konflikte innerhalb eines Dorfes oder für diejenigen zwischen Mitgliedern benachbarter Dörfer. Aus einer bestehenden Feindschaft heraus konnte ein Verdacht geäußert werden, etwa wenn ein Bauer angibt, »daß sein Immen... von leuten gestohlen worden seyn, die in Eberfing wohnen«, gleichzeitig aber einräumt, er könne »vielleicht in seinem argwohn auch fehlen, weil er gar nichts zuverlässiges wüsse«. Man schien aber auch oft bestrebt, einen offensichtlichen Konflikt durch Mutmaßungen nicht weiter zu verschärfen; in diesem Sinne äußert ein Bauer aus Riedern, dem des Nachts eine Kuh im Stall von »einem unbekannten verdorben« worden war, »er könne auf niemand dies unglücks halber einen Verdacht werffen, doch müsse er in Riedern friede haben, weil ihm schon... auf dem Feld... stücke entwendet worden seyen«. Aus einer Reihe von Anfragen bezüglich der Verifizierung von Diebstählen, die ein in einem anderen Amt eingefangener Täter gesteht, aber nicht in den Protokollen verzeichnet sind, ergibt sich auch, daß viele Diebstähle wohl nie zur Anzeige gebracht wurden. Manche wurden erst mit monatelanger Verspätung angezeigt, u. a. mit der Begründung, »bishero habe er die sache so betragen weil es kaum der mühe verlohnen möchte, seinen diebstahl vor oberamt anzuzeigen«.[74]

Beide Umstände deuten darauf hin, daß noch zu Ende des 18. Jahrhunderts die Anzeigebereitschaft nicht sonderlich hoch war und mit der Anzeige oft so lange gewartet wurde, bis alle anderen Mittel zur Konfliktbewältigung bzw. zur Wiederbeschaffung des Gestohlenen sich als untauglich erwiesen hatten. Die Annahme liegt nahe, daß auch in Baden eine Einstellung oder Mentalität herrschte, wie sie Yves Castan im Languedoc des 18. Jahrhunderts nachgewiesen hat: daß die Mitglieder der ländlichen vorindustriellen Gemeinschaften die Gerichtshöfe nur widerwillig benutzten, daß der Ausdruck »être processif« einem Schimpfwort gleichkam, das einen zu schnellen Rekurs zur offiziellen Justiz implizierte, die dem Beschuldigten und seiner Verwandtschaft nur Nachteile brachte und somit die Gemeinschaft entzweite.[75] Selbst den Gerichten und der Obrigkeit war daran gelegen, Streit und langanhaltende Konflikte auf informellem Wege beizulegen. Das Oberamt Salem wies 1754, nachdem der Wirt von Owingen den dortigen Amtmann auf einer Hochzeit verwundet hatte, beide Parteien an, sie sollten sich binnen vierzehn Tagen vergleichen, »weilen bekannt ist, daß beide theil immerwährend feindschaft gegeneinander tragen, und man die verbittert gemüther zu vereinigen von obrigkeits wegen trachtet«.[76]

IV.

Im 17. und 18. Jahrhundert kann man die Wahrscheinlichkeit, daß ein Dieb wegen seines Vergehens letztendlich verurteilt wurde, aus folgenden Überlegungen heraus als relativ gering einschätzen:

1. Nur die wenigsten Diebe wurden auf frischer Tat ertappt; auf dem Lande ereignete sich ein Diebstahl meist dann, wenn der Bauer mit seiner Familie und dem Gesinde abwesend war, etwa beim Kirchgang, bei der Feldarbeit oder bei gesellschaftlichen Veranstaltungen im Dorf. Mangelnde Sicherheitsvorkehrungen oder die gänzliche Unverschlos-

senheit von Haus und Scheune ließen selbst nächtliche Einbrüche ohne größere Geräuschentwicklung von statten gehen. Wurde aber ein Dieb am Tatort erwischt, dann lag seine Auslieferung an die offizielle Justiz nicht immer im Sinne der Opfer. Mancher Dieb berichtet in seinem Inquisitionsprotokoll, daß er bei vorherigen Missetaten statt dessen »übel geschlagen«, »übel tractiert« oder »übel abgebläut« worden sei.

2. Betrachtet man die Ergebnisse der Auswertung der Verifikationsprotokolle von Stühlingen und Wolfach als einigermaßen repräsentativ, dann lagen in 60%–70% der Fälle keine konkreten Verdachtsmomente vor. Solche Anzeigen veranlaßten die lokalen Strafverfolgungsbehörden generell zu keinerlei Aktivitäten. Nur bei einem außerordentlich hohen Verlust, wie etwa dem eines Pferdes, war es üblich, daß dieser »Diebstahl sogleich von Obrigkeits wegen samtlichen benachbarten obrigkeiten bekant gemachet, auch dem wochenblatt einverleibet« wurde – letztere Möglichkeit existierte allerdings erst seit Mitte des 18. Jahrhunderts –, »um sowohl das Pferdt wider zu erlangen, als auch des Diebes habhaft zu werden«.[77] Die Aufklärungsrate dieser Diebstähle dürfte trotz solcher Bemühungen äußerst gering gewesen sein.

3. Den von bürgerlichen oder militärischen Streifen ergriffenen Vaganten war, selbst wenn sie tatsächlich einen Diebstahl begangen hatten, nur schwerlich etwas nachzuweisen. Von den 25 Vaganten, die Salemer Streifen zwischen März 1781 und März 1782 aufgriffen, wurden 18 direkt wieder entlassen, 7 pro forma mit Stockstreichen gezüchtigt und ausgewiesen.[78] Die Beschreibungen in den zirkulierenden Gaunerlisten waren so oberflächlich und allgemein gehalten, daß man mit ihnen einen andernorts Gesuchten selten identifizieren konnte. Zur Verurteilung bedurfte es aber eines Geständnisses oder der positiven Aussagen zweier direkten Tatzeugen. Die Folter als Mittel der juristischen Wahrheitsfindung war strengen Kriterien unterworfen und wurde daher nicht so häufig angewandt, wie allgemein vermutet wird.

4. Gegen die meisten der aktenkundig gewordenen Diebe lagen Verdachtsmomente seitens des Opfers oder eines lokalen Magistraten vor. Doch auch dies bedeutete bei kleinen oder mittelschweren Diebstählen noch lange nicht, daß die Strafrechtsinstanzen nun automatisch tätig wurden. Die Initiative des Opfers war gefragt, bis dieses konkrete Schuldbeweise liefern konnte. Das Oberamt Wolfach gab dem Bauern Baptist Gutman von Einbach, dem 1801 50 Gulden aus der Kammer gestohlen wurden und der deswegen seine Dienstboten verdächtigte, den Auftrag, daß er, »wenn er von dieser dieberey etwas mehr in Erfahrung bringen sollte, also gleich die Anzeig bey Oberamt machen soll«.

Dem Bauer Roman Geberle von Schapbach, der seinen Stiefsohn wegen eines Diebstahls verdächtigte, erteilte es 1787 den Rat, »zu der Sache ganz still [zu] seyn, und genau achtung [zu] geben, ob sich nicht über kurz oder lang eines oder das andere oben specificierte Stück in vorschein kommen dürfte, in dessen fall er dahir in der still die anzeige zu thun hätte«. Wohl um diese Untätigkeit wissend, bat der Knecht Joseph Ringwald aus dem Kinzigtal das Oberamt »um eine sachdienlich urkund«, um den Dienstbub seines Herrn, der ihm Kleidungsstücke und Geld entwendet hatte, auf eigene Faust suchen zu dürfen.[79] Der damit verbundene Zeit- und Geldaufwand wird jedoch viele Opfer von solchen Schritten, wenn nicht von einer Anzeige überhaupt, abgehalten haben.

Entzog sich ein Verdächtiger der drohenden Verhaftung durch Flucht, dann wurde er häufig, wie Christoph Huf, ein wegen »öfters geschehenen nächtlichen Wein-Entwendung« 1776 angezeigter lediger Bürgerssohn von Stein, »dergestalten edictaliter citirt, daß er à dato binnen acht Wochen, welche ihme vor den ersten, zweyten und dritten Termin peremptorie anberaumet werden, vor dahiesig Hochfürstlichem Oberamt in Person erscheinen und wegen seines heimlichen Ausweichens... Red und Antwort geben, als im Ausbleibungsfall nicht nur dessen abermaleins zu hoffen habendes Vermögen dahier mit Arrest bestrickt, sondern auch dessen Namen an den Galgen geschlagen werden soll«.[80] Mehr unternahm man von Amts wegen allerdings nicht; der Täter konnte sich entweder durch seine Rückkehr in seine zu erwartende Strafe fügen oder die Freiheit unter Verlust allen Besitzes und der praktisch verhängten ewigen Landesverweisung wählen. Letzteres war sicherlich eine willkommene Bereicherung der meist leeren Kassen des Landesherrn. Dieses offentsichtliche Desinteresse lokaler und übergeordneter herrschaftlicher Instanzen an einer intensiven Strafverfolgung hatte zwei Hauptgründe. Zum einen fehlten bis ins 19. Jahrhundert dazu sowohl die notwendigen strukturellen Bedingungen als auch das erforderliche Personal. Und zum andern war es finanzielles Kalkül: war der Verurteilte mittellos, dann mußten die Kosten von der Amtskasse übernommen werden.

Noch zu Ende des 18. Jahrhunderts dominierte die traditionelle Vorstellung von der »guten Policey«; diese beinhaltete auch die öffentliche Wohlfahrtspflege und wurde mehr im Sinne der staatlichen inneren Verwaltung denn als eine behördliche Organisation verstanden. Sämtliche Behörden waren durch eine enge Koppelung von Wohlfahrtspflege und Gefahrenabwehr gekennzeichnet:[81] Die badischen Landes- und Polizeiordnungen des 17. Jahrhunderts hatten festgelegt, was »zu

Nutz und Wolfart der Landschaft, auch Verhüttung allerlei Nachteils, Übels und Beschwerung und Erhaltung eines beständigen guten christlichen Regiments und gemeinen Nutzens« notwendig war.[82] So leisteten sich denn auch vor dem 19. Jahrhundert weder lokale Gemeinschaften noch die jeweilige Territorialherrschaft Bedienstete, die ausschließlich mit der Strafverfolgung von Gesetzesbrechern und der Aufrechterhaltung der Sicherheit beschäftigt waren.

Polizeigewalt besaßen auf lokaler Ebene die Ortsvorgesetzten, die aber gleichzeitig ihren Beruf ausübten und für alle organisatorischen Belange verantwortlich waren. In den meisten kleineren Ortschaften hatten neben ihnen nur noch der Bürgerwachdienst, der Tag- und Nachtwachen umfaßte, polizeiliche Befugnisse. Angestellte und besoldete Polizeidiener existierten nur in größeren Gemeinschaften und in Städten. 1787 gab es in Mannheim, der damals größten Stadt des badischen Raumes, elf »Policey Subalterne«, und zwar vier Viertelschreiber, drei Visitatoren und vier Armen- oder Bettelvögte. Diese waren jedoch so schlecht bezahlt, »daß sie zum nothdürftigen Unterhalt ihrer, und ihrer familie immer noch einen NebenVerdienst durch andere Beschäftigung suchen müßten mithin sich nicht einmahl allein und vollkommen ihrem beschwerlichen Amt wiedmen können«; ihre Zahl war »zu gering, als daß man damit in der ganzen Stadt ausreichende Vorsehung thun könne«.[83]

Eine lokal übergreifende Polizeigewalt besaßen nur das Militär, das oft militärische Sicherheitspatrouillen oder aber »Commandierte« aus seinen Garnisonen zur Verhaftung und Verwahrung von Verbrechern entsandte, und paramilitärische Organisationen, die je nach Landstrich »Hatschiere«, »Husaren« oder »Landreuter« genannt wurden und deren ursprüngliche Aufgabe in der »Auffahung der Vaganten und Bettler« und der »Ausrottung des herrenlosen Gesindels« gelegen hatte. Ihre geringe Anzahl läßt kaum auf große Effizienz schließen; in der zweiten Hälfte des 18. Jahrhunderts waren bei den badischen Oberämtern Karlsruhe, Durlach und Pforzheim je ein Hatschier, bei den Oberämtern Emmendingen und Lörrach gerade vier Hatschiere stationiert.[84]

Schließlich seien noch zwei Beispiele angeführt, die veranschaulichen, wie und in welchem Ausmaß Entscheidungen zur Strafverfolgung bzw. zur Ausgestaltung der Strafe durch finanzielle Überlegungen und die territoriale Zersplitterung des Südwestens des Alten Reiches beeinflußt wurden. 1801 wird Kristian Echtle, ein Bauer aus Oberwolfach, auf dem Heimweg vom Jahrmarkt in Zell von zwei jungen Burschen ausgeraubt. Auf seine Anzeige hin läßt der Schultheiß von Zell die beiden verhaften. Am 12. November berichtet er allerdings, die Burschen hätten nach 10 Tagen Arrest nicht gestanden und seien daher »ab instantia« absolviert worden, stellt es dem Echtle aber frei, »diese sach bey dem Reichsgericht hamerspach, als in dessen gebiet jenes delictum begangen worden weiters fort zu sezen«. Echtle war aber bereits am 8. November beim Reichsvogt in Hamersbach gewesen, der ihm erklärte, daß »sie sich auf ihre Kosten um die Untersuchung dieser sache nichts annehmen können, wohl aber solches thun wollen, wenn er für die hieraus entstehenden unkosten haften und solche über sich geruhen erklären würde«.[85]

Der Fall der Dienstmagd Therese Schlageter wurde schon vorher erwähnt. Bemerkenswert ist aber noch die Begründung, mit der die Schwarzenbergische Regierung die vom Oberamt vorgeschlagene Bestrafung, drei Jahre Zuchthaus auf eigene Kosten mit Willkomm und Abschied, umwandelt. Diese »würde das Vermögen der Inquisitin nicht nur erschöpfen, sondern auch gnädigste Herrschaft noch in beträchtliche Kösten versetzen, ohne bey der wirklichen Einrichtung der Zuchthäuser mit Grunde hoffen zu können, daß die Therese Schlageter bey dem Umgange mit mehreren weg Verbrechen in den Zuchthäusern eingesperrten Sträflingen bessere Gesinnungen sich eigen machen werde... Zudem scheint es in Ansehung der von Therese Schlageter nicht im Kleggau, sondern im Modenesischen begangen Diebstählen genug, daß man sie hier, als in dem foro deprehensionis, auf eine solche Art bestrafe, daß das Publikum sich eines Theiles an dieser Strafe spiegle, und von ähnlichen Verbrechen abgeschreket werde, andern Theiles aber soviel möglich verhütet werden möge, daß selbe hier Landes kein Verbrechen ferner begehe. Für ihre Besserung überhaupt nun näher zu sorgen mag ihres Landes und Personaloberkeit überlassen bleiben.«[86]

Sicherheits- und Wohlfahrtsaufgaben der Polizei wurden erst im Verlauf des 19. Jahrhunderts getrennt. 1812 wurde zunächst ein gemeinsames Polizei-, Zoll- und Akzis-Dienerpersonal, die »Policeygardisten«, geschaffen, das 1829 191 Bedienstete umfaßte; an seine Stelle trat in diesem Jahr das Gendarmeriekorps mit einer Stärke von 310 Mann, das als »Landespolizeianstalt zur Handhabung der öffentlichen Sicherheit im ganzen Umfang des Großherzogtums« galt.[87] Hauptzweck der Polizei war nun nicht mehr der »gemeine Nutzen«; sie sollte vielmehr als »die Gesammtheit aller jener verschiedenartigen Anstalten und Einrichtungen, welche bezwecken, durch Verwendung der Staatsgewalt diejenigen Hindernisse der allseitigen Entwicklung der menschlichen Kräfte zu entfernen, welche durch die Kraft der Einzelnen gar nicht

oder nur unvollständig, wohl aber durch die Anwendung der Gesammtkraft der Bürger beseitigt werden können«[88], verstanden werden.
Die ›Staatsgewalt‹ in Form des Gendarmeriekorps zeigte schon in den ersten Jahren ihres Bestehens, in welchem Maße sie willens war, die ›Hindernisse der allseitigen Entwicklung der menschlichen Kräfte zu entfernen‹. Ihr rigoroses Einschreiten legt die Vermutung nahe, daß es sich dabei vor allem um die Beseitigung der Hindernisse bei der Entwicklung der bürgerlich kapitalistischen Gesellschaft und bei der Fabrikation des zuverlässigen und arbeitsamen Menschen handelte. Die durch die Gendarmerie gemachten Anzeigen und Verhaftungen stiegen zwischen 1830 und 1840 von 22521 auf 55777 an. Unter den 1840 vorgefallenen Verbrechen und Vergehen waren u. a. 11748 Fälle von »herumziehendem, mit Arbeitsscheue verbundenen Lebenswandel, insbesondere wegen Bettel«, 578 Fälle von »Mangel an Pässen und sonstigen Ausweisungen«, 8589 Fälle von »Nachtschwärmerei und Uebersitzen«, 2892 Fälle von »Straßenfrevel, sowohl Uebertretung der Straßenpolizei, als Defraudation der betreffenden Abgaben«, 2781 Fälle von Diebstahl, 1151 Fälle von Forstfrevel, 282 Fälle von »unerlaubter Tanzmusik«, 1381 Fälle von »Beherbergung ohne Nachtzettel«, 12252 sonstige Polizeivergehen und 203 Fälle von »Beschimpfung und Mißhandlung der Gendarmen«.[89]
Der Staat und seine Kontrollapparate drangen ab dem zweiten Viertel des 19. Jahrhunderts mit Macht in alle Lebensbereiche vor. Die »Wohlthaten unserer Gendarmerie« hielten 1831 16 Unterzeichner einer Petition an die Zweite Badische Kammer zur Abschaffung der Gendarmerie für »kleinlichte, boshafte Nekereien gegen den Bürger, ... eine unvertilgbare Sucht, ihn wegen jeder Kleinigkeit in Strafe zu bringen, – ihn beim geringsten Anlasse die Macht durch Gewaltthätigkeiten schwer fühlen zu lassen, ... alle Schritte des Bürgers mit Luchsesaugen zu bewachen, und jedes freie Wort ... als Staatsverbrechen mit Zuchthaus zu bestrafen zu suchen«. Als Vertreter des Bürgertums sahen sie in der Gendarmerie ein Zeichen dafür, »daß die vorige Regierung zu den Bürgern kein Vertrauen besaß«; sie sahen auch, daß diese nun als Mittel zur Verfolgung ›revolutionärer Umtriebe‹ eingesetzt wurde, übersahen aber völlig, daß es das Bürgertum gewesen war, das diese Geister lauthals gerufen hatte. Dem Bürgertum fehlte zuerst das Vertrauen in die Fähigkeit der strafrechtlichen Kontrollinstanzen des Ancien régimes, seine Interessen adäquat zu schützen und zu fördern. »Reisende werden noch angegriffen, – ein Schwarm von Müßiggängern und Bettlern durchzieht das Land, – in allen Anzeigeblättern wimmelt es von Dieb-

stählen, – und in den Wäldern knallt die Büchse des Wilderers«[90] – diese Gefahren für das Eigentum zu bekämpfen, konnte in den Augen der Unterzeichner allein die Aufgabe der Polizeimacht sein.

V. In einer Erläuterung zum neuen Verhältnis von richterlicher Strafgewalt und landesherrlichem Begnadigungsrecht liest man 1804, die alte Praxis der Urteilsfindung sei dadurch gekennzeichnet gewesen, daß in ihr »die Strafe in Form und Zeit ganz dem nach Zeiten und Personen so verschieden ausfallenden Ermessen des Richters anheim geblieben, und der Schuldige also von einer ganz unbestimmbaren richterlichen Willkür abgehangen habe«.[91] So unbestimmbar und willkürlich war die richterliche Strafzumessung sicherlich nicht; als strafmildernd berücksichtigte sie neben dem herausgehobenen gesellschaftlichen Stand und Ansehen des Angeklagten auch für alle Schichten anwendbare Kriterien. Einem wegen Teilnahme an einem Raubmord angeklagten Soldaten wird 1718 zugute gehalten, daß »derselbe dem gemeinen weßen, seiner erfahrenheit, und anderer qualitäten halber, nuzlich, und umb dasselbe sich wohlverdient gemacht« habe, und man hoffen könne, »daß die Malefizische person ferners ihres lebens sich besseren und einigen nuzen schaffen werde«. Statt zum Schwert verurteilt man ihn zum Kriegsdienst, wobei er »bey einer oder andren action... vorn an gestelt werden solle«.[92] Auch Verführung, Jugend und Restitution des Gestohlenen wirkten sich positiv für den Beklagten aus; die Dienstmagd eines Gerbers von Mimmenhausen wird wegen Diebstahls *nur* mit einer Schandtafel »Du sollst nicht stehlen« um den Hals öffentlich vorgestellt, »weilen die Dienstmagd bei dem offen gestandenen Kasten, und darin vorgelegenen Geldt zu dieser... contrectation gleichsam invitiert worden, sie auch eine junge minorenne Person ist« und der Verlust »durch die Elteren wiederum ersezet würden«.[93]

Der im 17. und 18. Jahrhundert meistgenannte Grund für eine Strafmilderung lag allerdings dann vor, wenn jemand im Sinne des Artikels 166 der Carolina »durch rechte hungersnodt, die er, seine weybe oder kind leiden, etwas von essenden dingen zu stelenn geursacht wirdet«.[94] Die schon zu Anfang erwähnten Entschuldigungen fanden bei den Richtern meistens Gehör, und manchmal verzichtete man gar zur Vermeidung einer zu erwartenden Notlage auf eine Strafe oder setzte diese aus. Bei Johannes Stocker von Schwerzen, der 1797 wegen Diebstahls zu zwei Monaten Schanzarbeit in Eisen verurteilt wird, hält man »die einstweilige Entlassung desselben angerathen, weil dessen Entweichung nicht zu besorgen wäre, im Gegentheil aber derselbe das Stück Erdäpfelfeld verlieren würde, welches ihm Sigmund Buche gegen bedungene arbeitshilfe überlassen habe«.[95]

Abb. 8: Zu den häufigsten Strafarten gehörten in der Niedergerichtsbarkeit das Halseisen und die Schanzarbeit, anonymer Kupferstich, 17. Jahrhundert

Gemäß einem »theokratisch orientierten Strafrecht« war Verbrechen hauptsächlich Sünde und Vergehen gegen göttliches Gebot. Die Carolina wandte sich mit Anweisungen zur Ahndung von Straftaten an das Gerichtspersonal, »nicht an den Delinquenten, bei dem die Kenntnis des Strafrechts, jedenfalls so weit es sich um Kapitalverbrechen handelte, schon deshalb vorausgesetzt wurde, weil es sich um nichts anderes als um Ausformungen der zehn göttlichen Gebote handelte«.[96] Sünden aber konnten vergeben werden, einem Sünder stand der Weg zur Besserung stets offen und durfte ihm auch nicht verwehrt werden. Kein Vagant, kein Dieb wurde bei seiner ersten Missetat gehängt, sondern erst dann, wenn jede Hoffnung auf Besserung durch zahllose nutzlos gebliebene Bestrafungen geschwunden war und er sich weiterer Gnade

als unwürdig erwiesen hatte. »The formal law, inflexible and awesome in its punishment«, schreibt Cynthia Herrup, »reflected the God of the Old Testament... The law as enforced followed the gentler mood of the New Testament; it was didactic as well as directive.«[97]
So wie Gott Dankbarkeit und Gehorsam für die stete Nachsicht mit der Schwäche des Menschen und die Vergebung seiner Sünden zustand, so gebührte auch demjenigen, der Vergehen nachsah, Dank und Glauben an seine Autorität und die rechtmäßige Anwendung seiner Macht. Durch Gnadenbeweise des Landesherrn und seiner lokalen Amtsinhaber wurde die patriarchalische Grundstruktur der Gesellschaft versinnbildlicht und reproduziert, denn Vergebung gewähren konnte nur, wer die Macht besaß, andere Mittel anzuwenden – »Benevolence, in short, was not a simple positive act: it contained within it the everpresent threat of malice... Benevolence, all patronage, ...was the obverse of coercion, terror's conspiracy of silence«.[98]
Da Verbrechen mit Sünde gleichgesetzt wurde, mußte man in der frühneuzeitlichen Gesellschaft, der der Pfarrer ständig vor Augen führte, daß jeder Mensch ein Sünder war, Kriterien zur Unterscheidung von verzeihbaren und unverzeihbaren Vergehen finden. Zu ersteren kann man die Mehrheit der von Ortsansässigen verübten Eigentumsinfraktionen rechnen; »das Stehlen ist in Stockstadt fast allgemein worden, und die meisten machen sich keine Sünde davon; sondern haltens für ein altes herkommen«, berichtet ein Stockstadter Lehrer in der zweiten Hälfte des 18. Jahrhunderts.[99] Letztere repräsentieren die Verbrechen, welche von gesellschaftlichen Außenseitern begangen wurden: von Fremden und Vaganten, da ein allgemeines Vorurteil gegen alles Fremde herrschte, von Wiederholungstätern, die die Toleranzschwelle der Gemeinschaft überschritten hatten, und von Personen, die gegen weithin akzeptierte Normen verstoßen hatten, etwa Sodomiter, Homosexuelle und Brandstifter.
In Gemeinschaften, in denen trotz aller Konflikte die Wahrung des »gemeinen Nutzen« ein Hauptanliegen war und von den Reichen und Amtsträgern eine »moral economy« eingeklagt werden konnte, wurden viele Vergehen als läßlich betrachtet. Die Intention der meisten formellen und informellen Strafaktionen war die Erzeugung von Scham beim Täter; seine Erniedrigung vor der ganzen Gemeinschaft zielte aber zugleich auf seine Besserung und Wiedereingliederung, nicht auf seinen Ausschluß aus der Gemeinschaft. Soziale Notlagen fanden vor allem bei Diebstahlsdelikten im verhängten Strafmaß Berücksichtigung, ohne daß damit die generelle Verbindlichkeit des Gebotes »Du sollst nicht stehlen« in Frage gestellt wurde.

Seit der Mitte des 18. Jahrhunderts wurde die Maxime des »gemeinen Nutzens« zusehends in Frage gestellt. Einfriedung und Aufteilung der Allmende brachten den einzelnen nutzungsberechtigten Bauern und Gutsherren eine Steigerung der landwirtschaftlichen Produktivität, aber für all die, die aus ihrer gemeinsamen Nutzung vorher einen Teil ihrer ohnehin knapp bemessenen Nahrung bezogen hatten, brachte dies zusätzliche Erschwernisse. Zusammen mit der Bauernbefreiung und der Gewerbereform führte sie auch dazu, daß »kollektive Rechte und Schutzmaßnahmen des Dorfes, traditionelle soziale Netze, ...die... zur Existenzsicherung beigetragen hatten«, zerstört wurden.[100] Wurde noch 1720 ein Mann von Stetten, der Eicheln von den Bäumen geschüttelt und eingesammelt hatte, mit einer Geldstrafe belegt und aufgefordert, »in dem solches wieder der gemeindt alte gewohnheit und gebrauch seye, ...die herabgeschlagenen aichlen, alß woran die ganze gemeindt herkömmlicher maßen theil hat, widerumb hinauß in das holz [zu] tragen«[101], so ließen 1796 »die Gutsbesitzer im Tännig und die Wettenburger-Gesellschaft« den umliegenden Dorfschaften mitteilen, »daß Niemand kein Laub und Tannen-Nadeln rechnen, noch Haiden schneiden und rupfen, und auch das Grasen in gedachten Gehözen ganz unterbleiben möge. Gegen jeden Uebertretter solle es laut Hoch Herrschaftlicher Straf Decrete verbleiben«.[102]

Der Staat wurde mehr und mehr Garant bürgerlicher Rechte, wobei dem Recht auf Eigentum eine zentrale Bedeutung zukam. Folglich rückten Diebstahl und andere Eigentumsdelikte in den Brennpunkt des Interesses staatlicher Strafverfolgung; doch »das verbrecherische Wesen der Handlung ist« nun, wie Marx 1842 am Beispiel des Holzdiebstahls anführt, »nicht die Attacke auf das materielle Holz, sondern die Attacke auf die Staatsader des Holzes, auf die Eigentumsrechte als solches, die Verwirklichung der unrechten Gesinnung«[103].

Eine Strafjustiz, die einen derartigen absolut verbindlichen Eigentumsschutz auf ihre Fahnen schrieb, konnte Not und Armut als Milderungsgrund nicht mehr gelten lassen. Armut wurde nicht länger den äußeren Umständen, sondern den selbstverschuldeten Unzulänglichkeiten des Individuums, sich mit Arbeit seine Subsistenz zu sichern, zugeschrieben. Das Hofgericht Mannheim verurteilt im März 1806 Barbara Sturm, die Frau eines Beisassen von Mannheim, wegen des dritten Diebstahls zu zwei Jahren Zuchthaus und bemerkt, die »angeführten Milderungsgründe, nämlich Reue und Noth, verdienten keine ernstliche berücksichtigung, weil Inquisitin und ihr Ehemann sich durch ihr Gewerbe... zu ernähren im Stande gewesen, und das kümmerliche solcher Nahrungsgewerbe keinen Milderungsgrund von der Art an Han-

den geben, wie der art. 166 der peinlichen Halsgerichtsordnung erfordern«[104]. 1833 schickt es Leonhard Hoffmann von Heinsheim wegen des Diebstahls von vier Gänsen für sieben Wochen ins Gefängnis. »Er hat den Recurs zur Gnade angezeigt und begründet denselben auf die Geringfügigkeit der durch die Noth veranlaßten Entwendung und auf die Unmöglichkeit seine Familie zu ernähren, wenn er jetzt, wo die arbeit dringend sei, verhaftet werde. Da die vorgeschüzte Noth nur aus dem erstatteten Vortrag zu entnehmen ist, sie in vorliegendem Falle nicht als hinreichender Milderungsgrund erscheint«[105]. Und im November 1817 werden Johann Georg Münch und Franz Joseph Franck von Eberbach wegen einfachen Raubes bzw. Teilnahme zu fünf Jahren bzw. 15 Monaten Zuchthaus verurteilt. Beide sind vermögenslose Tagelöhner und haben einem Jungen »2 Laibe brod, und ¾tel Mehl im Werthe zu 1 Gulden 4 Kreuzer... gewaltsam entrissen«. Münch will »zu all dem durch Noth, hunger und mangel an arbeit verleitet worden sein«, und Franck »hätte gerad selbigen Morgen sehr hunger, und gar nichts bei sich gehabt«. Für sie sprechen nach Meinung ihrer Richter »ganz gute Leumuthszeugnisse«, gegen sie jedoch, »daß es den sommer über arbeit mit holz ziehen gegeben habe, und an dieser arbeit kein mangel gewesen sei«[106]. Wie sich ein Tagelöhner allerdings von seinem im Sommer erhaltenen Lohn Ersparnisse für den November hätte anlegen können, wird auf ewig das Geheimnis dieser fern jeder Realität urteilenden Richter bleiben.
Nicht der Täter, sondern die überlieferte Eigentumsordnung und die Auffassung der Menschen vom Eigentum und Eigentumsschutz hatten sich durch ökonomische Entwicklung und gesetzgeberische Eingriffe gewandelt. Dieser Wandel bedurfte einer Veränderung der sozialen Kontrolle und des polizeilichen Zugriffs. So waren die neuen Polizeikräfte des 19. Jahrhunderts bestrebt, alle Arten volkstümlicher und gemeindeinterner Konfliktlösungen in die staatlichen Gerichtshöfe zu transferieren. Diese Konfliktlösungen gehörten einer Lebensweise an, »in der das Recht noch nicht ganz und gar entfremdet« war und »zumindest ein Teil davon« der Gemeinschaft »zur Durchsetzung überlassen war«[107]. In der sich entwickelnden kapitalistischen Gesellschaft wurde das Recht und dessen Durchsetzung den Leuten, die es unmittelbar betraf, weggenommen und in immer stärkerem Maße von staatlichen Beamten verwaltet. Im Zuge dieses »Modernisierungsprozesses« des Rechts waren immer mehr Menschen bereit, ihre Konflikte vor offiziellen Instanzen zu regeln oder vielmehr regeln zu lassen. Anscheinend steigende Kriminalitätsraten reflektieren diese Tendenz, sind aber kein Indiz dafür, daß die Zahl der Vergehen tatsächlich zunahm. Ge-

rade die in der ersten Hälfte des 19. Jahrhunderts rapide anwachsende Zahl von vor Gericht gebrachten Gewaltvergehen bestärken solche Zweifel. Der »moderne« Trend der zunehmenden Akzeptanz staatlicher Konfliktlösungsmöglichkeiten, der auch für die Gewaltdelikte gilt, scheint paradoxerweise ein »primitives« Muster von Kriminalität zu bestätigen, kann aber bei genauerer Nachforschung die These Norbert Elias' vom »Prozeß der Zivilisation« nicht widerlegen[108].
Die langsame Verdrängung des »community law« durch das expandierende »state law« sollte aber nicht nur negativ bewertet werden. Die Verrechtlichung der bäuerlichen Lebenswelt besaß nicht nur zerstörende Qualitäten; sie »schuf Sicherheit, ermöglichte Emanzipation, leistete soziale Integration, verordnete Toleranz etc.«[109]. Die moderne Gesellschaft ist gekennzeichnet durch eine hohe Rate offizieller Interventionen und formeller Maßnahmen und bringt dem Individuum schwächere informelle Kontrolle und größere persönliche Freiheiten; daß sie aber die latente Gefahr des Polizei- und Überwachungsstaates in sich birgt, erkannten schon kritische Beobachter im Baden des Vormärzes.
Für die Entstehung des modernen staatlichen Kontrollapparates können jedenfalls keine Veränderungen im Verhalten der Rechtsbrecher verantwortlich gemacht werden. Die überlieferten Quellen geben keinerlei Hinweis darauf, daß der verarmte, gewalttätige und saisonalen Schwankungen unterworfene Gelegenheitskriminelle des 17. Jahrhunderts dem cleveren, gerissenen und genau kalkulierenden Verbrecher des 18. Jahrhunderts wich[110], oder daß lose organisierte Banden durch Gruppen professioneller Räuber ersetzt wurden. Es ist vielmehr richtig, daß »in all societies before the present century... criminals were probably very much more tradition-bound in their practises than many historians suggest«[111]. Die meisten stahlen, weil sie überleben wollten, doch wäre dies mit den gestohlenen Gütern allein niemals möglich gewesen.

Doris Kaufmann

»Irre und Wahnsinnige«

Zum Problem der sozialen Ausgrenzung von Geisteskranken in der ländlichen Gesellschaft des frühen 19. Jahrhunderts

I. Historische Untersuchungen der Irrenfrage, die in Deutschland noch immer überwiegend von Medizinhistorikern geleistet werden, konzentrieren sich in der Regel auf die beiden Schwerpunkte Anstaltsgeschichte und Wissenschaftsgeschichte der Psychiatrie. Dabei standen bis in die jüngste Zeit sozialgeschichtliche Problemstellungen eher am Rand.[1] Die Ausblendung des gesellschaftlichen Hintergrundes der Irrenfrage in der Psychiatriegeschichtsschreibung beendete Klaus Dörner 1969 mit seinem noch gültigen Standardwerk »Bürger und Irre«[2]. Er suchte »die sozioökonomischen, politischen und kulturellen Bedingungen zu ermitteln, unter denen im Zusammenhang mit der politischen und industriell-kapitalistischen Revolution der bürgerlichen Gesellschaft auch jenes Verhältnis von Bürgern und Irren entstand, das die Institution und Wissenschaft Psychiatrie begründete«[3].

Der Historiker Dirk Blasius knüpfte 1980 mit der bisher einzigen historischen Monographie zur Sozialgeschichte des Irrenhauses[4] an Dörners Ansatz an und erweiterte den Untersuchungsrahmen. Er begann, die Sozialgeschichte des Alltags der »vom Irrenhaus Betroffenen« zu rekonstruieren[5] und analysierte zudem am Beispiel der Irrenheilanstalt Siegburg in der preußischen Rheinprovinz die politisch-administrativen Auseinandersetzungen um die Errichtung dieser Reformanstalt im frühen 19. Jahrhundert. In den Kontroversen im Provinziallandtag zwischen bürgerlichen und altständischen Vertretern um die Finanzierung dieses Modellprojekts wird deutlich, daß sich in den neuen Schichten des Bürgertums ein grundlegender Einstellungswandel gegenüber »pathologisch« abweichendem Verhalten vollzogen hatte, der den Hintergrund für die Befürwortung irrenreformerischer Maßnahmen wie Heilanstaltsgründungen bildete. Des weiteren ging D. Blasius den historischen Veränderungen im gesellschaftlichen Umgang mit der Irrenfrage bis zu ihrem negativen Kulminationspunkt im späten 19. Jahrhundert nach, indem er Gesellschaftsentwicklung und Anstaltsgeschichte aufeinander bezog. Im letzten Drittel des 19. Jahrhunderts kam es in Deutschland zur Etablierung eines umfassenden Irrenhaussystems mit ausgeprägt sozialdisziplinierenden Zügen. Parallel setzte sich die Anerkennung der ausschließlichen ärztlichen Kompetenz für die Beurteilung und Behandlung psychisch abweichender Personen durch. Vor allem durch die Arbeiten von D. Blasius ist die Kenntnis über diese historische Phase der Irrenfrage in der bürgerlichen Gesellschaft größer als die über den Beginn des Verhältnisses von Bürgern und Irren.[6]

Ausgangspunkt und Antriebskraft der bürgerlichen Irrenreform bildete das neue Paradigma der Heilbarkeit der Irren, das dieser Randgruppe damit die allgemeinen Menschenrechte, d. h. das Recht auf gesellschaftliche Integration, zubilligte. In den ersten vier Jahrzehnten des 19. Jahrhunderts wurde in fast allen deutschen Staaten diese bürgerliche Sichtweise auch politisch umzusetzen versucht. Die Irren wurden von den in Zucht-, Arbeitshäusern und Spitälern gemeinsam verwahrten und ausgegrenzten Gruppen der Verbrecher, Armen, Waisen und Siechen getrennt und in neuerrichtete Irrenheilanstalten verbracht; bestehende Tollhäuser in diesem Sinne umgestaltet. Die Irrenreform, die einen neuen administrativen Blick auf die Irren – zunächst zwecks Erfassung und Ermittlung des Anstaltsbedarfs – und die Herausbildung eines besonderen Standes der im zeitgenössischen Sprachgebrauch »psychischen« Ärzte beinhaltete, wurde von den Regierungen der süddeutschen Rheinbundstaaten unmittelbar nach 1803 begonnen und ebenso in Preußen als Teil der Gesellschaftsreformen in Gang gesetzt.

Im folgenden soll versucht werden, den Verlaufs- und Vermittlungsprozeß dieser Irrenreform auf regionaler Ebene zu verfolgen. Der bürgerliche Einstellungswandel gegenüber abweichendem Verhalten leitete eine neue Form sozialer Kontrolle der Irren – als scheinbar von jeder sozialen Einbindung losgelöste Seelenkranke – ein. Zu Beginn des 19. Jahrhunderts waren die Irrenreformer zunächst jedoch konfrontiert mit den Strukturen und Handlungsweisen der sozialen Ausgrenzung, die die ländliche Gesellschaft gegenüber den Abweichenden herausgebildet hatte und die im folgenden untersucht werden sollen. Die Ausführungen orientieren sich an nachstehenden Leitfragen: Nach welchen Kriterien wurden in den Dörfern eines katholischen Landkreises der preußischen Provinz Westfalen Personen als irre beurteilt und welche Umgangsweisen und Versorgungsformen wurden praktiziert? Wurden die sozialen und emotionalen Normen und Steuerungsmittel in der ländlichen Lebenswelt, die wesentlich vom Zwang der Sicherung und Verteilung begrenzter Güter abhingen, durch den sozialen, ökonomischen und politischen Wandel in der ersten Hälfte des 19. Jahrhunderts zerstört? Gab es eine für unseren Zusammenhang wichtige Korrelation von »Umbruchkrise« und »mentaler Verstörung«, die Werner Blessing in seinen Arbeiten über Umwelt und Mentalität im ländlichen Bayern nach 1800[7] herausgestellt hat? Bei dem Versuch, die Irrenreform auf dem Land durchzusetzen, trafen deren Exponenten auf in der Alten Gesellschaft vorherrschende Einstellungen und Handlungskonzepte gegenüber dem Irresein. Wie gestaltete sich dieses Aufeinandertreffen von Vertretern differierender Umgangsweisen mit dem Wahnsinn, auf der einen Seite Dorfbürgermeister und Dorfgemeinschaft als »beharrende Kräfte des Landes«, auf der anderen Seite bürgerliche Regierungsbeamte, Medizinalkollegium und Ärzte mit aufklärerischem irrenreformerischem Impetus? Lassen sich die beteiligten Gruppen so eindeutig zuordnen, wie die letzte Frage suggeriert, etwa auch nach dem im Umkreis der Volkskunde diskutierten Konzept der Konfrontation von Volkskultur und Elitenkultur?[8]

Meine Untersuchung basiert auf der Auswertung des Aktenbestandes über »Irre und Wahnsinnige« aus dem Landratsamt des Kreises Warendorf (Regierungsbezirk Münster) im Nordrhein-Westfälischen Staatsarchiv Münster.[9] Die Laufzeit der Akten reicht von 1810 bis 1892, mit deutlichem auch quantitativem Schwergewicht der »Fälle« aus der ersten Jahrhunderthälfte. Es handelt sich hauptsächlich um Meldungen der Bürgermeister von Sassenberg, Everswinkel, Freckenhorst, Beelen, Ostbevern, Hoetmar, Alt- und Neuwarendorf an den Landrat, in denen als irre beurteilte Personen angezeigt werden, die für die jeweilige Dorfgemeinschaft angeblich nicht länger tragbar sind. Die Bürgermeister bitten, diese außerhalb, entweder im Polizeigefängnis der Kreisstadt zu arretieren, oder sie einzuweisen in die einzige öffentliche westfälische Irrenanstalt Marsberg im Sauerland, die an sich nur für Irre aus dem Herzogtum Westfalen – zu dem der Landkreis Warendorf nicht gehörte – zuständig war. Vereinzelt wenden sich auch Angehörige und Nachbarn in diesem Zusammenhang direkt an den Landrat, wenn der Ortsvorstand sich weigert, ihre Einsperrungsgesuche weiterzuleiten. In einigen der gemeldeten Fälle geht es um Versorgungsstreitigkeiten zwischen Verwandten, die nach dem Allgemeinen Landrecht grundsätzlich zum Unterhalt ihrer irren Angehörigen verpflichtet waren. Schließlich kommen dem Landrat Meldungen über die schlechte Behandlung einzelner Irrer zu, und diese wenden sich selbst in Briefen an den Landrat, um über ihre Unterbringungssituation und ihre Nahrungssorgen zu klagen.

Insgesamt lassen sich im Untersuchungszeitraum von 1810 bis 1848 48 solcher einzeln überlieferten Fälle ausmachen. Zum Vergleich: Bei der Irrenzählung von 1824, als die Bürgermeister dem Landrat Listen mit sämtlichen Irren ihrer Bezirke einzureichen hatten, wurden im Landkreis Warendorf 53 Personen aufgeführt, deren Alter, Stand, Krankheitsgattung und Unterbringungsform vermerkt wurden.[10] Diese Quelle wird in die Untersuchung ebenso einbezogen wie die Enquête von 1829, die der Marsberger Anstaltsdirektor Dr. Ruer anfertigte. Danach gab es im Landkreis Warendorf 60 Irre.[11] Von diesen 1829 listenmäßig erfaßten 60 Personen gehörten neun zum Kreis der als unintegrierbar gemeldeten 48 Irren. Ihr Anteil macht damit zu diesem Zeitpunkt 15 Prozent der Gesamtgruppe aus. Bei vielen der beim Landrat angezeigten, nicht mehr vom Dorfverband tolerierten Personen (30 Männer, 18 Frauen) ist ein längerer Schriftwechsel überliefert. Das begründet sich in den preußischen Verwaltungsvorschriften über Einweisungen in eine Irrenanstalt, die in den 1830er Jahren nach der Gründung der reformierten Heilanstalten noch verschärft wurden. Nachdem der Landrat die Meldung des Bürgermeisters erhalten hatte, forderte er bei übereinstimmender Meinung ein ärztliches Gutachten an. Danach mußte die Zustimmung des Anstaltsdirektors zur Aufnahme eingeholt werden, schließlich ein standardisierter Aufnahmefragebogen für die Irrenanstalt von einem zweiten Arzt ausgefüllt werden, und abschließend mußte die Regierung in Münster noch ihre Erlaubnis erteilen. Sollte die betreffende Person keinem »Heilungsversuch« mehr unterzogen werden, sondern in die Pflegeanstalt eingewiesen werden (die im Falle von Marsberg noch mit der Heilanstalt kombiniert war), war zudem noch eine gerichtliche »Blödsinnigkeitserklärung« nötig. Vor der Umwandlung von Marsberg in eine reformierte Heilanstalt 1835 mit einer Vergrößerung der Aufnahmekapazität für alle Irren der Provinz Westfalen ließ eine dort nur in Ausnahmefällen mögliche Unterbringung Auswärtiger den Schriftwechsel zwischen Bürgermeister und Landrat ebenfalls anwachsen, da beide darauf bedacht waren, der jeweils anderen Seite die Verantwortung für das Unterbringungsproblem zuzuschieben.

II. Bevor die Ursachen für die Meldung an den Landrat, d. h. für den gewünschten Ausschluß einer als irre beurteilten Person aus dem dörflichen Versorgungssystem untersucht werden, soll dieses zunächst kurz skizziert werden. Die oben erwähnten Irrenlisten von

1824 sind in diesem Zusammenhang eine wichtige Quelle, da sie von allen – also auch den ohne aktenkundliche Streitigkeiten integrierten – Irren berichten. Unter der umständlich formulierten Spalte »Betrag der jährlichen Verpflegungskosten, wovon sie bezahlt werden, von der Familie oder Gemeinde oder bezahlt werden können«, die das staatliche Interesse spiegelt, die Finanzierungsressourcen für die Unterbringungskosten in der geplanten Reformanstalt auszuloten, informierten die Bürgermeister über die Unterbringungssituation zumeist in folgender Form – »wird von ihrem Bruder, der Heuerling ist, ernährt«. Die angefragten Kostenbeträge wurden in keinem Fall genannt, allenfalls Angaben gemacht wie – »die Familie ist ganz arm und leidet an allem Mangel, daher können von ihr die Verpflegungskosten in einer Irrenanstalt nicht gezahlt werden«. Die vorhandenen Mittel in den Gemeinde- und Armenkassen wurden von den Dorfvorständen also nicht aufgedeckt. Ob dies auch eine Form der Opposition gegen die Einrichtung einer staatlichen Provinzialirrenanstalt darstellte, mit qua Gesetz geregelter Pflicht der Heimatgemeinde, für die Unterhaltskosten bedürftiger Irrer aufzukommen, die die Gemeindekassen weit mehr zu belasten drohte als eine von Fall zu Fall entschiedene Unterstützung unter Beibehaltung der familialen Unterbringung, sei dahingestellt. Dieses Argument hatten zumindest die Landräte von Minden und Ravensberg vierzig Jahre früher gegen den Plan der preußischen Administration, dort eine Irrenanstalt einzurichten, vorgebracht.[12] Diese von den kommunalen Kosten ausgehende Argumentation scheint nach den Listen von 1824 durchaus stimmig. Von den aufgeführten 53 Irren (27 Männer, 26 Frauen) lebten nur drei im Armenhaus, zwei davon auf Kosten der Gemeinde, die dritte Person wurde von »mildtätigen Eingesessenen« dort unterhalten. Zwei weitere Irre wurden aus Armenmitteln und eine wiederum von »wohltätigen Eingesessenen« unterstützt; alle drei lebten wie die übrigen 47 Personen in den Haushalten ihrer Verwandten.[13]

Das »Versäumnis« der Bürgermeister, auch die jährlichen familialen Verpflegungskosten einzutragen, läßt sich leicht erklären, wenn man die Bemerkungen unter der Spalte »Charakter, Beschäftigung und Gewerbe« in den Irrenlisten in die Untersuchung einbezieht. In 22 der aufgeführten Fälle waren die Irren »produktiv« tätig, d. h. arbeiteten als Dienstmägde und Ackerknechte, beschäftigten sich mit Viehhüten und »geringen Bauernarbeiten«, verrichteten »grobe Hausarbeiten«, nähten, spannen und strickten, »drehten das Seilenspinners Rad« und »ernähr[t]en sich« im Einzelfall »als Schäfer selbst«. Beschäftigungscharakterisierungen wie Dienstmagd und Ackerknecht deuten auf ein bestehendes Dienstverhältnis hin. Jedenfalls trug diese Gruppe Irrer als Mitglieder des Haushaltes zu dessen Existenzsicherung bei und machte die Frage nach ihren Verpflegungskosten hinfällig. Dies gilt in eingeschränkter Form vermutlich auch für die 15 Personen, für die die Bürgermeister die »Beschäftigungsspalte« nicht ausfüllten, da der »völlige Müßiggang« vermerkt wurde. Sechzehnmal trugen sie nämlich »tut gar nichts« ein, oft unter Zufügung von Bemerkungen wie – »hat auch gar keine Geschicklichkeit dazu« oder »zu jeder Beurteilung, wozu nur ein geringes mehreres als thierisches Vermögen gefordert wird, durchaus unfähig«, »ganz und gar unklug«, »spielt mit Ackergerätschaften und bringt sie abseiten«.

Hatten diese Menschen, die in keinen Arbeitszusammenhang mehr zu integrieren waren, keine Verwandten oder waren diese akzeptierte Arme, gab es die Praxis des »Umherquartierens« im Dorf. Jeder Haushalt mußte den Betreffenden oder die Betreffende für eine bestimmte Zeit aufnehmen und ernähren, konnte sich aber für eine gewisse Summe davon freikaufen. Im westfälischen Raum wurde nach 1800 das »Umherquartieren« aber nur noch selten praktiziert (im Landkreis Warendorf nur in einem Fall während des Untersuchungszeitraums), sondern für die Aufnahme eines arbeitsunfähigen Irren eine Summe aus der Gemeinde- oder Armenkasse gezahlt, im Schnitt 20 Reichstaler jährlich. Die Einquartierung stellte damit eine Nebenerwerbsquelle dar, vorausgesetzt, der oder die Irre verhielt sich »ruhig« und »folgsam« und brauchte keine Bewachung; ein Risiko, das auf sich zu nehmen von einer gewissen Armutsgrenze abhing. So stellte der Bürgermeister von Hoetmar fest: »Etwas vermögende Eingesessene wollen solche auch nicht aufnehmen, nur dürftige Eingesessene tun dies.«[14]

Die Frage nach den emotionalen Aspekten in der Irrenversorgung der ländlichen Gesellschaft, z. B. nach der Behandlung und Zuwendung, hat zu berücksichtigen, daß Gefühlswerte und -ausdrucksformen historisch und kulturell vermittelt sind, auch abhängen von der Organisation der materiellen Produktion. Angesichts der knappen und ständig von außen bedrohten Ressourcen und der geringen oder gar nicht vorhandenen Überschüsse in der ländlichen Ökonomie machte die körperliche Arbeitsfähigkeit einen zentralen gesellschaftlichen Wert aus. Den Irren wurde ebenso wie allen Haushaltsmitgliedern eine möglichst große Arbeitsleistung abverlangt. Um diese zu erhalten, wurden sie – angesiedelt zwischen Gesinde- und Kindstatus, 44 von den 53 Personen in den Irrenlisten von 1824 waren unverheiratet, 21 Irre zwischen 16 und 30 Jahre und 29 Irre zwischen 30 und 50 Jahre alt – von seiten der Haushaltsvorstände oftmals (legitimem) Zwang ausgesetzt. So lautete ein Passus im Kontrakt zwischen der Gemeinde Sassenberg und einem Kötter über die Unterbringung des »schwachsinnigen« 27 Jahre alten Bernhard R. im Jahr 1818: »Muß er den Burschen so halten, verpflegen und versorgen, als wenn es seyn eigenes Kind wäre. Auch nöthigenfalls züchtigen, und wenn er sich nicht will züchtigen lassen, darüber Anzeige machen.«[15] Zum 52jährigen Johannes D. bemerkte der Hoetmarer Bürgermeister in seiner Aufstellung beispielsweise: »Eigensinnig, unfolgsam, träge, arbeitet ungern und nur, wenn er mit Strenge dazu angewiesen wird.«[16]

Diese »Strenge« produzierte nicht allein den häufig beklagten »Ungehorsam« der Irren und ihre angebliche Unlenkbarkeit bei ländlichen und häuslichen Arbeiten, sondern auch die am meisten gefürchtete Widerstandsform: das Weglaufen, im zeitgenössischen Sprachgebrauch das »sinnlose Herumtreiben« und »Umherstreifen«, das z. B. in Erntezeiten den »Brotherrn« empfindlich treffen konnte. Immerhin arbeiteten die Mehrzahl der in den Irrenlisten geführten Personen in der Landwirtschaft bzw. waren dort untergebracht: elf bei der bäuerlichen »Oberschicht«, den Schulzen und Colonen des Landkreises, vier bei Köttern, sieben bei der landlosen Unterschicht der Heuerlinge, drei bei Tagelöhnern; außerdem waren drei Ackerknechte und zwei Mägde als »selbständig« eingetragen. Nur sechs Personen gehörten Haushalten an, die dem ländlichen Gewerbe zugerechnet werden: fünf Weber und ein Seilspinner. (Für die anderen Personen fehlen die Angaben.)

Der Fall des Bauern V., der dem Landrat 1831 gemeldet wurde, scheint auf typische Weise das Selbstverständnis und die Handlungsweisen der Beteiligten zu erhellen. Angezeigt wurde V. durch einen Boten, der folgende Beobachtung zu Protokoll gab: »Am 22. des Monats kam ich am Garten des Meyers V. zu Marienfelde vorbei, wo ich sah, daß der V. seinen blödsinnigen Bruder in der Nähe des Hauses hin und her stieß, worauf die Frau des erstern hinzukam und ihn ins Haus zog. Der blödsinnige V. blutete am Kopf und schrie mehrmalen, er habe ja nichts getan, man möge ihn doch zufrieden lassen.« Während der nachfolgenden Verhandlung stritt der Bauer diesen Vorfall zwar ab, betonte jedoch: »Mein Bruder, der seit mehreren Jahren blödsinnig, ist bisweilen und besonders seit kurzem so eigensinnig, daß keiner in meinem Hause mit ihm umgehen kann, da er dies auch häufig äußert. Da er schwachsinnig ist, so wird alle Schonung mit ihm gebraucht, nur wenn seine Halsstarrigkeit übertrieben wird, weise ich denselben mit derben Worten zurecht.« Dies habe er auch in besagtem Falle getan, da der Bruder seine Wäsche zur Reinigung nicht habe hergeben wollen. Dieser sei nun wie schon öfters in solchen Fällen zu den im benachbarten Kirchspiel wohnenden Verwandten gegangen, werde aber wohl demnächst zurückkehren. Im übrigen glaube er, eher »die Hülfe der Polizei hinsichtlich meines blödsinnigen Bruders in Anspruch nehmen zu dürfen, nicht aber wegen einem Verfahren zur Untersuchung gezogen zu werden, indem es bekannt ist, daß er ein halsstarriger Kopf ist, welcher, wenn er nach freiem Willen handeln kann, durchaus nicht zu bändigen wäre«. Er quittierte die landrätliche Verwarnung, seinen Bruder nicht mehr zu mißhandeln, »widrigenfalls eine gerichtliche Untersuchung gegen ihn eingeleitet werde« – Landrat Graf von Schmiesing hatte V.'s protokollarisch festgehaltene Verteidigung am Rand mit der Bemerkung »Blödsinn, V. ohne Zweifel mißhandelt«, versehen –, mit der selbstbewußten Erwiderung, diese ruhig erwarten zu wollen. Der Schreiber notierte seine Aussage, »daß er seinen Bruder mit derben Worten zurecht gewiesen, sei wahr und glaube er hierzu wohl befugt zu sein, da er und niemand sonst mit ihm umgehen könne«[17].

Das Weggehen »nach fremden Häusern und Örtern«, mit dem der Bruder V. reagiert hatte, war offensichtlich oft die einzige Möglichkeit, sich brutaler Behandlung zu entziehen, eröffnete aber insbesondere den Menschen, die unter die bürgermeisterliche Charakterisierung »hat gar keine Begriffe, gar keinen Verstand« fielen, also in keinen Arbeitszusammenhang einzubeziehen waren, keine besseren Lebensbedingungen. Im November 1820 wurde in der Gemeinde Sassenberg eine »herumirrende wahnsinnige Weibsperson, ganz zerlumpt bekleidet« vom Landsturm aufgegriffen. Die Frau kannte ihren Namen und Wohnort nicht. Sie hatte an der Wade eine frische Wunde von einem Hundebiß, und es waren ihr sämtliche Zehen an den Füßen erfroren. Sie sei, berichtete der Bürgermeister, »so hülflos wie nur irgend jemand auf Erden, wirklich erbarmungswürdig«. Auch sei sie nur für vier Groschen täglich »bei ganz geringen Leuten unterzubringen gewesen, da ihres abschreckenden Äußeren wegen sie keiner gern aufnehmen wollte«. Über die Ursache ihres »Unglücks« klärte schließlich die Mitteilung des Landrates von Beckum auf, in dessen Landkreis ihr mit viel Mühe ermittelter Geburtsort lag. Sie war Halbschwester eines Tagelöhners und »schon mehrmals von ihm entflohen. Dieser weigert sich, sie zu verwahren und zu unterhalten.«[18] Noch viermal finden sich in den Akten des Warendorfer Landkreises im Untersuchungszeitraum derartige Fälle, die stets mit dem Rücktransport auf Kosten der Heimatgemeinde und der Versicherung der zuständigen Bürgermeister abschließen, nun für andere Unterbringung und bessere Behandlung gesorgt zu haben.

Betroffene stellten die behaupteten Erfolge von Versorgungsübereınkommen jedoch öfters in Beschwerdebriefen und bei Bittbesuchen beim Landrat in Frage. Irre waren im Kontext dörflichen und obrigkeitlichen Handelns dieser Zeit keineswegs nur »stumme Opfer«. So forderte der »geistesschwache« Schustergeselle W. in mehreren Briefen an den Landrat eine andere Unterkunft, »da er nachts nicht im Heu liegen« könne, was sein Meister verlange, eine Lohnauszahlung sowie »mehr Ruhe für meinen Verstand«, anderenfalls wolle er wieder in »den Arrest« gebracht werden. Auf Anfrage bestätigte der Amtmann von Harsewinkel, daß W. »bei seinem Meister von den übrigen Gesellen zu viel vexiert worden, daher seine Beschwerden«[19]. Der »blödsinnige« Schneider G. erschien im April 1847, einen Monat nach seiner Entlassung aus der Marsberger Heilanstalt, in der landrätlichen Behörde und erklärte, »daß er ohne Beihilfe aus Armenmitteln unmöglich fertig werden könne. Namentlich fehle es ihm an Kartoffeln, nicht nur zur Nahrung, sondern auch zum Pflanzen.« Vergebens habe er sich bisher um Unterstützung an den Armenvorstand und an den Herrn Amtmann gewandt. G.'s Appell mußte auf den Landrat Freiherr von Twickel überzeugend gewirkt haben. Er wies den Amtmann von Harsewinkel an, »dafür zu sorgen, daß der Mann, wenn er, wie es scheint, bedürftig ist, die nötige Unterstützung erhält«. Der Amtmann, unangefochten durch adlige Fürsorgehaltung, antwortete knapp. »Der Bittsteller hat ein Besitztum, worauf nur 50 Reichstaler Schulden haften und ist nicht in der Lage, daß er der Unterstützung der Gemeinde bedürfe.« Allerdings wolle er den Angehörigen aufgeben, ihn »gehörig« zu beaufsichtigen und angemessen zu beschäftigen. Doch damit war G.'s elenden Lebensbedingungen wohl kein Ende gesetzt. Im Sommer des folgenden Jahres suchte er den Landrat wiederum zweimal auf. Er »beklagte sich, soweit aus seiner verworrenen Aussage zu entnehmen war, über schlechte Behandlung und Gelegenheit etwas zu verdienen. Sein Antrag schien dahin zu gehen, ihn wieder in die Irrenanstalt zu fördern.« Sichtlich belästigt und ohne diesmal auf die Nahrungssorgen des Schneiders einzugehen, urteilte von Twickel: »Das aussichtslose Herumschweifen dieses unglücklichen Menschen ist für ihn wie für das Publicum gleich gefährlich. Es darf dieses nicht ferner geduldet werden.« Auf seine Anweisung, die Unterbringung und Beschäftigungsart des »geistesverwirrten Schneiders« schärfer zu beaufsichtigen, da Dr. Ruer dessen Unterbringung in der Pflegeanstalt abgelehnt habe, rechtfertigte sich der Amtmann, daß er den Weber H., den Schwiegersohn des G., »schon mehrmals protokollarisch angehalten habe, seiner Verpflichtung genügender nachzukommen«. Zugleich habe er »dem Gemeindevorsteher zur Pflicht gemacht, dem H. bei der Beaufsichtigung und Beschäftigung des G. mit Rat und Tat beizustehen, insbesondere aber auch darauf zu sehen, daß letzterer zu Hause gehörig verpflegt und mit Schonung behandelt werde«. Auch Gendarm und Polizeidiener seien »mit geeigneter Weisung versehen«[20].

III. Welches Verhalten als »irre«, »geistesverwirrt« oder »geisteskrank« – die letzte Bezeichnung drückte keine Abgrenzung oder eine andere Qualität in der zeitgenössischen Verwendung durch »Laien« aus – definiert wurde, bestimmten in der ersten Hälfte des 19. Jahrhunderts, in dem sich die Psychiatrie als institutionelles und wissenschaftliches System erst zu etablieren beginnt, noch ausschließlich Angehörige und Nachbarn, also das soziale Umfeld des Kranken. »Es ergibt sich darum, daß, was psychisch normal ist, zu einem hohen Grade von den Anschauungen der jeweiligen Gesellschaft abhängt... und daß das Urteil der jeweiligen Gesellschaft darüber, ob jemand geisteskrank ist, im Grunde genommen nicht von irgendwelchen überall vorkommenden und sich gleichenden Symptomen abhängt... Diese Relativität der Symptome erstreckt sich auch in unserer eigenen Gesellschaft auf verschiedene Klassen und Stände.«[21] In einer historischen Untersuchung kann es nicht darum gehen, »überzeitliche« Krankheitsbilder etwa von gesellschaftlich produzierten zu unterscheiden, noch das Vorhandensein geistiger Krankheit in einer sozialhistorischen Diskussion überhaupt aufzulösen, sondern über die Analyse der Vorstellungen und der Umgangsweise einer bestimmten gesellschaftlichen Gruppe mit dem Abweichenden, Hinweise auf ihre spezifischen Normen und Wertsysteme zu erhalten.
Am häufigsten meldeten die Bürgermeister Personen in ihrem Dorf oder Bezirk, die plötzlich in »tobenden Wahnsinn gefallen« waren und nun entweder für die Dorfgemeinschaft »öffentlich« gefährlich waren und/oder deren Familienmitglieder und Haushaltsangehörige »um Leib und Leben« fürchteten. (Bei den 48 Einzelfällen wurde sechzehnmal »tobender Wahnsinn« gemeldet. Der plötzliche und in dieser Form auch wieder verschwindende Charakter dieses Irreseins zeigt sich im Vergleich mit den Irrenlisten von 1824, in denen nur achtmal diese Bezeichnung eingetragen wurde, siebenmal mit dem Zusatz »ohne öffentliche Gefährlichkeit«.) In den so beschriebenen Fällen ging es um ausgeführte oder angedrohte Gewaltakte, die jedoch im Dorf nicht als kriminell im Sinne von juristischer Verantwortlichkeit der Täter beurteilt wurden. Dem Landrat mußten dafür die Gründe dargelegt werden. In

diesem Zusammenhang waren die Aussagen der Nachbarn und Familienmitglieder und des Bürgermeisters selbst, als Angehöriger der Dorfgemeinschaft, von zentraler Bedeutung. Warum jemand den dörflichen Verhaltenskonsens aufkündigte, also die vermuteten Ursachen des Irreseins, gehörten in manchen Fällen zur Begründung der »Unzurechnungsfähigkeit« und wurden der vorgesetzten Behörde ebenfalls mitgeteilt. Fast alle gemeldeten Fälle zeigen, daß es eine Dialektik von Zuschreibung bzw. Definition von Irresein in der ländlichen Gesellschaft und von dort geübten Ausdrucksformen von seiten der abweichenden Personen gab, die ihr Irresein zumeist in kulturell verständlicher Form artikulierten.[22]
Die öffentliche Gefährlichkeit eines oder einer tobenden Wahnsinnigen manifestierte sich bei den Beobachtern vor allem anderen in der – die bäuerliche Gesellschaft existentiell treffenden – Drohung, Brand zu legen oder einen solchen »unbeabsichtigt« etwa durch den Verlust der Kulturtechnik, Feuer zu beherrschen, zu verursachen.[23] Der »Besitzer eines ansehnlichen Colonats«, Wenzel H., im Januar 1818 »in einen Wahnsinn, der an Tollheit gränzt, gerathen« sei – das bestätigten sein Knecht und seine beiden Nachbarn – unter anderem »mit gezücktem Säbel herausgeritten und habe Mord und Tod gedroht, er wolle die ganze Bürgerschaft in Brand stecken«. Schon im Frühjahr 1817, erklärte zudem einer der Zeugen, habe H. »durch seine Fenster geschossen und zugleich die Fensterscheiben eingeschlagen«[24]. Der arbeitsuchende Schustergeselle W., der 1846 wegen eines versuchten Betruges mit Papiergeld angezeigt wurde und vielleicht zur möglichen Entlastung aussagte, er leide seit drei Jahren an »indes wieder gebesserter« Geisteskrankheit, galt erst als »geistesverwirrt«, nachdem »die vorliegende Tatsache« bekannt wurde, daß »er auf Befehl des heiligen Laurentius die Stadt Warendorf hatte anstecken wollen«. Seine Absendung nach Marsberg kam schließlich auf Betreiben des Landrates gegen den Willen der Gemeinde, die ihn »als guten Arbeiter« bei einem Meister untergebracht hatte, zustande. W. hatte von Twickel nämlich bei einem seiner Beschwerdebesuche wiederum angedroht, falls ihm nicht gewährt werde, was er verlange, »werde er die hiesige Stadt anzünden«[25].
In vielen der Fälle gehörte die Branddrohung zum »Standardrepertoire« der beschriebenen Merkmale »tobenden Wahnsinns« oder seiner befürchteten Folgen und wurde umgekehrt auch von Irren selbst als Ausdruck ihres Zerfalls mit der Dorfgemeinschaft oder ihren Verwandten ohne konkrete Ausführungsabsicht gebraucht. Die »geistesschwache« Elisabeth G. z. B., Tochter »eines Kötters in schlechten Verhältnissen«, zeige sich – so der Bürgermeister von Beelen – »höchst eigen-

sinnig und widerspenstig, habe seit einigen Tagen Neigung zum Herumtreiben und spräche von Selbstmord und Brandstiftung«[26]. Doch hatte die Branddrohung nicht nur symbolische Bedeutung, wie das Beispiel des »geisteszerrütteten« S. aus Sassenberg, »der die Feldzüge nach Frankreich 1814/15 mitgemacht [hatte] und nach seiner Rückkehr einen Grad von Blödsinnigkeit zeigte«, verdeutlichte. Nachdem S. seine Schwester nach deren Ankündigung, das gemeinsam bewohnte Haus verkaufen zu wollen, um als Dienstmagd nach Münster zu gehen (– »ich habe als 26jährige ledige Frau es beschwerlich genug, mich selbst zu ernähren« –), aus dem »Hause vertrieben« hatte und sie ihrer Aussage nach »ihr ganzes Hab und Gut dem Schicksal überlassen mußte« (– »wobei ich hauptsächlich meine Kuh bedaure, die er jedoch vielleicht nicht mißhandeln wird« –), zündete er nach erfolgtem Verkauf das Haus an. Um sein Irresein zu dokumentieren, schrieb der Bürgermeister an den Landrat über die Lebensweise des S.: »Er lebte roh und wild, genoß unzubereitete Speisen, hat kaum die notdürftigsten Kleider, dennoch wies er jede Gabe von sich und lebte allein.«[27] Eine solche Beschreibung kam der alten bis Mitte des 18. Jahrhunderts allgemeingültigen Vorstellung von den Irren als Tiere nahe. Diese Konnotation war sicher nicht unbeabsichtigt, auch wenn der Bürgermeister auf den ersten Blick nur die Lebensbedingungen des S. nach dem Auszug der Schwester geschildert hatte.

Militärpersonen galten – das bestätigen sowohl die Irrenlisten von 1824 wie die einzeln überlieferten Meldungen an die Landräte – als besonders gefährdet, in den »tobenden Wahnsinn« zu verfallen. So stellte der Sassenberger Bürgermeister im Fall S. den Antrag, der Staat solle statt der Gemeinde die Verpflegungskosten in Marsberg übernehmen, da »die Geisteszerrüttung des S. doch wohl nur als eine Folge der mitgemachten Feldzüge zu betrachten ist... solches auch noch näher nachzuweisen ich erbötig bin«. Auch der oben erwähnte Kötter Wenzel H. bedrohte wohl nicht zufällig mit gezücktem Säbel umherreitend die Dorfgemeinschaft. Die Einberufung in den Militärdienst 1808 hatte laut ärztlichem Gutachten den ersten Einbruch in seine bis dato gefestigte Existenz verursacht: »...der Wenzel H., jetziger Anerbe, ein fleißiger Schulknabe, im 13 bis 15ten Jahre ein getreuer Hirt der ihm anvertrauten Schafherde seines Vaters und im 15–21ten Jahre ein arbeitsamer Fuhrknecht bei anderen Leuten, als ihn das Jahr 1808 zum Militärdienst aufforderte, nicht daran gedenkend, daß ihm ein alter noch jetzt tragender Fußschaden davon ausschließen könne, wollte die dadurch heruntergestimmten Saiten seiner sonst munteren Laune

durch geistige Getränke wie sein Vater in Wohlklänge bringen, aber vergebens, eine tiefe Melancholie überfiel ihn, in welcher er vor sich hinging, nicht mehr arbeitete und oft die Worte sagte, ob er wohl für 100 Reichstaler vom Militärdienste freikommen könne.«
Wie bedrohlich allerdings die Einberufung zum Militärdienst im Einzelfall sein konnte bzw. eingeschätzt wurde, macht der Bericht des Bürgermeisters von Ostbevern 1847 klar, in dem als mögliche Ursache für den Selbstmord eines Ackerknechts dessen »Notierung bei der diesjährigen Militärraushebung« genannt wurde.[28] Der Bürgermeister von Harsewinkel hielt bei dem 36jährigen Otto E. folgende Eintragung in die Irrenliste für nötig: »¾ Jahr bei den französischen Truppen gedient« und sein Everswinkelner Amtskollege vermerkte unter der Spalte »Ursache und Dauer der Gemütskrankheit« bei dem Schulzensohn und Ackerknecht W.: »von früherer Abneigung gegen den Soldatenstand, Zurechnung zu demselben und Entlassung nach einem halben Jahr.« Auch ehemalige Offiziere wie der berittene Grenzaufseher und Leutnant a. D. von L. waren von schwerer Gemütskrankheit bedroht. 1846 verfiel v. L. in solch einen »krankhaften Zustand, daß schon Bändigungsmittel angewandt werden« mußten.[29]
Die sozialpsychologischen Auswirkungen der »napoleonischen Erschütterungen« auf die Bevölkerung, die Werner Blessing für Bayern ausgemacht hat, jene »Umbruchkrise und Verstörung«, die einen Mentalitätswandel auslösten bzw. den Abbau traditionaler Muster beschleunigten, lassen sich für das östliche Münsterland für die Devianzindikatoren Wahnsinn und Selbstmord nicht bestätigen. Die Kriege, Truppendurchmärsche und Einquartierungen – bei Blessing auslösende Faktoren der Umbruchkrise – während der sogenannten Franzosenzeit in Westfalen und die anschließenden Kriege der Alliierten zogen im Landkreis Warendorf keine »kollektive Flucht aus etablierten Verhaltensmustern«[30] nach sich. Allerdings wurde in der ländlichen Gesellschaft der ersten Jahrhunderthälfte der Soldatenstand als gefährlich für das notwendige Gleichgewicht der Seele, des Gemütes und der Leidenschaften angesehen.

Die Verletzung einer weiteren »Norm der hausväterlichen Ordnung« war den Dörflern ein wichtiges Symptom des Irreseins, das mit zu dem Bild des »tobenden Wahnsinns« gehörte, nämlich der Bruch mit den Regeln des Gehorsams und der Unterordnung im hierarchisch organisierten Haushalt sowie unverhältnismäßig – von den Nachbarn kontrollierte – Ausübung von Gewalt des männlichen Haushaltsvorstandes gegenüber der Ehefrau, den Kindern und dem Gesinde.[31] Diese Form der Normverletzung provozierte bei den Zeugen oftmals noch Bestrafungswünsche. Die Grenze zwischen Kriminalität und Irresein war bei diesen Fällen in der Einstellung der ländlichen Gesellschaft noch in der ersten Jahrhunderthälfte nicht klar konturiert. So hielt es der Bürgermeister von Freckenhorst im Jahr 1831 für »höchst notwendig, daß der bisweilen an Tobsucht leidende Franz H. mal auf 8 Tage abwechselnd bei Wasser und Brot eingesperrt werde, indem er neuerdings seine Mutter geschlagen hat und fast täglich im Hause Unordnung und Störung veranlaßt«[32]. Der schon erwähnte Wenzel H. wurde so gewalttätig, »daß seine Frau und alles Hausgesinde vor ihm fliehen und die Polizei ihn an die Kette legen mußte«.

War der tobende Wahnsinn an sich eine Form des Irrsinns, der aufgrund seiner physischen Komponente vorzüglich Männern zugeschrieben wurde[33], konnten aber auch Frauen im Einzelfall zur »tobenden Furie« werden. »Die Frau des Tagelöhners S. ist im höchsten Grade unklug, tobt und gebärdet sich dermaßen, daß ein Unglück zu beförchten steht«, meldete der Bürgermeister von Harsewinkel im August 1817 und drängte vier Wochen später mit dem Satz, »daß Mann und Kinder Lebensgefahr befürchten müssen«, den Landrat zur Unterbringungsentscheidung. Im angeforderten Gutachten erläuterte der »praktizierende Arzt«, in diesem Zeitraum den dörflichen Beobachtungskriterien noch sehr »nah« und eindeutig »parteiisch«: »Bei ihr begann das Übel schon vor Jahr und Tag und sprach sich durch eine unsinnige, wie ich vernehme auch nicht entferntest gegründete, Eifersucht aus. Inzwischen verschlimmerten sich die Vermögensumstände des geplagten Mannes und nun gesellten sich bei seiner unglücklichen Frau zu jenem fatalen Irrwahn, wovon sie wie von einem Gespenste gequält ward, noch die leidige, sie Tag und Nacht folternde Furcht, in gänzliche Armuth zu gerathen... Auf den Mann mußte alle Schuld fallen, und da er anfangs der verachtete Gegenstand eines verschlossenen Kaltsinns war, so ward er, bei steigender Verstandesverwirrung, das Stichblatt einer tobenden Furie... Zur Zeit der luciden Intervalle ist die Gemütskranke zu allerlei, im gemeinen häuslichen Leben vorkommenden Handarbeiten gut zu vermögen, nur muß der ewige Antipode ihrer Lebenslust, der arme Ehemann, nicht in die Quere kommen.«[34]

Die im Fall S. durchaus begründete »Furcht in gänzliche Armuth zu gerathen«, erschien den ländlichen Beobachtern eine plausible Ursache des Irrsinns, von dem im Landkreis besonders arme Frauen betroffen wurden. An dem Prozeß des Übergangs von Verarmungsfurcht in

Wahnsinn nahmen mindestens die Nachbarn von Anfang an teil. Bei der »vom Wahnsinn überfallenen« Kötterfrau E. war der Dorfvorstand von Ostbevern 1838 bereit gewesen, helfend einzugreifen. »Ich, sowohl als mehrere Eingesessene hiesigen Kirchspiels, denen die Umstände des E. näher bekannt waren, hielten dahin, daß die Ursache dieser Geisteszerrüttung hauptsächlich in den Nahrungs-Sorgen zu finden sind, denn der E. habe 8 größtenteils noch ganz kleine Kinder zu Hause und er selbst besitze eine ganz kleine mit sehr schweren Lasten und vielen Schulden belastete Kötterei. Im strengsten Sinne des Wortes könne der E. *arm* genannt werden. Nach genommener Rücksprache mit den Armenvätern ließ man dem E. alles Mögliche aus Armen-Mitteln zukommen, indem man dadurch hoffte, die Gesundheit der Ehefrau wieder hergestellt zu sehen, auch ließ man derselben ärztliche Hilfe und Arzney verabreichen.«[35]
Die »tobenden Wahnsinnigen« zerstörten für jeden sichtbar und gewaltsam Form und Regeln der ländlichen Existenzsicherung. Dabei setzten sie zumeist kulturell verständliche Zeichen wie Brandandrohung, Gewalt gegen Haushaltsangehörige und Zerstörung eigener materieller und unter Umständen statuszuweisender Güter wie Fensterscheiben, Hausrat und Ackergeräte.

In der ländlichen Gesellschaft wurden während der ersten Hälfte des 19. Jahrhunderts aber noch weitere Formen des Irreseins benannt. Gemeinsam waren der »Schwermut«, »Skrupulösität«, dem »religiösen Wahn« und »verrücktem Müßiggang«, daß die beobachteten Symptome im Gegensatz zu denen des tobenden Wahnsinns zumeist keinen so plötzlichen existentiellen Bruch markierten. Um einer Person diese Formen des Irrsinns zuzuschreiben, mußten ›Merkmalsbündel‹ zusammengefaßt werden. Eine klare Abgrenzung und eindeutige Bestimmung verschiedener ›Krankheitsbilder‹ gab es in der ländlichen Gesellschaft dieser Zeit nicht.[36]
Ende des 18., Anfang des 19. Jahrhunderts wurde in der medizinischen und theologischen Literatur der »religiöse Wahnsinn« (= religiöse Manie oder Melancholie) und dessen Anwachsen ein vieldiskutiertes Thema. Dabei wurden u. a. zwei Thesen aufgestellt, zum einen von dem Vorzug der katholischen Religion für die geistige Gesundheit der Gläubigen und zum anderen von der größeren Anfälligkeit der Frauen, »durch religiöse Vorstellungen überwältigt zu werden«[37]. Die erste Behauptung wird von Ruers Irrenstatistik der Provinz Westfalen relativiert. Danach gehörten 1829 insgesamt 935 Irre der katholischen, 556 der evangelischen und 17 der jüdischen Religionsgemeinschaft an, 27

waren »nicht confirmiert«. Die Gesamtzahl der evangelischen Irren verhielt sich zur Gesamtzahl der evangelischen Bevölkerung wie 1:962, der katholischen Irren zur katholischen Bevölkerung wie 1:786, der jüdischen Irren zur jüdischen Bevölkerung wie 1:758. In Ruers Aufstellung über die »psychische[n] Ursachen des Irreseins« in Westfalen standen »Religionsschwärmerei und Religionsscrupel« mit 51 Fällen an der Spitze, davon lebten 27 Personen im Regierungsbezirk Münster. Die geschlechtsspezifische Betroffenheit von dieser Form des Irreseins wird indes in dieser Tabelle bestätigt. Von den 51 Irren waren 34 weiblich, im Regierungsbezirk Münster sogar 20 von den 27 Personen.[38]

Im Landkreis Warendorf finden sich in den Akten nur fünf einzeln überlieferte Fälle »religiösen Wahnsinns«. Auffällig ist, daß es nur wenige schriftlich festgehaltene Äußerungen von Pfarrern in diesem Zusammenhang gibt. Auch die Bürgermeister und die dörflichen Zeugen sind mit dieser Charakterisierung zurückhaltend. Fragen, wie die Kompetenzen zwischen Klerus und Ärzten abgegrenzt und geregelt wurden, und wer welche Formen von Religiosität als krankhaft beurteilte und zur Anzeige beim Landrat brachte, können anhand des Warendorfer Quellenmaterials nur ansatzweise diskutiert werden.[39]

In dem dringenden Gesuch des Sassenberger Bürgermeisters um Aufnahmegenehmigung für die Tagelöhnerfrau Franziska M. in die Marsberger Irrenanstalt 1842 fehlen die sonst üblichen Benennungen und Charakteristika ihres Irreseins. Es wird lediglich mitgeteilt, daß »die Franziska M. sehr schwer zu beaufsichtigen« sei, da »sie jede Gelegenheit benutzt, sich zu entleiben oder zu beschädigen«. Das Gutachten des Kreisphysikus bestätigte die zeitgenössische ärztliche Auffassung vom religiösen Wahnsinn, der »vorzüglich den Weibern von sehr lebhafter Einbildungskraft und eingeschränktem Verstande eigen« sei[40], und berichtete von den sozialen Zeichen, die Frau M. im Verlauf ihrer Krankheit gesetzt hatte: »Die Ehefrau M., arbeitsam, religiös, von ihren Bekannten geachtet« – so Dr. Fischer – habe vor mehreren Jahren ein silbernes Kreuz gefunden, das sie an einen Juden für 20 Silbergroschen verkaufte. Später bekam sie Skrupel und »der Gedanke peinigte sie fürchterlich, nie dieses Verbrechen gebeichtet« zu haben. Sie sprach über ihre Angst, »sich dadurch dem Teufel verkauft zu haben, fürchtet[e] jeden Augenblick zur ewigen Verdammnis abgeführt zu werden«. So verließ sie schließlich »ihr eigenes Haus, um bei Nachbarn zu schlafen«, und begann, »ihre Wirtschaft zu vernachlässigen, der sie früher mit großer Liebe vorgestanden«. Laut ärztlichem Gutachten »hackte sie sich dann die linke Hand fast ganz ab, denn diese Hand hätte dem Juden das Kreuz verkauft«[41]. Die Angst, nicht erlöst zu werden, führte »religiöse Wahnsinnige« öfter als andere Geisteskranke zu selbstzerstörerischen Handlungen bis hin zum Selbstmord.[42]

Die religiöse Verursachung des Irreseins wurde auch bei dem »Köttereibesitzer« Hermann W. erst von dem gutachtenden Arzt mit der Diagnose »religiöse Skrupel« behauptet. Dieser vermerkte, »daß er wie sein toter Vater oft die geringfügigste Handlung für eine große Gewissenssache oder Sünde hielt«. Der Bürgermeister von Milte hatte zuvor bei seinem Besuch in Begleitung des Gendarmen – zur Prüfung von W.'s Geisteszustand – vorsichtiger festgestellt: »Er redete nur im allgemeinen von Theologie und Pfilosofie, und es scheint, daß er nicht anders geheilt werden kann als in der Irrenanstalt zu Marsberg.« Der Pfarrer gab eine medizinische, »somatische« Erklärung ab. Die Geisteskrankheit des W. habe vor zwei Jahren begonnen, sich aber durch die Hilfe einiger Nachbarn, die ihn dazu brachten, wieder zu arbeiten, gebessert. Dann habe er jedoch an einem der heißesten Tage mehrere Stunden in der brennenden Sommerhitze auf dem Feld gearbeitet und heftiges Kopfweh bekommen. Um die Schmerzen zu stillen, habe er anhaltend kaltes Wasser über den Kopf gegossen. Gleich am anderen Tag sei eine Geistesverwirrung aufgetreten, die so zugenommen, daß er nun wahnsinnig sei. Über den Verlauf dieses Wahnsinns berichteten »Freunde und Nachbarn«, daß der W. sich zunächst »oft in religiösen Anschauungen und Betrachtungen verloren« habe, nicht mehr arbeitete und »seinen Ackerpflug mit unsinnigen Handelsspekulationen vertauschte«. Dadurch »zum Hohn und Gelächter anderer geworden«, habe er sich jedoch für klüger als sie gehalten, sei ganze Nächte aus dem Haus gegangen und habe Bauern aus dem Schlaf geweckt, um ihnen Holz und Federvieh abzukaufen. Über die schließliche Behandlung des Kötters im Dorf äußerte sich der Physikus in seinem Gutachten kritisch: »Seiner Freiheit beraubt, in einer Stube eingesperrt und von Wärtern bewacht, die er für Bauernjungen, Flegel, Bengel ausschalt und dafür manche Portion Prügel erhielt, wurde er ein völliger maniacus, so daß er den Ofen und die Wände seiner Stube einstieß, die Fenster mit Steinen einwarf, überwälltiget und an Ketten gelegt werden mußte.«[43]

Auch bei dem wegen Selbstmordgefahr und »Beleidigung der öffentlichen Sittlichkeit« gemeldeten Kötter L. erfahren wir nichts über den Inhalt seiner nach ärztlicher Aussagen »zu große[n] Religiosität« und seiner »schwärmerische[n] Religionsbegriffe bei einem gar begränztem Bauren Verstande, durch Nahrungssorgen und schlechte Jahre verstärkt herbeigeführt«[44]. Demgegenüber wurde das religiöse Anliegen

des »professionslosen« Heinrich D. aus Freckenhorst in dessen erhaltenen Briefen deutlich, die er unfrankiert an den wenig erfreuten Kreisphysikus schickte, der ihn vor Gericht für »blödsinnig« erklärt hatte. D. beschuldigte den Arzt, ihn zu hindern, Menschen »vom Tode zu befreien«, was ihm mit Hilfe eines »Himmelsbrotes« möglich sei.[45] Keine Erlösungsbotschaft, sondern einen stellvertretenden Besitzanspruch auf Kloster Vinneberg machte der Köttersohn Johann R. in mehreren Eingaben an die Regierung und den Landrat geltend.[46] Er protestierte damit gegen die Übergabe der Klostergebäude zur Emeriten-Anstalt und hatte vermutlich – ebenso wie die in der Irrenliste von Freckenhorst als »aufgehobene Nonne« geführte Catharina I. – die Folgen der Säkularisation nicht »bewältigt«. Catharina I.'s Krankheit »ist partielle auf einen fixen Wahn – es gibt keinen Gott, keine Religion mehr – sich beziehende Verstandesverwirrung« war in der Spalte »Gattung der Gemütskrankheit« auf der Irrenliste eingetragen.
An einer neu durchgesetzten gesellschaftlichen Norm, der allgemeinen Schulpflicht, scheiterte auch die Köttersfrau Maria M. 1818, die ihren Widerspruch gegen die Kirche als Vertreterin der Obrigkeit richtete. Nach Auskunft des Bürgermeisters weigerte sie sich, ihre Kinder zur Schule zu schicken, wurde »rasend und schrie, es wären ihre Kinder nicht mehr«. Danach lief sie »heimlich« in die Kirche, warf den Leuchter vom Altar, zerstörte die »Communicantenbank« und zerriß das Meßbuch. Die Aussage ihres Mannes, sie sei jetzt »wieder ganz vernünftig«, und er wisse ihre »kleinen Anfälle von Wahnsinn«, die sie »seit ihrem letzten Wochenbette« habe, jedesmal vorher, rettete Frau M. vor der Einsperrung, die der Bürgermeister alternativ zur ärztlichen Behandlung dem Landrat zur Entscheidung angetragen hatte.[47]

Immer wieder befanden sich die Bürgermeister in dem Konflikt zwischen dem alten Verhaltensmuster der Einsperrung und Korrektion von Irren[48] und neuer (bürgerlicher) oberbehördlich geforderter Umgehensweise mit dem Irresein, nämlich dessen Beurteilung als Krankheit, die in den Bereich ärztlicher Begutachtung und Behandlung fiel. Dies gilt uneingeschränkt auch noch für die 1830er und '40er Jahre, als die Anstalt in Marsberg bereits in eine reformierte Irrenheilanstalt umgewandelt und die Korrektionsabsicht nicht mehr auch Ausdruck der bestehenden Unterbringungssituation war. Das Bestreben, einen irren Menschen einzusperren und zu bestrafen, schob sich vor allem in den Vordergrund bei den beschriebenen Fällen von Ungehorsam, d. h. dem Verstoß gegen soziale Verhaltensregeln und bei »öffentlicher Unsittlichkeit«.

Das Bedeutungsspektrum von »unsittlichem Verhalten« war breit gefächert. »Unsittlich verhält sich alles in allem der oder die, welche[r] sich anderen Dingen ›widmet‹ als seiner Arbeit, seinem Zuhause oder der Mehrung seines Vermögens.«[49] Diese Charakterisierung haben Arlette Farge und Michel Foucault für die zeitgenössische Verwendung des Begriffs Unsittlichkeit in den »Lettres de cachet« Mitte des 18. Jahrhunderts gebraucht. Sie trifft auch für die dörflichen Aussagen im Landkreis über »Müßiggang«, »Umhertreiben« und »Straßentumult« von Personen zu, deren geistige Verantwortlichkeit für jene »polizeiwidrigen Exesse« aber erst noch von Fall zu Fall geklärt werden mußte. So meldete der Bürgermeister von Harsewinkel 1840 den Schneider G., »welcher an einer Art Verrücktheit leidet und in diesem Zustand die Lust und Liebe zu jeder Arbeit verliert, folglich sich dem Müßiggange hingeben muß«. Er bat um »Abführung des G. zur Heilanstalt« für ein halbes Jahr, wofür er einen landrätlichen Verweis einstecken mußte. »Wie wenig sie sich übrigens mit den derfalsigen Bestimmungen bekannt gemacht haben, geht aus dem Antrag auf ½jährige Absendung des G. nach Marsberg hervor; gerade als wenn dies eine Correktionsanstalt wäre, oder als ob sie die Heilung des Kranken binnen dieser Frist verlangten.«

In der Tat hatte Landrat von Twickel die Ambivalenz in der Einstellung des Bürgermeisters gegenüber G.'s Irresein richtig gedeutet. Zwei Jahre später – der Schneider war nicht nach Marsberg gebracht worden – stellte der Harsewinkelner Bürgermeister einen neuen Antrag auf »Abführung« des G., dieses Mal in die Korrektionsanstalt, d. h. in das Landarmen- und Arbeitshaus Benninghausen. »Meines Erachtens ist die Lebensweise des G. keine Geisteskrankheit, sondern nur Trägheit im Arbeiten, woran er sein Lebtage noch keine besondere Lust gezeigt und sucht durch Bettelei durch die Welt zu kommen, läßt seine Frau und Kinder darben, da er noch jung und rüstig genug ist, um seine Familie ernähren zu können. Die früher erwähnte Geisteskrankheit, möchte ich glauben, ist nur mehr Verrücktheit in Scheu vor Arbeit gewesen, da er vernünftig genug ist, auf Bettelei auszugehen und wenn es ihm launet, auch arbeiten zu können.«[50]

Auch »ganze Tage im Bett zu bleiben«, sich »unausgekleidet am Tage« hineinzulegen, »ausgekleidet im blossen Hemde im Hause herumzuirren« oder »des Nachts vom Hause fortzubleiben« galt zwar in Verbindung mit beispielsweise »tobendem« Verhalten als Symptom für Irresein und nicht für Unsittlichkeit und moralische Schuld. Doch verwischte sich diese Unterscheidung zumeist in der Diktion der Dörfler, wenn sie über irre Personen aussagten.

Die Garnspulerin und ehemalige Dienstmagd Marianne S. war schon zweimal wegen »Hangs zur Unzucht in der Correktionsanstalt Benninghausen« gewesen, als sie 1837 53jährig auf »dringenden Wunsch« des Bürgermeisters und »des gesamten Armenvorstandes« in die Irrenpflegeanstalt gebracht werden sollte. Obwohl sie »laut dem Zeugnisse ihrer sie stets umgebenden Bekannten sich immer ruhig und verträglich verhält, auch der Arbeit nicht abhold« war, erfüllte sie nicht alle Kriterien für eine problemlose Integration in ihrem Dorf. »Die S., obgleich wie bereits gesagt, immer ruhig und auf der Straße niemand belästigend, zeigt beim Ausgehen ein so auffallendes Wesen, wodurch sie die Blicke auf sich zu ziehen suchet, daß dieses auf Fremde einen, bei den ausgezeichneten Anstalten der Provinz und der Bedeutenheit unseres Armenfonds, eine sehr ungünstige Meinung hervorbringt. Außerdem hat es bei allen Vorkehrungen doch nicht beseitigt werden können, daß die S. besonders gegen die Dunkelheit und am Abende Haufen von Gassenjungen um sich versammelt, die sie dann reizen und ärgerliche Auftritte hervorrufen.« In dieser Antragsbegründung war nicht von Irrsinn und Geisteskrankheit die Rede. Sie zielte eher auf eine Unterbringung in Benninghausen, wäre nicht der einleitende Passus im Schreiben des Bürgermeisters: »Nach dem auf wiederholter sorgfältiger Untersuchung gegründeten ärztlichen Gutachten des Kreisphysikus gehört die S. zu jenen Wahnsinnigen, die mit einer fixen Idee behaftet sind, die indes über andere Gegenstände der Vernunft gemäß zu urtheilen vermögen.« Damit »qualifizierte« sie sich bei Landrat und Münsteraner Regierung, denen die öffentliche Gefährlichkeit ihrer unkontrollierbaren »Unzucht« offenbar einleuchtete, für die Irrenanstalt.[51]

Das war zunächst nicht der Fall bei der – auch gerichtlich bestätigt – »blödsinnigen« Epileptikerin Maria F., für die 1836 ein Aufnahmegesuch in die Pflegeanstalt gestellt wurde. Maria F. war nicht »gemeingefährlich« im Sinne von rasendem, zerstörendem oder unsittlichem, sexuell bedrohlichem Verhalten. Sie gefährdete Mitglieder der Dorfgemeinschaft durch »den Schrecken«, der in der Alten Gesellschaft als unmittelbarer Verursacher körperlicher und seelischer Krankheiten galt. Maria F. war in der Gemeinde Hoetmar »herumquartiert« worden, bis sie während eines epileptischen Anfalls in offenes Feuer fiel und sich schwere Brandwunden im Gesicht zuzog. Der Anblick ihres entstellten Gesichtes und die Furcht, Zeuge oder Zeugin weiterer epileptischer Anfälle zu werden, konnte »den Schrecken« auslösen. Die Wirkungen der Vorstellungs- oder Einbildungskraft auf den Körper und die Seele – seit dem 16. Jahrhundert in der Medizin als »Imaginatiotheorie« beschrieben – wurden in der ländlichen Gesellschaft noch in der ersten Hälfte des 19. Jahrhunderts sehr ernst genommen. Die Idee oder der Anblick von bestimmten Krankheiten (besonders der fallenden), von Unglück und Verbrechen konnte sich demnach in stoffliche Wirklichkeit umsetzen. Insbesondere galt das leib-seelische Gleichgewicht, das dem im wörtlichen Sinn Ein-druck des Schreckens widerstehen mußte, bei den Personengruppen als gefährdet, die sich in Grenzsituationen befanden, wie Heranwachsende und Schwangere.[52] Auf eben diese wies der Bürgermeister von Hoetmar nochmals hin, als die Regierung in Münster die Unterbringung von Maria F. mit Zweifeln an ihrer Gemeingefährlichkeit – als genereller Aufnahmevoraussetzung in der Marsberger Irrenpflegeanstalt – zunächst zurückwies. Der Bürgermeister führte aus: »Sie ist auch gemeingefährlich durch ihre epileptischen oft öffentliche Zufälle für Kinder, für Personen von schwachen Nerven und vorzüglich für Schwangere, worauf diese Zufälle heftig wirken und ganz wahrscheinlich bisher nicht immer ohne nachteilige Folgen bleiben. Sie verfolgt oft die Schulkinder mit einem Stecken, und wenn auch die Größern ihr leicht entgehen, so entsetzen sich doch die Kleinen vor ihrem verstörten und durch Brandnarben verzerrten Gesicht.«[53]

IV. Der Inhalt von »Gemeingefährlichkeit« wurde im Dorf von Fall zu Fall bestimmt und »ausgehandelt«. Dieses Etikett war gleichbedeutend mit dem Ausschluß aus der Dorfgemeinschaft. Vorausgegangen waren dieser Beurteilung und Meldung an den Landrat dörfliche Integrationsbemühungen, deren Ausmaß von mehreren Faktoren beeinflußt war. So hing die Toleranz und Hilfe im Dorf wesentlich mit ab von der Stellung und Einbindung der »auffälligen« Person in ein Verwandtschaftssystem. Ledige und verwitwete Personen ohne Verwandtschaftsnetz wie die beiden letztgenannten Frauen Marianne S. und Maria F. fielen schon wegen – Außenstehenden – nicht unüberwindbar scheinender Verhaltensauffälligkeiten unter das dörfliche Urteil der Gemeingefährlichkeit. Nach 1835 konnte die größere Bereitschaft, für diese Personengruppe eine Aufnahme in Marsberg zu beantragen, auch von finanziellen Überlegungen seitens der Gemeinde unterstützt sein. Der niedrigste Unterbringungssatz für arme Irre betrug in der reformierten Irrenanstalt zunächst 25 Reichstaler jährlich. Das lag im Bereich der Kosten, die aus den Gemeinde- und Armenkassen auch für die jährliche Unterbringung einer oder eines nicht arbeitsfähigen Irren im Dorf gezahlt werden mußte.

Doch wäre der Eindruck, arme Irre ohne Verwandte seien schnell abgeschoben worden, verfehlt. Die Kostenseite der Irrenfrage bestimmte entscheidend das geringe Interesse der Verwalter der ländlichen Armen- und Gemeindekassen, ein Dorfmitglied in Marsberg unterzubringen. Es mußten schon erhebliche Integrationsprobleme bestehen, bevor die Aufnahme »gemeingefährlicher« Irrer insbesondere in die Pflegeanstalt gewünscht wurde. Hier gab es nicht einmal mehr die Hoffnung, daß »Heilungsversuche« mit positivem Ergebnis die lebenslängliche Finanzierung durch die Gemeinde noch abwenden konnten. Zu einer Unterbringung auf Kosten der Armen- und Gemeindekassen kam es nach 1824 – nach den Irrenlisten befand sich 1824 keine Person aus dem Landkreis Warendorf in der Marsberger Irrenanstalt – nur sechsmal bei den verbleibenden 39 einzeln überlieferten Fällen seit 1825. Davon wurden vier Irre in die Pflege- und zwei in die Heilanstalt gebracht. Zu finanziellen Lasten der Angehörigen wurden sechs Irre in die Heil- und zwei in die Pflegeanstalt eingeliefert.
Die Gemeinden versuchten auf jede nur mögliche Weise, sich ihren Unterhaltsverpflichtungen zu entziehen, wie z. B. der erbitterte Streit zwischen dem Geburtsort der »in völlige Tobsucht verfallenen« 72jährigen ledigen Magd Catharina R., Greffen, und ihrem letzten Wohnort, Sassenberg, wo »sie das Unglück hatte, ihren Verstand zu verlieren«, zeigt.[54] Hilfestellung leistete manchmal auch der Landrat, der – allerdings nicht ausdrücklich – riet, die neue oberbehördliche (bürgerliche) Einstellung gegenüber den Irren zur Kostenersparnis der Gemeindekassen auszunutzen. Er schlug in zwei Fällen vor, die 15 Reichstaler für eine gerichtliche Blödsinnigkeitserklärung, die eben vor der Aufnahme in die Pflegeanstalt notwendig war, vorläufig einzusparen, indem zunächst der Heilungsversuch in der Irrenheilanstalt verlangt werden sollte, der mit keinen finanziellen Vorleistungen verbunden war. Dieses Ansinnen »unterlief« die Aufgabenstellung der Heilanstalt und die Reform-Absichten der Regierung. Hier teilte Landrat von Twickel die skeptische bis ablehnende Einstellung der ländlichen Gesellschaft gegenüber dem Heilungsparadigma und gegenüber dem ärztlichen Urteil über die Möglichkeiten der Wiederintegration aus Marsberg entlassener Irrer.
Zwar ging der Anstaltsleiter Dr. Ruer in seinen Entlassungsgutachten auf die Kriterien für eine Einbindung in die ländliche Gesellschaft ein, betonte die »Arbeitslust«, die Friedlichkeit und Folgsamkeit der zu Entlassenden und ihre Sehnsucht nach Heimat und alten Eltern als Zeichen ihrer wiedergewonnenen »Normalität«. In allen Fällen wurde ihm jedoch von seiten der Dorfgemeinschaften ihr anderes Erfahrungswis-

sen entgegengehalten. Im Falle des Ackerknechts Bartold W. fürchtete sein früherer Brotherr, »daß er sich wieder schwachsinnig zeigt, und sich mehrere Tage und Wochen wie früher ohne Erlaubnis entfernt und zwecklos herumtreibt«. Zudem warnte der Bürgermeister im April 1839 vor einer sofortigen Entlassung, »da sich vielleicht noch Spuren von Geistesverwirrung in jetziger Jahreszeit an ihm zeigen werden, welches man früher besonders im Frühjahr und Herbst an ihm wahrgenommen hat«. Der Marsberger Anstaltsdirektor ging auf diese Bedenken ein und verlangte erst zwei Jahre später, im Oktober 1841, nun »unabweislich«, »den Versuch zu machen, W. seinen bürgerlichen Verhältnissen [!] zurückzugeben«, da dieser seit Jahren keine periodischen Geistesstörungen mehr erlitten habe. Wiederum verweigerte der Bürgermeister die Rücknahme und bat den Landrat, daß der W. »vorerst nicht seiner Heimat übergeben werde, indem er durch seine früheren Bekanntschaften resp. früheren Schulgänger zum Branntweintrinken angeleitet und was gewiß unausbleiblich sein würde, die Näckereien der übrigen nicht geduldig ertragen würde«. Doch dieses Mal setzte sich Dr. Ruer durch. W. wurde entlassen, und der Ortsverein meldete zwei Monate später, daß der Knecht »fleißig und zur Zufriedenheit seines Brotherrn« arbeite.[55]

Weniger glücklich endete der Fall des an »schwärmerischer Religiosität« erkrankten Heinrich D., an dessen schlechtem »Sozialprofil« im Dorf eine Wiederintegration – allen Bemühungen Ruers zum Trotz – von vornherein scheitern mußte. Schon der Landrat versah die Ausführungen des Anstaltsdirektors – »D. hat sich durch die eifrigste Hülfeleistung in unserer Brau- und Bäckerei sehr nützlich gemacht« – mit der Randbemerkung: »hat seine Rolle gut gespielt«. Er gab dem Bürgermeister von Freckenhorst zwar auf, für ein Unterkommen des D. nach dessen Entlassung zu sorgen, fügte aber hinzu: »Falls sie dessen ehrlichen Erwerb nicht für gesichert erachten möchten, [können sie] auf seine Detention in Benninghausen antragen.« Diesem Vorschlag folgte der Bürgermeister. Er stellte einen Antrag und wies darauf hin, daß er keine Unterkunft für D. habe finden können, »da der Name und die Lebensart des D. bekannt« seien, und zählte zur Begründung dessen »Verfehlungen« auf: D. hätte keine Profession erlernt, sich stillschweigend für zwei Jahre entfernt, sei wegen Betrugs in Criminaluntersuchung gesessen und nur wegen Blödsinnigkeit mit Strafe verschont worden, habe sich mit unnützen Schreibereien beschäftigt und sei nur mit Strenge in Schach gehalten worden, auch habe er in seiner Jugend bei seinem früheren Brotherrn kein löbliches Zeugnis verdient. Der Landrat leitete die Bitte des Bürgermeisters an die Regierung wei-

ter und fügte hinzu, daß D.'s »ganzer Lebenswandel und frühere Erziehung bisher keine Bürgschaft geben, daß es demselben Ernst sei, sich ehrlich zu ernähren«. Die Regierung in Münster sah jedoch keinen Grund für eine Detention gegeben. Dr. Ruer protestierte ebenfalls gegen eine Verbringung nach Benninghausen. Eine dortige Einweisung »dürfte D. schwerlich vor einem Rückfall bewahren« und er »erlaube« sich, »im Interesse unseres Kranken auf die Mißlichkeit einer solchen Versetzung aufmerksam zu machen«. D. habe »vom frühen Morgen nicht selten bis in die Nacht ruhig und ohne allen Zwang gearbeitet, dergestalt... daß seine Fähigkeit schwerlich bezweifelt werden kann, sich einen ehrlichen Unterhalt zu verschaffen«. Damit war der Konflikt jedoch nicht beseitigt. Als letzte »Widerstandshandlung« gegen die nach Meinung des Dorfes ungerechtfertigte Entlassung in die Heimat, weigerte sich der Landrat, D. – wie bei Entlassenen üblich – aus der Anstalt abholen zu lassen, und ließ erst nach einer in scharfem Ton gehaltenen Aufforderung dieses von »einem möglichst billig gedungenen Fußboten« tun. Heinrich D. wurde schon ein Jahr später in die Pflegeanstalt nach Marsberg zurückgebracht und starb 1843 dort »an den Folgen eines Schlagflusses«[56].
Zu beträchtlicher Hilfeleistung waren Nachbarn und Freunde bereit, wenn es darum ging, die Existenz eines bestehenden Haushaltes und einer Familie zu erhalten, deren Vorstand »vom Wahnsinn überfallen« wurde. Sie bewachten unter Umständen einen »tobenden« Bauern rund um die Uhr in seinem Haus, hielten bei Feuergefahr – der Schneider G. zündete nachts Licht an und »legte einen Karrenvoll Fichtenzweige aufs Feuer« – nachts Wache oder übernahmen die kleinen Kinder »rasender« Mütter wie im Fall der gegen die Schulpflicht opponierenden Maria M. Zunächst ging es vor allem darum, die Kontinuität des bäuerlichen Familienalltags zu bewahren, auf Besserung zu warten und aus Kostengründen – im Interesse von (vermögenderen) Verwandten und Gemeinde – eine Meldung so lange wie möglich hinauszuschieben. Erst wenn der ökonomische Zusammenbruch unaufhaltsam schien, wurde die Einlieferung vorzugsweise des irren Ehemannes in die Heilanstalt verlangt. Die Frau des Schwankwirts und Kleinhändlers V. bat darum, »damit der Untergang abgewendet werde, welcher unseren häuslichen Verhältnissen sonst droht«[57]. Aus eben diesem Grunde beantragte die Frau des »Pferdekötters« L. dessen Entlassung aus Marsberg, »weil es ihr ohne Ruin ihres Vermögens nicht ferner möglich sei, die Verpflegungskosten zu bestreiten«. »Sie behauptet«, teilte der Landrat der Regierung mit, »durch Hilfe ihrer Nachbarn im Stande zu sein, jedem Unglücke vorkommenden Falles vorbeugen zu können.

Die Nachbarn derselben, Lütge-Besselmann und Brockröttger, haben erklärt, zu jeder Zeit zur Hülfeleistung bereit zu stehen, und sich für etwa anzurichtendes Unglück mit verbürgt«[58].
Wirtschaftlicher Ruin wurde auch von dem Bauern M. aus Hoetmar 1845 gefürchtet, sollte sein Stiefsohn in die Marsberger Irrenanstalt eingewiesen werden. Dieser hatte einen Knecht seines Vaters mit der Axt lebensgefährlich verletzt. Nicht durch den Bürgermeister, sondern durch einen Zeitungsbericht war der Landrat auf diese Tat des »wahnsinnigen Bauernsohnes« aufmerksam gemacht worden und hatte eine sofortige Absendung nach Marsberg verlangt. M. versuchte nun mit Unterstützung des Hoetmarer Bürgermeisters, die Gemeingefährlichkeit seines Stiefsohns herunterzuspielen. Diese »ließe sich nicht dartun«, der Verletzungsfall stehe vereinzelt da und werde vielleicht durch dessen Krankheitszustand – er liege zur Zeit im Bett – bedingt, und vielleicht sei er auch durch den Beschädigten gereizt worden, argumentierte der Bürgermeister und machte die Relativität des Begriffs Gemeingefährlichkeit damit nochmals deutlich.[59]

Auch nach der Reform und Erweiterung der Marsberger Irrenanstalt wurde diese auf dem Land zunächst keineswegs in dem Maße »angenommen«, wie die behördliche Bedarfsplanung, z. B. die Ruersche Enquête, es berechnet hatte. »Der Erfolg [der Aufnahme in die Anstalt, D. K.] hat den angezeigten Bedürfnissen nicht entsprochen«, wurde in der »Übersicht des Zustandes der Irren-Anstalt zu Marsberg bis Ende 1836« konstatiert.[60] Ende 1834, beim Beginn der Erweiterungsarbeiten, waren 71 Irre (11 heilbare, 60 unheilbare) dort untergebracht gewesen. Bis Oktober 1836 wuchs deren Anzahl zwar auf 139 (44 heilbare, 95 unheilbare Irre), jedoch blieben 36 Heil- und 45 Pflegestellen unbesetzt. Der westfälische Oberpräsident von Vincke, der schon 1803 als damaliger Landrat in Minden im Auftrag Freiherr vom Steins den Plan einer reformierten Provinzial-Irrenanstalt, die aufgrund der politischen Verhältnisse nicht zur Ausführung gelangte, vorgelegt hatte[61], klagte 1836, »daß bisher auch die längst vollkommen eingerichtete Heil-Anstalt so wenig benutzt wird, daß der bedeutende dadurch der Provinz veranlaßte Aufwand, bedauert werden zu müssen scheint«[62]. Die Zahl der Anstaltsinsassen stieg jedoch kontinuierlich, aber erst 1840 wurde die »etatmäßige Höhe« mit 219 Irren (97 heilbaren, 122 unheilbaren) erreicht.[63]
Welchen Anteil hatten die Kreisphysici an diesen Einweisungsergebnissen, nachdem sich doch – nach v. Vincke – »die Behörden [gemeint sind in diesem Zusammenhang die Landräte, D. K.] so lässig zeigen,

den unglücklichsten und beschwerlichsten Kranken die Wohlfahrt der Aufnahme zu gewähren!«[64].

V. Seit 1803 bestand in Preußen eine gesetzliche Regelung der Aufnahme in eine Irrenanstalt. Dem Aufnahmeantrag des Landrats mußte mindestens ein ärztliches Gutachten über den Geisteszustand der irren Person beigefügt werden.[65] Diese behördliche Auflage führte in den meisten Fällen zum ersten Kontakt der gemeldeten Irren im Landkreis mit einem akademisch ausgebildeten Arzt überhaupt, nämlich dem zuständigen Kreisphysicus des Bezirks. Eine Geistes- oder Gemütsstörung wurde zuerst von den Angehörigen und Nachbarn, also sogenannten medizinischen Laien, festgestellt und – wenn sie ihnen gemeingefährlich erschien – dem Ortsvorstand gemeldet. In der Regel überzeugte sich der Bürgermeister dann zusammen mit dem Gendarmen nochmals »offiziell« von der Berechtigung der Anzeige, indem er die angeblich irre Person aufsuchte oder weitere Zeugenaussagen zu Protokoll nahm. Seine Kompetenz, über das Irresein eines Dorfmitglieds abschließend urteilen zu können und als Dorfvorstand die Meldung an den Landrat zu verantworten, war im Untersuchungszeitraum unbestritten. So schrieb 1817 der Bürgermeister von Everswinkel an den damaligen Landrat Freiherr von Ketteler: »An der unverehelichten Maria Anna K., welche hier allein für sich wohnte, bemerkten ihre Nachbarn seit kurzem Spuren von Schwachsinn und zeigten mir solches an. Ich begab mich in deren Wohnstube und fand wirklich, daß diese Person ihres Verstandes beraubt war.«[66] Und noch 1845 wurde »zur Beurteilung des Blödsinnigkeitszustandes« des oben erwähnten M., der einen Knecht mit der Axt niedergestreckt hatte, dessen Stiefvater zuerst von Amtmann Becker, dem früheren Bürgermeister von Hoetmar, und nicht vom Kreisarzt vernommen. Becker »bemerk[t]e dazu«, daß »eine Heilung des Blödsinns nicht zu erwarten« sei.[67]

Die vorliegenden Quellen geben keine Auskunft darüber, ob die Angehörigen oder die Irren sich an »Laien«heiler, also dörfliche, nicht-approbierte Vertrauenspersonen um Hilfe wandten. Akademische Ärzte und Wundärzte wurden jedenfalls nur in Ausnahmefällen und oft auch nur für einen kurzen Zeitraum von reicheren Bauern konsultiert. Diese Tatsache kann geradezu als Nachweis ihres guten Vermögensstandes und ihrer städtischen Orientierung dienen. In der Regel galt die lakonische Auskunft der im Auftrag des Landrates gutachtenden Kreisärzte über die auffällige Person: »Wurde nie ärztlich behandelt.«

Das lag sicherlich auch an den hohen Honorarforderungen der approbierten Ärzte, die z. B. im Jahr 1838 für eine Gemütszustandsuntersuchung 2 Reichstaler verlangten[68], und deren Klientel folgerichtig den Ober- und Mittelschichten, und zwar vornehmlich der Städte, angehörte. Wesentlicher nämlich noch als die Armutsschranke war das Mißtrauen der ländlichen Bevölkerung insgesamt gegenüber dem offiziellen Medikalsystem und seinen Vertretern, das in der ersten Hälfte des 19. Jahrhunderts auf dem Land auch geringer präsent war als in den Städten und hier konkurrierte mit der Volksmedizin, deren Vorstellungen, Erklärungen und Behandlungsmethoden in eine Kosmologie eingebunden waren, die der aufklärerischen Gesundheitspropaganda als Aberglaube galt.[69] Dieser beklagte »Aberglaube«, die »Indolenz« und »Stumpfheit« der Landbevölkerung setzten der von Staat und sich professionalisierender Ärzteschaft vorangetriebenen Medikalisierung eine bis weit ins 19. Jahrhundert andauernde Resistenz entgegen.[70]

Diese Konfliktstruktur, die in der sozialhistorischen Forschung für die »Körpermedizin« untersucht wurde, läßt sich bei der Irrenbehandlung auf dem Land ebenfalls wiederfinden. So gab es große Zweifel an den Heilungserfolgen der akademischen Ärzte und Wundärzte im Landkreis Warendorf. Die Gemeinde Ostbevern ließ zwar schließlich der irren Kötterfrau E. »ärztliche Hilfe und Arznei verabreichen«, stellte diese Tatsache gegenüber dem Landrat aber in einen derartigen Kontext, der die Erfolglosigkeit der ärztlichen Bemühungen – »allein der zerrüttete Geisteszustand der Ehefrau E. nahm immer mehr und mehr zu, so daß sie nun den Verstand vollends verloren zu haben scheint« – zwingend erscheinen ließ.[71] Bei dem vermögenderen »Köttereibesitzer« W. vermerkte der gutachtende Kreisarzt 1826 über dessen zurückliegende ärztlich behandelte »Verstandesverwirrung« und die dörfliche Meinung darüber: »Der Sage nach hat hiefür denselben keine Arznei etwas genutzet, sondern ist er durch ländliche Arbeiten und geistliche Beihülfe vor und nach davon, von seiner Scrupulösität jedoch nicht ganz hergestellt worden.«[72]

Das Mißtrauen gegenüber »offizieller« ärztlicher Behandlung konnte sich auch in deren grundsätzlicher Verweigerung ausdrücken. Die Frau des Kötters W. klagte dem im landrätlichen Auftrag untersuchenden Kreisarzt, daß ihr »schwermütiger« Mann »durchaus von keinem Arzt oder von Arzneien was wissen [wolle] und könne sie ihm auch auf keine Weise medicin, wenn solche auch aus Armenmitteln verabreicht würde, beibringen«[73]. Auch eine behördlich eingeleitete Behandlung bot dafür keine Gewähr. 1838 beantwortete der Kreis- und Medicochirurg Kranefuß in dem Marsberger Aufnahmebogen für die Witwe S. die

Frage – »Welche Mittel, sowohl pharmaceutische als psychische, sind gleich nach dem Ausbruche und späterhin im Verlaufe der Krankheit und in welcher Reihenfolge, in welchen Gaben und in welchen Zwischenräumen angewendet worden?« – mit der Erklärung: »Eine Behandlung wurde von mir versucht, doch stellten sich unbesiegbare Hindernisse in den Weg, die die Ausführung unmöglich machten. Einmal habe ich eine solutio Kali tartaris und tart. stibiat. gr. [Brech- und Abführmittel, D. K.] verordnet, allein die Kranke war durchaus nicht zum Nehmen der Arznei zu bewegen. Physisch [!] hat man auf sie eingewirkt durch ermunterndes Zureden pp.«[74] Die Frage nach den Heilmitteln in dem gedruckten Aufnahmebogen, der nach 1835 in Gebrauch war, setzte einen Grad der Medikalisierung im Sinne von durchgesetzter ärztlicher Kontrolle über die Irren und deren umstandsloses Befolgen ärztlicher Anweisungen voraus, die den Realitäten in der ländlichen Gesellschaft offenbar nicht entsprach.

An diesem aus der Sicht der Physici beklagenswerten Zustand hatten die Angehörigen der Irren wesentlichen Anteil, da sie das ärztliche »uneigennützige« Wirken behinderten. Doktor Jacobi beschwerte sich in seiner »Krankheitsgeschichte des Wenzel H.«: »In diesem doch ruhigeren Zustande [an der Kette, D. K.] befindet er sich noch jetzt, da die wenigsten bisher angewandten Mittel: der Tartaris tartarisat die Gratiolae in Abkochung [Weinstein, D. K.], hinreichende Blutentziehungen ausgenommen, nach den eingegangenen Nachrichten der ihn behandelnden Ärzte nur höchst unvollkommen haben angewandt werden können, in seinem Hause wegen der unglücklichen Ehe, welche er mit seiner kinderlosen Frau führt, am wenigsten eine Kur möglich ist, und die Vormünder meiner an dem Schicksale dieses Mannes theilnehmenden, ganz uneigennützigen ärztlichen Hand nicht die ihrige geben wollen.« Kreisarzt Jacobi zog daraus die Konsequenz und riet dem Landrat, »daß wegen der Schwierigkeiten, welche ich dadurch finde, daß ich den Vormund A. nicht dazu bewegen kann, den H. unter Aufsicht in seinem Hause zu nehmen, ihn mit Landarbeiten bei einiger Besserung zu beschäftigen, und ihm die vorzuschreibenden Arzneien pünktlich einzugeben, nur der einzige Weg einer möglichen Herstellung für ihn übrig bleibt, denselben zu der Irrenanstalt Marsberg je eher desto besser zu schicken«[75].

Das Mißtrauen der ländlichen Bevölkerung gegenüber den Ärzten wurde von diesen erwidert, betraf zum einen die begründete Meinung, daß ihren Anweisungen nur ungenügend und oft gar nicht Folge geleistet wurde und führte zum anderen zu ihrem Urteil, daß eine wichtige Voraussetzung des Heilungserfolges die Entfernung der irren Person aus ihren häuslichen Verhältnissen darstellte. Dieses Diktum zielte bei den Kreisphysici des Landkreises nicht in erster Linie auf die Herstellung klinischer, empirischer Beobachtungsmöglichkeiten[76], sondern war eher Reflex und Resultat ihrer Auseinandersetzungen mit den Irren und deren Angehörigen, die das Verhältnis des Arztes zu seinem »Patienten« noch in einer weiteren Hinsicht bestimmten.

Die ärztliche Krankheitsgeschichte[77] und Benennung des Irrsinns fußte fast vollständig auf den Erzählungen der Verwandten, Nachbarn und Dienstherren. Das bedeutete z. B. im Einzelfall, daß Dr. Jacobi 1818 bei seinem Besuch der als rasend gemeldeten Kötterfrau M. diese, als er sie allein zu Hause antraf, umgehend bat, ihren Mann vom Felde holen zu lassen, um sich von ihm die Geschichte und die Ausdrucksformen ihrer Auffälligkeit erzählen zu lassen.[78] Fehlte ein Verwandtschaftsnetz, waren die Ärzte auf die Auskünfte »der Umgebung« angewiesen, von der besonders bei ganz am Rand der Dorfgemeinschaft stehenden Personen – wie der »blödsinnigen« Epileptikerin Marie F. – keine lebensgeschichtlichen Aussagen zu erlangen waren. So bleiben im Marsberger Aufnahmebogen für Marie F. neun von dreizehn Fragen unbeantwortet, die sich nach körperlichen Leiden und Unfällen in Jugend und Alter, dem unter Umständen krankheitserzeugenden Zusammenhang von inneren Anlagen und äußeren Verhältnissen, Erziehungsfehlern, Anstrengungen, Gemütsbewegungen und moralischem Lebenswandel erkundigten. Auch auf die Frage nach den Krankheitsveränderungen schrieb der Kreisarzt: »Von der Umgebung der Blödsinnigen war nicht zu erfahren, welche Veränderungen im bisherigen Verlauf der Krankheit, besonders in verschiedener Jahres-, Tages- und Nachtzeit vorgegangen [sind].«[79]
Gab es nicht nur eine Version der Sage im Dorf über die Geschichte einer irren Person, spiegelte sich dieses Phänomen in den ärztlichen Gutachten wider. So urteilte der »Hofrat und Doktor der Medizin« Katzenberger 1818 über Wenzel H., den Dr. Jacobi ein halbes Jahr später als ehemals fleißigen Schulknaben, treuen Hirten und arbeitsamen Fuhrknecht bezeichnete, daß H. »schon in früherer Jugend ein Sprudelkopf, ein wüster unbändiger Junge« gewesen sei, der »ohne Schlägereien fast nicht mehr leben konnte« und bei dem sich »zuweilen einige nicht unzweideutige Spuren eines Wahnsinns blicken ließen«. Katzenberger faßte zusammen: »So reifte Wenzel zum Manne heran. Jene leidige Raufsucht, jener beginnende Wahnsinn erreichten dabey eine Höhe, auf welcher sie sich gegenwärtig im ungefähr dreißigsten Lebensjahr als periodische Tobsucht ankündigen.« Katzenbergers

Schlußfolgerung lehnte sich an die Einschätzung tobender Wahnsinniger in der ländlichen Gesellschaft an: »Zu rohen Handarbeiten des gemeinen häuslichen Verkehrs kann man den H. bey lichten Zwischenräumen wohl vermögen, doch bedarf er eines wachsamen Auges, damit er die Axt anstatt gegen das Holz nicht gegen seinen Aufseher richte.« Landrat Graf Schmiesing schätzte dann auch diese Krankheitsgeschichte als zu wenig »professionell« ein und unzureichend »zum Gebrauch des Hospitalarztes, sollte H. in eine Irrenanstalt aufgenommen werden«. Er forderte ein weiteres ärztliches Gutachten an und stellte einen Fragenkatalog zusammen, der »mit größter Genauigkeit auszufertigen« sei und der den behördlichen Standard für die Erstellung einer Krankheitsgeschichte aufzeigte. Der Landrat fragte, »worin die Verstandesverwirrung eigentlich bestehe und welchen Grad sie erreicht habe, aus welchen Ursachen sie entstanden, wie lange solche bereits gedauert, ob und welche Mittel im allgemeinen und mit welchem Erfolg dagegen angewandt worden, ob das Übel dem Anscheine nach heilbar oder nicht«[80].

Die überlieferten Widersprüche in den Krankheitsgeschichten verschiedener mit demselben »Fall« beschäftigter Ärzte waren nach ihrem Selbstverständnis keineswegs von grundsätzlicher Art bzw. wurden gegenüber den Behörden nicht kontrovers ausgetragen. Dr. Kranefuß z. B. bestätigte bei dem Schneider G. das Urteil des Bürgermeisters, daß G. nicht krank, sondern der Korrektion bedürftig sei, durch ein entsprechendes Gutachten. Dr. Jacobi, der auf Anfrage des daran zweifelnden Landrats in seiner Stellungnahme eine Geisteskrankheit feststellte, bemühte sich, Kranefuß' Diagnose so zu interpretieren, daß dieser »mehr an dessen Körper gedacht zu haben scheine« und »vergessen« habe, »daß die Correktionsanstalt Benninghausen keine Geisteskranken aufnehme«[81].

Die im Landkreis Warendorf tätigen Kreisphysici hatten, schon aus generationsbedingten Gründen, verschiedene akademische Lehrer gehabt[82], doch lassen sie sich nach ihren erhaltenen Gutachten und Äußerungen nicht als Vertreter einer somatischen – die körperliche Verursachung von Geisteskrankheiten stärker betonenden – oder psychischen – die moralische Verursachung in den Vordergrund stellenden – Schule zuordnen, deren Exponenten, Universitätsprofessoren und Anstaltsdirektoren, sich in der ersten Hälfte des 19. Jahrhunderts auf theoretischer Ebene kontrovers auseinandersetzten. Ein Streit, bei dem es letztlich um ein neues naturwissenschaftlich begründetes Selbstverständnis der Seelenheilkunde ging.[83]

Die akademischen Ärzte des Landkreises benannten als Ursachen für

Irrsinn verschiedene Faktoren. Der »Mangel an moralischen Grundsätzen« erklärte für den Kreisphysicus Dr. Fischer »die thierische Wollust« der Dienstmagd Marianne S., die »ihren Geist beherrschte und verwirrte«[84]. Anknüpfend an die – im 18. Jahrhundert die Säftelehre ablösende – Vorstellung von den »spiritus animales«, die an das Nervensystem mit seinem speziellen für das koordinierte Zusammenspiel der inneren Organe verantwortlichen Funktionsmechanismus gebunden waren[85], konnten nach ärztlicher (und dörflicher) Meinung auch äußere und innere Reize, Leidenschaften und Affekte eine Verstandesverwirrung hervorrufen. »Hoffnungslose Liebe« verursachte nach Dr. Kranefuß den ersten Anfall von Geistesstörung bei der Tagelöhnerin S., aber auch Kummer und Nahrungssorgen konnten diese Wirkung auslösen. Eine erbliche Anlage zum Irrsinn wurde stets überprüft. Gab es irre Verwandte, diente diese Tatsache zur Bekräftigung des Krankheitsurteils in den ärztlichen Fallgeschichten. Auch Anklänge an die alte humoralpathologische Theorie des Gleichgewichts der Säfte sind in den ärztlichen Äußerungen im Landkreis noch zu finden. Kranefuß führte auf die Frage im Marsberger Aufnahmebogen – »Sind geistige Anlagen und physische Veranlassungen zu den Krankheiten vorhanden und welche?« – bei Anne S. an: »Besondere geistige Anlagen außer den im melancholischen Temperamente begründeten habe ich nicht entdekken können. In Betreff der physischen Veranlassungen kann ich nicht unterlassen, die Überfüllung der Unterleibseingeweide mit Blut, das Zurückhalten der faecal Massen in den Gedärmen, die gichtigen Schmerzen in Anschlag zu bringen.«
Auch die Mittel, mit denen die Ärzte die Irren zu heilen versuchten, folgten dem Paradigma, das Gleichgewicht der Säfte wiederherzustellen, »Verstockungen« zu beseitigen. So wurden neben Aderlässen Brech- und Abführmittel verabreicht und schweißtreibende körperliche Arbeit im Freien empfohlen.[86]
Die Ärzte beschrieben keine abgrenzbaren, einzelnen »psychischen« Krankheiten in ihren Gutachten oder beim Ausfüllen der Marsberger Aufnahmebögen, sondern Zustandsbilder des Irreseins, die von denen der ländlichen Beobachter wenig abwichen.[87] Die Symptome von tobendem Wahnsinn, religiöser Melancholie, wahnsinniger Narrheit und periodischem Wahnsinn mit fixen Ideen, um gebräuchliche dörfliche und ärztliche Benennungen aufzuzählen, vermischten sich oder konnten ineinander übergehen. Über das Irresein der Witwe S. schrieb Dr. Kranefuß: »Bald ist die religiöse Melancholie, bald die sogenannte athymia avana, bald die melancholia anglica, bald der dumpfe Wahnsinn, bald die mania errabunda vorherrschend gewesen.« Letztlich

gab es für die Kreisärzte »nur eine Art der Seelenstörung, wir nennen sie das Irresein«[88]. Die Annahme einer »psychiatrischen Generalkrankheit«, die nach Esther Fischer-Homberger die Entwicklung der Seelenkunde seit dem Ende des 18. Jahrhunderts bestimmte, unterstützte in der Praxis den mangelnden Stellenwert bzw. die Ungenauigkeit in der ärztlichen Beobachtung der Irren, insbesondere ihrer »somatischen Funktionen«. Dieses Versäumnis wurde den gutachtenden Kreisphysici im Landkreis Warendorf vom Münsteraner Medizinalkollegium, das auch eine innerberufliche Kontrollfunktion wahrnahm, auch vorgehalten. An die Adresse der Ärzte Jacobi und Merschoff ging z. B. folgende Kritik an ihrem Gemütszustandsgutachten der Tagelöhnerin Marie F.: »Der dürftige Thatbestand, obgleich er deutlich auf Blödsinn hinweiset, gewährt doch keineswegs ein genügendes Bild von der Seelen-Verfassung, noch weniger von dem körperlichen Zustand der Provokatin, sofern dieser zur Beurtheilung des ersten erforderlich ist. Die Lage oder Beschäftigung, in welcher dieselbe angetroffen wurde, ist nicht bemerkt, ihr gewöhnliches Tun und Treiben, ihre vorherrschenden Triebe sind nicht ermittelt, ihre Gesichtsfarbe, Anzug, Haartracht, Rein- oder Unreinlichkeit, Haltung, Gang, Geberden zu wenig beachtet und das Vorhandensein der Epilepsie nicht durch Augenzeugen außer Zweifel gesetzt, sondern bloß dem Gerüchte nach angenommen, endlich auch die in diesem Falle gewichtige Conformation des Schädels nicht untersucht worden.«[89]

Die letzte Bemerkung verwies auf Franz Joseph Galls »Phrenologie«[90]. Ob die Kreisphysici diese Theorie von dem Zusammenhang von äußerer Schädelform und Charakter(störung) kannten oder gegenüber den Ärzten im Medizinalkollegium ein gewisses Theoriedefizit hatten, läßt sich aus den Quellen nicht beantworten, wohl aber konstatieren, daß sie in ihren Untersuchungen niemals Bezug auf Gall nahmen, noch daß sich an der kritisierten ungenügenden Differenzierung und Beobachtung der Krankheitsbilder im Untersuchungszeitraum etwas veränderte. »Ungleich und unzuverlässig« erschienen die ärztlichen Klassifikationen vor allem für die institutionelle Umsetzung der Irrenreform, die »zweckmäßige Erweiterung der hiesigen Irrenanstalt«, die »als erstes Erfordernis, die zuverlässige Constatirung des Bestands der in der Provinz für die Aufnahme geeigneten Individuen«[91] benötigte. Zwei Irrenenquêten, 1818 und 1824/25, hatte Oberpräsident von Vincke bereits erstellen lassen. Nach dem unbefriedigenden Ergebnis der ersten Umfrage von 1818 hatte er vor der zweiten Enquête offensichtlich vergebens »den Kreisärzten und Landräten die äußerste Sorgfalt und Umsicht empfohlen«[92]; 1829 teilte er nun der Regierung in Münster mit, daß er für eine aktuelle Enquête Hospitaldirektor Dr. Ruer, den ärztlichen Exponenten der Irrenreform in Westfalen[93], beauftragt habe, »die Zeit bis zur Eröffnung der [reformierten, D. K.] Anstalt zu benutzen, um successive von Kreis zu Kreis die sämtlichen Irren in der Provinz seiner persönlichen Ansicht, auf den Grund der vorhandenen und zu rectificierenden Listen, zur Stelle zu unterwerfen. Derselbe erhält hierdurch Veranlassung, auch sich mit den auf diesen Krankheitszustand vorzugsweise einwirkenden und in dieser Provinz wirklich auffallende Erscheinungen in den Kreisaufnahmen veranlassenden Local- und Provinzialverhältnissen und Eigenthümlichkeiten genau bekannt zu machen, welches seine künftige ärztliche Behandlung wesentlich unterstützen muß.« Diese Rundreise Ruers sollte aber zugleich auch dem Defizit der Kreisphysici in der »Irrendiagnose« abhelfen. »Er [Ruer, D. K.] wird Gelegenheit finden, auch vorbereitend für diese [Behandlung, D. K.] manchen heilsamen Rath aus dem reichen Schatze seiner Erfahrungen den Ärzten zu geben, besonders auch denselben näher die Punkte bemerklich zu machen, worauf sich das Urtheil über die Aufnahme solcher Kranken in öffentlichen Anstalten besonders zu richten hat.«[94]

»Das Urtheil über die Aufnahme in öffentliche Anstalten« mußte insbesondere eine Abgrenzung von als heilbar eingeschätzten Irren von denen, die als unheilbar galten, vollziehen. Letztere kamen, waren sie nicht gemeingefährlich, auch für eine Unterbringung in die Pflegeanstalt nicht in Betracht. Nach Auffassung führender Ärzte und Anstaltsdirektoren mußte eine Einlieferung in die Irrenheilanstalt so schnell wie möglich nach Ausbruch der Krankheit erfolgen, denn je länger mit einer Behandlung gewartet wurde, um so schlechter stand es ihrer Erfahrung nach mit den Heilungsaussichten.[95] In einem Gutachten für das Ministerium der Geistlichen-, Unterrichts- und Medicinal-Angelegenheiten faßte das Berliner Kuratorium für die Krankenhaus- und Thierarzneischul. Angelegenheiten 1837 gestützt auf ärztliche Befragung zusammen, »daß, wenngleich die längere Dauer einer Geisteskrankheit die Heilung derselben nicht ausschließt, dennoch ein Termin festzuhalten sei, über welchen hinaus ein solcher Kranker in die Heilanstalten nicht aufgenommen werden dürfe, weil nur durch Beobachtung dieser Maaßregel die meisten Heilungen erzielt werden können, die Anzahl der Heilungen aber geringer werden, mithin die Zahl der Irren sich mehren müßte, wenn die Irrenheilanstalten mit schon längere Zeit erkrankten Individuen angefüllt werden sollten und die Aufnahme von frischen Fällen unmöglich gemacht würde«[96].

Es wurde empfohlen, Irre, die länger als ein Jahr krank waren, nicht mehr aufzunehmen. Eine Regelung, die von Vincke schon 1835 für Marsberg verbindlich gemacht hatte und die auch eine erzieherische Wirkung haben sollte, nämlich der abwartenden Haltung der Angehörigen gegenüber einer Einlieferung ihres Familienmitgliedes in die Heilanstalt abzuhelfen. Das Zusammenwirken von preußischen Oberbehörden und Reformärzten demonstrierend, erläuterte Ruer dazu: »Zu den Vorteilen der Feststellung eines Termines gehört besonders die Verhütung der zu sehr verspäteten Anmeldung zur Aufnahme, worüber so vielfach geklagt worden ist, und daher angemessenere Benutzung der Heilanstalten. Es ist aber auch der kürzere Termin nicht so nahe gestellt, daß nicht jedem erlaubt sein sollte, zur Herstellung des Kranken, wo es die Umstände gestatten, den Versuch im eigenen Hause zu wagen, oder daß das Fortschaffen zur Anstalt, von welchem in einzelnen Fällen ein nachtheiliger Einfluß wohl möglich ist, zu sehr beeilt werden müßte.«[97] Von Vincke erwog darüber hinaus aber noch weitergehende Maßnahmen gegen »den unbegründeten (Einlieferungs-) Widerspruch von Verwandten und Angehörigen«, der ihm aus Vorurteil oder Geiz zu erwachsen schien. Er schlug dem preußischen Innenminister v. Rochow 1836 gesetzliche Änderungen vor, die ein »Eingreifen der Polizei in Familienverhältnisse« in den Fällen ermöglichen sollte, »wo heilbare Irre in ihrer Familie, wie dies leider wohl oft geschehen mag, statt Pflege und Wartung, Vernachlässigung erdulden müssen und rohe, harte Behandlung sowie Verspottung und Hohn ihren Zustand unheilbar zu verschlimmern drohen«. Es dürfe nicht zugelassen werden, daß »Wahnsinnige, die nach dem Gutachten sachverständiger Ärzte geheilt werden könnten, wenn sie in eine Irrenanstalt gebracht würden... und der menschlichen Gesellschaft wiedergegeben werden könnten, ihrem Schicksale überlassen« blieben.[98] Der Innenminister lehnte unter Hinweis auf die »vormundlichen Gerichte« ab, deren Sache eine solche »obrigkeitliche Einmischung« sei, »welche an sich immer bedenklich erscheint«[99]. Von Vinckes Ansinnen macht jedoch deutlich, in welchem Maße der westfälische Oberpräsident von den »sorgsamen und gründlichen Heilverfahren«[100] und deren Erfolgsaussichten in den Irrenheilanstalten überzeugt war, die seiner Meinung nach eben auch ein polizeiliches Eingreifen in die bürgerliche Privatsphäre rechtfertigen konnten.

Von Vinckes Vertrauen in die Heilungskompetenz der Marsberger Anstaltsärzte wurde von dem ärztlichen Direktor Ruer geteilt. Die Irren mußten, glaubte auch Ruer, aus der »unrichtigen Behandlung« ihrer Angehörigen sowie »gewissenloser Apotheker ohne ärztliche Ordina-

tion«[101] zu ihrem Besten entfernt werden. Dr. Ruer mißtraute zugleich den »unzuverlässigen« Kreisphysici, die z. B. durch ihre »mit den Kranken eingeschickten so unvollständigen Krankheitsgeschichten« eine »richtige Diagnose« und einen daraus abgeleiteten »Kurplan« behinderten.[102] Er nahm deshalb allen Terminierungsregeln zum Trotz jede irre Person, für die eine Einlieferung verlangt wurde, in die Marsberger Heilanstalt auf, auch solche Fälle, bei denen »nach Art und Dauer der Krankheit wenig Hoffnung vorhanden«[103] schien.
Ruers Anspruch, Irre in der Marsberger Anstalt überhaupt heilen bzw. schneller heilen zu können als durch die alte Art des Patientenbesuchs, wurde von den Ärzten des Landkreises – sicherlich auch eine Auswirkung seiner Enquête-Reise – zunehmend akzeptiert. Da sie selbst wenig Heilerfolge erzielten, ließ man sie überhaupt behandeln, konnte nun der Verweis auf die Heilanstalt einerseits ärztlichen Zugriff und ärztliche Kompetenz demonstrieren und entband die Kreisphysici andererseits zugleich von der dörflichen Kontrolle über ihre Behandlungserfolge. So hatte Dr. Jacobi im Jahr 1818 noch erklärt, daß beim »wahnsinnigen« Kötter L. an eine »gründliche Heilung des Übels« bei einer Absendung in die Irrenanstalt nicht zu denken sei, »da der Erfahrung zufolge in den besten Irr-Anstalten von 500 kaum 50 geheilt werden«, und L. besser »so lange an der Wand seiner Kammer mit einer Kette und wohl ausgefütterten Fußschellen befestigt werden [solle], bis der höchste Grad seines Wahnsinns abgenommen« habe.[104] Acht Jahre später hatte Jacobi sein negatives Urteil über Irrenanstalten offenbar geändert. Er gutachtete 1826 über den irren »Köttereibesitzer« W. aus Milte: »An einer vollkommenen Heilung in demselben frei von kleinen Rückfällen zu Milte nach 1 oder 2 Jahren ist wohl nicht zu denken; indeß wird W., da er an Garten und Landbau von jeher eine große Lust gehabt hat, in diesem Sommer zu einem vernünftigen und thätigen Ackerwirth in jener schönen Irrenanstalt zurückzubringen sein.«[105]

Zweifellos war der Bruch zwischen theoretischer Einsicht und empirisch gewonnener Erkenntnis über das Irresein zwischen den Kreisphysici und dem Marsberger Anstaltsdirektor erheblich. Dieser versuchte sicherlich am ehesten selbst, den von ihm aufgestellten beruflichen Imperativ zu erfüllen: »Der Arzt wird es sich selbst zur angelegentlichsten Berufspflicht machen, seine psychologischen Kenntnisse durch fortgesetztes Studium der Erfahrungsseelenlehre und der Gemüthskrankheiten zu erweitern, und in dieser Absicht die besten Schriften hierüber... stetig benutzen, um die bewährten Erfahrungen der vorzüglichsten Beobachter, sowohl bei der Bestimmung der psychologischen Lebensordnung unheilbarer Seelenkranken, als auch bei Heilung derjenigen, welche Hoffnung zur Wiederherstellung geben, auf psychischem Wege anzuwenden. Hauptsächlich wird er die Individualität eines jeden besonders heilbaren Wahnsinnigen studiren, um auf diesem einzigen, der Werkstätte der Seele zugänglichen Weg das letzte Ziel seiner Bestrebungen und den höchsten Zweck seiner Kunst zu erreichen, einem, wenn auch kleinen Theile jener Unglücklichen, welchen das eigentliche Gepräge der Menschheit abgeht, zum Gebrauch der Vernunft wieder zu verhelfen.«[106]

Trotz aller hier beschworenen psychologischen Kenntnisse der Ärzte war die Behandlung der Irren in der Praxis der Anstalten weitgehend von der Anwendung eines ganzen Arsenals von Zwangsmitteln beherrscht. Ein Widerspruch, den Ruer deutlich empfand. Nachdem er den Lesern der Zeitschrift für psychische Ärzte die in Marsberg gebräuchlichen Zwangsinstrumente vorgestellt hatte, schloß er seine Ausführungen: »Übrigens muß nach meiner Meinung das Bestreben des psychischen Arztes nicht gerade dahin gehen, den Apparat der Zwangsmittel zu vermehren, sondern diese Mittel durch sein eigenes, dem jedesmaligen Zustande des Irren angemessenes Benehmen, durch das Einwirkenlassen seines unerschütterlichen, festen und kräftigen Willens, so wie durch das Benehmen des gehörig qualificirten und unterrichteten Dienstpersonals entbehrlicher zu machen.«[107]

So berechtigt es deshalb erscheint, die Irrenanstalten als Fortsetzung der alten Zucht- und Korrekturhäuser zu beurteilen und den Bestrafungscharakter der ärztlichen Behandlung herauszustellen, eröffnete die ausdrückliche Heilungsabsicht der Ärzte und die sich zunächst allerdings nur bei Ruer durchsetzende Einsicht in somatische Zusammenhänge des Irrsinns[108] doch überhaupt erst einmal einen Spielraum für die Irren, der auch eine Heilung beinhalten konnte und der ihnen bei relativ angepaßtem Verhalten mindestens einen zwar disziplinierenden, aber nicht brutalen und unberechenbaren Arbeits- und Lebensablauf bot. Nicht ohne Grund wollten – wie oben erwähnt – einige Irre nach ihrer Entlassung ins dörfliche Leben wieder zurück in die Irrenanstalt.

Die ländliche Gesellschaft machte im Untersuchungszeitraum von der neuen Heilanstalt »alten« Gebrauch, d. h. beurteilte und nutzte sie in der Kontinuität der Tollhäuser des Ancien régime zur Abschiebung nicht mehr integrierbarer Irrer unter Abwägung der materiellen Interessenlage der Armen- und Gemeindekassen. Diese Umgangsweise mit den psychisch Abweichenden erfuhr in der ersten Jahrhunderthälfte keine Veränderung. Die bürgerliche Irrenreformbewegung erzielte im Münsterland wenig Auswirkungen auf Einstellungen und Handlungskonzepte gegenüber dem Irresein. Die Kreisphysici nahmen gewissermaßen eine Mittelposition zwischen oberbehördlichen Irrenreformern und ländlicher Gesellschaft ein. In Beurteilung und Behandlung des Irrsinns den Kriterien und der Kultur des Dorfes noch weitgehend verhaftet, nahmen sie jedoch das in der Irrenreform enthaltene Angebot auf eine standesmäßige Profilierung durchaus wahr, waren aber auch in Einzelfällen noch bereit, die Interessen von Verwandten und Dorfgemeinschaften auf Nichtabsendung ihrer Irren in die Heilanstalt mit entsprechenden Gutachten zu unterstützen.

Dirk Blasius

»Diebshandwerk« und »Widerspruchsgeist«

Motive des Verbrechens im 19. Jahrhundert

I. Sicherlich ist es gerechtfertigt, das 19. Jahrhundert das Jahrhundert des Rechts zu nennen. In keinem anderen Zeitraum begegnet eine solche Fülle neuer Rechtsschöpfungen. Das hängt mit der Herausarbeitung der bürgerlichen Gesellschaft aus einem feudal geprägten und ständisch gegliederten gesellschaftlichen Ordnungsgefüge zusammen. In Deutschland dokumentiert der Geschichtsverlauf im Jahrhundert des Bürgertums ebenso die Zukunftsgewißheit wie den politischen Gestaltungswillen bürgerlicher Schichten. Besonders klar erkennbar ist dies am Weg, den die preußisch-deutsche Rechtsgeschichte genommen hat. Er führte aus den Gefilden des »nachfriderizianischen Preußen« heraus und erreichte mit den Reichsjustizgesetzen der Bismarckzeit sowie dem Bürgerlichen Gesetzbuch von 1900, das »die Ideale der bürgerlichen Gesellschaft des 19. Jahrhunderts kodifiziert hat«, zweifellos einen frühen Gipfelpunkt moderner liberaler Rechtskultur.[1] Doch spiegelverkehrt zur Erfolgsgeschichte bürgerlicher Formkraft in der Sphäre des Rechts ließe sich das 19. Jahrhundert, mit dem Blick auf die Wellenbewegung der Kriminalität, auch als das Jahrhundert des Rechtsbruchs bezeichnen. Das Verbrechen war Wegbegleiter der tiefgreifenden Veränderungen der deutschen Gesellschaft, auch der Verschiebungen, die sich im Verhältnis von Staat und Gesellschaft ergaben. So ist in die Geschichte der Gesellschaft in Deutschland eine Geschichte der »German underworld« eingelagert, die studierenswert ist – nicht nur weil sie ein wichtiger Teil der allgemeinen Geschichte ist, sondern diese in ihren Tendenzen, Verhärtungen und verschenkten Möglichkeiten entziffern hilft.[2]

Kriminalitätsgeschichte läßt den schwierigen Weg der deutschen Gesellschaft in die Moderne in einem schärferen Licht erscheinen. Ihm soll hier im Rückgriff auf Perspektiven und Befunde der neueren ›historischen Kriminologie‹ genauer nachgegangen werden.[3] Die internationale Kriminalitätsgeschichtsschreibung ist heute ein fest etablierter sozialhistorischer Forschungszweig. Nur noch wenig erinnert an die frühen ideengeschichtlichen Ansätze, die Beiprodukt der Strafrechtsgeschichte waren. Für die ›historische Kriminologie‹ ist die Geschichte der Gesellschaft zum zentralen Bezugspunkt geworden, und das Kriminalgeschehen in der Vergangenheit wird in einen engen Zusammenhang mit Macht- und Herrschaftskonstellationen gebracht. Auch hat die ›Verbrechensgeschichte‹ kaum noch anekdotenhaften Charakter. Im 19. Jahrhundert dagegen faszinierten die großen Verbrechergestalten, ihre Lebensgeschichten, ihre Taten und ihr Ende. Es waren die kriminellen Karrieren der großen Einzelnen, die für ein interessiertes Publikum aufgearbeitet und unter dem Gesichtspunkt des juristisch Besonderen oder menschlich besonders Abgründigen zusammengestellt wurden.[4] Die großen Verbrechergestalten ziehen heute ein breiteres Forschungsinteresse nicht mehr auf sich; man beschäftigt sich vielmehr mit der historischen Bauform der Gesellschaft, in die das Verbrechen als der große oder kleine Rechtsbruch der vielen Namenlosen eingelassen ist. So fällt der Blick notwendig auf die verschachtelten Beziehungen zwischen vergangenem Sozialverhalten und den Versuchen staatlicher Autoritäten, Normkonformität mit Hilfe von Polizei und Justiz sicherzustellen. Es geht der sozialhistorischen Kriminalitätsforschung um eine zutreffende Plazierung des in der Vergangenheit begegnenden Kriminalunrechts im Kontext gesellschaftlicher Lagen und politischer Machtstrukturen.

Die Forschungen gerade des letzten Jahrzehnts haben unser Wissen um die tiefe historische Verankerung des Kriminalitätsproblems, seine Verzweigungen in die Geschichte von Staat und Gesellschaft hinein, beträchtlich erweitert. Den Stachel historischen Fragens bildeten die Eigentümlichkeiten des neuzeitlichen Geschichtsprozesses: die Überlagerung der Heiligkeit des menschlichen Lebens durch die Heiligkeit des Eigentums; der Aktionsraum des Rechts auf dem weiten Feld gesellschaftlicher Ungerechtigkeit; die Gesetzesaktivitäten bürgerlicher wie nichtbürgerlicher Moralapostel und Grund- wie Kapitaleigner. Die Kriminalitätsperspektive markierte scharf die gesellschaftlichen Widersprüche und Konflikte in der Abfolge historischer Zeiten. Deutlich wurde, in welch hohem Maße das ›Verbrechen‹ als eine historische Größe betrachtet werden muß: als eine Wirklichkeit, die nicht für sich, sondern nur in Abhängigkeit von gesellschaftlichen Einrichtungen und obrigkeitlichen Handlungen existiert.[5] So läßt sich der Wandel der Kriminalität nicht von Veränderungen im Bereich der Kriminalisierung trennen; das Maß strafrechtlicher Sozialkontrolle korrespondiert dem empirischen Erscheinungsbild der Kriminalität.

Für den Historiker ist die auch von der modernen Kriminologie nahegelegte Sichtweise, von Kriminalität als einer Teilmenge der geschichtlichen Wirklichkeit auszugehen, der auch jene staatlichen und gesellschaftlichen Einrichtungen zugehören, die Verbrechen ahnden und bedingen, von besonderer Bedeutung. Denn es ist keine Frage, daß die historische Erforschung der Kriminalität nur dann auf einem gesicherten Quellenfundament steht, wenn sie die strafrechtliche Legalordnung und deren Wandlungen zum Ausgangspunkt nimmt. Eine historische Lagebestimmung des Verbrechens, die seine Strukturen auf übergreifende Epochenstrukturen bezieht, kann nur über ›Verbrechenskontrolle‹ geleistet werden. Die Kontrollinstanzen, Verwaltungs-, Polizei- und Justizorgane, haben in der Vergangenheit das Material produziert, das Interpretationen vergangenen Kriminalgeschehens Solidität verleiht.

Die folgenden Ausführungen stützen sich auf die reichhaltigen Archivbestände des Preußischen Justizministeriums.[6] Diese Überlieferung ist in ihrem Quellenwert noch immer weitgehend unerschlossen. Gerade für quantifizierend arbeitende Historiker liegt hier ein breites Betätigungsfeld. Doch die Akzente sollen hier anders gesetzt werden. Die Aufmerksamkeit wird gerichtet auf die feinen Mechanismen der Repression, auf das Zusammenspiel von Strafrecht und Strafverfahren in den Details von Lebenswelten, deren soziale Gestaltungschancen von der jeweiligen sozialen Plazierung abhingen. Nur so kann deutlich gemacht werden, daß Kriminalität immer mehr war als eine bloß negative Begleiterscheinung der neuzeitlichen Gesellschaft; das Strukturmuster dieser Gesellschaft selbst bildet sich vielmehr in ihr ab – mit all den Ahndungsritualen, Sanktionseinrichtungen, aber auch den eigentümlichen sozialkulturellen Empfindlichkeiten. So halten die alten Justizakten über wertvolles Zahlenmaterial hinaus durchaus historisch Wesentliches in einem erweiterten Sinne fest. Wenn man darum bemüht ist, die obrigkeitliche Perspektive des Aktenmaterials quellenkritisch zu brechen, können Verhaltensmuster und die ihnen zugrunde liegenden kognitiven Orientierungen von Schichten aufgedeckt werden, die für die historische Forschung gemeinhin als sprachlos gelten. Der Bericht eines Land- oder Stadtrichters kann zwar nicht Selbstzeugnisse der Kriminellenpopulation ersetzen, aber er vermag eine Sonde zu sein zur Erschließung ihrer Lebenswelt, deren sozialer Lagerung und der lebensweltlichen Vermittlung von Vorstellungen über Gerechtigkeit, die oft in Konflikt mit dem geltenden Recht gerieten. Die Akzeptanz oder Ablehnung von Rechtsnormen ist ein Problem der Praxis des Rechts, und diese Praxis verläuft entlang der Entwicklungslinien von Staat und Gesellschaft in Deutschland. Preußen als der größte deutsche Einzelstaat spiegelt am präzisesten die Verschärfung sozialer Problemlagen in der take-off-Phase der deutschen Modernisierung. So ist die Zeit des Vormärz nicht nur der Geschichtsabschnitt, in dem sich die »Ursprungsfragen der modernen Weltepoche« (W. Conze) stellten und sich die gesellschaftliche Moderne zu formieren begann; das frühe 19. Jahrhundert ist auch eine der entscheidenden Verdichtungsphasen der modernen Kriminalitätsgeschichte in Deutschland gewesen.

II. In Deutschland sind die Jahrzehnte vor der Revolution von 1848 eine der großen Umbruchperioden der neueren deutschen Geschichte. Die Zeit des Vormärz wirft sowohl die Frage nach einer neuen gesellschaftlichen Zukunft auf, wie sie auf der anderen Seite die kaum gebrochene Kraft alter staatlicher und gesellschaftlicher Traditionen unterstreicht. In dieser Zeit des Übergangs, in der sich die sozialen Probleme verschärften und die ›soziale Frage‹ der modernen Industriegesellschaft geboren wurde, tauchte auch Kriminalität als zentrale gesellschaftliche Herausforderung auf. Es gab für die politischen Instanzen eine Art Wahrnehmungszwang, der mit der neuen Dimension dieses alten Problems zusammenhing. Den sozialökonomischen Ursachen des säkularen ›Sprungs‹ im damaligen Kriminalgeschehen soll hier zunächst die Aufmerksamkeit geschenkt werden, dann aber auch den spezifischen Verarbeitungs- und Kennzeichnungsmustern von Kriminalität nachgefragt werden, die sich in der ersten Hälfte des 19. Jahrhunderts einschliffen und geschichtlich von langer Dauer sein sollten. Dieser Rückgriff auf die Geschichte der Kriminalität ist freilich nur dann von produktivem Erinnerungswert, wenn ihm eine historische Lagebestimmung der damaligen politisch-rechtlichen und gesellschaftlichen Verhältnisse vorausgeht. Die Geschichte der Kriminalität muß an die Geschichtlichkeit von Gesellschaft, Ökonomie, Politik und Recht angeschlossen werden; nur dann kann dem Genauigkeitspostulat historischen Arbeitens Rechnung getragen werden.
Das historische Geschehen im Deutschland des 19. Jahrhunderts kann man mit guten Gründen unter dem Gesichtspunkt des Wechsels zweier Gesellschaftsformationen, zweier unterschiedlicher Grundmuster gesellschaftlichen Lebens subsumieren.[7] Die feudale, ständisch gegliederte und absolutistisch regierte Gesellschaft büßte an historischer Kraft ein. Ein neuer Typ gesellschaftlicher Ordnung, die moderne bürgerliche Klassengesellschaft, bildete sich in dem Maße aus, wie die industrielle Entwicklung fortschritt. Zweifellos gab es in dem in der ersten Hälfte des 19. Jahrhunderts einsetzenden gesellschaftlichen

Transformationsprozeß noch wenig Beschleunigung und auch wenig Geradlinigkeit; es war ein Prozeß mit vielen Rückschritten, der von vielen sozialökonomischen Krisen begleitet wurde. Dennoch war die deutsche Geschichte vom ausgehenden 18. Jahrhundert bis zur Reichsgründungszeit – das hat Reinhard Rürup überzeugend gezeigt – »in ihrem Kern durch den Aufstieg und die Ausformung der bürgerlichen Gesellschaft bestimmt«[8]. Diese Gesellschaft und ihre noch schwache bürgerliche Trägerschicht kehrte das Vernunftpotential der Aufklärung gegen die Mächte der Tradition, machte sich an die Schleifung der so festen Bastionen der Aristokratie in Staat und Gesellschaft. Die bürgerliche Intelligenz, die im süddeutschen Kammerliberalismus ihren Rückhalt hatte, fand auch im größten deutschen Staat des 19. Jahrhunderts, in Preußen, Verbündete. Hier hatte die Reformbürokratie zu Beginn des Jahrhunderts die Weichen für einen Verbürgerlichungsschub gestellt – auf der Ebene der Agrar-, Gewerbe- und Städtegesetzgebung, um nur die wichtigsten Reformkomplexe aus der Ära der Preußischen Reformen zu nennen.[9] Es gab in der ersten Hälfte des 19. Jahrhunderts zwar politische Restauration als vorherrschende geschichtliche Tendenz, aber auch die Sogkraft des gesellschaftlichen Emanzipationsgedankens. Gesellschaftsgeschichtlich gesehen brachte diese Wegstrecke der deutschen Geschichte einen nicht zu übersehenden Terraingewinn für die neue, bürgerliche Gesellschaft. Die ältere Gesellschaft mit ihren starren Zwängen und festen Hierarchien geriet historisch in eine Defensivposition. Die Geschichte der bürgerlichen Gesellschaft in Deutschland ist die Geschichte mühsam getaner, aber irreversibler Emanzipationsschritte.

Das Recht war in der schon am Ende des 18. Jahrhunderts beginnenden Inkubationszeit der Moderne das bedeutsamste Medium gesellschaftlicher Emanzipation. Carl von Rotteck, einer der führenden Theoretiker und Politiker des süddeutschen Liberalismus, bezeichnete in der Restaurationsphase »Freiheit und Recht« als »die Losungsworte der heutigen Zeit«. Vor allem das Recht könne »Bestrebungen, Kräfte[n], Interessen und Ideen, welche jetzt die europäischen Völker in ihrem innersten Leben aufrühren«, zum Durchbruch verhelfen.[10] Nicht nur Liberale, auch Konservative entdeckten die Regelungs- und Gestaltungsfunktion des Rechts, wenn sie auch, wie Hegel, der ganz auf der Linie der Preußischen Reformen lag, mehr einem vorsichtigen als entschiedenen Reformansatz das Wort redeten. Der in Preußen am Ende des 18. Jahrhunderts geschaffene und bis weit in das 19. Jahrhundert hinein bestehende Rechtszustand wurde von Hegel bewußt in den Zusammenhang mit ›Gerechtigkeit‹ gebracht. In dem Abschnitt der

›Rechtsphilosophie‹, der von der »Rechtspflege« handelt (§§ 209–229), heißt es: »Die Regenten, welche ihren Völkern, wenn auch nur eine unförmliche Sammlung, wie Justinian, noch mehr aber ein *Landrecht*, als geordnetes und bestimmtes Gesetzbuch, gegeben haben, sind nicht nur die größten Wohltäter derselben geworden, und mit Dank dafür von ihnen gepriesen worden, sondern sie haben damit einen großen Akt der *Gerechtigkeit* exerciert.«[11] Hegel wertete die »Gerechtigkeit« als »ein Großes in der bürgerlichen Gesellschaft« (§ 229); doch Gerechtigkeit war für ihn nicht nur eine Sache ›guter Gesetze‹, sondern ebensosehr eine von Gesetzesanwendung. Er sprach mit dem Blick, vielleicht auch mit einem kritischen Blick auf die Gerichtsverfahren seiner Zeit, vom besonderen Stellenwert des *»Rechtsgangs«: »Diese Schritte sind selbst Recht,* ihr Gang muß somit gesetzlich bestimmt seyn...« (§ 222).

Die Hegelsche Aufmerksamkeit gegenüber dem Verfahrensrecht hängt mit den zeittypischen Defiziten dieser Rechtsmaterie zusammen. In Preußen regelte die »Criminal-Ordnung für die Preußischen Staaten« vom Dezember 1805 den Gang des Strafverfahrens.[12] Sie war als erster Teil eines allgemeinen Kriminalrechts gedacht, dessen zweiter das materielle Strafrecht enthalten sollte. Der Gesamtplan scheiterte, weil sich die Revisionsarbeiten am strafrechtlichen Teil des Allgemeinen Landrechts juristisch und politisch als zu schwierig erwiesen. So behielt der Strafprozeß in Preußen bis 1848, als Mündlichkeit und Öffentlichkeit des Strafverfahrens, Schwurgerichte und die Institutionalisierung der Staatsanwaltschaft als Anklagebehörde erkämpft werden konnten, seine Mitte im von liberaler Seite verpönten Inquisitionsverfahren, das Offizial- und Inquisitionsprinzip in sich vereinigte. Das materielle Strafrecht war in Preußen Bestandteil des Allgemeinen Landrechts für die Preußischen Staaten von 1794.[13] Es galt bis zu dem, jetzt auf konstitutioneller Grundlage zustande gekommenen, »Strafgesetzbuch für die Preußischen Staaten« vom 14. April 1851.[14] Nimmt man den Sonderkomplex der Holzdiebstahlgesetzgebung hinzu, für den das »Gesetz wegen Untersuchung und Bestrafung des Holzdiebstahls« vom 7. Juni 1821 steht[15], hat man die wichtigsten Strafrechtsnormen zusammen, in deren Anwendung sich die konkrete Lage der frühbürgerlichen Gesellschaft im bedeutendsten deutschen Einzelstaat abbildet.

Die in den Geschäftsstatistiken der preußischen Justizbehörden festgehaltenen Verbrechenszahlen lagen jenseits aller bisherigen Erfahrung mit strafrechtlicher Sozialkontrolle. Von 1833 bis 1847 stieg die Gesamtzahl der durch Urteilsspruch beendigten Untersuchungen von

66539 auf 116398.[16] Es gab drei Verfahrenstypen: Kriminal-, Polizei- und Fiskaluntersuchungen. Während die Kriminaluntersuchungen von 34798 (1833) auf 68921 (1847) und die Polizeiuntersuchungen von 18345 (1833) auf 28975 (1847) anstiegen, blieben die Fiskaluntersuchungen unter der 20000-Grenze.

Polizei- und Fiskaluntersuchungen waren auf den Bereich der ›kleinen‹ Kriminalität zugeschnitten und sollten hier Beschleunigung der Prozeßabläufe bewirken. Den Hauptanteil bei fiskalischen Untersuchungen hatten Steuerdelikte und die mit ihnen in Verbindung stehenden »Widersetzlichkeiten gegen Beamte in Ausübung ihrer Dienstpflichten«. Hierzu gehörten auch ›Widersetzlichkeiten‹ gegen Forst- und Jagdbeamte. Im Unterschied zu den Kriminaluntersuchungen genügten zur Verurteilung die Aussagen vereidigter Behördenvertreter; es gab keine weiteren Berufungsinstanzen, wohl aber die Möglichkeit eines Niederschlagungs- oder Milderungsgesuchs. Kleine Diebstähle, bei denen der Wert des Entwendeten unter 5 Talern lag, wurden als ›Polizeivergehen‹ geahndet. Das heißt aber nicht, daß der Polizist zum Richter wurde. Bei den Gerichten wurden Anfang der vierziger Jahre für Vergehen, bei denen keine Kriminaluntersuchung zu führen war, vielmehr besondere »Commissarien« gebildet. Diese aus drei Mitgliedern bestehenden Abteilungen waren gehalten, aufgrund des mündlichen Vortrags des Untersuchungsrichters ein Verfahren »binnen drei Tagen in der ersten Instanz zu beenden«[17].

War im Bagatellbereich der Prozeß in der Tat um einiges kürzer, so trifft das erst recht für die Aburteilung von Holzdiebstählen zu. Das Holzdiebstahlsgesetz von 1821 führte besondere »Forstgerichtstage« ein, an denen sämtliche Holzdiebstähle einer Gegend verhandelt wurden. Der Holzdiebstahl war ein Kontrolldelikt, das der Anzeige durch die »angestellten verwaltenden Forstbediensteten« bedurfte. Sie übergaben dem Gericht ein Verzeichnis, in dem alle vorgefallenen Holzdiebstähle und ihre »Verüber« aufgeführt waren. Diese wurden am Gerichtstag vorgeladen. Ausschlaggebend für die Verurteilung war die »Angabe des gehörig beeidigten Forstbediensteten«. Es gab nur einen »gesetzlich zulässigen Gegenbeweis«: die Aussage von »unverdächtigen Verteidigungszeugen«, die am »anstehenden Gerichtstage« zugegen sein mußten. Wieviele Holzdiebe diese Verteidigungsmöglichkeit genutzt haben, ist von den Quellen her nicht mehr rekonstruierbar. Verteidigungszeugen mitzubringen, dürfte jedoch nicht einfach gewesen sein, denn als »unverdächtiger Zeuge« konnte nur jemand auftreten, der noch nicht in Holzdiebstahlsverfahren verwickelt gewesen war.

In der Zeit des Vormärz geriet eine immer breiter werdende Bevölke-

rungsschicht mit dem Gesetz in Konflikt. Die einzelnen Deliktschwerpunkte geben Hinweise auf die Gründe für die große Zahl von Gesetzesübertretungen. Freilich ist damit zum Motivspektrum des Verbrechens noch nicht alles gesagt. An erster Stelle stand die Eigentumskriminalität. Die neu eingeleiteten Untersuchungen wegen Diebstahls pendelten absolut zwischen 25984 (1836) und 40741 (1865); dazwischen lagen Extremjahre, die mit schweren Konjunktureinbrüchen und Nahrungskrisen zusammenhingen: 1847: 50864 Anklagen wegen Diebstahls; 1854 – 50052; 1855 – 54851; 1865 – 60722. Schon die Kriminologie des 19. Jahrhunderts hat die enge Beziehung zwischen Diebstählen und Subsistenzkrisen entdeckt.[18] Der Zusammenhang von Nahrungsmittelpreisen und Diebstählen war kein Geheimnis. Mit dem statistischen Instrument der Korrelationsrechnung läßt sich die Stärke dieses Zusammenhangs bestimmen. Berechnet man für den Zeitraum 1836–1850 den Korrelationskoeffizienten für Diebstähle (Häufigkeitszahlen pro 100000 der Bevölkerung) und Roggenpreise, so ergibt sich eine hohe positive Korrelation ($r = +0{,}94$). Doch auch während der Jahre 1852–1865 konvergierten Preise und Diebstahlsdelikte: Der Korrelationskoeffizient hat hier den Wert $r = +0{,}90$.[19] Mit anderen Worten heißt das: Nicht nur die Nahrungskrisen des Vormärz haben die Diebstahlziffern in die Höhe getrieben, sondern diese blieben auch in der Durchsetzungsphase der deutschen Industrialisierung mit der Nahrungssituation auf das engste verbunden.
Es ist keine Frage, daß die Armut breiter Bevölkerungsschichten zum enormen Anwachsen der Kriminellenpopulation geführt hat. Auch die Anklage erhebenden und Urteile fällenden Gerichtsbehörden sahen das nicht anders. Sie hatten ein Recht anzuwenden, das für Diebstähle aller Art drakonische Strafmaße vorsah, vom kleinen Diebstahl an Sachen mit einem Wert von unter fünf Talern bis zum gewaltsamen Diebstahl mittels Einbruch.[20] Auch das Strafgesetzbuch von 1851 spannte ein feines Netz für die Verfolgung gerade dieses Delikts, das mit der Durchsetzung und Entfaltung der bürgerlichen Gesellschaft immer stärker ins Zentrum des Kriminalgeschehens rückte.[21] Der preußische Justizapparat war sich der Zusammenhänge zwischen dem Basisprinzip dieser Gesellschaft, dem Eigentumsprinzip, und ihrem Basisdelikt, dem Diebstahl, nur zu bewußt, und er hat sie auch artikuliert. So heißt es in dem Geschäftsbericht eines preußischen Oberlandesgerichts: »Viele aus den armen Volksklassen, in einem fortwährenden Ringen nach den notwendigsten Bedürfnissen des Lebens und oft in der Unmöglichkeit, sich durch Arbeit auf redliche Weise dieselben zu verschaffen, werden durch die Not und durch die Meinung zu Verbrechen veranlaßt, daß

Gott die Güter der Erde nicht bloß für die Reichen, sondern für Alle gleichmäßig geschaffen habe, und es keine Sünde sein könne, zur Erhaltung des eigenen und der Angehörigen Daseins von den Vorschriften der Moral und der Gesetze abzuweichen, um sich einen Erwerb zu verschaffen.«[22] ›Not‹ und ›Meinung‹ gehören zusammen in die Ätiologie der Hauptdelikte der frühen bürgerlichen Gesellschaft. Die Verteilungsmuster des gesellschaftlichen Reichtums bedingten eine Chancenungleichheit bei der Befriedigung von Bedürfnissen. Hinter dem Rechtsbruch standen massive soziale Notlagen, die eine breite Spur sozialer Erfahrungen hinterließen. Sie verweist auf Orientierungen der Kriminellenpopulation, die außerhalb des geltenden Rechts lagen, und die in einem Potential von Widerständigkeit zusammenschießen konnten.

Die Mehrzahl der kleinen Diebe war zwar arm, aber sie gehörten nach Einschätzung der Behörden nicht zu jenem »verdorbenen Gesindel«, welches jedem »ehrlichen Erwerb« aus dem Wege ging und im »Diebeshandwerk sein Lebenselement« fand.[23] Nicht das ›Lumpenproletariat‹ stand hinter dem Anstieg der Kriminalitätsraten, sondern Menschen, deren Erfahrungen ihr ›Gewissen beschwichtigte‹. In den Quellen wird in bezug auf die Felddiebstähle von der Beschwichtigung des »Ungerechtsgefühls« gesprochen. Verlorengegangen war in dem von Not eingeschnürten Alltag breiter Schichten jener »innere Gegenzwang der Moralität, der naturgemäß die Handlung als unrecht charakterisiert«[24].

Kriminalität erschöpft sich nicht in normverletzenden Handlungen; daß zu ihr immer auch die Selbstwahrnehmung der Handelnden gehört, zeigt der folgende, für den Grundriß der Kriminalität im Vormärz nicht untypische Fall[25]: 1832 stand vor dem Appellationsgerichtshof in Köln eine Diebesbande vor Gericht, der 20 Personen, übrigens Männer und Frauen, angehörten. Sie hatten die Gegend um Kleve mit zahlreichen Einbruchsdiebstählen heimgesucht. Vor Gericht legten einzelne Mitglieder dieser Bande ein Geständnis ab. Minutiös berichteten sie über ihr Vorgehen, so auch über den »Diebstahl bei dem Pfarrer Kohl zu Rindern, in der Nacht vom 12./13. Dezember 1831«. Für die Behörden war die den Verbrechen zugrunde liegende Motivstruktur klar: »Arbeitsscheu und Hang zu einem gemächlichen Leben, welches sie [die Bandenmitglieder] auf ehrlichem Wege sich und den ihrigen nicht verschaffen zu können glaubten.« Doch die die Selbstaussagen der Diebe reproduzierende Anklageschrift des Generalstaatsanwalts macht nachdenklich. Nicht um gemächlicheres Leben scheint es den Dieben gegangen zu sein, sondern um Leben überhaupt. Hier eine längere Passage aus der Anklageschrift: »Pfarrer Johann Wilhelm Kohl wurde in der Nacht vom 12./13. Dezember 1831 durch das Gebell seines Hündchens aufmerksam gemacht und hörte bald darauf seine Magd ›Jesus Maria Joseph! Diebe! Diebe!‹ rufen. Kaum hatte er hiernach die Überzeugung gewonnen, daß Diebe im Hause seyen, als auch schon vier Männer mit Licht in sein Schlafgemach traten, deren einer ein Brecheisen trug. – Der Erste von ihnen trat vor das Bette des Pastors, forderte dessen Geld und empfing dasjenige, was selbiger in den Taschen seiner Kleidungsstücke verwahrte. Dann aber verlangte der Dieb den Schlüssel zu einem im Zimmer befindlichen Schreibpulte, öffnete denselben damit und nahm, indem er die vorgefundenen Papiere zur Erde warf, das in dem Pulte vorräthige Geld, etwa 200 Thaler; so wie einen silbernen Vorlegelöffel und fünfzehn silberne Eßlöffel; desgleichen eine goldene Uhr an sich. – Der Bestohlene, der diese Plünderung, ohne sie abwehren zu können, mit ansehen mußte, machte den Dieben zwar Vorstellungen und suchte ihr Gewissen zu rühren, aber vergebens. – ›Der Hunger‹, sprach einer von ihnen, ›ist ein hartes Schwerdt, die Holländer haben uns unglücklich gemacht!‹ – Ein anderer aber drohete dem Pastor mit einem Instrumente (einem Fiseel) wenn er zu viel redete. Hierauf begaben sich die Diebe in die Wohnstube, entwendeten dort aber nichts, sondern brachten eine daselbst vorgefundene silberne Uhr auf Geheiß ihres Anführers an das Bette des Bestohlenen, indem sie denselben anwiesen sich ruhig zu verhalten... Nachdem nun die Diebe ihr Geschäft vollendet, holten sie sich in der Küche Braten, Schinken, Wurst, Weisbrod und dergl. so wie aus dem Keller Wein herbei, aßen und tranken und zogen von dannen.« Auch beim sog. »schweren« Diebstahl ging es nicht nur um silberne Eßlöffel, sondern hauptsächlich um das Essen selbst.

Die Analyse von Prozeßsituationen im Bereich der Kleindelinquenz zeigt die soziale Seite der Kriminalität noch eindeutiger.[26] Vor dem Stadtgericht Heiligenstadt in Sachsen stand Ende der dreißiger Jahre eine junge Frau, die mit einem Knecht verheiratet und Mutter von vier Kindern war. Sie hatte sich wegen eines Felddiebstahls zu verantworten. Vor dem Richter ›behauptete‹ sie, »daß sie und ihre Kinder ohne Brot gewesen seien, und um ihrer Ziege, womit sie und ihre Kinder sich erhalten, Futter zu verschaffen, habe sie von dem Lande des Dienstherrn ihres Mannes einen Korb voll Klee entwendet«. Die ›Behauptung‹ dieser Frau ist lesbar nicht nur als Verteidigung, sondern auch als Anspruch auf eine umfassendere Gerechtigkeit als die, die im geltenden Recht ihren Ausdruck fand. Vor demselben Gericht stand auch ein fast

siebzigjähriger Mann, der einige Kohlrabi gestohlen hatte. Er gab an, »aus wahrer Not« gestohlen zu haben, ein Motiv, welches der Richter mit der Bemerkung »was richtig sein kann« versah.
Die Kriminalität in der ersten Hälfte des 19. Jahrhunderts weist neben ihrem Charakter als Notkriminalität auch signifikante geschlechtsspezifische Merkmale auf. Es wäre falsch, die Rolle der Frau in der ›Männerwelt‹ von Kriminalität und Strafrecht zu vernachlässigen.[27] Viel spricht dafür, daß Umfang und Typ der frühen Frauenkriminalität stark von der gesellschaftsgeschichtlich so prekären Lage der Vormärzzeit beeinflußt wurden. Dieses Problem ist bisher kaum analysiert worden, doch es gibt in der Überlieferung Anhaltspunkte, die sein Aufgreifen lohnend erscheinen lassen.
1846/47 waren Hunger und Massenarmut die beherrschenden Erscheinungen des gesellschaftlichen Alltags. Eine überbordende Kriminalität spiegelt die Existenznöte der Menschen. Der Anstieg der Verbrechenszahlen verlief freilich nicht geschlechtsneutral. Hatten Frauen 1844 einen Anteil an der Urteilsstatistik von 19% (absolut = 18029 ›beendigte Untersuchungen‹), so war dieser 1847 auf 23% (absolut = 26568) angewachsen.[28] Notzeiten scheinen das Gefüge der Frauenkriminalität verändert, der Frau vor allem im Hinblick auf das familiale Überleben eine soziale Rolle abverlangt zu haben, die von ihrer vermeintlich zeitlosen Geschlechtsrolle abwich. Es gab ohne Frage einen engen Zusammenhang zwischen Diebstahlskriminalität und Frauenkriminalität. Im Rechtsraum des Allgemeinen Landrechts bestanden die schon genannten drei Verfahrenstypen der Kriminal-, Polizei- und Fiskaluntersuchungen. Auch die ›Polizeiuntersuchungen‹ waren in den vierziger Jahren bei den Gerichtsbehörden angesiedelt. Sie wurden hauptsächlich bei »kleinen gemeinen Diebstählen« geführt, wenn der Wert des Entwendeten fünf Taler nicht überstieg. Während bei Kriminaluntersuchungen der Frauenanteil bei ca. 20 Prozent lag (1844 – 18%; 1847 – 22%), war er bei Polizeiuntersuchungen deutlich höher: 1844 – 29% (Anteil von Frauen an ›beendigten Polizeiuntersuchungen‹); 1847 – 31%.

Am Sozialgeschehen ›Kriminalität‹, das hier in seinen Strukturmerkmalen charakterisiert wird, brach sich auch der Optimismus der liberalen Strafrechtstheorie, die über das Recht ein gerechtes Funktionieren von ›bürgerlicher Gesellschaft‹ glaubte sicherstellen zu können. Mittermaier, einer der führenden Strafrechtsgelehrten, plädierte in seiner ›Strafgesetzgebung in ihrer Fortbildung‹ (1841) für den Ansatz einer »bürgerlichen Gerechtigkeit, welche mit den Mitteln, die dem Staate zu

Gebote stehen, und mit dem Staatzwecke im Verhältniß stehend nur auf die Interessen der bürgerlichen Gesellschaft berechnet ist und jede Handlung in jener Beziehung auffaßt, wie durch sie die bürgerliche Ordnung und Sicherheit unmittelbar oder mittelbar angegriffen wird, nach der Größe dieses Angriffs und nach dem Maaße der Verschuldung des Thäters die Strafe anwendet, indem sie dabei von dem Grundsatze der Zurechnung ausgeht, der dèn Staat bei der Beurtheilung verbrecherischer Handlungen leiten darf«[29].

Die strafrechtlichen Sanktionen, mit denen man den Diebstahl vor 1851 belegte, und auch die legislatorischen Verschärfungen, die das Preußische Strafgesetzbuch für dieses Delikt z. T. brachte, lassen es fragwürdig erscheinen, ob der sich immer stärker an bürgerlichen Rechtsprinzipien orientierende Staat des 19. Jahrhunderts auf dem Feld der Kriminalität wirklich Augenmaß gewahrt hat, das ›Maß der Verschuldung des Täters‹ hat strafrechtlich auf eine gerechte Weise würdigen können. Diebstahlsdelikte waren bis über die Mitte des 19. Jahrhunderts hinaus zum großen Teil Notdelikte; sie zeigten die Überlebensnöte der Menschen an. Die große Mehrzahl derjenigen, die Gesetze übertraten, war keineswegs darauf aus, über das große Verbrechen zu Reichtum zu gelangen. Man versuchte nur, irgendwie, d. h. auch unter Inkaufnahme einer gerichtlichen Anklage, der so drückenden Dauerarmut zu entgehen. Der kleine Rechtsbruch war oft die Ultima ratio in der eingeschnürten Lebenswelt besitzloser und ohne Arbeitsverdienst dastehender Unterschichten auf dem Land und in den noch kaum vom Industrialisierungsvorgang erfaßten Städten. Die überlieferten Zahlen für Diebstahlsdelikte belegen die Dominanz des kleinen Diebstahls. Mittermaiers Gerechtigkeitsprinzip, das er für die ›bürgerliche Gesellschaft‹ reklamierte, war für den justiziellen Umgang mit gesellschaftlicher Ungerechtigkeit in der konkreten historischen Situation des Vormärz ein Maßstab, der keine generelle Verbindlichkeit hatte: »Dies Gerechtigkeitsprincip erkennt, daß der Gesetzgeber nicht die Thatsache von ihrem Urheber und den Umständen, die sie hervorbrachten, so wie von den Motiven des Thäters trennen könne.«[30]

Besonders eng mit der gesellschaftlichen Lage breiter unterbäuerlicher Schichten war der Holzdiebstahl verknüpft. Seine Häufigkeit hing aber auch mit den straftatverursachenden Faktoren des Holzdiebstahlgesetzes von 1821 zusammen. Dieses Gesetz hatte in alte soziale Gewohnheiten der bäuerlichen Bevölkerung eingegriffen und das bislang nicht sanktionierte Sammeln von Holz zur Deckung des eigenen Lebensbedarfs unter Strafe gestellt; es schützte unverhohlen die Verwertungsinteressen der Waldeigentümer, die nach den Prämien schielten, die der

freie Holzmarkt versprach. Man kann mit einigem Recht sagen, daß mit dem Holzdiebstahlgesetz die Disparitäten im Gefüge der preußischen Agrargesellschaft in die Form eines strafrechtlichen Sondergesetzes gegossen wurden. Absolut stiegen von 1836 bis 1849 die Holzdiebstahluntersuchungen von 120473 auf 249237; auch in der zweiten Hälfte des 19. Jahrhunderts bekam noch eine große Zahl von Menschen das in diesem Bereich besonders harte System justizieller Sozialkontrolle zu spüren. So waren z. B. im Jahre 1865 372578 Holzdiebstahlverfahren neu anhängig. Die aus den absoluten Zahlen gewonnenen Häufigkeitszahlen für die beiden häufigsten Delikte, den Diebstahl und den Holzdiebstahl, zeigen, in welchem Umfang der Justizapparat in den Jahrzehnten tätig wurde, als die bürgerliche Gesellschaft sich aus den Fesseln der ständisch-feudalen Ordnung zu lösen begann. Pro 100000 der Bevölkerung gab es bei Diebstählen von 1836 bis 1847 einen Anstieg von 236 auf 386 Untersuchungen im Jahresdurchschnitt, bei Holzdiebstählen von 1094 auf 1800.
Die Gerichtsbehörden, die sich fast täglich mit Holzdiebstählen zu befassen hatten, wußten um die enorme »Steigerung der Holzpreise« seit der Privatisierung des Waldbesitzes. Sie waren es, die Reformen, wie z. B. die Anlegung öffentlicher Holzmagazine, anregten. Den Armen sollte so ein ›wohlfeiler‹ Holzpreis garantiert werden.[31] Dieses Engagement erwuchs aus der Einsicht in die Zusammenhänge von Recht und Gerechtigkeit. Holzdiebstähle würden *veranlaßt*, so heißt es in den Analysen der preußischen Oberlandesgerichte, »hauptsächlich durch den großen Holzmangel und die Teuerung des Holzes, also durch wirkliche Not«; *befördert* aber würden sie »durch die Meinung des Volks, daß sie keine eigentlichen und entehrenden Diebstähle« seien.[32]
Die ›Meinung des Volks‹ scheint bei den Holzdiebstählen der eigentliche Transmissionsriemen der Delikthäufigkeit gewesen zu sein. Das Gefühl, der Ungerechtigkeit der bestehenden Besitzordnung ausgeliefert zu sein, führte bei vielen Menschen nicht nur zum Rechtsbruch, sondern darüber hinaus zu einem Handeln, das Züge aggressiver Selbstjustiz trug. Forstbeamte, die Forstfrevler anzeigten, werden in den Quellen als deren »erklärte Feinde« bezeichnet. Trafen beide im Wald zusammen, kam es nicht selten zu »Tätlichkeiten«. Die mit schweren körperlichen Verletzungen und selbst Tötungen verbundenen ›Widersetzlichkeiten gegen Forstbeamte‹ sind die andere Seite eines Rechtsbewußtseins, das sich durch das positive Recht existentiell in die Enge getrieben sah. Eine solche Einschätzung ist voll abgedeckt durch die Sichtweise der Justiz selber. Die preußischen Justizbeamten erachteten eine »strengere Bestrafung« der Holzdiebstähle für »nicht ange-

Abb. 9: Abführung krimineller Elemente, Kupferstich von Geyser, 1796

messen«, »da das Holz in Ermangelung eines anderen Feuerungsmaterials zu den notwendigsten und unentbehrlichsten Bedürfnissen gehört und die dringende Not zur Entwendung desselben zwingt, eine Verschärfung der Strafe daher einerseits dieselben nicht würde verhüten können, andererseits aber nur als unnütze Härte erscheinen würde«[33].

Das geltende Recht wurde von einer Vielzahl von Menschen als nicht gerecht empfunden. Ihre Vorstellungen von Gerechtigkeit wurzelten in den Erfahrungen, die sie in ihrem Alltag und im Durchstehen dieses von Not eingeschnürten Alltags machten. Es ist das Verdienst der preußischen Justiz, zumindest partiell darum bemüht gewesen zu sein, die harten Bestimmungen des materiellen Strafrechts auf dem Verfahrensweg in einer sozial vertretbaren Weise zu implementieren. Dafür

Abb. 10: Der Webesaal im Zuchthaus Waldheim in Sachsen, anonymer Holzschnitt, Ende 19. Jahrhundert

Abb. 11: Englisches Schuldgefängnis im 18. Jahrhundert (vermutlich das Newgate-Gefängnis), Kupferstich von Hogarth aus dem »Leben eines Liederlichen«

spricht auch ein gewisser Anteil von »völligen Freisprüchen« an gesprochenen Urteilen (bei Kriminaluntersuchungen – 14 %; bei Polizeiuntersuchungen – 11 %).

III. Die bisherigen Ausführungen waren darum bemüht, die das Erscheinungsbild der Kriminalität bedingenden sozialstrukturellen Faktoren herauszuarbeiten. In der Wahrnehmung des Verbrechens durch die Instanzen der Sozialkontrolle ist immer auch ein Stück seiner historischen Wahrheit gespeichert, zumal diese Wahrnehmung die Selbstwahrnehmung der ›Täter‹ mitregistriert. Versucht man letztere aus dem Quellenmaterial zu rekonstruieren, wird deutlich, wie sich im Kriminalgeschehen der frühbürgerlichen Gesellschaft ebenso deren emanzipative Grundrichtung wie deren pathologische Grundzüge abbilden. Die Kriminalitätsentwicklung verlief nicht losgelöst von jener vorherrschenden Tendenz, die den gesellschaftsgeschichtlichen Prozeß im 19. Jahrhundert auszeichnet. Sein Vorzeichen war die Emanzipation. Preußen hatte in seiner Reformzeit den planenden Umgang mit einer bürgerlichen Zukunft geprobt, die Verfassungsfrage zwar unbeantwortet gelassen, d. h. sich einer konstitutionellen Öffnung des Verfassungslebens verweigert, aber es hatte so Wichtiges wie Bauernbefreiung, Gewerbefreiheit und kommunale Selbstverwaltung geschichtlich auf den Weg gebracht. Durch die Orientierung der Politik an bürgerlichen Leitbildern war die Gesellschaft in Bewegung geraten. In Preußen stand die hohe Beamtenschaft mit ihrem Gesetzgebungsgebaren hinter der Einleitung eines tiefgreifenden Modernisierungsvorgangs, der sich trotz vieler Rückschritte und Rücknahmen in seiner Bewegungsrichtung nicht mehr umkehren ließ und das Bewußtsein der Menschen nachhaltig prägte, auch das Bewußtsein derjenigen, die mit dem Strafgesetz in Konflikt gerieten.

Sieht man sich die preußische Kriminalstatistik an, so waren neben den Diebstahlsdelikten ›Widersetzlichkeiten‹ ein weiteres Hauptdelikt. Sie richteten sich gegen die durch Polizei-, Steuer- und Forstbeamte repräsentierte Obrigkeit und umfaßten bis 1851 sowohl den Straftatbestand der ›tätlichen Widersetzlichkeit‹ wie den der ›Beleidigung der Beamten in und bei Ausübung des Amts‹; nach 1851 fielen die Beleidigungen fort. Die Dimension, die diese Rechtsbrüche hatten, wird an den Zahlen für drei Stichjahre deutlich: 1836 wurden in Preußen 5371 Untersuchungen wegen ›Widersetzlichkeit gegen die Obrigkeit‹ neu eingeleitet, 1841 – 5855 und 1849 – 8052. Wenn in Preußens Amtsstuben über die

Ursachen der zunehmenden Verbrechen nachgedacht wurde, dann irritierte die hohe Zahl der ›Widersetzlichkeiten‹ besonders. Sie stand dem Selbstverständnis des preußischen Staates, seiner geschichtlich gewachsenen Überzeugung, Gehorsam und Fügsamkeit in jeder Situation erzwingen zu können, diametral entgegen. So war es die Deliktgruppe der ›Widersetzlichkeiten‹, über die am meisten räsoniert wurde, als der preußische König Friedrich Wilhelm III. per Reskript vom 1. November 1836 den Justizbehörden den Auftrag erteilte, sich über die ›Motive der häufigsten Verbrechen‹ gutachtlich zu äußern und Vorschläge zu machen, »auf welchem Wege die hauptsächlichsten Ursachen der vermehrten Verbrechen am gründlichsten beseitigt werden können«.[34] Die von sämtlichen preußischen Oberlandesgerichten erstellten Gutachten, die das von Landratsämtern, Magistraten und Stadtgerichten beigebrachte Material penibel auswerteten, können mit guten Grund als die erste, bedeutende Verbrechens-Enquête der neueren deutschen Geschichte bezeichnet werden.

Man bezog die Zunahme der Rechtsverletzungen auf die Einbrüche einer neuen Zeit in das Traditionsgefüge überlieferter gesellschaftlicher und politischer Ordnung. Nostalgische Stimmungen mögen in den Ausführungen der preußischen Justizbeamten vielleicht an der einen oder anderen Stelle mitgeschwungen haben, das ändert jedoch nichts an der Substanz der hier mitgeteilten Beobachtungen. Den Scharfblick der Bürokratie für zentrale Wandlungsvorgänge der gesellschaftlichen Wirklichkeit gilt es festzuhalten.

Kriminalität hatte in der ersten Hälfte des 19. Jahrhunderts unbezweifelbar mit gesellschaftlicher Not zu tun, aber auch mit einem neuen gesellschaftlichen Bewußtsein, das ›Widersetzlichkeit‹ aufkommen ließ, sich kritisch gegen die Herrschaftsrituale der alten Privilegiengesellschaft wandte und die Herrschaftszumutungen der neuen, bürgerlichen Ordnung nicht hinnehmen wollte. Es wäre verfehlt, den sich in Kriminalität artikulierenden Protest als eine blinde Verweigerungshaltung gegenüber einer gesellschaftlichen Zukunft zu interpretieren, die in der Entwicklungsdynamik der okzidentalen Modernisierung und Rationalisierung, so sah es Max Weber, notwendig angelegt war. Nicht die gesellschaftliche Moderne als solche, das zeigen die ›Details‹ des Kriminalgeschehens in der hier untersuchten Umbruchperiode der deutschen Geschichte, wurden in Frage gestellt. Es waren vielmehr ihre höchst fragwürdigen Begleitumstände, die Widerspruch und oft auch Widerstand hervorriefen.

Wie Kriminalität in dem für die Zeit des Vormärz so typischen Spannungsfeld von Tradition und Moderne analysiert wurde, soll an dem Bericht des preußischen Oberlandesgerichts Magdeburg vom 20. Juli 1837 kurz gezeigt werden.[35] Dieses Gericht bildete neben Halberstadt und Naumburg den dritten Oberlandesgerichtsbezirk der preußischen Provinz Sachsen, die sozialökonomisch eine Mittelstellung zwischen dem agrarischen Osten und den schon stärker industriell geprägten westlichen Landesteilen der preußischen Monarchie einnahm. Bei seiner Verbrechensanalyse hatte der verantwortlich zeichnende Vizepräsident des Magdeburger Oberlandesgerichts folgende Verbrechenszahlen vor Augen[36]: 1837 gab es in seinem Bezirk 450093 Gerichtseingesessene; von allen Gerichten, also von den Land-, Stadt- und Patrimonialgerichten, wurden in diesem Jahr, nach Delikten gegliedert, folgende Untersuchungen neu eingeleitet: wegen tätlicher Widersetzlichkeit gegen die Obrigkeit: 37; wegen Beleidigung der Beamten in und bei Ausübung des Amts: 186; wegen Diebstahls, mit Ausnahme der Holzdiebstähle: 1199; wegen Körperverletzung: 108; wegen Holzdiebstahls, Forst- und Jagdvergehen: 6278 – davon allein 5689 wegen gewöhnlichen Holzdiebstahls nach dem Gesetz vom 7. Juni 1821. Es kam somit im Durchschnitt eine Untersuchung wegen gewöhnlichen Holzdiebstahls auf 79 Einwohner; läßt man die Holzdiebstähle außer acht, wurde »wegen begangener Verbrechen oder Vergehen«, wie es in den Quellen heißt, gegen jeden zweihundertvierten Einwohner eine Untersuchung neu eingeleitet.

In den Augen der Gerichte zeigten die Höhe der Verbrechenszahlen und ihre nach oben weisende Tendenz Grundsätzliches an. Zwar wurde das Kriminalgeschehen von einzelnen, besonders krisenanfälligen Bereichen des gesellschaftlichen Lebens aus durchleuchtet, wurden Probleme der ›Verarmung‹, des ›Überhandnehmens des Branntweingenusses‹, des ›Verfalls des gewerblichen Verkehrs in kleinen Städten‹, die ›unbeschränkte Gewerbefreiheit‹, die ›Frühzeitigkeit ehelicher Verbindungen‹ usw. angesprochen, doch die Pointe dieser Kriminalitätsanalysen lag in der Aussage, daß die Gesellschaft insgesamt ihren Gleichgewichtspunkt verloren habe. Die alte Normgebundenheit sozialen Verhaltens sei verlorengegangen und neue soziale Gewohnheiten stellten eine Gefährdung für die Stabilität der sozialen Ordnung dar.

Die Auslassungen der preußischen Richter können nicht schlechthin als die Bedrohungsphantasien eines der Welt der Vergangenheit besonders verpflichteten Staatsstandes abgetan werden; sie enthalten die im Kern historisch richtige Beobachtung, daß sich im Sozialgeschehen ›Kriminalität‹ ein Stück des emanzipativen Weges der modernen, bürgerlichen Gesellschaft zeigte. Im frühen 19. Jahrhundert signalisierte

Kriminalität in der Tat eine Lockerung des gesellschaftlichen Gefüges. Die noch bestehende ständisch-feudale Gesellschaft verlor die Selbstsicherheit gegenüber ihrer eigenen Tradition. Neue Lebensstile tauchten auf, die Grundwerte der alten sozialen Ordnung gerieten ins Wanken, das Normbewußtsein der Gesellschaft wandelte sich. Zwar trat der preußische Justizapparat ziemlich massiv für die Abstützung der noch bestehenden gesellschaftlichen Zustände ein, doch auch er wußte um deren Brüchigkeit, um die versiegende Lebenskraft der Prinzipien, auf denen sie beruhten. So stieß man bei der Frage nach den Ursachen der Verbrechen auf die Geschichtsmächtigkeit des sozialen Wandels. Kriminalität reflektiert immer Prozesse des gesellschaftlichen Lebens; in der perspektivischen Sicht der Gesellschaftsgeschichte aber markiert sie darüber hinaus scharf historische Zäsuren.

Was bei den preußischen Beamten auf besonderes Mißbehagen stieß, waren jene schon erwähnten ›Widersetzlichkeiten‹.[37] Man sah in ihnen einen »Auswuchs des jetzigen Zeitgeistes«, der als ein »Widerspruchsgeist« gedeutet wurde und besonders in der »niederen Volksklasse« verbreitet sei. »Derselbe Geist des Widerstandes und der Beleidigung«, heißt es im Gutachten des Oberlandesgerichts Magdeburg, »waltet gegen alle Beamte, die mit dem Publico in unmittelbare amtliche Berührung kommen als Boten, Executoren, Gendarmes, Polizeidiener, Zoll-Einnehmer jeder Art, Feldhüter und dergleichen ob, und die bei weitem meisten Vergehen dieser Art gegen Beamte fallen hier in Magdeburg vor, was auf der großen hier zusammengeschlossenen Masse rohen Volks beruht, die durch sich selbst in den Ausbrüchen grober Leidenschaftlichkeit ebensosehr als durch die... Ungenügenheit des Polizei-Personals Unterstützung findet.«

Vor allem in den Städten war der Autoritätsverlust des staatlichen Behördenapparats am spürbarsten, doch auch auf dem Land hatten die alten Normen, die über einen langen Zeitraum gesellschaftliche Hierarchien im großen und ganzen aufrechterhalten hatten, an Bindewirkung eingebüßt. Von den Gerichten wird die »sichtlich überhand genommene Sucht nach Wohlleben und Vernügungen, unterstützt durch mannigfache Gelegenheit und gesteigerten Luxus überhaupt« als eine »allgemeine und bleibende Ursache des Verbrechens« angesehen.[38] Mit dieser Aussage ist mehr gemeint als die Zunahme der Schenken und Wirtshäuser im Zuge der Gewerbefreiheit; auch beinhaltet sie mehr als ein bloßes Monieren der veränderten Freizeitgewohnheiten von Handwerksgesellen und Tagelöhnern aus der unterbäuerlichen Schicht. Vergnügungssucht wird als Ausdruck eines allgemeineren »Zeitgeistes« interpretiert, der als die eigentliche »Fundamentalursache« hinter der

Vielzahl der Verbrechen stehe. Arbeitsscheu und vagabundierendes Leben seien zwar oft der äußere Anlaß, nicht aber das tieferliegende »Motiv« des Rechtsbruches. Der preußische Gerichtschef schreibt: »Diese durch die Vervielfältigung der Vergnügungsorte namentlich für die niedere Volksklasse geförderte Vergnügungssucht findet ihren Anhalt in dem gesteigerten Luxus überhaupt und in der Richtung des Zeitgeistes auf Vertilgung der Unterscheidungsmerkmale der Stände so wie in der dadurch bedingten Sucht der niederen Stände, sich mit den höheren zu verschmelzen, und deren Genüsse zu teilen.«

Die emanzipative Bewegungsrichtung des gesellschaftlichen Lebens, getragen von der voranschreitenden wirtschaftlichen Entwicklung und der sich ausweitenden räumlichen und sozialen Mobilität der Gesellschaft, wird zum Drehpunkt dieser frühen Verbrechensätiologie. Manches mag an den Worten der preußischen Richter überspitzt, mehr Beschwörung einer abgelebten Vergangenheit als realistische Diagnose der Gegenwart sein. Doch über den Zusammenhang von Kriminalität und gesellschaftlicher Emanzipation kann kein Zweifel bestehen. In ›Widersetzlichkeiten‹ gegen die Obrigkeit, aber auch in Diebstähle und Holzdiebstähle mischten sich die oft berechtigten Zweifel an der Gerechtigkeit der bestehenden Ordnung. Dieser ohne Frage schwer zu fassende, aber im Kriminalgeschehen der Zeit noch deutlich durchscheinende Motivkomplex ist auf die Formveränderung der Gesellschaft zu beziehen. Sie schärfte den Blick der Menschen für jene Beschwernisse ihrer Lage, für die sie nicht selbst die Verantwortung trugen.

Es ist kein Zufall, wenn die Gerichte aus Sorge über die, wie sie sagten, überhandnehmenden Verbrechen im Bereich der präventiven Sozialkontrolle die Zügel angezogen wissen wollten. Schul- und Religionsunterricht sollten das Verhalten der Menschen wieder in Bahnen lenken, in denen das Gegebene als gottgewollt und der Rechtsbruch als schwere Sünde betrachtet wurde. Diese Anmahnung von Normbekräftigung ist ein weiterer Beleg dafür, wie eng im Typ der damaligen Kriminalität Soziales und Kognitives miteinander verzahnt waren, wie sehr nicht nur die konkrete soziale Lage, sondern auch die bewußtseinsmäßige Erfassung dieser Lage Verhalten und Handeln der Menschen beeinflußt haben.

»Ich muß«, heißt es unter dem Punkt »Mangelhaftigkeit der Erziehung im weitesten Sinne des Wortes«, »der Vermuthung Raum geben, daß der Schul- und Religions-Unterricht, namentlich in den niederen Schulen zu wenig auf das Gefühl der Sittlichkeit und auf das Erkennen des

Rechts und Unrechts hinwirkt und überhaupt zu wenig für das practische Leben der Menschen in der menschlichen Gesellschaft berechnet ist. Würden die Kinder, gestützt auf die Lehren der Liebe unseres Erlösers und verdeutlicht aus den reichen Beispielen seines Lebens und Wandels, über die Heiligkeit der Wahrheit, über die Sünde der Antastung des Eigenthums des Nebenmenschen, über die Pflicht der Liebe zum Nächsten, über das in die Tiefe der Gedanken dringende Auge des allmächtigen Gottes und über die Verpflichtungen gegen den irdischen Regierer und gegen die ihn vertretenden Obrigkeiten und Beamte belehrt, es wäre nach meinem Erachten nicht möglich, daß so viele jugendliche Verbrecher, auch wenn sie wirklich sowohl Schul- als Religions-Unterricht genossen, die richterlichen Erfahrungen einer frühen moralischen Verderbtheit beweisen könnten, die namentlich ihre Richtung auf Lüge, Betrug und Diebstahl, Rache und freches Entgegentreten gegen die bekanntesten Anordnungen der Obrigkeit nimmt.«[39]
Der Vorwurf der »moralischen Verderbtheit«, der hier gegenüber dem Rechtsbrecher erhoben wird, hat sicherlich für den untersuchten Zeitraum in gewissem Umfang seine Berechtigung. Doch die historische Analyse zeigt, daß Kriminalität durchaus ein Stück eigener ›Moral‹ verkörpern kann. Bei dieser Sicht der Dinge geht es nicht um eine falsche Romantisierung des Verbrechens, sondern nur um ein Herausstellen und Herausarbeiten dessen, was Kriminalität als Ausdruck politisch-gesellschaftlicher Zustände und Abläufe an Blickschärfung für die Proportionen staatlichen Strafhandelns beitragen kann.

In der ersten Hälfte des 19. Jahrhunderts kündigte sich mit der Verabschiedung einer alten Zeit zugleich der Anbruch einer neuen an. Es war das Maschinenzeitalter, das seine Schatten vorauswarf. Vorbereitet wurde es durch den Ende der 30er Jahre mächtig einsetzenden Eisenbahnbau. Er veränderte das Gesicht so mancher Landschaft, griff aber auch in die Lebensverhältnisse der hier wohnenden Menschen ein. Konflikte blieben nicht aus, und von einem signifikanten Konflikt aus dem Jahre 1838 im preußischen Rheinland soll hier abschließend die Rede sein.[40]
In der Gegend um Mülheim an der Ruhr wollten die Besitzer einer Zeche einen neuen »Kohlentransport-Schienenweg« anlegen, der den Grundbesitz der anliegenden, meist kleinen Bauern stark in Mitleidenschaft gezogen hätte. Man befürchtete, den drohenden Verlust landwirtschaftlicher Anbauflächen nicht verkraften zu können. Die Zechengesellschaft freilich war nicht bereit, auf die Sorgen der bäuerlichen Grundbesitzer Rücksicht zu nehmen. Man begann mit dem Bau

der Eisenbahntrasse, obwohl eine Einigung in Form eines notariell beglaubigten Kaufvertrages nicht zustande gekommen war.
Das ist der Ereignishintergrund eines Aufruhrgeschehens, das für die Betroffenen vor den Schranken des Oberlandesgerichts Hamm ein bitteres juristisches Nachspiel haben sollte. Die Arbeiter und Bediensteten der Zechengesellschaft waren machtlos, als sich die Bauern dem ersten Spatenstich auf ihrem Grund und Boden ›widersetzten‹. Auch der herbeigeholte Mülheimer Bürgermeister bekam mit seinen Polizisten »die eingetretenen Widersetzlichkeiten gegen die dem Gesetze schuldige Achtung« nicht in den Griff. Erst das aus einer Nachbarstadt herbeigeholte Militär wurde Herr der Lage und konnte sich rühmen, hart gegen die mehrere hundert Menschen zählende »aufrührerische Volksbewegung« durchgegriffen zu haben.
Wie hart der Widerstand war, zeigt der Bericht des kommandierenden Leutnants. »Bei unserer Ankunft im Eppinghofer Bruch fand ich mehrere der benachbarten Hügel mit Trupps von 30 bis 40 Menschen besetzt, die zuerst in ein schallendes Gelächter ausbrachen und mir unter Schimpfworten deutlich die Worte verstehen ließen, ›seid ihr das alle, morgen seid ihr zum Frühstück verzehrt‹, dann folgte ein mehrmaliges Hurra. Ich befahl meinen Leuten, nichts zu erwidern und geschlossen vorzugehen.« Dieses Vorgehen war aber dann doch nur unter Einsatz von Waffen möglich. Das Militär verhaftete die »Hauptredeführer« und zerstreute unter Zuhilfenahme kräftiger »Kolbenstöße« die Menge. Die Eisenbahn konnte gebaut werden, ohne daß, so der Leutnant,»irgendeine Zusammenrottung oder Widersetzlichkeit vorkam«.
Für ihn war das Ganze der »beklagenswerte Auftritt einer verblendeten und verführten Volksmasse«, die, soweit man ihrer hatte habhaft werden können, zu Recht vor Gericht stand. Hier nun war von Verblendung wenig zu merken, wohl aber von Einsichten in die eigene Lage. »Als wir«, sagte einer der Angeklagten vor der Hammer Justizkommission aus, »bei S. [einem weiteren Angeklagten; D.B.] saßen, wurde als Bewegungsgrund dafür, daß man die Anlegung einer Eisenbahn nicht dulden müsse, angegeben, daß wir dann nichts zu leben hätten, daß sie uns dadurch das Brod abnähmen. Es wurde auch bemerkt, daß man die Anlegung der Eisenbahn nicht zu dulden brauche, dafür wurde bemerkt, daß die Anlegung nicht Befehl des Königs sey.«
Sie war in der Tat nicht Befehl des Königs, sondern Anliegen der ihr Privatinteresse verfolgenden Zechenbesitzer. Sie konnten viel eher den Schutz der staatlichen Autorität für sich reklamieren als die am Rande der Armut lebende bäuerliche Unterschicht. In diesem Fall freilich war es ein königlicher preußischer Landrat, der die Proportionen wieder

zurechtrückte. Er nahm sich der auch nach der gewaltsamen Niederschlagung des Aufruhrs weiterbestehenden »Unzufriedenheit über diese Anlage« an und berichtete dem Düsseldorfer Regierungspräsidenten, daß die betroffenen Grundbesitzer »noch nicht einmal wüßten, was sie für ihren abzutretenden Grund und Boden erhalten sollten«. Dieser Landrat veranlaßte die Zechenbesitzer, »sämtlichen Grundbesitzern die ihnen gebührende Grundentschädigung unter Vorlegung der Taxe durch einen Notar bar offerieren zu lassen«. Außerdem setzte er durch, »denjenigen armen Grundbesitzern, welche durch die Abtretung eines Theils ihres unbedeutenden Besitzthums besonders belästigt würden, eine angemessene Zulage zu dem taxierten Bodenwerth zu gewähren«.

Das sind, wenn man so will, die ›Details‹, die im Kriminalgeschehen des frühen 19. Jahrhunderts stecken, und die sich hinter der Kriminalstatistik, in diesem Fall hinter den Anklageziffern für ›Widersetzlichkeiten‹, ›Aufruhr und Theilnehmung am Aufruhr‹ verbergen. Es sind jene Details, die man im Kopf haben muß, will man die von der zeitgenössischen Richterschaft aufgestellte These vom Anwachsen »moralischer Verderbtheit« historisch korrekt einordnen. Die »Verderbtheit« öffentlicher Moral ist *auch* eine Seite der verzwickten Geschichte der modernen, bürgerlichen Gesellschaft. Für die Zukunftshoffnungen dieser Gesellschaft ebenso wie für ihre Rückschritte war Kriminalität schon immer ein wichtiger Maßstab.

Bärbel Kuhn

»... und herrschet weise im häuslichen Kreise.«

Hausfrauenarbeit zwischen Disziplin und Eigensinn

I. »Mein Haus – mein Stolz«, »Das häusliche Glück«, »Im Haus und am Herd«, »Das fleißige Hausmütterchen« ... mit diesen und ähnlichen Topoi wandten sich zahlreiche Haushaltsratgeber des 19. Jahrhunderts und der Jahrhundertwende an »Die künftige Hausfrau« [1], mit dem erklärten Anspruch, ein »nützliches Hülfsbuch für alle Frauen und Mädchen, die ›billig und gut‹ haushalten lernen wollen« [2], zu sein. Der erhobene Zeigefinger konnte der Leserin nicht verborgen bleiben, zumal sie oft direkt und persönlich angesprochen wurde, von einer älteren erfahrenen Freundin [3], von Frau zu Frau, oder aber auch von einem »mahnenden« Seelsorger, der es bei der Verabschiedung seiner »Tochter« ins Eheleben nicht beim kirchlichen Segen bewenden lassen wollte: »Es ist wohl noch nicht lange her, meine Tochter, daß du... an deines Mannes Arm aus der Kirche zum ersten Male als Frau dein Haus betreten... Du fühltest dich überglücklich, voll der schönsten Hoffnungen. Sind deine damaligen Hoffnungen von dem geträumten häuslichen Glücke in Erfüllung gegangen? – Mußt du hier mit einem traurigen ›Nein‹ antworten, dann schiebe die Schuld daran, daß sie unerfüllt geblieben sind, ja nicht auf besondere Verhältnisse oder gar auf deinen Mann; sie liegt ganz gewiß an dir selber, weil es dir entweder an den nöthigen Kenntnissen oder an den zur Begründung des häuslichen Glücks notwendigen Tugenden gefehlt hat. Doch lasse deshalb den Muth nicht sinken! Was dir noch fehlt, das kannst du noch immer lernen, und was du noch nicht geworden bist – glücklich meine ich –, das kannst du noch werden. Dies Büchlein will dir ja helfen, die dir noch fehlenden Kenntnisse zu erlangen; möge es dir auch helfen, die dir noch mangelnden Tugenden zu erwerben! ... Befolgst du meine Mahnworte, dann wirst du das gewünschte häusliche Glück ganz sicher erlangen.« [4]

Trotz einer entsprechenden Sozialisation der Mädchen waren die für das häusliche Glück erforderlichen Tugenden offensichtlich nicht für alle selbstverständlich und widerspruchslos annehmbar. Dabei konnten die Gründe für die Nichtakzeptanz durchaus auch in der eigenen Person gesehen werden, ohne jedoch notwendigerweise in das von dem

Seelsorger nahegelegte ›mea culpa‹ einzustimmen. Aufmüpfig und selbstbewußt erklärt Anna ihrer mütterlichen Freundin Marie in dem in Briefform geschriebenen Ratgeber »Das fleißige Hausmütterchen« von 1915: »Es will mir aber auch nicht der Mühe wert scheinen, sich mit aller Kraft dem Irdischen so zu widmen... Denn es ist doch etwas so ganz Weltliches, daß es einem das Herz gefangen nehmen muß, wenn man nichts anderes nachzudenken hat, als was immer zu ordnen und zu machen sei... Bei meinen Anschauungen fürchte ich wirklich, daß es mir nicht so ganz gelingen werde, allem dem genau nachzukommen... Darum bin ich oft nicht glücklich bei meinen Arbeiten.« Die Unangemessenheit ihrer Anschauungen ahnend und damit wieder den Sinn und die Nützlichkeit von Haushaltsratgebern ins rechte Licht rückend, räumt sie dann jedoch ein: »Ich wünsche mir manchmal schon, daß ich dies mit einer gewissen Qual verbundene Gefühl beseitigen und wie andere froh und heiter allem mit Pünktlichkeit nachkommen könnte. Ich hoffe mit Zuversicht, daß auch mir ein Stützpunkt geboten werde, der mich die Arbeit von einer viel lieblicheren Seite betrachten lehrt, als ich es jetzt kann... Glaube mir, daß ich dann mit viel mehr Freudigkeit arbeiten werde, wenn ich besser verstehe, inwiefern auch die Arbeit mit höherem Interesse verwandt sein könne.«[5]

Die beiden hier vorgestellten Standpunkte verweisen sowohl auf den Rahmen als auch auf konkrete Fragestellungen der folgenden Überlegungen. Auf der einen Seite geht es um gesellschaftliche Erwartungen, um die bürgerlichen »Tugenden« Ordnung, Fleiß, Sparsamkeit, Sauberkeit, Pünktlichkeit, Selbstdisziplin, wie sie sich im Zuge der kapitalistischen Produktionsform und Arbeitsteilung als konstitutiv nicht nur für die männliche, sondern auch für die weibliche Lebenspraxis herausgebildet haben. Diese Normen wurden mehr und mehr zum alles bestimmenden sozialen Kontext, insbesondere der bürgerlichen Hausfrau; sie traten ihr in den Haushaltsratgebern, in Erwartungen und im Verhalten ihrer Mitmenschen, in Gesetzen, Vorurteilen, institutionellen Bedingungen und Sozialisationsinstanzen entgegen und wurden vor allem über letztere mehr oder weniger verinnerlicht. Mehr oder weniger – die Alternative verweist auf die andere Seite, auf der die Möglichkeit einer grundsätzlichen Infragestellung der vorgegebenen Normen eingeräumt oder gar der Wunsch nach Verweigerung angedeutet wird. Eingedenk der drohenden Konsequenzen bei Nichterfüllung der an sie gerichteten Erwartungen verwirft Anna ihre subversiven Gedanken jedoch sehr schnell und signalisiert die Bereitschaft, die Tips und Ratschläge entgegenzunehmen, die eine junge Frau zu befolgen hat, strebt sie die familiäre und gesellschaftliche Anerkennung als

»gute« oder gar »perfekte« Hausfrau an. Ist diese Anerkennung dann noch gepaart mit persönlichem Glück, das alle Ratgeber als Lohn für die konsequente Befolgung ihrer Ratschläge in Aussicht stellen, erscheint der Preis letztlich auch nicht mehr unangemessen hoch.

Es fällt schwer, sich bei der Lektüre des Seelsorgerwortes und der Ratgeber generell eines ironischen Kommentars zu enthalten, doch kann dieser die Ernsthaftigkeit der Frage nach den Methoden und Mechanismen der Normenvermittlung einerseits und ihrer Akzeptanz andererseits keinesfalls mindern; im Gegenteil verstärkt sich angesichts der massiven und unverhohlenen Disziplinierungsabsichten und -maßnahmen das Interesse dafür, warum sich die Frauen den an sie gerichteten Anforderungen fügten.

Bisher vorliegende Untersuchungen zum bürgerlichen Weiblichkeitsideal oder Frauenalltag gehen auf diesen Aspekt meist nicht oder nur am Rande ein, oder sie trennen Beschreibung und Hintergründe, interessieren sich für das Ideal oder die Wirklichkeit, ohne näher nach dem Verbindenden zwischen beiden zu fragen.[6] Die mit der bürgerlichen Geschlechtsrollendefinition einhergehende »Domestizierung« der Frau, ihre Beschränkung auf die Funktionen Hausfrau, Gattin und Mutter, eröffneten ihr in ihren ›Innen-Räumen‹ zwar durchaus auch ›Macht-Räume‹, die jedoch kaum voll ausgeschöpft wurden, sei es, weil ein erhobener Zeigefinger die Hausfrau von außen an die Wahrung des Ideals oder zumindest seines Scheins ermahnte, oder weil sie von sich aus den Anspruch hatte, diesem zu genügen. Es wird also zu fragen sein, welcher Art die äußere und innere Disziplinierung war – und ist, daß Anpassung und Gefügigkeit meistens über Unterlassungen und Verweigerungen siegten. Welche Mechanismen der Formierung und Abrichtung, der Einübung von Motiven und Verhaltensmustern sind am Werk? Wer kontrolliert oder sanktioniert Normenverletzungen? Und worin liegt andererseits die Bedeutung des bürgerlichen Frauenideals, daß nichts unterlassen wurde, damit es zu allgemeiner, schichtübergreifender Akzeptanz gelange? Worin liegt seine Attraktivität, daß es so stark verinnerlicht wurde, und wo stößt es an Grenzen der Annehmbarkeit?

Vor dem Hintergrund dieser Fragestellungen versteht sich die vorliegende Untersuchung als Beitrag zur Frauengeschichte, zum weiblichen Lebenszusammenhang um 1900 und zur Hausarbeit, die mit den beiden ersten Bereichen wenn auch nicht ›natürlich‹, so doch historisch verbunden ist. Die Arbeit wird mit dieser inhaltlichen Vorgabe gleichzeitig zu einem Fallbeispiel für Disziplinierung, für ein subtiles Zusammenspiel von gesellschaftlich und selbst auferlegten Zwängen. Deren konkrete Mechanismen sind um so schwerer nachzuzeichnen und nachzuvollziehen, je mehr sie verinnerlicht und selbstverständlich wurden oder sich verselbständigt haben. Einige Fragen können deshalb nur hypothetisch beantwortet werden, zumal die zur Verfügung stehenden Quellen zur Geschichte von Frauen, insbesondere wenn es um Alltag und Mentalitäten mittlerer oder unterer Schichten geht, mehr als spärlich sind. Die wenigen zeitgenössischen Autobiographien von Frauen gehen auf die Hausarbeit im einzelnen nur am Rande ein, sei es, daß sie als zu »alltäglich« oder auch als zu unwichtig angesehen wurde.[7] In beiden Fällen werden vor allem die zwischen Ideal und Realität wirksam werdenden Disziplinierungsmechanismen ausgeklammert oder höchstens punktuell zwischen den Zeilen sichtbar. Wenn sich Frauen der Jahrhundertwende in ihren Lebenserinnerungen dem Frauenalltag widmen, haben sie sich meist schon tatsächlich oder zumindest in ihrem Bewußtsein von der weiblichen »Normalbiographie« mit den Zuweisungen Hausfrau, Gattin und Mutter distanziert, die den gesellschaftlichen Erwartungen entsprach. Die Motive für ihre Autobiographie sind im wesentlichen darin zu sehen, daß sie den eigenen Emanzipationsprozeß für sich selbst nach- und möglicherweise anderen vorzeichnen wollen. Die Alltagsbeschreibungen in diesen Autobiographien verlieren dann durch ihren distanzierten Blick für die Rekonstruktion von Einstellungen und Wahrnehmungen der Mehrheit der Frauen an Erkenntniswert.[8] Ihr deskriptiver Charakter bietet jedoch in Konfrontation mit und als Ergänzung zu den normativen Haushaltsratgebern die Chance eines annähernd authentischen Bildes der Hausfrauenrealität.

Neben diesen beiden zeitgenössisch entstandenen Quellen bringen heute geschriebene oder erzählte Lebenserinnerungen wichtige zusätzliche Erkenntnisse für die Rekonstruktion von Alltagserfahrungen und -bewertungen. Die Untersuchung Wierlings zur »Sozialgeschichte von Dienstmädchen im Kaiserreich« demonstriert überzeugend, daß mit der Methode der Oral History besonders für die Geschichte und Mentalitäten von Frauen entscheidende Erweiterungen und Korrekturen zu bisherigen Anschauungen geleistet werden können.[9] Auch in die folgenden Überlegungen werden Aussagen von Zeitgenossinnen einbezogen. Gerade im Zusammenhang mit Hausarbeit scheint mir die Anhörung der Betroffenen wichtig, wenn sich Frauengeschichte nicht auf das Aufzeigen von passivem Erleiden gesellschaftlicher Zwänge oder männlicher Unterdrückung beschränken soll.

Die in den siebziger Jahren entfachte Diskussion um die Entstehung

und Bewertung von Hausarbeit hat auf allen ihren Ebenen, der historischen, der ökonomischen, der geschlechtsspezifischen und der politischen, diesen Aspekt, der Hausarbeit zweifellos anhaftet, zentral hervorgehoben und angeklagt.[10] Die Gefahr, in die sich die Frauengeschichtsschreibung bei dieser Suche nach ›Opfern‹ oder auch ›Heldinnen‹ begibt, hat Rüsen mit dem Wortspiel der »Verhinderung von Erkenntnis durch Interesse« umschrieben.[11] Die Erkenntnis, die hier verhindert werden könnte, ist die, daß die Disziplinierung der Frauen im Sinne der bürgerlichen Geschlechtsrollenzuweisung und Gesellschaftsordnung nicht nur von außen, durch eben diese Gesellschaft, durch Ehemann, Verwandte und Nachbarn erfolgte, sondern auch von innen, durch Verinnerlichung der entsprechenden Erwartungen und darüber hinaus aus einem existentiellen Interesse, denn diese Rollendefinition bot der Hausfrau eine Möglichkeit, innerhalb der Gesellschaft – wenn auch gleichzeitig mit Beschränkung auf die Innenräume ihres Hauses – Anerkennung und Identität zu finden. Um diese zu verteidigen, übernehmen die bürgerlichen Frauen auch selbst Disziplinierungsfunktionen innerhalb ihrer Familie wie auch gegenüber anderen Frauen.
Vor diesem Hintergrund müssen sowohl die Hausfrauenarbeit selbst als auch die Methoden und Mechanismen der Disziplinierung gesehen werden, d. h. der Blick muß hinter die Kulissen oder in die Innenräume reichen. Der von Claudia Opitz geforderte »andere Blick« [12] von Frauen in die Geschichte sollte nicht nur ›anders‹ sein, insofern er die weiblichen Lebenszusammenhänge mit weiblichen Normen, Verhaltensweisen, Erfahrungs- und Wahrnehmungsformen zu erfassen versucht, sondern auch ›anders‹ durch das Bemühen, nicht unsere heutigen Vorstellungen von Unterdrückung und Autonomie als Maßstäbe für die Bewertung anzusetzen. Insbesondere was die Hausarbeit betrifft, verzerren moderne Wertvorstellungen sowohl das objektive Bild als auch die subjektive Wahrnehmung der Betroffenen, und zwar hier der Frauen wie der Männer. Beobachtung und Bewertung sollen also möglichst mit zeitgenössischen Kriterien operieren und aus der damaligen Weltsicht erfolgen. Grundsätzlich sind Autobiographien und Lebenserinnerungen besonders geeignet, Betroffenheit und eine spontane Bereitschaft, sich auf die Quellen einzulassen, zu erzeugen. Doch ist doppelte Vorsicht angesagt: Zum einen enthalten sie oft Verzerrungen, nachträgliche Interpretationen und Rechtfertigungen, zum anderen riskieren wir mit einer zu starken Annäherung oder gar Identifikation mit den Frauen und ihren Lebensbedingungen ebenfalls, das Bild zu verfälschen oder unbewußt unzulässige Selektionen vorzunehmen. Letztlich bedeutet dies, daß sowohl die eigene als auch die Subjektivität der Quellen ständig

hinterfragt und für die Wertung berücksichtigt werden müssen.[13] Nach der ersten Annäherung ist es deshalb notwendig, wieder auf historische Distanz zu gehen und sich der Fremdheit der Quellen zu stellen.[14] Wir gewinnen dann vielleicht auch an Sensibilität für weitere Interpretationsansätze, die in Lebensberichten liegen können: Eine vom tatsächlichen Leben abweichende, widersprüchliche oder durch Auslassungen und Hinzufügungen verfälschte Rekonstruktion des Lebenslaufs kann produktiv genutzt werden, weil sie die damaligen und heutigen Einstellungen zu gesellschaftlichen und eigenen Erwartungen an die Lebensgestaltung der Erzählenden widerspiegelt.

Die gemeinsame Nutzung von Erinnerungen und Haushaltsratgebern kann auch deshalb neue Perspektiven des weiblichen Lebenszusammenhangs der Jahrhundertwende eröffnen, weil die Ratgeber nicht nur Wissen in Haushaltungskunde vermitteln, sondern auch Auskunft geben über gesellschaftliche, kollektive Mentalitäten. Sie sind also einerseits mentalitätsabhängig, insofern sie Ausdruck und Folge von schon existierenden Verhaltensdispositionen sind, andererseits aber mit ihrem sozialisatorischen Anspruch auch mentalitätsbildend.[15] Werden sie »gegen den Strich gebürstet« und gleichzeitig mit dem gelebten Umgang mit den gesellschaftlich vorgegebenen und vermittelten Normen verglichen, können mit ihrer Hilfe auch Beispiele dafür aufgedeckt werden, daß die »aufoktroyierten Zumutungen«[16] als unzumutbar abgelehnt oder Umdeutungen vollzogen wurden. Freilich haben solche Umdeutungen nur selten etwas mit bewußtem Protest oder gar subversivem Verhalten zu tun, sondern sie sind meistens ganz unheroisch Ausdruck effektiver Überforderung, gemessen an der zur Verfügung stehenden Zeit und den realen finanziellen Gegebenheiten.

Trotz ihres Anspruchs, für »alle« Hausfrauen geschrieben zu sein, wendet sich die Mehrzahl der Haushaltsratgeber wohl doch eher an die gehobenen Schichten, an den großbürgerlichen Haushalt, in dem meist mehrere Hilfskräfte zur Verfügung standen oder nach Bedarf eingestellt werden konnten, z. B. eine Waschfrau für den Waschtag. Lediglich »Das häusliche Glück« betont ausdrücklich, für Arbeiterfrauen »mit geringen Mitteln und ohne Hülfe einer Magd«[17] konzipiert worden zu sein, wobei auch hier die Vorstellungen vom Arbeiterhaushalt und die Realität weit auseinanderklaffen – liest man beispielsweise die vorgeschlagenen Kochrezepte oder die Grundbedingungen für »gesundes« Wohnen. Die hier vermittelten Richtlinien dürften wohl eher für den kleinbürgerlichen Haushalt zutreffen. Bei aller Schwierigkeit, den Begriff des Kleinbürgertums ein- und nach unten oder oben abzugrenzen, soll für die folgende Untersuchung doch diese ›Schicht‹ oder dieser

Mittel-›Stand‹ zugrunde gelegt werden. Ergeben sich aus der Begriffsverwirrung schon grundsätzliche Zuordnungsschwierigkeiten, so betreffen jene die Frauen wieder ganz besonders, denn wie Wierling bemerkt, läßt sich »die soziale Position von Frauen nur unzureichend durch die ihrer Väter, Brüder und Männer sichtbar«[18] machen. Wenn also hier von *der* Hausfrau die Rede sein wird, so ist damit gewissermaßen eine idealtypische »Durchschnittshausfrau« gemeint, die, nicht erwerbstätig, im gewerbetreibenden oder unternehmerischen städtischen oder ländlichen (klein)bürgerlichen ebenso wie im mittleren und kleinen Beamten- und Angestelltenhaushalt »schalten und walten« könnte. Gemeinsam ist diesen Haushalten eine gewisse finanzielle Grundsituation, wobei bei den Beamten und Angestellten die Regelmäßigkeit der Einnahmen eine zwar starke Entlastung für die Ökonomietalente der Hausfrau darstellt, was jedoch durch gleichzeitig größeren Repräsentationszwang unter Umständen wieder aufgehoben wird. Aus der vergleichbaren finanziellen Situation ergibt sich ein zumindest ähnlicher Lebensstil was die Wohnung betrifft, und viele dieser Haushalte können sich wenigstens ein »Alleinmädchen« oder »Mädchen für alles« leisten, wobei »alles« bei den Gewerbetreibenden auch die Mithilfe im Familienbetrieb, der Bäckerei, der Metzgerei, dem Kolonialwarenladen, der Schreinerei, der Schusterei oder der Schneiderei mit einbezog.[19]

Ebenso idealtypisch wie die Hausfrau wird auch der Haushalt selbst sein. Ausgehend von der Beurteilung Wierlings, daß die Haushalts- und Einrichtungsratgeber einen »unerreichbaren Orientierungsrahmen« entwarfen und sowohl Vorbild waren als auch stets zur Sparsamkeit und Bescheidenheit mahnten[20], und unter Einbeziehung von weiterem Bild- und Quellenmaterial einschließlich der Lebensberichte von Frauen, läßt sich ein ›Durchschnittshaushalt‹ im Hinblick auf Ausstattung und Arbeitsaufwand relativ authentisch rekonstruieren. Auch die schon erwähnte Anna dürfte in dem hier vorgegebenen Rahmen ihren Platz finden, und es wird zu fragen sein, ob ihre Zweifel, den Anforderungen gerecht zu werden, wenn sie auch – gemessen an den gesellschaftlichen Erwartungen – gewiß nicht »ideal« waren, sich nicht vielleicht doch als »typisch« herausstellen.

II. Bevor der Soll-Zustand eines bürgerlichen Haushalts der Jahrhundertwende und die Pflichten und Aufgaben der Hausfrau im einzelnen beleuchtet werden, ist es interessant, den Rahmen darzustellen, in dem sich die Hausfrau bei ihrem »Thun und Lassen« immer sehen soll. Dieser Rahmen ist nämlich nichts Geringeres als die Welt selbst: »Vor allen Dingen muß eine Hausfrau sich ihre Pflichten klarmachen und genau wissen, was sie den Ihrigen, was sie der Welt schuldig ist. Der Familie gehört ihr Herz, ihr Streben, allen ihrer Obhut Anvertrauten das Leben so leicht und so angenehm wie möglich zu machen; die Welt hingegen verlangt von ihr die Wahrung des äußeren Scheins, der gesellschaftlichen Pflichten.« Dabei kann sie sich nicht einmal mit dem Gedanken trösten, gegebenenfalls einen Teil dieser Bürde auf ihren Gatten abzuwälzen, denn »dem Manne verzeiht die Welt einen Verstoß gegen die Regeln des guten Tons..., der Hausfrau vergibt man einen Fehler gegen die Gesetze der Sitte und des guten Tons nicht«[21].

Derart an ihre gesellschaftliche Verantwortung gemahnt, ist die Hausfrau gewappnet, die Gesetze des »guten Tons in allen Lebenslagen«, konkret: der Tagesordnung, entgegenzunehmen. Das erste Gebot ist eine genaue Zeiteinteilung[22], ohne die das zu leistende Tagespensum nicht zu schaffen sei: »Wo aber in Haushaltungen... die frühen Morgenstunden verschlafen oder regellos verbracht werden und die versäumte Zeit am Tage nachgeholt werden soll, was eigentlich gar nicht möglich ist, da sehen wir zwei schlimme Folgen eintreten: Zunächst werden die daraus hervorgehenden Mängel und Unordnungen sich nicht nur den ganzen Tag hindurch im Hause erweisen, sondern mehr und mehr in der ganzen Wirthschaft sicht- und fühlbar werden. Solches muß nun, es kann nicht anders sein, bei der Hausfrau Verstimmungen hervorrufen, die dem Manne unangenehm werden.«[23] Der in den meisten Ratgebern vorgegebene Beginn des Arbeitstages »in den frühen Morgenstunden« dürfte zwischen fünf und sechs Uhr gelegen haben. Wenn nicht, wie in »Die künftige Hausfrau«, der Besuch der Frühmesse anempfohlen wird[24], soll die Hausfrau »frisch gewaschen und ordentlich und nett gekleidet«[25] möglichst noch vor dem Frühstück das Haus in Ordnung bringen, Schuhe, Stiefel, Leuchter und Lampen putzen und die Kinder waschen und ankleiden.

Im Schlafzimmer brauchen vor dem Frühstück lediglich die Kleider vom Vortag weggeräumt und die Betten zum Lüften ausgelegt zu werden, wobei Ida von Wedell es durchaus gestattet, Federbetten auf der Fensterbank zu lüften, sofern es die Ortssitte erlaubt[26], während Luise Oesterwitz sich über diese »abscheuliche Sitte« empört: »Ich will dies noch zulassen, wenn die Fenster des Schlafzimmers nach dem Hofe gelegen sind, finde es im allgemeinen aber höchst unästhetisch, seine Betten nach der Straße hinaus in den Fenstern zur Schau zu legen. Es mag dies in meiner feinfühligen Natur liegen, solche Sitte als ungehörig zu verdammen, angenehm kann es sicherlich keinen Vorübergehenden berühren, seinen Blick überall auf die Intimität der Betten, die oft nicht einmal sauber ausschauen, gelenkt zu sehen.«[27] Anschließend ist dann das Feuer im Küchenherd zu entfachen und das Frühstück zu bereiten, das gemeinsam eingenommen wird. Nach dem Frühstück wird das Kaffeegeschirr abgeräumt und gespült »und das Zimmer von allen Spuren des Mahles befreit und wieder geordnet«[28]. Jetzt kann sich die Hausfrau wieder den inzwischen gelüfteten Schlafzimmern zuwenden: »Die Matratzen müssen täglich gewendet werden, dabei legt man am besten Schoner unter und bedeckt sie damit. Danach werden die Betten wieder hübsch eingelegt, Leintuch und Decken dürfen keine Falten haben. Danach werden Waschtische und Waschgeschirre ab- und ausgewaschen, der Eimer wird geleert und mit Wasser und Seife ausgebürstet. Den Fußboden wischt man am besten naß auf, ohne zu kehren, danach wird überall Staub gewischt und alles hübsch ordentlich an seinen Platz gesetzt.«[29] Geölte oder gewachste Böden brauchen nicht gescheuert, sondern nur mit einem Lappen »vom Staube befreit« zu werden.[30] Eventuell vorhandene Bettvorlagen sind vor dem Putzen zusammenzurollen und im Hof auszubürsten. »Zuguterletzt kommt das Staubtuch in seine Rechte. Es muß tüchtig gebraucht werden, denn das Aufwirbeln des Staubes mit dem Wedel ist gerade im Schlafzimmer sehr ungesund, da der aufgeschreckte Staub die Luft durchdringt statt entfernt zu werden.«[31] Die meisten Ratgeber stimmen darin überein, daß die Betten alle drei bis vier Wochen frisch bezogen werden sollen, Ausflüchte können hier nicht gelten: »Wo es am Vorrate gebricht, muß man eben häufig waschen.«[32]

Anschließend werden Treppen und Flure gekehrt, mindestens einmal in der Woche feucht gewaschen und die Fensterbänke, Treppengeländer und Schränke abgestaubt. Letztere müssen wöchentlich auch innen ausgewaschen und die Fenster geputzt werden.[33] Danach kann sich die Hausfrau dem »Salon« zuwenden, »denn der muß doch immer hübsch in Ordnung sein, für den Fall, daß Besuch kommt«[34]. Hier wird zuerst der Teppich abgebürstet und umgeschlagen, dann der Boden, je nach Belag, feucht oder trocken gereinigt. Anschließend werden die Polster abgebürstet und die Möbel und Nippsachen abgestaubt. »Man beachte, daß der Staub auf allen horizontalen Flächen haftet, auf vertikalen kaum zum Liegen kommt.«[35]

Am Montag ist dem Reinemachen des Salons besondere Aufmerksamkeit zu schenken, da dieser am Sonntag mehr benutzt wurde als an den Wochentagen. Diese intensive Reinigung liest sich bei Wedell so, als hielte sie nach der wohl einzigen sonntäglichen Nutzung der »guten

Stube« eine Desinfektion für notwendig, bei der beispielsweise auch Gardinen, Decken und Wände abgebürstet werden sollen.[36] Ist die Hausfrau nicht selbst durch Einkaufen und Kochen zu sehr beansprucht, d. h. kann sie manche Arbeiten an ein Dienstmädchen delegieren, soll sie »sich an den Nähtisch setzen, wo ihre Thätigkeit wieder in anderer Weise für den Hausstand gewinnbringend sein wird«[37]. Wenn jedoch noch Bügelwäsche vorliegt, sollte dies am Vormittag besorgt werden, damit »ein ruhiger Nachmittag gewonnen wird«[38].
Bevor wir nun die Hausfrau in die Küche begleiten, wo »der Rest des Vormittags« zugebracht wird[39], wollen wir zuerst den Eindruck, den wir beim Betreten gewinnen, auf uns einwirken lassen: »Von hellen Wänden blitzt blankes Geschirr, der weißgescheuerte Tisch sieht aus, als ob er's mit jedem Salontisch aufnähme, alles atmet Sauberkeit, und mit Stolz überblickt die Hausfrau ihr Küchenreich, in dem sie jeden Tag ein paar Stunden zubringt. Sage mir einer nur nicht, Küchenarbeit sei niedere, gedankenlose und undankbare Arbeit. Sie kann es ja sein, man kann jede Arbeit auf zwei Arten tun, und wie man sie tut, charakterisiert den Menschen. Wie die Küche, so die Frau, sie ist ein Spiegelbild ihres Charakters.«[40] Es versteht sich, daß mehrere Stunden Aufenthalt in der Küche nicht nur dem Kochen dienen, sondern alle Ratgeber sind sich darüber einig, daß der Sauberkeit der Küche besondere Aufmerksamkeit zukommen muß, aus Gründen der Hygiene und des Stolzes. Fast immer werden auch ausführlich Tips und Ratschläge gegeben, welche Mittel zur Reinigung welcher Materialien benutzt werden sollen, wenn alles »blitzen« soll im »Reich« der Hausfrau. Schon »während des Kochens sollen Tische, Fußboden und Herdplatte sauber gehalten werden, alle Geschirre gleich ausgespült oder wenigstens eingeweicht werden«[41]. Nach dem Essen, das vor allem pünktlich stattfinden soll, »denn nichts entleidet den strenge arbeitenden Männern das Heim so sehr, als Unpünktlichkeit in der Essenszeit«[42], wird der Tisch abgeräumt, rings um den Eßtisch gekehrt, das Geschirr gespült, Spülstein und Ausguß mit heißem Sodawasser gebürstet, der Herd abgewaschen und mit Ofenschwärze eingerieben und der Küchenfußboden gekehrt, gescheuert und naß aufgewischt. »Alle acht Tage wird das tägliche Reinemachen erweitert. Es umfaßt alsdann noch das Abseifen der Schränke und Borte, der Wandbekleidung, das Putzen des Fensters, das Ausscheuern von Schubladen und Schränken.«[43]
»Nach einem so thätig verbrachten Morgen und Vormittag wird unser Hausfrauchen sich auf einen ruhigen Nachmittag freuen.«[44] Ehrlicher als Davidis kündigen die meisten Ratgeber »dem Hausfrauchen« jedoch schon »häusliche Verrichtungen verschiedener Art«[45] an, die sich

dann im einzelnen als Nähen, Flicken, Stricken, Bügeln, Einkochen, Wäsche sortieren, Gartenarbeit u. ä. entpuppen. »Rechtzeitig« soll die Hausfrau sich dann um das Abendessen kümmern, um den hart arbeitenden Mann nicht durch Unpünktlichkeit zu verärgern. Nach dem Abendessen wird wieder aufgeräumt, gespült, die Küche, hier wieder besonders der Herd, gereinigt und das Wohnzimmer gekehrt. Die gründlichere Reinigung des Wohnzimmerbodens am Samstag wird für nachts, unmittelbar vor dem Schlafengehen empfohlen, »denn frisch gereinigte Böden sollen nicht gleich wieder durch Fußtritte besudelt werden. Auch stört eine solche Reinigung bei Tage das Familienleben.« Und: »Überhaupt soll die echt wirtschaftliche, tüchtige Frauenwelt es sich als strenge Lebensregel vorschreiben: ›nicht eher zur Ruhe zu gehen, bevor sämtliche Tagesarbeit abgethan und der Arbeitsplan für morgen entworfen, speziell der Küchenzettel vorbereitet ist‹.«[46] Dazu gehört auch, die für den nächsten Tag vorgesehenen Speisen vorzurichten, z. B. das Gemüse. Ebenso ist am Abend noch für das nötige Brennmaterial zu sorgen und fein gespaltenes Holz zum Trocknen in den Backofen zu legen.[47] In der feuchten und kalten Jahreszeit sollen dann Strümpfe und Schuhe an einen warmen Ort gestellt werden.

Jetzt darf sich die Hausfrau, Gattin und Mutter zum Familienvater setzen, um mit ihm über die »Kinderchen« oder das »Wohl des Hauses« zu reden. Der Pflege und Erziehung der Kinder ist zwar oft ein eigenes Kapitel gewidmet, doch tauchen sie im Tagesplan erst dann auf, wenn sie mit »stillem Lächeln wohlbewahrt im sauberen Bettchen« liegen. Sollte der Gatte nicht zu Hause sein, darf sich die Hausfrau auch »ein schönes Lesestündchen« gönnen. Bevor sie zu Bett geht, soll sie jedoch noch einen Kontrollgang durch Haus oder Wohnung machen, prüfend, ob alles in Ordnung ist und Fenster und Türen verschlossen sind.[48]

Nach einem solchen Tagespensum überrascht es, den Freitag und Samstag als »Reinigungstage« bezeichnet zu sehen.[49] Man kann zwar davon ausgehen, daß die täglichen Arbeiten oberflächlicher durchgeführt wurden, als es die Ratgeber vorschrieben, doch bestätigen danach befragte Frauen, daß der beschriebene Aufwand für die wöchentliche Reinigung meist den Realitäten entsprach. Frau F. schildert den Freitag ihrer Mutter in den 20er Jahren folgendermaßen: »Die Küche wurde geschrubbt, mit Sigella-Bodencreme eingerieben, anschließend dann noch mit einem in Milch getauchten Lappen bearbeitet. So bekam sie einen schönen Glanz. Das machte unsere Mutter aber meistens abends, denn während dieser Zeit durfte der Raum ja nicht betreten werden. Überall wurden mit ›Sidol‹ Messingteile bearbeitet. Treppenhaus und Toilette wurden mit Seifenwasser geschrubbt, Fenster geputzt und mit

Zeitungspapier blank gerieben. Der Herd war jeden Tag eine Sache für sich. Die Platte durfte nur noch handwarm sein. Dann erst konnte man sie mit einem Lappen und Schmirgelpapier bearbeiten, bis sie glänzte. Die gestärkten Deckchen und das Überhandtuch wurden ausgewechselt, der Brotkasten mit Essigwasser gereinigt. Die übrigen Räume waren schon leichter zu reinigen. Der Boden wurde feucht aufgewischt, der Teppich – so vorhanden – abgebürstet, das Sofa mit einem in Essigwasser getränkten Tuch geklopft und abgerieben.«[50] Die etwas ältere Frau Kahlert erwähnt in diesem Zusammenhang die Schwierigkeiten, die man mit den bis nach dem Ersten Weltkrieg einzig zur Verfügung stehenden Putzmitteln Sand, Seife, Soda und Salmiak oft hatte: »Mit leichtem Salmiak-Wasser wurden Betten und Möbel abgewaschen und mit einem Fensterleder nachgerieben. Salmiak griff die Farben der gestrichenen Möbel an und es mußte genau dosiert werden.« Sie kommentiert: »Wie leicht hat man es heute mit den übervielen Putzmitteln.«[51]

Ebenso wie der Freitag und wenn erforderlich auch der Samstagvormittag als Putztage ausgewiesen sind, geben die Haushaltsratgeber auch für die anderen Wochentage Anweisungen, was an welchem Tag zu tun sei. Während jedoch die meisten ihren Wochenplan als Vorschlag verstehen, ist »Das häusliche Glück«, seinen schon in der Einleitung nicht verhohlenen Disziplinierungsabsichten getreu, hier schon sehr viel rigider: »Ein für allemal sei der Montag zum Waschen, der Dienstag zum Bleichen, Mittwoch zum Nähen und Flicken, Donnerstag zum Bügeln, Freitag zum Nähen, Stricken oder Stopfen, der Samstag zum Einkaufen und Putzen bestimmt.«[52] In der Praxis jedoch wurden solche Vorschriften flexibel gehandhabt, und lediglich die Gepflogenheit, die Wäsche am Montag zu erledigen, war allgemein verbreitet.

Der Waschtag, der tatsächlich mindestens zwei Tage, mit allen Folgearbeiten eigentlich die ganze Woche dauerte, ist oft als Beispiel für die schwere körperliche Arbeit, die die Frauen meist bis nach dem Zweiten Weltkrieg zu leisten hatten, beschrieben worden.[53] Eine detaillierte Auflistung der Reihenfolge der einzelnen Arbeitsgänge, der zu benutzenden Wasch- und Hilfsmittel, der Methoden usw. nimmt in allen Ratgebern zumeist viele Seiten ein. Auch in den Lebenserinnerungen der Frauen besitzt der Waschtag, der je nach Vermögensverhältnissen, d. h. je nach Wäschevorrat jede Woche oder alle drei bis sechs Wochen fällig war, einen zentralen Stellenwert. Am Beispiel der »Großen Wäsche« läßt sich auch belegen, daß die in der Ratgeberliteratur vorgegebenen Normen durchaus die Realität widerspiegeln und nicht aus der Theorie, sondern aus der Lebenspraxis erwachsen sind. Abgesehen von regionalen und durch unterschiedliche Wohnverhältnisse und die jeweilige finanzielle Situation bedingten Abweichungen in Details, stimmen die Einzelverrichtungen des Waschens in Ratgebern und Erinnerungsberichten überein: Sortieren, Einweichen, Kochen, Auswaschen, Spülen, Bläuen, Auswinden, Bleichen, Stärken, Trocknen, Aussortieren der Flickwäsche, Einfeuchten, Mangeln, Bügeln, Einordnen.

Wie »Mutters Waschtag« konkret aussah, schildert Frau Brosowski eindrucksvoll, doch schickt sie voraus: »Ich glaube, es machte ihr sogar Freude, wenn sie nach zwei Arbeitstagen, die sie mindestens dafür brauchte, ihre blütenweiße Wäsche auf der Leine bewundern konnte... Für unsere Mutter mit fünf Familienmitgliedern war die Wäsche jede Woche erforderlich... Zwei Tage vor dem eigentlichen Waschtag ging es schon mit den Vorbereitungen dazu los. Sortieren, Betten abziehen usw. Wir besaßen eine große, runde Holzbütte, die unsere Großmutter schon verwendete... [Darin] wurde die Wäsche eingeweicht... Das Einweichen erfolgte schon am Tag vor dem eigentlichen Waschtag. Am Waschtag selber stand Mutter früh auf, drehte die Wäsche gründlich aus dem schmutzigen Einweichwasser heraus. Sodann wurde diese wieder durch sauberes Wasser gezogen. In einem großen... Waschtopf, mit ›Persil‹-Lauge gefüllt, wurden die Wäschestücke, soweit sie weiß waren und nicht färbten, auf dem Küchenherd gekocht... Wenn die Wäsche kochte, war unsere kleine Vorküche, obwohl Fenster und Türen geöffnet waren, total voll Wäschedunst. Mutter stopfte die während des Kochens hochkommenden Wäschestücke immer wieder mit einem langen Holzstampfer... zurück. Wenn die Wäsche genug gekocht hatte, wurde im Sommer vor der Küchentür... ein Holzschemel aufgestellt, darauf eine... Zinkbütte, der Waschtopf vom Ofen heruntergehoben und die Wäsche mit dem langen Holzstampfer in die Bütte gehoben, damit sie abkühlen konnte... Wenn die Wäsche soweit erkaltet war, nahm Mutter ein Waschbrett, mit einem großen Stück Kernseife... und rieb jedes einzelne Wäschestück durch... Wenn die gesamte Wäsche ausgewaschen und gut ausgewrungen war, kam sie auf die Leine. Die weiße Wäsche wurde zuerst wieder in die Holzbütte geweicht, und damit sie schön blütenweiß werden sollte, kam ein Säckchen mit einem blauen Inhalt in das Wasser. Im Volksmund hieß das ›gebläut‹... als Ersatz der Rasenbleiche. Wenn die Wäsche auf der Leine hing..., fein säuberlich sortiert..., war Mutter mächtig stolz, weil sie, solange ich denken kann, immer eine blütenweiße Wäschepracht der Nachbarschaft präsentieren konnte... Nach der Wäsche kochte die Mutter für bestimmte Sachen eine Stärke. Deckchen, Schürzen, weiße Krägelchen, Tischtücher usw. wurden einem solchen Bad unterzogen und gesondert aufgehängt. Sie durften nie naß werden, sonst ging der Stärkeeffekt verloren. Gebügelt wurde bis Anfang der 30er Jahre mit einem Plätteisen aus Guß... mit einem glühenden Gußstab im... Inneren, der vorher im Küchenherd erhitzt und mit einer Feuerzange in das hohle Bügeleisen geschoben wurde... Stärke-Wäsche wurde extra gebügelt, da sie erst ganz fest getrocknet sein mußte und nachher eingesprüht und fest in ein altes Tuch aus weißem Leinen eingeschlagen wurde... Die Sachen zum Ausbessern, besonders die Strümpfe, kamen in einen besonderen Korb, der immer gefüllt war.«[54]

Waschen und Kochen als die sowohl zeitaufwendigsten als auch am ehesten in ihren Ergebnissen sichtbaren Aufgaben der Hausfrau finden auch eine ihrer Bedeutung im Alltag der Hausfrau entsprechende ideologische Untermauerung. So war neben der Küche auch die Sauberkeit und vor allem die Menge der Wäsche eine Bezugsquelle für den »Stolz« der Hausfrau und, wenn auch weniger als die Küche ein »Spiegelbild ihres Charakters«, so doch ihrer hausfraulichen Qualitäten. Diese wurden auch am Gesamtzustand der Wäsche gemessen, daran, daß sie gut genäht oder geflickt – beim Trocknen auf der Leine mußte sie vor den kritischen Blicken der Nachbarinnen bestehen können – und schließlich »akkurat« gebügelt, gefaltet und in Schränken und Kommoden eingeordnet war. Der Appell an das Gewissen der Hausfrau, wenn die Wäsche nur sauber, aber nicht rein, weich und »aprilfrisch« ist, wird eigentlich erst in Verbindung mit der späteren Intensivierung der Waschmittelindustrie entwickelt und gepflegt. Allerdings wird in den Ratgebern der Jahrhundertwende an das Organisationstalent der Frauen appelliert, auch am Waschtag den Rhythmus des Familienlebens nicht zu beeinträchtigen, etwa durch »üble Launen oder ein schlecht gekochtes Mittagessen«. »Deine Familie, besonders dein Mann werden dir dafür dankbar sein; anerkennend wird er deiner gedenken, wenn er anderswo sieht, welche Verheerung in der Gemütsstimmung durch ›die Wäsche‹ angerichtet wird.«[55]
Ähnliche Ermahnungen werden auch an die Hausfrau gerichtet, wenn der große Hausputz ansteht, der meist für das Frühjahr und gelegentlich auch für den Herbst empfohlen wird. Was hierbei alles von links nach rechts, von oben nach unten oder andersherum gekehrt werden soll, ohne die häusliche Harmonie zu stören, ist beeindruckend. Obwohl Susanna Müller ihre Hausputzempfehlungen mit den Worten einleitet: »Ein gelinder Schauder durchfährt einen bei dem Wort ›Generalreinigung‹«, um im folgenden organisatorische und arbeitstechnische

Ratschläge zu geben, die der Prozedur das Un-heimliche nehmen sollen, bleibt sogar nach der Lektüre ein Salmiak- und Naphthalingeruch zurück.[56] Aber auch hinsichtlich des Hausputzes bestätigen dazu befragte Frauen, daß die Anforderungen der Ratgeber kaum übertrieben sind.

III. Zwar setzen die meisten Ratgeber voraus, daß für das vorgezeichnete Tages-, Wochen-, Monats- und Jahrespensum mindestens ein Dienstmädchen zur Verfügung steht[57], doch spielt das letztlich nur für die Aufteilung und Entlastung bei der Arbeit selbst eine Rolle; was das Ergebnis betrifft, wird die Hausfrau dagegen nicht wegen beschränkter finanzieller Mittel und fehlender Hilfe von der ganzen Verantwortung freigesprochen: »Das Waschen, Wischen, Fegen und Putzen kann man selbst in der ärmsten Haushaltung nicht unterlassen, und es sind die Mittel so einfach, welche zur Pflege der Reinlichkeit dienen. Tagtäglich fließt das liebe, unentbehrliche Wasser, welches im kalten und warmen Zustande reinigende Wirkung besitzt. Fügst du dazu etwas Seife oder Sand, Bürste und Lappen, so kannst du die größte Reinlichkeit um dich herum entfalten, wenn du die beiden Hauptbedingungen ›wollen‹ und ›rege Tätigkeit‹ damit verbindest.«[58]
Die für die geforderte unermüdliche Regsamkeit vorausgesetzte Selbstdisziplin wagt offensichtlich keiner der Ratgeber bei den Leserinnen als selbstverständlich vorauszusetzen; alle scheinen gleichermaßen der allgemeinen Akzeptanz und Internalisierung eines Normenkatalogs zu mißtrauen, wie er den Hausfrauen immerhin schon seit dem 18. Jahrhundert unermüdlich in Dichtung und Leben gepredigt worden war. Wenn Alcott gar von jungen Frauen zu berichten weiß, welche »das alles als bloße Plackerei« und »das Haus – besonders die Küche – als das Grab aller wahren Freiheit und allen Genusses« betrachteten, »welche ehrlich bekannten, sie würden den Tod weit weniger fürchten als die Beschränkung auf ein einziges Haus und als die Sorgen eines Haushalts«[59], wenn sich also das Mißtrauen auf Erfahrung, Beobachtung und Geständnisse stützt, wird verständlich, warum in den Ratgebern die Ideologie, mit der der Hausfrau ihre Rolle schmackhaft gemacht werden soll, fast ebensoviel Raum einnimmt wie die Beschreibung ihrer konkreten Aufgaben selbst.
Wenn eine Küche nur deshalb sauber und ordentlich sein soll, weil sie dann schöner aussieht und man alles besser und schneller findet, ist der Zeitpunkt des Aufräumens und Reinigens grundsätzlich verschiebbar.

Ist sie aber »Spiegelbild des Charakters der Hausfrau«, muß sie immer sauber und ordentlich sein. Die Beseitigung von Schmutz und Unordnung an sich ist eine endliche Arbeit. Weil die Norm der Ratgeber aber vorschreibt, daß »ekelhafter Schmutz«[60] gar nicht erst sichtbar werden darf, wird die Arbeit nicht nur endlos, sondern auch unsichtbar. Damit die der Hausfrau vermittelte Erkenntnis, eigentlich nie fertig zu sein, weder in Resignation und Verweigerung noch in ein permanent schlechtes Gewissen münde, betonen alle Ratgeber die Wichtigkeit einer exakten Zeiteinteilung für jede Stunde, jeden Tag, jede Woche. Das Bewußtsein, keine Zeit »vergeudet« zu haben, lindert das schlechte Gewissen, doch führen die Zeitvorgaben über den individuellen, selbstdisziplinierenden Effekt weit hinaus. Foucault hat auf die sozialdisziplinierenden Absichten und Wirkungen von Zeitreglementierungen hingewiesen, zwar auf Armee und Schule bezogen, aber auch für diesen Zusammenhang gültig: »Der Stundenplan sollte die Gefahr der Verschwendung – eine moralische Schuld und eine wirtschaftliche Unredlichkeit – bannen. Die Disziplin hingegen organisiert eine positive Ökonomie. Sie setzt auf das Prinzip einer theoretisch endlos wachsenden Zeitnutzung. Nicht nur Einsatz, sondern Ausschöpfung. Es geht darum, aus der Zeit immer noch mehr verfügbare Augenblicke und aus jedem Augenblick immer noch mehr nutzbare Kräfte herauszuholen. Man muß darum versuchen, die Ausnutzung des geringsten Augenblicks zu intensivieren, als ob die Zeit gerade in ihrer Zersplitterung unerschöpflich wäre oder man durch eine immer feinere Detaillierung auf einen Punkt gelangen könnte, wo die größte Schnelligkeit mit der höchsten Wirksamkeit eins ist... Je mehr man die Zeit zerlegt, um so mehr vervielfältigt man ihre Unterteilungen; um so besser entfaltet man ihre einzelnen inneren Elemente unter einem sie kontrollierenden Blick.«[61]

Die zweite mögliche Reaktion der Hausfrau auf die Unerfüllbarkeit der an sie gestellten Erwartungen, die Verweigerung oder zumindest der Protest, wird durchaus im Bereich des Möglichen gesehen; Alcott kannte ja Beispiele, und auch der eingangs zitierte Dialog zwischen der jungen Frau Anna und ihrer mütterlichen Freundin deutete Widerstandspotential und -willen an. Anna konnte noch rechtzeitig von ihrem Ansinnen abgebracht werden, weil sie es »glücklicherweise« einer »systemkonformen« Geschlechtsgenossin vorgetragen hatte. Der Gefahr, daß Ausbruchsgedanken aber auch durch die Kommunikation mit Gleichgesinnten genährt werden könnten, sind sich die Autoren des »Häuslichen Glücks« durchaus bewußt und verweisen die Hausfrau sehr energisch in ihre gesellschaftlichen Schranken, d.h. ihre vier

Wände: »Willst du das häusliche Glück erringen und bewahren, dann mußt du nirgends lieber weilen als in deinem Hause und nie dein Haus zum Sammelplatz von neugierigen und plauderhaften Frauen machen. Gehe nur aus, wenn es durchaus nöthig ist, und suche auch du selber nicht deine Freude im Plaudern mit Nachbarn, im Plaudern am Brunnen, auf dem Markte oder im Laden. Das raubt dir die innere Ruhe durch beständige Zerstreuung und macht dich deshalb unachtsam und vergeßlich in der Besorgung des Hauswesens, deinen Mann infolgedessen mißmuthig und unzufrieden. Das raubt dir endlich den häuslichen Frieden und damit alles häusliche Glück. Der Umgang mit plaudersüchtigen Frauen verwickelt dich nothwendig in vielerlei Streitigkeit und weckt in dir böse Leidenschaften, von denen du sonst nichts gewußt hättest. Hörst du im Plaudern, ... wie viel besser und angenehmer andere Frauen es haben als du, so ruft das Neid und Mißgunst in dir wach und thörichte Unzufriedenheit mit deinen Verhältnissen.«[62]

Die Isolation ist der Schlüssel zur Erhaltung des sozialen Systems mit seinen Geschlechtsrollenzuweisungen, und werden die verschlossenen Türen aufgesperrt, besteht die Gefahr, daß die Theorien, die dieses System begründen und erhalten, als Ideologie entlarvt werden. Die Methoden der Systemerhaltung erweisen sich bei genauerem Hinsehen als äußerst subtil: Die »geschwätzigen Freundinnen« sind potentielle Verführerinnen und vom moralischen Standpunkt her abzulehnen, also »Feindinnen«. Sie sind dabei gleichzeitig Konkurrentinnen, die einerseits den Geschlechtsgenossinnen das eigene Glück neiden, andererseits aber vielleicht auch selbst ein beneidenswertes Leben führen, das dann auch vor neidischen Blicken geschützt werden sollte. Dieses gegenseitige Nicht-Wissen um das Schicksal der anderen schafft aber auch eine systemstabilisierende Solidarität nach der Art: den anderen geht es auch nicht besser.

Gegenseitige Kontrolle ist impliziert – wie wüßte man sonst, welche Frauen in die Kategorie der »Geschwätzigen« gehören, die man ja meiden soll –, explizit aber verboten: »Dein Haus und dein ganzes Hauswesen sei dir wie ein Heiligthum, das nur für dich und die Deinen da ist; jedem fremden, neugierigen, zudringlichen Weibe sei der Zutritt dazu und auch der Blick hinein für immer verwehrt.«[63] Die Widersprüchlichkeit, mit der die Frau einerseits ermahnt wird, sich vor dem fremden, kontrollierenden Blick abzuschirmen, andererseits aber ständig darauf gefaßt sein soll, zeigt sich auch in der in allen Ratgebern wiederholten Begründung dafür, daß immer alles sauber und ordentlich sein soll, nämlich: »für den Fall, daß Besuch kommt«, denn »nur die Schlampe, bei der Unordnung und Liederlichkeit Parole ist, scheut sich

vor jedem Besuch, der nicht ihresgleichen ist«[64]. Das Argument, daß das so belehrende »Häusliche Glück« für Arbeiterfrauen und kleinbürgerliche Verhältnisse geschrieben ist, die anderen Ratgeber aber meist eher für den gehobenen Mittelstand, ist nicht dazu geeignet, den Widerspruch aufzulösen. Die Besuchsgepflogenheiten sind zwar grundsätzlich abhängig von der finanziellen Situation und der sozialen Position – Kaffeekränzchen und vor allem gegenseitige Einladungen zum Abendessen waren Statussymbole und Eintrittskarten in die sogenannten »besseren Kreise« –, doch sind die Grenzen hier fließend, vor allem was die Kaffeekränzchen betrifft. Und gerade an diesen unklaren Grenzen können weitere Disziplinierungsstrategien ansetzen, um die Hausfrau in die jeweils für sie gültigen zu verweisen.
Die im Mittelstand viel gelesene »Monika«, »Zeitschrift für katholische Mütter und Hausfrauen«, erzählt unter dem Titel »Frauenlist«[65] von einer jungen Frau, die von der Frau eines Kollegen ihres Mannes zum wöchentlichen »Teekränzel« eingeladen wurde. Ihre Ablehnung erklärt sie ihrem Gatten damit, daß sie als Mutter von vier Kindern nicht »allwöchentlich einen Nachmittag vertrödeln« könne. Ihr Mann reagiert darauf äußerst erbost – bedeutet eine solche Einladung doch auch eine wichtige gesellschaftliche Anerkennung für ihn selbst – und wirft seiner Frau vor, ihrerseits mit ihrer »ewigen Näherei«, ihrer »Kunst«, »alte Trümmer zusammenzunähen«, ihre Zeit zu vergeuden. Der Unglücklichen kommt die Schwiegermutter mit einer »List« zu Hilfe, die den Gatten über die Aufgaben und Pflichten einer guten Hausfrau und Mutter belehren soll. Jene kauft nämlich statt des versprochenen Stoffes für drei Anzüge für die Enkel nur einen fertigen Anzug und bedeutet dem Sohn, daß er für die anderen selbst aufkommen müsse, da sie sich eine solche Ausgabe nicht leisten könne. Der in Sachen Kinderkleidung völlig unbedarfte Vater findet es dann schließlich in Anbetracht des doch erheblichen Preisunterschieds zwischen Anzugstoff und dem Fertigprodukt gar nicht mehr so unziemlich, wenn seine Frau, statt zu Teekränzchen zu gehen, brav an der Nähmaschine hocken bleibt. Leider ist nicht festzustellen, ob der Artikel von einem Mann oder einer Frau geschrieben ist, interessant ist in jedem Fall, daß hier Frauen Männern die Funktionsweise *ihres* patriarchalen Systems erklären und dessen drohende Erschütterung durch »geschwätzige Frauen« und den Ehemann auffangen und zum »Guten« wenden.
Mehrere Aspekte verdienen in diesem Zusammenhang hervorgehoben zu werden: zum einen die Tatsache, daß die systemerhaltenden Argumente Frauen in den Mund gelegt werden, und zwar Frauen verschiedener Generationen, deren Beziehung zueinander gewöhnlich alles an-

dere als freundschaftlich-solidarisch dargestellt wird. Die eindeutigen erzieherischen Absichten der Geschichte zeigen einmal mehr, daß die gesellschaftliche Rollenzuweisung, die Trennung von innen und außen, von öffentlich und privat nicht so weit akzeptiert und verinnerlicht waren, als daß sie nicht der ständigen Erinnerung bedurft hätten. Zum anderen zeigt die Episode eine existierende und geschürte Konkurrenzsituation unter Frauen auf, über die ein Kontrollsystem aufrechterhalten wird, das ein Ausscheren, sei es auch nur für einen Nachmittag, mit negativem Vorzeichen versieht.[66] Regelverletzungen können zwar nicht verhindert, aber in Grenzen gehalten werden. Es liegt auch kein Grund vor, den Frauen die durch Kaffee- oder Teekränzchen geschaffenen Freiräume zu neiden, denn man hat ja gelernt, was man von den »klatschenden Weibern« zu halten hat. Diese verächtliche Distanzierung macht die Folgen des Rückzugs, die Isolation erträglicher.

Damit ist ein weiterer Gesichtspunkt der Rollendefinition der bürgerlichen Hausfrau angesprochen und gleichzeitig auch eine weitere Ungereimtheit. Die von der Gesellschaft auferlegte und erwartete Isolation kann um so leichter akzeptiert werden, als sie ja auch von Verantwortung und Entscheidungszwängen, persönlichen wie sozialen, entlastet. Die im »Häuslichen Glück« ausgesprochene Warnung, daß Kommunikation die »innere Ruhe« rauben könnte, ist durchaus berechtigt. Doch zweifeln offensichtlich alle Ratgeber daran, daß jene allein schon durch Rückzug erreicht werden kann. Die Hausfrau muß darüber hinaus permanent beschäftigt sein, um nicht auch ohne äußeren Anstoß auf »dumme Gedanken« zu kommen. Die Begründung, mit der die junge Frau in unserer Geschichte die Einladung ablehnt, verweist deshalb auf einen zentralen Aspekt der Hausfrauenarbeit der Jahrhundertwende: das Selbermachen. Wenn auch die Eigenproduktion von Kleidung in erster Linie aus Sparsamkeit erfolgte, aus tatsächlicher Armut oder um die Bescheidenheit der Mittel vor der Öffentlichkeit verborgen zu halten und den Schein eines gutsituierten Haushalts zu wahren, so ist doch dieser Teil der Hausfrauenarbeit ebenso unter dem Gesichtspunkt der Ideologie zu sehen. Wie die Ordnung und die Sauberkeit im Hause, so ist auch das Selbstgemachte wichtig für den »Stolz« der Hausfrau, für ihre Selbstbestätigung, die zu stärken und zu pflegen immer ein zusätzliches zentrales Anliegen der Haushaltsratgeber ist: »Eine gute Hausfrau sollte aber nicht allein verstehen, Wäsche und Kleidungsstücke schön in Stand zu halten; ihrer fleißigen Hand sollte die Kunst, diese auch selbst zu verfertigen, nicht fremd sein. Mit Fleiß und etwas Selbstvertrauen läßt sich auf diesem Felde vieles erreichen, und die Freude, selbst etwas geschaffen zu haben, was nicht ohne

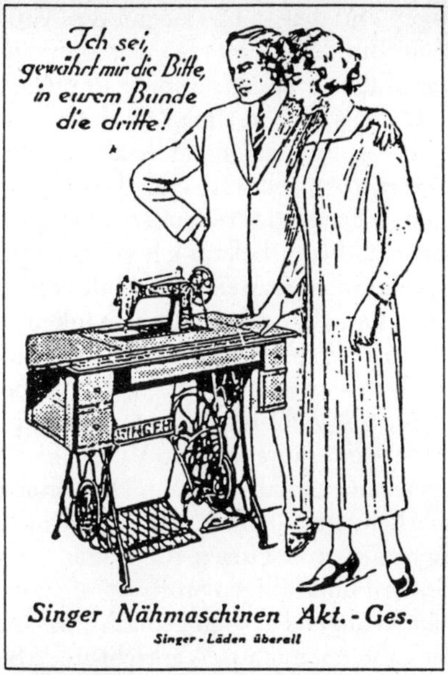

Abb. 12: Nähmaschinenreklame in einer Frauenzeitschrift, 1926

Kosten und Unbequemlichkeiten durch fremde Hand gearbeitet worden wäre, wiegt gewiß manche Mühe auf.«[67]
Einen zentralen Platz sowohl räumlich[68] als auch in der täglichen Arbeit nimmt dementsprechend die Nähmaschine ein, die schon seit der zweiten Hälfte des 19. Jahrhunderts ihren Einzug in die privaten Haushalte hielt. Die intensive Nutzung der Nähmaschine, gewerblich und für den Eigenbedarf, im privaten Haushalt wirkte sich letztlich in zweierlei Hinsicht gegen die Hausfrau aus: Für eine Extension der Konfektionsindustrie, die die Eigenproduktion hätte reduzieren können, schien kein Bedarf, und das Angebot an billigen Heimarbeiterinnen machte sie unrentabel.[69] Ein Teufelskreis, der auch durch die an das Selbstgemachte geknüpfte Ideologie lange geschlossen blieb. Bis in die Nachkriegszeit wurden in Zeitschriften und Zeitungen fast ausschließlich Kleiderstoffe und ganz selten Fertigprodukte angeboten – darunter natürlich, in all ihren Entwicklungsstufen: die Nähmaschine. Die Rolle, die sie im Leben einer Hausfrau spielte, illustriert die Werbeanzeige mit einem Zitat aus Schillers »Bürgschaft« und – mit erschreckender Deutlichkeit.

Für die Erwartungen und den Lohn, die mit der Aufnahme dieser Maschine als »Dritte im Bunde« verbunden waren, mögen die Erinnerungen von Frauen an die 20er Jahre beispielhaft stehen. Frau M. meint dazu nur kurz: »Damals hieß es, man ist dann eine gute Hausfrau, wenn man an einem Tag ein Herrenhemd nähen kann und Brot gebakken hat.«[70] Frau Hert, 1909 geboren, erzählt ausführlicher: »Nach der Schulentlassung ging ich vier Jahre, außer montags, zur Schneiderin, um Nähen zu lernen... Dann bekam ich von zu Hause eine Nähmaschine, eine Pfaff, mit einem Kasten zum Abdecken. Eine versenkbare wäre mir lieber gewesen, aber die war 250 Franken teurer, das war zu viel. 850 Franken kostete sie, der Monatslohn meines Vaters betrug 500–600 Franken. Das war im Jahre 1926. Die Arbeit mit der Nadel und Maschine machte mir viel Freude, und ich konnte mir auch einiges dazuverdienen. Als erstes mußte ich dem Vater eine Kordsamthose, die der Schneider zugeschnitten hatte, nähen. Der Vater war so stolz, daß es schon fast lächerlich war. Dann habe ich genäht für Bekannte und habe viele Kindersachen und Hosen für Buben gemacht. Aus alten, aufgetrennten Kleidern und billigen Stoffresten hat man alles mögliche genäht, viele Umänderungen hat man gemacht, das Geld war ja knapp. Einen Schnittkurs habe ich auch mitgemacht und ›Beyer's Modeheft‹ mir gekauft. Da waren sehr schöne Schnitte drin, für Mäntel, Kleider, Blusen, Wäsche, Nachthemden und Männerhemden, Strick- und Sticksachen... Nach meiner Heirat und der Geburt von Kindern gab es mehr zu tun. Aus jedem kleinen Rest wurde etwas genäht... Für Kleidung hatten wir nur solide Stoffe, die mußten jahrelang halten und wurden von Geschwister zu Geschwister vererbt. Wir hatten wochentags immer eine Schürze an... Es gab Leinen, Nessel, Batist, feine Wollstoffe, einfache Stoffe.«[71] Daß diese Schilderungen nicht unterschichtsspezifisch sind, läßt sich durch einen Blick in »Daheim«, eine Frauenzeitschrift für den Mittelstand bis zum gehobenen Bürgertum, belegen. In einem Artikel »Winke für die sparsame Hausfrau« heißt es beispielsweise abschließend: »Gestattet der Hausherr der Hausfrau ein Wort bei der Wahl seiner Anzüge, resp. Stoffe, so habe dieselbe soviel als thunlich deren spätere Verwendung im Auge in Bezug auf Farbe, Muster und linke Seite, sie kann dadurch großen Vorteil für ihre Kasse ziehen. Herrensachen an den Trödler zu verkaufen, halte ich in einem sparsam eingerichteten, kinderreichen Hause für Verschwendung, denn von gutem Tuch ist jedes Stückchen irgendwie zu gebrauchen. Den Wert, den ein wenn auch abgetragener Anzug für eine sparsame Hausfrau hat, bezahlt der Trödler nicht annähernd, und wie stolz schaut man auf sein Werk.«[72]

Die Leserinnenbriefe der Frauenzeitschriften sind mehrheitlich Anfragen und Ratschläge zur Herstellung und Änderung verschiedener Kleidungsstücke, aber auch von Gebrauchsgegenständen und – nicht zu vergessen – von allerlei Nippes. Frau Kahlert erzählt: »1903 bekam meine Mutter ihre ›Singer‹-Nähmaschine. Sie nahm sofort an einem Kursus teil, weil man darauf schon sticken konnte. Schöne Tischläufer und Deckchen für das Sofa wurden von ihr hergestellt.«[73] Ratgeber und Zeitschriften sind voll von Tips, wie die Hausfrau der Aufforderung »Schmücke dein Heim« gerecht werden kann. Gerade die von Frau Kahlert erwähnten Deckchen und die anderen »Nippsächelchen aller Art« werden der Hausfrau als nicht eigentlich gegenständlich, sondern als »Abglanz ihrer Persönlichkeit« vorgeführt; entsprechend den ideologischen Prämissen wird ihre Herstellung weniger mit »Arbeit« als mit »Liebe« in Verbindung gebracht. Für die so erzeugte »Heimeligkeit« wird auch die Belohnung nicht lange auf sich warten lassen: »Und wenn du nun dein Heim so behaglich und heimelig eingerichtet hast, so gefällt es deinem Manne so wohl, daß er gern darin verweilt und gar nicht so oft wegbleibt, um im Wirtshaus seine Zerstreuung zu suchen.«[74] Und selbstverständlich gibt die Ausstattung und Ausschmükkung der Wohnung auch »dem praktischen Beobachter eine günstige oder unvorteilhafte Meinung« von der Hausfrau[75]. Wieder wird der kontrollierende fremde Blick als Begründung für eine im Grunde permanente Beschäftigung angeführt, denn waren schon die Sauberkeitsanforderungen so, daß die Hausfrau immer mit dem Bewußtsein leben mußte, nie »fertig« zu sein, so ist das Ziel der »Heimeligkeit« diesbezüglich noch sehr viel vager.
Wichtiger als der Aspekt der Fremdkontrolle ist daher in diesem Zusammenhang der immer rigidere Zugriff auf die Zeit und die damit verbundene Selbstkontrolle sowie die Funktionszuweisung als »Familienpolizei«[76]. Von der Tüchtigkeit der Hausfrau, mit der sie einladende Wohnlichkeit zu erzeugen vermag, hängt das Funktionieren der Familie und damit der auf sie gründenden Gesellschaftsordnung ab. Fügt sich die Frau den Erfordernissen dieser sozialen Spielregeln, so schert auch der Mann nicht aus. Und wird sie ihren mütterlichen Pflichten in diesem Sinne gerecht, d. h. der Erziehung der Kinder zu Gehorsam, Sparsamkeit, Fleiß, Ordnung, Sauberkeit, Bescheidenheit und Anstand, so ist auch die Einbindung der nächsten Generation in die gesellschaftliche ›Ordnung‹ gesichert. Die Erwartungen, alles Machbare selbst zu machen, die übrigens über Kleidung und Nippes weit hinausging und Seife, Kerzen, Wäschestärke, Bodenwichse usw. mit einbezog, beinhalten also bei näherem Hinsehen weit mehr als die zunächst

harmlos anmutenden Begründungen von Sparsamkeit und Gemütlichkeit. Sie runden gewissermaßen die »Domestizierung«[77], den Verweis auf das Haus bei gleichzeitiger »Zähmung« im Sinne einer Kanalisierung von Widerstandspotential und damit die soziale Disziplinierung der Hausfrau ab, indem nun auch die letzten möglichen Freiräume besetzt werden. Dadurch, daß ihr in diesem Zusammenhang gesamtgesellschaftliche Bedeutung und Verantwortung zugeschrieben wird, kann über den sozialen Wert auch neues Selbstwertgefühl vermittelt werden[78], für das die Gattin, Hausfrau und Mutter die fehlenden Möglichkeiten einer anderen »Selbstverwirklichung« als die der Selbstgenügsamkeit und Selbstaufgabe für andere gern in Kauf nimmt. Über das Wissen um die eigene »Tüchtigkeit«[79], mit der sie nicht nur materielle Dinge für die Familie herstellen kann, sondern von der letztendlich deren Zusammenhalt und Funktionieren abhängig ist, wird eine durchaus selbstbewußte Akzeptanz der gesellschaftlichen Rollenzuweisung möglich: »Für die bürgerliche Frau hängt mit dieser Rollendefinition existentiell ihr psychisches und soziales Selbstbild zusammen. In ›ihrem Reich‹ gewinnt sie Achtung, Anerkennung, Selbstbestätigung durch ihre Arbeit und vor allem durch ihre Beziehung zu ihrer Familie, zum Mann, zu den Kindern, zur restlichen Familie... Die persönlichen Erfolge der Frau im Haus funktionieren nach anderen Mechanismen und unter vollständig anderen Bedingungen als außerhalb des Hauses – und dort sind sie Ausdruck faktischer weiblicher Macht/Herrschaft/Erfolg. Sie bilden die soziale Basis der bürgerlich weiblichen Identitätsbildung im psychischen und sozialen Sinn. Um Erfolge in der familiär und privat definierten Lebenssphäre zu erringen, setzt die bürgerliche Frau ihre gesamte Produktivität ein.«[80]
Eine andere, gesamtgesellschaftlich relevante Funktion wird der Frau im Bereich Gesundheit und Hygiene zugeschrieben. Neben den Argumenten der Behaglichkeit und des guten Gewissens »für den Fall, daß Besuch kommt«, gründet die Forderung nach peinlichster Sauberkeit auch auf der Rollenzuweisung als »Hüterin der Gesundheit der Familie« und über sie des Staatswesens und der Gesellschaft. Die Sauberkeitsnormen bezüglich der Wohnung und des Körpers sowie Ratschläge und Richtlinien für die richtige Ernährung werden bei Wedell mit dem Hinweis eingeleitet: »Du hast... die Pflicht, alle hygienischen Maßregeln, welche als Gegengewicht gegen das aufreibende Hasten unseres Jahrhunderts geschaffen worden sind, kennenzulernen und anzuwenden. Deine Aufgabe ist damit nicht erschöpft, daß du eine fleißige, nimmermüde, sorgsame Hausfrau bist, ein Sonnenschein an Güte und gleichbleibender Liebe für Mann und Kind, nein, verehrte Leserin,

deine Aufgabe ist noch eine ernstere: Du bist die Hüterin der Gesundheit für deine Familie und die in deinem Hause wohnenden Personen.«[81]

Die Grundkenntnisse, die nötig waren oder als nötig erachtet wurden, um diesen Anforderungen gerecht zu werden, wurden schon Ende des 19. Jahrhunderts nicht mehr dem Zufall überlassen, d.h. dem alleinigen Vorbild der Mutter, sondern über eine Flut von Handbüchern, Ratgebern und Zeitschriften unter das weibliche Volk gebracht. Da deren Rezeption offensichtlich als nicht zuverlässig angesehen wurde, stieg parallel dazu das Angebot an Kursen und Vorträgen über Haushaltungskunde, und diese fand schließlich als »Haushaltungslehre« Eingang in das Schulwesen, selbstverständlich nur für Mädchen. Es wurden differenzierte Bildungsgänge angeboten, vom Schulfach im Rahmen der Volksschule bis zu den höheren Mädchenschulen oder Spezialschulen für häusliche Ausbildung.[82] Eine weitere Ausbildungsmöglichkeit, die viele Mädchen unterer und mittlerer Schichten zumindest bis zu ihrer Heirat nutzten, war die Tätigkeit als Dienstmädchen oder Haustochter. Hier wurden dann nicht nur hauswirtschaftliche Kenntnisse, sondern auch bürgerliche Wertvorstellungen vermittelt. Doch eine noch so gediegene Ausbildung könnte immer noch einen Rest von Unsicherheit zwischen Erwartung und Erfüllung der Normen lassen, und diesen zu beseitigen wird der instinkthaften weiblichen Natur überantwortet: Die mit den theoretischen Gesetzen der häuslichen Hygiene gewappnete Hausfrau muß »schlechte Luft spüren«, »die Gefahr von Bazillenübertragung wittern«, sie muß schmecken, fühlen, riechen, ob Gefahren für die Gesundheit der Familie, vor allem der Kinder, lauern.[83] Drohte die Erlernbarkeit des Hausfrauen-Berufes diesen allzusehr zu rationalisieren, wird das Streben nach Perfektion wieder an den emotionalen Aspekt geknüpft und die Untrennbarkeit von Hausarbeit und Mutterschaft als der »natürlichen Bestimmung des Weibes« erneut konsolidiert und damit auch die daraus abgeleitete geschlechtsspezifische Arbeitsteilung. Durch die Einbeziehung von Irrationalität und durch Bewußtmachung des hohen Maßes an Verantwortung können der Hausfrau positive Gefühle wie Selbstwertgefühl und Stolz ebenso vermittelt werden wie Versagensängste, schlechtes Gewissen und Schuldgefühle. Die möglichen Konsequenzen bei Erfüllung oder Nichterfüllung ihrer Aufgabe als »Hüterin der Gesundheit« verweisen wieder einmal auf die verschiedenen Dimensionen der Disziplinierbarkeit wie der effektiven Disziplinierung. Das individuelle Verhalten soll im wesentlichen dadurch gelenkt werden, daß es in einem sozialen Kontext steht, in dem Sanktionen wie Belohnungen einen mehr oder weniger latenten, aber stets präsenten Horizont bilden.

Waren die Sauberkeitsempfehlungen und -vorschriften zur Verhütung von Krankheiten, Epidemien und zur Bekämpfung der Kindersterblichkeit im Zuge von Bevölkerungswachstum, Verstädterung und Pauperismus noch einsichtig, so haben sie sich mit zunehmender Akzeptanz und Internalisierung immer mehr verselbständigt. Die Gründe für die Hygienevorschriften gingen allmählich verloren, und es blieben die Prinzipien. Diese verselbständigten Prinzipien finden z. B. ihren Niederschlag in dem von Frauen oft wiederholten Sauberkeitsmaßstab, daß der Boden so sauber sein mußte, daß man davon hätte essen können. Warum sollte man? Ein Grund hierfür mag in den Methoden liegen, mit denen Reinlichkeitsvorstellungen vermittelt wurden: wenn die Hausfrau beispielsweise mit erhobenem Zeigefinger an ihre Verpflichtung zum »Kampf« gegen die »feindlichen..., unheimlichen Atome«[84], gegen »ekelhaften Schmutz«[85] gemahnt wird, überrascht es nicht, warum sich regelrechte Phobien entwickeln konnten, die Putzen und Waschen zum Zwang werden ließen.[86] Solche Auswüchse der Hygienebewegung stellten sich schon sehr schnell ein, und sie finden Berücksichtigung in den gleichen Ratgebern, die zum Kampf gegen Staub und Dreck aufrufen. So berichtet Heinen von einer Frau, »arm aber sauber«, die es verstand, »wie man eine Wohnung reinmacht, ohne sie zu beschädigen«, und fügt hinzu: »Nun, das weißt du ja, daß hin und wieder eine Frau vor lauter Reinlichkeit die Türen und Möbel kahl scheuert, daß sie von dem bösen Geiste ›Putzteufel‹ besessen ist, der ein schlimmer Geselle ist und oft genug Ungemütlichkeit und Unfrieden in der Familie stiftet.«[87]

Ein weiterer Grund für die hartnäckige Erhaltung der Prinzipien bei gleichzeitigem Verlust der Gründe für die verordnete peinliche Sauberkeit ist wohl auch hier in der Aufwertung der Hausfrau und ihrer Arbeit zu sehen, die mit der Hygienekampagne verbunden war. Wenn die neue Rolle die Chance für ein neues oder erweitertes Wertgefühl bot, so ist es verständlich, wenn diese ergriffen und das neue Image gepflegt wurde. Dazu wurde ihr auch ein weiteres Poliermittel geboten: durch das öffentliche Interesse, das der Hausarbeit und der Hausfrau zuteil wurde,[88] indem man ihr die Gesundheit der Nation überantwortete, wurde sie gleichzeitig befördert. Ihre Arbeit erhielt den Rang eines Berufes. Die mit dieser Professionalisierung verbundenen Bemühungen um Rationalisierung von Hausarbeit brachten aber auch neue Möglichkeiten und Dimensionen für Bevormundung und Einmischungen bezüglich der konkreten Gestaltung der Hausarbeit. Der Preis für das

95. Falsch! Halbgebücktes Stehen strengt übermäßig an

96. Richtige, bequeme Körperhaltung.

Abb. 13: Anleitung zur korrekten Körperhaltung bei der Hausarbeit, 1926

neue Selbstwertgefühl war paradoxerweise eine weitere, neue Spielart der Entmündigung, indem der Hausfrau wieder ein Stück ihrer Entscheidungsfreiheit über Ablauf und Organisation der Arbeit genommen wurde. So wird seit der Jahrhundertwende im Namen der Hygiene und Arbeitsökonomie gegen Nippes und allen funktionslosen Raumschmuck vorgegangen und, unter Berufung auf die Gesundheit der Hausfrau, ihr nicht nur vorgeschrieben, »was« sie alles zu tun hat, sondern nun auch noch, »wie« sie es am schnellsten, saubersten, zeitsparendsten, gesündesten tun soll. Der verbreitetste und in diesem Sinne rigideste Ratgeber war »Der neue Haushalt« von Erna Meyer. Nach der Methode vorher – nachher wurden herkömmliche Arbeitsweisen den neuen, effizienteren gegenübergestellt und jeweils mit »Falsch!« und »Richtig!« kommentiert.

Wie in den alten Haushaltsratgebern schon Frauen Frauen zu disziplinieren versuchten mit dem Ziel, bürgerlichen Normen zu allgemeiner, schichtübergreifender Gültigkeit zu verhelfen[89], so waren es auch jetzt wieder überwiegend Frauen, die erzieherisch wirkten. Da die klassische Hausfrauen- und Mutterrolle nicht in Frage gestellt wurde, konnte die Hausfrauenbewegung der 20er Jahre sowohl bürgerlich-konservative wie sozialistische Organisationen unter einem Dach vereinen. Allerdings galt diesmal das Interesse dezidiert den Frauen: Zu ihrer Zeit- und Kräfteentlastung wurde versucht, die Taylorschen »Grundsätze der arbeitssparenden, wirtschaftlichen Betriebsführung«

auf den Haushalt zu übertragen. Gleichzeitig sollten Technisierung und Rationalisierung die Hausarbeit zu einer gesellschaftlich honorierten Tätigkeit aufwerten. Wie dem letzten, hehren Ziel war der Bewegung insgesamt nur mäßiger Erfolg beschieden.[90] Vieles scheiterte an den finanziellen Möglichkeiten der Privathaushalte – Geräte wie Waschmaschine, Bügeleisen, Staubsauger, Elektroherd waren noch sehr teuer – oder auch der Städte und Gemeinden, die das Stromnetz hätten erweitern müssen.

Die mit den Forderungen nach Hygiene und Rationalisierung einhergehende Entwicklung einer neuen Wohnkultur entsprechend der »Neuen Sachlichkeit« griff massiv in das Leben und Selbstverständnis der Hausfrau ein, ebenfalls mit dem Argument, dies in ihrem Interesse zu tun. Daß die Frauen diese Bevormundung nicht so ohne weiteres akzeptieren konnten und wollten, wird angesichts der Gegensätzlichkeit der alten und der neuen Wohnvorstellungen verständlich. Sollten sie bisher ihr Heim mit Selbstgemachtem schmücken, so erwartete man nun von ihnen die Beseitigung allen »zweckwidrigen Zierats«[91]. Die Möbel sollten klare, einfache Linien haben, und was Stoffe, also Gardinen, Teppiche, Polster u. ä. betrifft, konnte nur noch alles Waschbare unter dem kritischen Blick der neuen Ästhetiker bestehen. Sowohl bei den unteren Schichten als auch im konservativ orientierten Bürgertum stießen die wohlgemeinten Geschmacksratschläge auf Ablehnung. Die Widerstände gegen die neuen Normen wurden nach dem Umzug in die nach den neuen Kriterien konzipierte Wohnung nicht aufgegeben, so daß hier manchmal zwei Welten aufeinanderprallten. Eine Wohnungsreformerin klagt: »Man sehe sich doch einmal die Möbelverkaufsstellen und Abzahlungsgeschäfte in den Arbeitervierteln an. Einfache, glatte Möbel ›werden nicht verlangt‹, weil sie angeblich zu ärmlich und nüchtern wirken und ›nach nichts aussehen‹. Dafür sieht man allerhand imitierte Pracht, reichgeschnitzte breite Büffets, Schlafzimmer mit Marmorwaschtisch und Spiegelschrank, die wunder was hermachen, deren scheinbare Preiswürdigkeit aber auf Kosten der Qualität geht. Und die für die kleine Neubauwohnung meist viel zu groß und für einen einfachen Lebenszuschnitt viel zu pompös aufgemacht sind. Man kauft kein Wohnzimmer nach seinen Bedürfnissen mit einem mittelgroßen Geschirrschrank oder einem Bücherregal und einigen bequemen Sitzmöbeln, sondern ein komplettes Speise- oder Herrenzimmer. Obwohl Büffet und Anrichte, von denen man nur eins braucht, den Raum furchtbar einengen und der Schreibtisch bestimmt nur zur Dekoration dasteht. Heutzutage treibt man auch nicht selten einen übertriebenen Schlafzimmerkultus, dem man das einzige große Zimmer der Wohnung

opfert. Ein kombiniertes Wohn-Schlafzimmer mit Patentbetten oder Schlafdivans wäre in Kleinstwohnungen das gegebene. So aber drängt sich die Familie tagsüber in der Küche zusammen, nur um für die Nacht ein kleinbürgerliches Schlafzimmer mit koketter Ampel und einem zuckersüßen Elfenreigenbild über den Ehebetten zu haben.«[92]
Rat- und verständnislos – hatte man doch die neuen Wohnformen für die Hausfrauen, für ihre Zeit- und Arbeitsersparnis entwickelt – ist auch die Reformerin Grete Lithotzky: »Sie nehmen lieber alle Mehrarbeit auf sich, um ein ›trauliches und gemütliches‹ Heim zu haben.«[93] Sie trifft damit den Kern der Sache, ohne jedoch die Gründe zu hinterfragen oder zu verstehen. Die rastlose Betätigung der Hausfrau, sichtbarer Beweis ihrer Tüchtigkeit und ihrer Fähigkeit und Bereitschaft zur Selbstdisziplin und Selbstlosigkeit spiegeln nicht nur die Erfordernisse ihrer Hausfrauenrolle wider, sondern waren eben auch Selbstzweck. Sie waren wesentlicher Bestandteil des Selbstbildes der bürgerlichen Hausfrau, und weder das Versprechen der Arbeitserleichterung noch das der Zeitersparnis waren attraktiv genug, die daraus resultierende Notwendigkeit einer weitgehenden Neudefinition ihrer »Daseinsberechtigung« in Kauf zu nehmen. Die aus der technischen Entwicklung im Haushalt resultierende Verschiebung der Hausfrauenpflichten zugunsten der sogenannten innerfamiliären Beziehungsarbeit war noch schwer vorstellbar und erschien eigentlich auch nicht als erstrebenswert, denn hausfrauliche Tüchtigkeit war geknüpft an konkrete Arbeit, an manuelle Betätigung. Die postulierte »Befreiung« der Hausfrau durch Rationalisierung wurde von jener meist nicht gewünscht. Ob sie für die Neuerungen so wenig empfänglich, weil stark traditionsverhaftet war, oder ob sie schon den begründeten Verdacht hegte, daß die neu auf sie zukommenden Aufgaben noch weniger Anerkennung ernten würden, weil sie noch weniger sichtbar waren, mag dahingestellt bleiben. Ein entscheidender Bruch mit den traditionellen Wohnformen und für die Hausfrau eine wichtige Änderung in ihrem Alltag und in ihren Lebensgewohnheiten, denen sie sich nicht ohne weiteres widersetzen konnte, war die zunehmende Ersetzung der bisher üblichen Wohnküche durch die Arbeitsküche.[94] Hatte sich in der Wohnküche bislang das Familienleben zentral abgespielt – Kinderaufsicht, Empfang von Besuch, hauswirtschaftliche Arbeiten, Kochen, oft auch Waschen –, so war die Hausfrau jetzt in ihren wenigen Quadratmetern Arbeitsküche isoliert. Die Begründung für die neue Küchenform war wieder die Hygiene, die zu hüten aber nach wie vor und mehr denn je zu den Pflichten der Hausfrau gehörte.

IV. Gelang den im Rahmen der Rationalisierungskampagne entwickelten Leitlinien des ›Neuen Wohnens‹ nicht der volle Durchbruch, weil sich vor allem die Frauen dagegen wehrten, ihr Heim nun plötzlich nicht mehr »schmücken« zu dürfen, so verweist dies auf eine wichtige Ausdrucksweise weiblichen Protestverhaltens. Dieses äußert sich nämlich nicht in einer Auflehnung gegen die Rollenzuweisung als Erzeugerin und Hüterin der »Heimeligkeit« und die damit verbundene Beschränkung auf Haushalt und Familie, sondern sie verteidigen im Gegenteil sehr hartnäckig diese Rolle, war sie doch durch eine gezielte Sozialisation so sehr verinnerlicht, daß sie zu einem wesentlichen Bestandteil weiblicher Identität geworden war. Eine offene Rebellion hätte somit nicht nur den Kampf gegen gesellschaftliche Erwartungen und Normen bedeutet, sondern letztlich auch gegen die eigenen.[95] Deshalb fand Widerstand meist im Rahmen der gesellschaftlichen Geschlechtsrollenverteilung statt, um sie zu verteidigen oder die eigene Position neu zu definieren oder zu festigen. Die Autonomie und Macht, die der Frau innerhalb der Familie durchaus zuerkannt wurde, konnte sie sowohl dazu benutzen, sich Freiräume zu schaffen, als auch um aktiv als »Familienpolizei« aufzutreten: strafend und rächend für Fehlverhalten oder belohnend für Wohlverhalten. Strafe und Rache konnten sich z. B. in Übererfüllung der an sie gerichteten Normen äußern, und daß dies seit der Durchsetzung des bürgerlichen Weiblichkeitsideals eine immer wieder praktizierte Form der Auflehnung war, zeigen die in vielen Ratgebern wiederholten Warnungen an die Hausfrau, bei aller Reinlichkeit nicht zu einem die Familie tyrannisierenden ›Putzteufel‹ zu werden.

Was der Mann Heinen[96] unverblümt anprangert, versuchen die Autorinnen der Ratgeber vorsichtiger und mit mehr Verständnis ihren Leserinnen zu vermitteln, z. B. M. S. Kübler: »Halte dich... in den Schranken der Vernunft und Mäßigung und laß dich nie verleiten, ...eine Sklavin übertriebener Reinlichkeit zu werden. Allzu häufiges Waschen, Ausputzen und Scheuern führt ewige Unruhe im Hause mit sich und muß dieses den Mitbewohnern zu einer wahren Marterkammer machen, während der Hausfrau selbst über dem beständigen ›Ordnungschaffen‹ die innere Harmonie verlorengeht.«[97] Bei aller »Beschränktheit der Strategien«[98] fanden die Frauen immer wieder Listen, ihre Ohnmacht in Macht umzukehren. Die unterschiedliche Sprache, mit der der männliche Beobachter und die weibliche Ratgeberin die hier angewandte Taktik, Normen bei ihrem Nennwert zu nehmen, bewerten, kann als Beweis für ihren Erfolg gedeutet werden. In der Sprache des Mannes kommt die tyrannisierende Wirkung, in derjenigen der Frau

Abb. 14: Gestickter Wandbehang der 20er Jahre

die strafende Absicht zum Ausdruck. Beide scheinen zu wissen, wovon sie reden. Das Beispiel zeigt darüber hinaus, daß durch übertriebene Gängelung auch wieder Leerstellen entstehen, die auszufüllen der subjektiven Entscheidung der Hausfrau überlassen werden mußte: sollte sie einerseits das Heim immer so sauber und behaglich halten, daß der Mann nicht ins Wirtshaus ging, konnte sie andererseits bei Übertreibung mit einer ähnlichen Rückzugsreaktion des Gatten rechnen. Sollte der Spielraum zwischen »nicht genug« und »zu viel« hier ursprünglich wohl wieder auf »Gewissen« und »Schuld« als letzte gültige, die Maßstäbe setzende Instanzen verwiesen werden, so gab die eingeräumte Entscheidungsfreiheit aber auch die Möglichkeit zur Schaffung von Frei-Räumen.

Auch der zweite große Aufgabenbereich der Hausfrau, das Kochen, konnte in ähnlicher Weise »listig« genutzt werden. Die Haushaltsratgeber zeigen hier unbeabsichtigt Wege auf: »Willst du, liebe Hausfrau, daß dein Mann sich behaglich zu Hause fühle und gerne die meisten Abende der Woche dir und deiner Gesellschaft widme, so mußt du ihn durch eine gute Kost zu fesseln suchen.«[99] Es gibt zwar eher Belege dafür, daß die Hausfrauen sich in dieser Hinsicht erwartungskonform verhielten und z. B. auch dann des Mannes Lieblingsspeise kochten, wenn ein wegen Normenverletzung in Gedanken oder Tat schlechtes

Gewissen reingewaschen werden sollte[100], doch könnte die Tatsache, daß eine entsprechende Mahnung als gestickter Spruch viele Küchen zierte, ein Hinweis darauf sein, daß sie gelegentlich der Erinnerung bedurfte.

Auch die oben erwähnte, mit »Frauenlist« betitelte Geschichte aus der Frauenzeitschrift »Monika« enthält neben den systemverteidigenden Gesichtspunkten auch solche der Verweigerung: Die Teilnahme am Teekränzchen gehört zum bürgerlichen Spiel von Sein und Schein und zu der der bürgerlichen Frau zugewiesenen Rolle, für den Erfolg ihres Mannes zu repräsentieren. Diesen Teil ihrer Rolle lehnt die »Heldin« der Geschichte ab, unter Berufung auf die anderen, die der treusorgenden Mutter und der sparsamen Hausfrau. Die Art, wie sie über die Frauen der Kollegen ihres Mannes spricht, die ihr im übrigen auch unbekannt waren, läßt vermuten, daß sie ganz einfach keine Lust hatte, mit ihnen zusammenzukommen, denn für einen Plausch mit der Schwiegermutter hatte sie ja durchaus Zeit. Da sie sich mit ihrer Ablehnung jedoch an die Regeln hielt, ja sie sogar zu ihrer Rechtfertigung benutzte, konnte sie ungestraft andere Bereiche ihrer Pflichten verweigern. Die Betonung ihrer Sparsamkeit verweist gleichzeitig auf einen anderen, zentralen Aspekt weiblicher Macht, die sich aus ihrer Funktion als Verwalterin der Familienfinanzen ableitet.

In Arbeiterfamilien bedeutete diese Macht meist die volle Verfügbarkeit über den Lohn des Mannes; hier galt, wie Bromme in seinen Lebenserinnerungen bemerkt, daß »die weibliche Ehehälfte in Geldsachen meistenteils die Hosen anhat«[101]. Dem Ehemann wurde dann lediglich ein Taschengeld für Tabak, Schnaps und Bier gewährt. Manchmal wurden die Frauen sogar von den Arbeitgebern ihrer Männer in diesem schon zu einem Recht gewordenen Usus unterstützt, indem sie nicht ihren Arbeitnehmern, sondern deren Frauen direkt den Lohn auszahlten. Sie machten sie damit gewissermaßen zu Komplizinnen, indem sie ihre oft nicht leichte Verantwortung für die Familienökonomie ausnutzten und ihre innerfamiliale »Polizei«-Gewalt zur Sicherung des sozialen Friedens funktionalisierten.[102] Dieses »budgetäre Matriarchat« konnten sich die Arbeiterfrauen übrigens bis heute weitgehend erhalten.[103]

Weniger ausgedehnt und weniger offensichtlich erscheint dagegen die aus der Finanzverwaltung abgeleitete Macht der bürgerlichen Frauen. Hier beanspruchten die Ehemänner in ihrer Funktion als Familienoberhaupt die Kontrolle des Budgets. Alle Haushaltsratgeber legen deshalb ihren Leserinnen nahe, exakt über alle Ausgaben und Einnahmen Buch zu führen, um selbst einen Überblick zu behalten, aber auch um in ihrer Haushaltsführung unangreifbar zu sein und jederzeit Rechenschaft ablegen zu können. Zwar müssen sie sich monatlich ihr Haushaltsgeld vom Gatten erbitten, doch scheint ihnen dann ein relativ freies Schalten und Walten möglich gewesen zu sein. Mit dem Hinweis, daß »Männer im allgemeinen keine strengen Haushalter und verschwenderischer in ihren Ausgaben als eine kluge Frau« sind, ermahnt M. S. Kübler die Frauen, sich nur ja ausreichend Haushaltsgeld geben zu lassen, und mit Verweis auf den geringer ausgeprägten Sparsinn der Männer fügt sie an deren Adresse hinzu: »Es ist daher klug von dem Manne, wenn er die Frau in ihrem Wirkungskreise unbedingt nach ihrer Einsicht handeln läßt und ihr die dazu bestimmte Summe regelmäßig zur Verfügung stellt.« [104] Warum dies »klug« ist, spricht I. v. Wedell deutlicher aus: »Du stärkst dadurch ihr Verantwortungsgefühl, ihr Pflichtbewußtsein« [105]; der Dank und der Preis, den sie einem derart aufgebauten und gestärkten Selbstbewußtsein schuldet, ist nichts Geringeres als der volle Einsatz für einen pflichtbewußten, d. h. sparsamen Umgang mit dem Einkommen des Familienvaters. Darin liegt ihre Chance, zu den Vermögensverhältnissen der Familie einen Beitrag zu leisten. Weil ihre Einsatzbereitschaft jedoch nicht allein eine »private« Entscheidung ist, nicht nur eine Voraussetzung für persönliche Befriedigung und ein konfliktfreies Familienleben, sondern auch Einfluß auf das Funktionieren des Gesellschaftsgefüges insgesamt hat, wird kaum etwas unterlassen, um sie diesbezüglich zu ermutigen und zu bestärken, z. B. folgendermaßen: »Die sachgemäße Führung des Hausstandes aber ist fast eine Kunst zu nennen, und sie verlangt Kenntnisse, Hingabe, Talente in demselben Maße wie die schönen Künste. Von der Wirtschaftsführung der Frau hängen der Friede des Hauses, das Wohlbefinden, die Gesundheit der Familie ab.« [106]

Wie schon für andere Aufgabenbereiche soll der Hausfrau wieder ihre große Verantwortung vor Augen geführt werden und stets mit erhobenem Zeigefinger, diese nur ja nicht zu mißbrauchen: »Bedenke die Macht, die in deine Hand gegeben, liebe Hausfrau, und handle danach!« [107] Der Begriff »Macht« findet für die Hausfrau höchst selten Anwendung, und es scheint mir kein Zufall zu sein, daß es gerade in diesem Zusammenhang geschieht. Ebenso auffällig ist die starke Betonung der Rolle des Gatten als höchster Vergabe- und Kontrollinstanz für den Familienetat. Die Notwendigkeit, seine ›Herr-im-Haus-Position‹ als unantastbar aufzubauen, wird nämlich einsichtig, wenn sich in den gleichen Ratgebern Bruchstellen in dem Sockel zeigen, auf den der pater familias gehoben wurde. Hat schon Wedell sehr vorsichtig darauf hingewiesen, daß es manchmal klüger ist, der Frau die Finanzmacht zu überlassen, so erschüttert Davidis das Bild von dem für die Familie sorgenden, schaffenden und raffenden Vater noch empfindlicher: »Nun sei der Verfasserin noch ein kurzes Wort für besondere Verhältnisse erlaubt: So sehr es im Allgemeinen die Gatten entehrt, wenn [die Frau] danach strebt, das Regiment zu führen, so gibt es doch auch Lagen, welche dieses unvermeidlich machen, Lagen, wo der Mann schlaff und nachlässig, durch unordentliches Wirthschaften den Wohlstand bald zu Grunde richten würde, wenn die Frau aus unzeitiger Schonung sich dem Willen des Mannes unumschränkt unterwerfen wollte. Da gebietet es die Pflicht der Frau, unter zweien Übeln das kleinste zu wählen – in des Mannes Rechte einzugreifen.« Die Aufforderung zur Umkehrung der Geschlechtsrollenverteilung wäre jedoch allzu revolutionär und systemgefährdend, verbliebe sie nicht letztlich im Rahmen der gesellschaftlichen Erwartungen, wenn schon nicht was das Sein, so doch was den Schein betrifft: »Hier aber ist vor allem zu rathen: mit der größten Vorsicht, unter keiner Bedingung rücksichtslos zu handeln. Niemals lege [die Frau] ihr Übergewicht an den Tag, suche es vielmehr dem Publikum möglichst zu verbergen, damit der Mann nicht unmündig erscheine und sein Ehrgefühl nicht zu Grunde gehe.«[108]

Der Zwiespalt, in dem sich die Autorinnen befanden, war in der Tat nicht leicht zu lösen: Waren einerseits die Machtkompetenzen und die Machtverteilung auch und vor allem bezüglich der Finanzen offiziell klar geregelt, so war doch oft inoffiziell der Titel der »Herrin« des Hauses keine schmeichelhafte Floskel zur Hebung des Selbstwertgefühls, sondern Realität. Wie Davidis an »größte Vorsicht«, so appelliert von Wedell an die dem weiblichen Geschlecht »in so hohem Maße eigene Findigkeit und Geschicklichkeit«[109], damit sich die familieninterne »verkehrte Welt« für den außenstehenden Beobachter »richtig« darstelle. Listen der Macht – um diese nicht als solche erscheinen zu lassen – also doch »Listen der Ohnmacht«?[110] Oder illegitime Macht, der männlichen »legitimen Autorität« listig abgetrotzt?[111] Die Tatsache, daß solche Aufforderungen zum Rollentausch in den gleichen Ratgebern stehen, die alles daransetzen, Frauen im Sinne der bürgerlichen Gesellschaft und der dazugehörigen Geschlechtsrollendefinition zu disziplinieren und zu sozialisieren, zeigt jedenfalls, daß die Machtverteilung nicht eindeutig und uneingeschränkt verallgemeinerbar zugunsten der Ehemänner stattgefunden hat und daß der bürgerliche Haushalt Schauplatz noch anderer »Theater«stücke war als nur dem des »demonstrativen Müßiggangs« der Hausfrauen.[112]

Wenn Wierling den bürgerlichen Haushalt im Hinblick auf die Vermögensverwaltung als Stätte der Unterworfenheit und gleichzeitig der Macht der Hausfrau charakterisiert, diese Macht aber als »indirekte Herrschaft« relativiert, weil »der Alltag der Familie und des Haushalts... eindeutig nach den Bedürfnissen des Mannes organisiert und ausgerichtet«[113] war, so ist diese Feststellung relativierungsbedürftig, weil auch hier oft Erwartung und Realität auseinanderklaffen. Zwar sollten nach der Norm der Ratgeber z. B. Waschen und Putzen immer dann geschehen, wenn der Hausherr nicht da war, und immer so, daß er keinerlei Beeinträchtigung seines normalen Alltags erfahre, doch wurden nach Aussagen fast aller dazu befragten Frauen, vor allem des Mittelstandes, die Männer mit einbezogen, oft auch die Kinder, besonders am Waschtag. So berichtet Frau F., daß sie selbst und ihr Bruder die am Abend eingeweichte Wäsche, bevor sie am nächsten Tag gekocht wurde, »Stück für Stück mit Kernseife einseifen« mußten[114], und das, obwohl am Waschtag immer eine Waschfrau ins Haus kam. Frau Welsch erzählt vom Waschtag ihrer Mutter in ländlicher Gegend: »Als wir noch keine Wasserleitung hatten, mußte auch im Winter das Wasser am Brunnen geholt werden. Vater hat das meistens sonntags abends, wenn er von seinem Kartenspiel aus der Wirtschaft nach Hause kam, gemacht.«[115] Aber auch wo keine direkte Hilfe geleistet wurde, kam es den Frauen gar nicht in den Sinn, der Ermahnung der Ratgeber Folge zu leisten und so zu tun, als wäre der Waschtag ein ganz normaler Tag: Das Mittagessen fiel grundsätzlich einfacher aus. Meistens wurde am Sonntag bewußt mehr gekocht, damit man die Reste am Montag nur noch aufzuwärmen brauchte, oder es gab ein schnell zuzubereitendes Gericht. Gelegentlich kochte auch der Mann an diesem Tag.
Weitgehend ignoriert wurde auch die dringende Empfehlung, die bezeichnenderweise in allen Haushaltungsratgebern mehr oder weniger ausführlich begründet wird, nichts auf Borg oder »im Buch« zu kaufen. Selbst die massivsten Drohungen vermochten hier einer vom gehobenen Bürgertum bis zur Arbeiterfamilie verbreiteten Gepflogenheit kein Ende zu bereiten. Wedell führt z. B. nicht nur die Vorteile für die finanzielle Situation des eigenen Haushalts als Begründung an, sondern Barzahlung sei »sogar eine sittliche Forderung, mit deren Erfüllung du deinen Teil zum Wohle des Vaterlandes beiträgst. Bezahlen alle Hausfrauen gleich dir jeden Einkauf sofort bar, so könnte der Handwerker oder Kaufmann ebenfalls seine Ware dem Lieferanten bar bezahlen, er könnte seine Arbeitskräfte besser besolden und genösse selbst ein sorgenfreies Dasein. Hunderte von Existenzen, die heute Bankrott machen und elend zu Grunde gehen, würden sich in befriedigender Tätig-

keit erhalten können.«[116] Aber auch noch so deutliche Hinweise auf die Bedeutung der Frau und ihrer Zahlungsgewohnheiten für die Nationalökonomie konnten sie nicht von ebendiesen Gewohnheiten abbringen. Von der Kleidung bis zu Zucker, Salz, Kaffee oder was sonst noch im Kolonialwarenladen gekauft wurde, alles ließ man »ins Büchelchen« schreiben. Die Bürgermeistertochter Frau B. erinnert sich, daß am Ende jeden Monats bezahlt wurde, Bergmannsfrauen beglichen ihre Schulden bei »Abschlag« und am Zahltag, wie Frau D. und Frau W. zu berichten wissen.[117] Ob bewußt oder unbewußt verteidigten die Frauen mit ihrem hartnäckigen Beharren auf den gewohnten Zahlungsgepflogenheiten eine eigengesetzliche Ökonomie in der kleinen Welt des Dorfes und gleichzeitig auch ein Stück Menschlichkeit gegen die Sachzwänge des kapitalistischen Wirtschaftssystems. Zahlungsverzögerungen wurden nicht gleich geahndet, sondern ließen sich auf zwischenmenschlicher Ebene regeln, denn »Man war ja bekannt dafür, daß man zahlte«. Mag das Einkaufen »im Buch« in Arbeiterfamilien auch aus finanziellen Zwängen erfolgt sein, die weite, schichtübergreifende Verbreitung zeigt jedoch eine grundsätzliche Weigerung, sich den Gesetzen eines veränderten Wirtschaftssystems zu fügen.
Daß dies auch so gedeutet wurde, zeigen die Kommentare in den Ratgebern, allen voran wieder »Das häusliche Glück«, das ja nicht, wie die meisten anderen Haushaltungsbücher, auf Privatinitiative von bürgerlichen Frauen entstand, sondern von einer »Commission des Verbandes ›Arbeiterwohl‹« herausgegeben worden war und für dessen Verbreitung u. a. »Regierungen und Schulbehörden« sorgten.[118] Während Wedell sich noch die Mühe macht, zu erklären, wo und warum durch das ›Anschreibenlassen‹ der Wirtschaftskreislauf unterbrochen wird, argumentiert »Das häusliche Glück«, voraussetzend, daß die Leserinnen unfähig seien, wirtschaftliche Zusammenhänge zu begreifen, irrational abschreckend: »Wie der Wurm, der an der Wurzel nagt, langsam aber sicher auch die kräftigste Pflanze ersterben macht, so nagt auch das Borgen beständig am Wohlstand und bringt ihn langsam, aber sicher zum Falle.«[119] Die Hausfrauen ließen sich nicht abschrecken und kauften weiterhin »im Büchelchen«. Ein wichtiger Versuch sozialer und ökonomischer Disziplinierung scheiterte an ihrem unbeirrbaren Festhalten an alten, auf Vertrauen und Entgegenkommen basierenden Gewohnheiten.
Ungeachtet der individuellen und schichtspezifischen Handhabung und des Ausmaßes der aus der Finanzverwaltung abgeleiteten Macht und auch unabhängig von der ihr von außen aufgezeigten Bedeutung und Wichtigkeit spielte diese familiäre und gesellschaftliche Funk-

tionszuweisung sicherlich eine große Rolle für das Selbstverständnis und -bewußtsein der Frauen.[120] Das Wissen um ihre Bedeutung für die Familienökonomie hat bei bürgerlichen Frauen weniger spektakuläre Widerstandsformen hervorgebracht als in den unteren Schichten[121], doch macht dieses Wissen sie, unterschiedlich ausgeprägt und mehr oder weniger bewußt, resistent gegen allzu massive Einmischungen und Sozialisierungsbemühungen. Es ist auch kein Zufall, daß gerade über diese Rolle Ansätze zu einer »Solidarität« der Ratgeberinnen mit ihren Leserinnen zu beobachten sind, wenn sie diese beispielsweise ermutigen, sich die Finanzmacht ganz zu nehmen – zwar nur im besonderen Fall der allzu offensichtlichen Schwäche des Gatten und nur listig und heimlich, so, daß weder die Familienhierarchie noch die bürgerliche Gesellschaftsordnung in Frage gestellt sind, aber...!

V. Weiter und offener durfte jedoch die Geschlechtsrollenverteilung nicht in Frage gestellt werden, auch im Anliegen der Frauen, denn sie bezogen aus ihr weite Teile ihrer Identität und ihres Selbstbildes. Sie hatten ein existentielles Interesse daran, daß die Regeln, nach denen das System funktionierte, aufrechterhalten wurden, und halfen »fleißig« mit, Verletzungen zu vermeiden und auch zu sanktionieren. Selbst wenn die Empfehlungen der Ratgeber nicht im einzelnen bekannt waren oder die Hausarbeit gezielt daran ausgerichtet war, in dem Sinne, daß nachgelesen wurde, welche Arbeit wann und wie durchzuführen sei, so setzten sich die hier vorgegebenen Normen durch und wurden über die Sozialisation den Mädchen weitergegeben. Es ist wiederholt darauf hingewiesen worden, daß diese Normen Spielräume ließen, die durch die eigenen, individuellen Maßstäbe der Hausfrau ausgefüllt werden konnten. Die »eigenen« Standards bilden sich heraus über die Handlungsanweisungen, die von Mutter zu Tochter vermittelt und aus dem gesellschaftlichen Umfeld erworben wurden, und auf der anderen Seite aus einer vom Vater an den Sohn weitergegebenen »Anspruchsberechtigung«, an deren Festigung wiederum die mütterliche Erziehung des Sohnes nicht unbeteiligt ist. Dazu kommen der Vergleich und die Konkurrenz mit anderen Frauen, zur Ergänzung, Differenzierung, Abrundung.[122]

Die individuellen und subjektiven Maßstäbe und Vorgehensweisen werden also allmählich nach außen verlagert und treten der Hausfrau als objektive Maßstäbe entgegen. Sie werden zu gesellschaftlichen Qualitätsanforderungen an die Hausarbeit, nach denen sich die Hausfrau glaubt richten zu müssen. Da die Standards und Routinen jedoch nicht wirklich objektiv sind hinsichtlich eines unmißverständlich und klar definierten Zieles, können sie sich in dem Maße, wie sie verinnerlicht werden, verselbständigen und immer höher geschraubt werden. Nicht-Erfüllung wird mit schlechtem Gewissen oder Schuldgefühlen bestraft, aber auch durch Kritik und Verurteilung von außen. In welch komplexe Mechanismen von Gewissensnöten und Versagensängsten, von Angst vor mißbilligender Kontrolle oder vor Verweigerung gesellschaftlicher Anerkennung die verinnerlichten und äußeren Standards die Hausfrau einschließen konnten und können, schildert Frau Brosowski, die vor ihrer Heirat Büroangestellte war und deshalb mehr als andere Frauen mit einer »normalen« Sozialisation im Hinblick auf die Rolle als Gattin, Hausfrau und Mutter unter Beweiszwang stand, was ihre »hausfraulichen Fähigkeiten« betrifft: »Welche Frau wollte nicht in der damaligen Zeit eine sogenannte ›gute Hausfrau‹ sein oder wenigstens nach außen hin den Anschein erwecken, als solche zu gelten. Die wenigsten Frauen hatten eine Alternative, sie mußten Hausfrauen sein. Die Gesellschaft hatte der Frau diese Rolle zugeteilt. Man kontrollierte sich gegenseitig. Ob das nun die Schwiegermutter, Verwandte oder Nachbarn waren, die sich ein Urteil anmaßten. Als eine ›Schlampe‹ z. B. galt hier bei uns eine Frau, die zu bequem war, den Haushalt nach dem damaligen Standard zu führen, vor allen Dingen versäumte, abgerissene Knöpfe sofort anzunähen und diese statt dessen durch Sicherheitsnadeln zu ersetzen, eine Frau, die den Ehemann und die Kinder mit durchlöcherten Strümpfen herumlaufen ließ und auch sonst im Haushalt nicht pünktlich war. Man erkannte sie an vielen Nachlässigkeiten... Das Gegenteil von einer Schlampe war der ›Putznarr‹, der die ganze Familie mit übertriebener Sauberkeit tyrannisierte... Ich gab mir viel Mühe, [eine perfekte] Hausfrau zu werden, und kaufte mir sogar Modemagazine mit Backrezepten usw. Ich bemerkte, daß mein Tun von Verwandten und Bekannten mit Argusaugen beobachtet wurde. Man traute einer Bürofrau keinerlei hausfrauliche Fähigkeiten zu. Besonders bekämpfte ich bei mir selber meinen Hang zum Lesen... ›Eine Hausfrau liest nicht‹, galt als Motto. Weil ich das aber immer wieder tat, bekam ich... ein schlechtes Gewissen, weil ich mir vorstellte, was ich in der Zeit des Lesens hätte alles arbeiten können. Deswegen legte ich hinterher einen ganz besonderen Arbeitseifer an den Tag, um das ›Versäumnis‹ auszugleichen. Oftmals versteckte ich blitzschnell mein Buch, wenn ich hörte, daß jemand die Treppe hochkam.«[123]

Die für das 19. Jahrhundert gültige Erwartung an die Hausfrau, nur die Ergebnisse, nie aber die Arbeit selbst für den Ehemann und fremde Blicke sichtbar werden zu lassen und ansonsten Müßiggang zu demonstrieren [124], gerät seit der Jahrhundertwende ins Wanken. Während die bürgerliche Hausfrau des 19. Jahrhunderts beim Klingelzeichen den Staublappen versteckte, die Schürze abband und zum Stickrahmen oder Klavier eilte, versteckte Frau Brosowski die Beweise des ›Müßiggangs‹ und griff zum Staublappen. Zwar galt immer noch, dem von harter Arbeit heimkehrenden Gatten Behaglichkeit und Ruhe zu bieten, doch wurden andererseits nicht nur die Ergebnisse, sondern auch die damit verbundene Arbeit sichtbar gemacht. Bei besonders starker Belastung wurde der Gatte sogar mit einbezogen, z. B. bei der Wäsche. Mehr als die Ausrichtung der Hausarbeit an den Erholungsbedürfnissen des Mannes hatte sich die andere Empfehlung verinnerlicht: »Wer eine gute Hausfrau werden will, muß frühzeitig lernen, keine Minute müßig vorübergehen zu lassen, jede Stunde weise auszunützen.« [125]
Es wurde schon darauf hingewiesen, welch wichtige disziplinierende Funktion gerade dieser Aspekt der Unterwerfung unter eine exakt einzuhaltende Zeitreglementierung besitzt. Das wird auch deutlich in den Begründungen, die Frau Brosowski für ihr schlechtes Gewissen gibt: »Versäumte« Zeit muß durch schnelleres Arbeiten ausgeglichen werden, und daß die versäumte Arbeit nicht einfach einmal liegenbleiben darf, dafür sorgen die »Argusaugen« der Verwandten und Bekannten sowie das Schreckgespenst der Stigmatisierung als »Schlampe«. Obwohl Frau Brosowski die Beurteilung ihrer Arbeit durch außerhalb der Familie stehende Nachbarn oder auch die Schwiegermutter als »Anmaßung« empfindet, akzeptiert sie doch letztlich diese Kontrollinstanzen, indem sie sich ihren Erwartungen konform verhält. Interessanterweise werden der Ehemann und die Kinder nicht selbst als aktiv Kontrollierende, sondern vielmehr als »Beweisträger« ihrer Hausfrauenqualifikation gesehen, hier der gestopften Socken oder der tadellos angenähten Knöpfe. Wie im Hausinnern die Küche zum »Spiegelbild des Charakters der Hausfrau« hochstilisiert wurde, so muß die ganze Familie für die Öffentlichkeit sichtbar die »perfekte Hausfrau« vorführen. Dieser Demonstrationszwang nach außen zielt jedoch auf mehr als die Selbstzufriedenheit als Hausfrau. Ebenso wie die entschiedene Abgrenzung von der »Schlampe« ist er auch Ausdruck eines kleinbürgerlichen oder mittelständischen Klassenbewußtseins, das, je mehr sich die ökonomischen Grenzen zur Arbeiterschaft verwischten, auf Identitätsbeweise angewiesen war. Die hohen Anforderungen an die eigene Tüchtigkeit und die damit verbundene permanente Selbstdisziplinierung sind somit

Ergebnis einer doppelten Identitätssuche und -bildung: innerhalb der Familie als gute Hausfrau, Gattin und Mutter, nach außen – zusammen mit der Familie – als Angehörige des Mittelstandes. Beiden Ansprüchen zu genügen war allein der Einsatzbereitschaft der Frau anheimgestellt, und ihr Wechselspiel oder auch die Möglichkeit, beide gegeneinander auszuspielen, erklärt ihr sehr weitreichendes Bemühen, sich den Spielregeln zu unterwerfen.

Der enorm hohe ideologische Aufwand, der über Ratgeber, Zeitschriften, Literatur, schulische und elterliche Sozialisation betrieben worden war, der bürgerlichen Frau die Tugenden Ordnung, Fleiß, Sparsamkeit, Sauberkeit, Pünktlichkeit und Selbstdisziplin zu vermitteln, hatte Früchte getragen, sogar so sehr, daß sich die Tugenden verselbständigt hatten und nicht mehr in unmittelbarem Zusammenhang weder mit den Begründungen noch mit den Ergebnissen standen. Da die Anerkennung, was das Ergebnis betrifft, ohnehin meistens ausblieb, wurde mehr und mehr aus der eigentlichen Tätigkeit selbst das Selbstwertgefühl bezogen. Das hat sicherlich auch damit zu tun, daß es immer weniger Dienstmädchen gab und die Hausarbeit von der Hausfrau selbst geleistet werden mußte, die dann aber auch sichtbar werden sollte. Oft wäre dies auch aus zeitlichen Gründen gar nicht zu verhindern gewesen. In diesem Kontext ist auch die Rationalisierungskampagne und die Aufwertung der Hausarbeit als Berufsarbeit oder als Wissenschaft vom Haushalt zu sehen. Den sich herausbildenden neuen Formen von Hausarbeit, den neuen Anforderungen und dem gewandelten Selbstverständnis der Hausfrauen wird hier wieder eine neue Ideologie übergestülpt, und sogleich werden neue Wege und Methoden gefunden für erzieherische und disziplinarische Einmischungen, um die begonnene Entwicklung zu kanalisieren. Man denke nur an Erna Meyer und ihre Kommentare zur Durchführung bestimmter Arbeiten: Richtig! Falsch!

Wie im 19. Jahrhundert wird die Vermittlung der von Männern entwickelten Wertnormierung von Frauen übernommen, im Auftrag des Staates, in seinem Interesse oder auch in demjenigen der Frauen, in Sorge um ihre Gesundheit bezüglich Körperhaltung und Hygiene oder ihr Selbstbewußtsein aufbauend dadurch, daß ihr immer wieder seit dem 18. Jahrhundert mit den gleichen, aber auch mit neu hinzugefügten Argumenten ihre Bedeutung für Staat, Gesellschaft und Wirtschaft vor Augen geführt wird – selbstredend in Erfüllung ihrer »natürlichen Bestimmung« als Hausfrau, Gattin und Mutter. Da dies lange die einzige Bezugsquelle für Selbstbewußtsein war, die den Frauen geboten wurde, hatten und haben sie Interesse daran, sich mit dieser Rolle zu identifizieren und sie nach außen und innen, d. h. auch gegen Infragestellungen von Frauen selbst zu verteidigen. So erklärt sich die Tatsache, daß weibliche Sozialisation in diesem Sinne von Frauen vorgenommen wurde, als Mütter, Autorinnen von Ratgebern oder als Lehrerinnen.

Wurde die Bevormundung als unzumutbar empfunden oder war der Wunsch nach Erhaltung von Tradition stärker als die Einsicht in die Notwendigkeit, Nützlichkeit oder Sinnhaftigkeit von Veränderung, wich die sonst vorhandene Bereitschaft zur Gefügigkeit dem Ungehorsam. Als Beispiel sei an das hartnäckige Festhalten an den alten Zahlungsgewohnheiten erinnert oder an die Weigerung, die neue Wohnkultur zu akzeptieren. Widerstand wäre hier ein zu großes Wort, aber: »Herrschaft läßt sich entziffern als Mischung von Hinnehmen, Sich-Distanzieren und Widersetzlichkeit.«[126] Wo kein oder wenig Raum blieb zur Erfüllung eigener Bedürfnisse und Wünsche, blieb – gerade bei routinierter Haus- und Handarbeit[127] – immer Platz für »Eigen-Sinn«[128].

Anmerkungen

Eva Labouvie
Wider Wahrsagerei, Segnerei und Zauberei

1 Hierzu: *R. van Dülmen*, Volksfrömmigkeit und konfessionelles Christentum im 16. und 17. Jahrhundert, in: W. Schieder (Hg.), Volksreligiosität in der modernen Sozialgeschichte (1986), 14–30; *J. Diefenbach*, Der Hexenwahn vor und nach der Glaubensspaltung in Deutschland (1886), 288–300; *F. W. Pohl/C. Türcke*, Heilige Hure Vernunft. Luthers nachhaltiger Zauber (1983). – Die folgenden Ausführungen wurden in einem Vortrag der Verfasserin auf dem Historikertag in Bamberg 1988 bereits kurz vorgestellt. Es geht zwar zunächst und in erster Linie um Verhaltens- und Umgangsweisen der Kirchen mit volkstümlichen abergläubischen Elementen, um kirchliche Strategien, Überlegungen und Maßnahmen zur Eindämmung oder Ausgrenzung. Zugleich werden jedoch auch die Reaktionen der Bevölkerung auf diese kirchlichen Maßnahmen untersucht. Beide Parteien werden somit in ihrem Bemühen um Interessenswahrung, in ihren Konfliktpunkten, Handlungsgrenzen und differierenden Einschätzungen gezeigt. 2 Vgl. *E. Labouvie*, Von Volksmagie und Hexenkunst. Versuch einer Semiotik ländlicher Magie am Beispiel des Saarraumes, Diss. (1989), 346–365. 3 Vgl. *K. Hoppstädter/H.-W. Herrmann* u. a. (Hg.), Geschichtliche Landeskunde des Saarlandes Bd. 2: Von der fränkischen Landnahme bis zum Ausbruch der Französischen Revolution (1977), 170–467. 4 Text bei: *J. Hansen*, Quellen und Untersuchungen zur Geschichte des Hexenwahns und der Hexenverfolgung im Mittelalter (1901), 38f. 5 *Augustinus*, De civitate Dei XV, 23, Corpus Christianorum Series Latina 47–48; *Ders.*, De doctrina christiana II, ebd., 30–41; *Albertus Magnus*, Sentenzenkommentar zu Liber II, dist. VII: Art. X (1894); *Th. von Aquin*, Summa theologica I, qu. 99, Art. 2; II, qu. 149, Art. 4; III, qu. 31, Art. 3. 6 Allgemein zur Ketzergeschichte: *H. Ch. Lea*, Die Inquisition (1985); *B. Rill*, Die Inquisition und ihre Ketzer (1982); *R. Haucke*, Häresie und Inquisition. Über die Kirche als Schöpferin neuer und folgenschwerer Herrschaftsstrategien und Kontrollformen, in: Kriminologisches Journal 2. Beih. (1987), 58–72. 7 In Straßburg wurden 1212 etwa hundert Albigenser hingerichtet; in Trier kam es zwischen 1230 und 1240 zur Verurteilung von »Zauberinnen«; vgl. *B. Gloger/W. Zöllner*, Teufelsglaube und Hexenwahn (1984²), 33, 89; *W. Behringer*, »Vom Unkraut unter dem Weizen«. Die Stellung der Kirchen zum Hexenproblem, in: R. van Dülmen (Hg.), Hexenwelten (1987), 23f. 8 Dies war vor allem der Jurist Bartolo Sassoferraco, der sich auf Exodus 22,18 berief; vgl. *W. G. Soldan/H. Heppe* u. a. (Hg.), Geschichte der Hexenprozesse Bd. 1 (ND 1986), 210f. Zum Übergang von Ketzer- zu Zaubereiprozessen und Hexenprozessen: *A. Blauert*, Frühe Hexenverfolgungen. Schweizerische Ketzer-, Zauberei- und Hexenprozesse des 15. Jahrhunderts (1988); *A. Borst*, Barbaren, Ketzer und Artisten. Welten des Mittelalters (1988), 262–288. 9 *Soldan/Heppe u. a. (Hg.)*, Geschichte Bd. 1, 225. 10 Quellen: *J. W. R. Schmidt* (Hg.), Der Hexenhammer Teil 1 (1980), XXXVI, XXXIXf; *H. Brackert*, Daten und Materialien zur Hexenverfolgung, in: G. Becker/S. Bovenschen u. a., Aus der Zeit der Verzweiflung. Zur Genese und Aktualität des Hexenbildes (1978²), 339–342; Zum Hexenhammer speziell: *P. Segl* (Hg.), Der Hexenhammer. Entstehung und Umfeld des »Maleus Maleficarum« von 1487 (1989); *C. Larner*, Crimen exceptum? The Crime of Witchcraft in Europe, in: B. Lenman/G. Parker u. a. (Hg.), Crime and the Law: The Social History of Crime in Western Europe since 1500 (1980), 49–75. 11 Hierzu: *E. Labouvie*, Hexenspuk und Hexenabwehr. Volksmagie und volkstümlicher Hexenglaube, in: R. van Dülmen (Hg.), Hexenwelten (1987), 49–93; *S. Haliczer* (Hg.), Inquisition and Society in Early Modern Europe (1987), v. a. die Aufsätze von *J. Martin*, Popular Culture and the Shaping of Popular Heresy in Renaissance Venice, 115–129 und *J.-P. De Dieu*, The Inquisition and Popular Culture in New Castile, 129–147; *C. Beyer*, »Hexen-Leut, so zu Würzburg gerichtet«. Der Umgang mit Sprache und Wirklichkeit in Inquisitionsprozessen wegen Hexerei (1986); *K. Thomas*, Religion and the Decline of Magic (1971, 1980²); *D. Harmening*, Superstition-»Aberglaube«, in: E. Harvolk

(Hg.), Wege der Volkskunde in Bayern. Ein Handbuch (1987), 261–292; zur Hexenangst: *E. Heinemann*, Hexen und Hexenangst. Eine psychoanalytische Studie (1989). **12** Strafen finden sich für Zauberei in weltlichen Gesetzestexten seit dem 7. Jahrhundert, etwa in der Lex Baiuvariorum, im Capitulatio Karoli Magni von 785, im Sachsenspiegel, im Schwabenspiegel und zahlreichen Land- und Stadtrechtsbüchern, Beichtspiegeln und Viten. Hierzu *W. Behringer*, Hexen und Hexenprozesse (1989), 56–68. **13** *G. Fr. Pico della Mirandola*, Conclusio cabbalistica (1486); *W.-E. Peuckert* (Hg.), Th. Paracelsus, Werke Bd. V: Pansophische, magische und gabalische Schriften (1976). **14** So etwa: *J. Hartlieb*, Dr. Hartliebs Buch aller verbotenen Kunst, Unglaubens und Zauberei (1456); *J. von Chalcis*, De mysteriis Aegyptiorum, Chaldaerum, Assyriorum et alia opuscula (1497). Doktor Faustus' Höllenzwang erschien zwischen 1509 und 1520 mindestens in vier Auflagen. **15** Hierzu und zum Folgenden *Labouvie*, Von Volksmagie, 220–249, 346–363. **16** Man ging zum »Mißpfaffen« oder ins »Papsttum«; KSCHA Zw. (= Kirchenschaffneiarchiv Zweibrücken), Rep. VI, Nr. 1164, fol. 22 r; HSTA (= Hauptstaatsarchiv) München, Best. Kasten blau, Nr. 389/8 a, fol. 186, 188; ebd., Nr. 389/8 b, fol. 63. **17** HSTA München; Best. Kasten blau, Nr. 389/8 a, fol. 125. **18** Ebd., Nr. 389/9 b, fol. 194 r. **19** Ebd., fol. 204. **20** Ebd., Nr. 389/8 a, fol. 43 r. **21** Ebd., fol. 77 r. **22** Vgl. *F. Beyschlag*, Volksglaube und -brauch im Herzogtum Zweibrücken, in: Blätter für bayerische Volkskunde 9. Reihe (1921), 8. **23** Ebd., 9. **24** KSCHA Zw., Rep. II, Nr. 12, o. fol.; ebd., Nr. 169, o. fol., ebd., Rep. IV, Nr. 3271, o. fol.; ebd., Nr. 449, o. fol.; ebd., Rep. VII, Nr. 139 a. Zur kirchlichen Kontrolle allgemein: *H. Schilling*, »History of Crime« or »History of Sin«. Some Reflections on the Social History of Early Modern Church Discipline, in: E. J. Kouri/T. Scott (Hg.), Politics and Society in Reformation Europe. Essays (1987), 289–310; *Ders.*, Sündenzucht und frühneuzeitliche Sozialdisziplinierung. Die calvinistische presbyteriale Kirchenzucht in Emden vom 16. bis 19. Jahrhundert, in: G. Schmidt (Hg.), Stände und Gesellschaft im alten Reich (1989), 265–302; *S. Clark*, Protestant Demonology; Sin, Superstition and Society 1520–1630, in: B. Ankarloo/G. Henningsen (Hg.), Early Modern European Witchcraft. Centres and Peripheries (1989) (i. Druck). **25** LASB (= Landesarchiv Saarbrücken), Best. Sammlung Hellwig, Nr. 12, o. fol.; BAT (= Bistumsarchiv Trier), Abt. 40, Nr. 4 d, 21; ebd., Nr. 4 g, 449; Archiv der evangelischen Kirchengemeinde Ottweiler, Nr. 24–3, 75. **26** KSCHA Zw., Rep. II, Nr. 12, o. fol. **27** LASB, Best. Sammlung Hellwig, Nr. 12, Teil II, Kap. VI, I; *E. Sehling* (Hg.), Die evangelischen Kirchenordnungen des 16. Jahrhunderts Bd. 14 (1969). **28** *J. M. Sittel* (Hg.), Sammlung der Gesetze und Verordnungen, welche in dem vormaligen Churfürstentum Trier..., Teil I: Vom Jahre 1310 bis zum Jahre 1700 (1852), Nr. 142, 537 f; *J. J. Blattau* (Hg.), Statuta Synodalia, Ordinationes et Mandata, Archidioecesis Trevirensis Bd. 3 (1844), 2. **29** Hierzu *Labouvie*, Von Volksmagie, 252–291. **30** HSTA Wiesbaden, Abt. 131, Nr. X a, 2[I], o. fol. **31** LASB, Best. 22, Nr. 4610, o. fol. **32** KSCHA Zw., Rep. II, Nr. 169, o. fol., Punkt 23, 1560. **33** HSTA München, Best. Kasten blau, Nr. 389/9 b, fol. 187, 194 r, 202–204. **34** Ebd., fol. 261, 321. **35** Ebd., fol. 291 r. **36** Vgl. *J. J. Scotti* (Hg.), Sammlung Bd. 1 (1832), Nr. 142, 536 ff. **37** Ebd. und *J. J. Blattau* (Hg.), Statuta Synodalia Bd. 3 (1844), Nr. 1, 1 ff. Hierzu auch: *E. Labouvie*, »Gott zu Ehr, den Unschuldigen zu Trost und Rettung«. Hexenverfolgungen im Saarraum und den angrenzenden Gebieten, in: *G. Franz/F. Irsigler* (Hg.), Hexenglaube und Hexenprozesse im Raum Rhein-Mosel-Saar (i. Druck). **38** KSCHA Zw., Rep. II, Nr. 177, fol. 55 f, 65 f, 78, 90, 93; ebd., Rep. VI, Nr. 1164, fol. 21 r. **39** HSTA Wiesbaden, Abt. 131, Nr. X a, 2[I], o. fol.; HSTA München, Best. Kasten blau, Nr. 389/8 d, o. fol. **40** *P. Binsfeld*, Von Bekantnuß der Zauberer und Hexen. Ob und wie viel denselben zu glauben (1590), 25 f. **41** HSTA München, Best. Kasten blau, Nr. 389/9 b, fol. 124 f. **42** Ebd., Nr. 389/9 c, fol. 5 f. **43** Ebd., fol. 69 r. **44** KSCHA Zw., Rep. II, Nr. 185, fol. 73. **45** Ebd., Rep. VI, Nr. 448, o. fol.; ebd., Nr. 1164, fol. 32 r; ebd., Rep. II, Nr. 242, fol. 57; ebd., Rep. IV, Nr. 4654, fol. 142. **46** Ebd., Rep. VI, Nr. 448, o. fol.; LASB, Best. Sammlung Hellwig, Nr. 12, Teil II, Kap. VI, I; Archiv der evangelischen Kirchengemeinde Ottweiler, Nr. 24–3, 6, 11. **47** *Scotti* (Hg), Sammlung Bd. 1, Nr. 142, 536 ff. **48** Allgemein: *N. Kyll*, Die Hagelfeier im alten Erzstift Trier und seinen Randgebieten, in: Rheinisches Jahrbuch für Volkskunde

Jg. 13/14 (1962/63), 113–171; LASB, Best. 22, Nr. 4610, o. fol.; ebd., Best. Historischer Verein, Nr. A 350, fol. 32; *Sittel* (Hg.), Sammlung Bd. 2, 805; HSTA München, Best. Kasten blau, Nr. 389/9b, fol. 419; ebd., fol. 193. **49** KSCHA Zw., Rep. VI, Nr. 1167, fol. 42r; ebd., Rep. II, Nr. 177, fol. 93; *Beyschlag*, Volksglaube, 10f. Ennweiler ist heute Einöd-Ingweiler. **50** KSCHA Zw., Rep. VI, Nr. 448, o. fol. **51** Ebd., o. fol. **52** BAT, Abt. 20, Nr. 21, 452, 548f; KSCHA Zw., Rep. II, Nr. 201, fol. 31; ebd., Rep. VI, Nr. 448, o. fol. **53** Vgl. hierzu *Labouvie*, Hexenspuk, in: *R. van Dülmen* (Hg.), Hexenwelten (1987), 76–93 und *Dies.*, Männer im Hexenprozeß. Zur Sozialanthropologie eines ›männlichen‹ Verständnisses von Magie und Hexerei, in: Geschichte und Gesellschaft 6. Jg. (1990), Heft 1, 56–78. **54** KSCHA Zw., Rep. VI, Nr. 1164, fol. 32–36r. **55** Hexenprozeßwellen erfolgten im Saarraum ununterbrochen zwischen 1575 und 1605, dann zwischen 1609 und 1615 und schließlich zwischen 1617 und 1634. Die Gesamtverfolgungszeit erstreckte sich von 1523 bis 1700. Zwischen 1500 und 1580 wurden jedoch nur 14 Prozesse gegen angebliche Zauberinnen angestrengt, deren Ende, bis auf das Todesurteil eines Prozesses von 1570, unbekannt ist. Zum Verschmelzungsprozeß traditioneller mit Elementen der Hexenlehre: *H. Geertz/K. Thomas*, An Anthropology of Religion and Magic. Two Views, in: Journal of Interdisciplinary History 6 (1975), 71–110; *A. Macfarlane*, Witchcraft in Tudor and Stuart England. A Regional and Comparative Study (1970); *R. Muchembled*, Kultur des Volks – Kultur der Eliten (1982); *Ders.*, La sorcière au village (1979); *H. Dienst*, Magische Vorstellungen und Hexenverfolgungen in den österreichischen Alpenländern (15.–18. Jahrhundert), in: *E. Zöllner* (Hg.), Wellen der Verfolgung in der österreichischen Geschichte (1986), 75–90; *D. Meili*, Hexen in Wasterkingen. Magie und Lebensform in einem Dorf des frühen 18. Jahrhunderts (1980); *R. Briggs*, Witchcraft and Popular Mentality in Lorraine 1580–1630, in: B. Vickers (Hg.), Occult and Scientific Mentalities in the Renaissance (1984), 337–349; *R. Walz*, Der Hexenwahn vor dem Hintergrund dörflicher Kommunikation, in: Zs. f. Volkskunde 82 (1986), 1–18. **56** Im etwa 5000 Quadratkilometer großen Saarraum mit einer Bevölkerung von höchstens 100000 Menschen wurden nachweislich 591 Hexenprozesse angestrengt, die in 467 Fällen mit dem Todesurteil endeten. Verglichen mit den Verhältnissen in Baden-Württemberg lag die Zahl der Opfer im Saarraum doppelt so hoch, verglichen mit jenen in Südostdeutschland achtmal so hoch. **57** Vgl. *Labouvie*, Von Volksmagie, 288–291. **58** Ebd., 252–291. **59** Volksmagische Praktiken wurden zwischen 1550 und 1650 insgesamt 91mal verübt, wobei es sich in 35 Fällen um Hexenabwehrzauber handelte. **60** KSCHA Zw., Rep. II, Nr. 214, fol. 41. **61** Ebd., Nr. 241, fol. II. **62** Ebd., Rep. VI, Nr. 448, o. fol., Mai 1737. **63** Ebd., o. fol., Dezember 1763. **64** Ebd., Rep. VII, Nr. 139a; ebd., Rep. IV, Nr. 3271; ebd., Rep. VI, Nr. 449, alle o. fol. **65** Protestantisches Landeskirchenarchiv Speyer, Abt. 86, Nr. 196, fol. 12. **66** BAT, Abt. 20, Nr. 21, 452f, 548f. **67** KSCHA Zw., Rep. VI, Nr. 448, o. fol., 1694. **68** Ebd., o. fol., 1743. **69** BAT, Abt. 20, Nr. 18, 22; ebd., Nr. 19, 836f. **70** Ebd., Nr. 26, 187. **71** Ebd., Abt. 40, Nr. 110, 66f. **72** Ebd., Abt. 40, Nr. 111, 34.

Renate Blickle
Rebellion oder natürliche Defension

1 Die Darstellung beruht vorwiegend auf Faszikel Nr. 349 des Bestandes Dreißigjähriger Krieg Akten im Bayerischen Hauptstaatsarchiv München (= BayHStA). Der Faszikel ist nicht foliiert. Da genaue Nachweise deshalb nur mit großem Platzaufwand geführt werden könnten, wurde hier zur Entlastung des Anmerkungsapparates entschieden, Zitate im Text, die aus Faszikel Nr. 349 stammen, im Anmerkungsteil nicht nachzuweisen, das heißt also, alle nicht nachgewiesenen Quellenzitate stammen aus Faszikel Nr. 349. **2** BayHStA, Dreißigjähr. Krieg Akten 349; Bericht vom 25. Febr. 1634. Es wurden 25 Personen aus den Gerichten Trostberg, Traunstein, Mörmoosen und Altötting verhaftet und nach Burghausen eingeliefert. **3** BayHStA, Dreißigjähr. Krieg Akten 343 (unfoliiert); Schreiben vom 28. Febr. und

6. März 1634. Die Verhafteten aus den Gerichten Rosenheim, (Bad) Aibling, (Markt) Schwaben, Wasserburg, Haag, Neumarkt (-St. Veit), Kraiburg und Kling wurden in das Wasserburger Gefängnis gelegt. Dort befanden sich am 28. Febr. 44, am 6. März 70 Personen. 4 Ebd., Schreiben vom 20. Febr. und vom 22. Febr. 1634. 5 Der bayerische Bauernkrieg von 1633/34 führt ein wissenschaftliches Schattendasein. Die einzige Gesamtdarstellung verfaßte *S. Riezler*, Der Aufstand der bayerischen Bauern im Winter 1633 auf 1634, in: Sitzungsberichte der philos.-philol. u. hist. Classe d. k. b. Akademie der Wiss. zu München, Jg. 1900 (1901), 33–95. Vgl. auch *Ders.*, Geschichte Baierns, Bd. 5 (1903), 472–478. *H. Langer*, Der Dreißigjährige Krieg – »endgültiger Abschluß der deutschen Revolution« des 16. Jahrhunderts? in: M. Kossok (Hg.), Rolle und Formen der Volksbewegung im bürgerlichen Revolutionszyklus. Studien zur Revolutionsgeschichte (1976), 16–36, 28f; *H. Kamen*, Die europäischen Volksaufstände 1550–1660 und die Struktur der Revolten, in: *W. Schulze* (Hg.), Europäische Bauernrevolten der frühen Neuzeit (1982), 129–170, 149f. Es handelt sich um Ausschnitte aus *Kamens* »The Iron Century« (1976), die durchweg Falsches berichten. An regionalgeschichtlichen Studien sind zu erwähnen: *J. Dirscherl*, Der Bauernaufstand 1633–1634, in: Heimatland (Öttinger und Burghauser Anzeiger) (1955), Nr. 12; *Ders.*, Bauernrebell Michael Mauerberger, in: Inn-Salzach-Land 3 (1951), Nr. 8/9; *A. Mitterwieser*, Der Aufstand der südostbayerischen Bauern vor 300 Jahren, in: Inn-Isengau 34 (1933), 42–47. 6 BayHStA, Dreißigjähr. Krieg Akten 348a; *Riezler*, Der Aufstand, 84–86. 7 BayHStA, Dreißigjähr. Krieg Akten 343; Schreiben vom 20. Febr. 1634. Kurfürst Maximilian berichtet seinem Bruder Herzog Albrecht, er habe bewußt den Zeitpunkt abgewartet, bis das Land wieder ruhig, aber noch mit Soldaten belegt sei. Er habe befohlen, alle »Rädelsführer« heimlich und auf einen Schlag gefangennehmen zu lassen. »...bei der nacht in ihren herbergen möglichst still...« heißt es im Befehl an die Amtleute vom 22. Febr. 8 *Riezler*, Der Aufstand, 40. *H. Hornung*, Beiträge zur inneren Geschichte Bayerns vom 16.–18. Jahrhundert aus den Umrittsprotokollen der Rentmeister des Rentamts Burghausen (1915), 142; BayHStA, Dreißigjähr. Krieg Akten 343, Schreiben vom 6. Juli 1634. 9 BayHStA, Dreißigjähr. Krieg Akten 347; *Riezler*, Der Aufstand, 62–65. 10 Die Kriegführung war, wie auch der Autor des »Rosenheimer Famosschreibens« bitter bemerkt, auf das Beutemachen angelegt; denn die Feldherren engagierten die Söldner, ohne sie korrekt zu entlöhnen, und den Söldnern war das sehr wohl bekannt. Beide kalkulierten also bewußt mit der Ausraubung der Bevölkerung. Der Ausspruch der plündernden Reiter ist überliefert bei *L. Heilmaier*, Die ehemalige freisingische Herrschaft Burgrain (1911), 84; er kam der Wahrheit sehr nahe. 11 Beispielhaft die Organisation des Aufgebots im Gericht Traunstein am Neujahrstag 1634 und der anschließende Marsch zum Sammellager Wasserburg; BayHStA, Dreißigjähr. Krieg Akten 349, »Indicia ad capturam der angebnen rädelführer Gerichts Traunstein«. Den engen Zusammenhang zwischen dem Landesdefensionswesen und überregionalen Volksbewegungen betont zu Recht *K. Gerteis*, Regionale Bauernrevolten zwischen Bauernkrieg und Französischer Revolution. Eine Bestandsaufnahme, in: ZHF (= Zeitschrift für historische Forschung) Bd. 6 (1979), 37–62, 50–54. 12 Einiges über die bäuerlichen Maßnahmen kann bei *Riezler*, Der Aufstand, 51–61 und 67–73 ersehen werden. Eine befriedigende Rekonstruktion der Ereignisse, soweit sie die Absichten und Handlungen der Bauern betreffen, ist bisher nicht erfolgt. 13 Die Bürger standen, was Bedeutung, Initiative, Einsatz und Teilnehmerzahl angeht, weit hinter den Bauern zurück. Sie kamen aus Trostberg, Traunstein und Kraiburg. 14 Die Regierung Burghausen beurteilte den Eifer der Lokalbehörden kritisch: »So befindt sich ferners in disem gefüehrten proceß, das fast alle beambten in iren berichten den sachen zuvil gethon, vnd iren worten an jezo kainen beystandt leisten khönnen.« BayHStA, Dreißigjähr. Krieg Akten 349, Gutachten zum Verfahren Hans Innerlohner vom 12. Apr. 1634. 15 Landrecht, Policey: Gerichts-Malefitz- vnd andere Ordnungen. Der Fuerstenthumben Obern vnd Nidern Bayrn. An den Leser. München 1616. 16 Die Behauptung ist über Literatur nicht zu belegen. Verwiesen sei auf den Bestand BayHStA, Kurbayern Hofrat Nr. 1114, 1115, 1116. Zu den bekanntesten Fällen zählen die Konflikte in Haag 1595/96, Hilgertshausen zwischen 1603 und 1619/29 und Rottenbuch 1612/28. 17 Vgl. auch *Gerteis*, Regionale Bauernunruhen, 45–50, 60, der den Faktor »Landesbewußtsein« als erhebliches Moment der frühneuzeitlichen Aufstände im Reich würdigt. 18 Die Darstel-

lung bei *Riezler*, Der Aufstand, 78–82, 84, mit anderer Akzentuierung. **19** Daß die Exekution über Ebersberg hereinbrach, war jedoch auch nicht der reine Zufall. Es handelte sich um einen Ort, an dem Heer und Administration blamiert worden waren. Ende Dezember 1633 hatten die Bauern der Umgebung eine dort einquartierte Kompagnie Reiter ausgetrieben. Der Pflegsverwalter hatte sich damals durch Flucht retten müssen; BayHStA, Dreißigjähr. Krieg Akten 343, Verzeichnis der Rädelsführer. **20** BayHStA, Dreißigjähr. Krieg Akten 348a; *Dirscherl*, Bauernaufstand, 94; *Riezler*, Der Aufstand, 84–86. **21** BayHStA, Dreißigjähr. Krieg Akten 348a, fol. 6, Bericht vom 19. Jan. 1634. **22** *Riezler*, Der Aufstand, 83. **23** HStA, Dreißigjähr. Krieg Akten 343, Schreiben vom 28. Febr. und 11. März 1634. **24** *E. Schmidt*, Einführung in die Geschichte der deutschen Strafrechtspflege (1965[3]), 99–107, 194–198. *H. Schlosser*, Inquisitionsprozeß, in: HRG (= Handwörterbuch der deutschen Rechtsgeschichte) Bd. 2 (1978), Sp. 378–382. *H. Rüping*, Grundriß der Strafrechtsgeschichte (1981), 45–47. *H. Mitteis/H. Lieberich*, Deutsche Rechtsgeschichte (1988[18]), 397. Für Bayern sind heranzuziehen: *E. Rosenthal*, Geschichte des Gerichtswesens und der Verwaltungsorganisation Baierns, Bd. 2 (1906), 308–319; *E. Schmidt*, Der Inquisitionsprozeß in ober- und niederbayerischen Rechtsquellen des 15. und 16. Jahrhunderts, in: Festschrift für Hellmuth von Weber zum 70. Geburtstag, hg. v. H. Welzel, H. Conrad u. a. (1963), 32–55; *W. Leiser*, Strafgerichtsbarkeit in Süddeutschland, Formen und Entwicklungen (1971), 93–121; *G. Christl*, Die Malefitzprozeßordnung des Codex Maximilianeus von 1616, dargestellt in ihrem Verhältnis zur Carolina und den Rechtsquellen des 16. Jahrhunderts im Herzogtum Bayern, Diss. (1975). Mit Inquisitionsprozeß wird ein Kriminalverfahren bezeichnet, das durch das Offizialprinzip, das ist die Einleitung des Verfahrens von Amts wegen, und die Instruktionsmaxime, nämlich die Pflicht des Gerichts, den Tathergang zu erforschen, gekennzeichnet wird. Es ist auf die Ermittlung und den Nachweis der materiellen Wahrheit ausgerichtet, daher spielt das Geständnis, zu dessen Erlangung die Folter eingesetzt werden kann, eine hervorragende Rolle im Verfahren. Die Initiative liegt voll und ganz in Händen der Gerichtsbehörden, dem Beschuldigten kommt eine extrem passive Position zu. In bezug auf den ganzen Strafprozeß gesehen, ist das eigentliche Inquisitionsverfahren ein Vorverfahren, es gilt jedoch als das »Kernstück« des Gesamtprozesses. Es wird unter Ausschluß der Öffentlichkeit – Stichwörter: Heimlichkeit und Schriftlichkeit – abgewickelt. Die Urteilsbildung erfolgt gewöhnlich nicht durch die ermittelnde Instanz, sondern auf Aktenvorlage hin an anderer Stelle, entweder durch eine übergeordnete Behörde oder die juristische Fakultät einer Universität – »gerichtsfern« –, immer aber unter Beteiligung gelehrter Juristen und durch ein Kollegium. Das derart vorbereitete, inhaltlich endgültige Urteil wird in einem weiteren Prozeßschritt vom Malefizgericht unter der Leitung eines Richters, der mit dem Blutbann belehnt ist, förmlich geschöpft und sodann öffentlich verkündet und vollzogen. Der »Endliche Rechtstag« hat mancherorts die Form eines gerichtlichen Scheinverfahrens (»Komödie des Rechts«). **25** Malefitz ProceßOrdnung der Fuerstenthumben Obern vnd Nidern Bayrn. Vorrede. (1616). **26** Zur weiten Verbreitung kommissarischer Strafgerichte in Bayern vgl. *Leiser*, Strafgerichtsbarkeit, 116, 118. Daß 1634 nicht die administrative Zuständigkeit die Grenzen für die Ermittlungsaufgaben der Kommissionen vorgab, zeigt die Tatsache, daß Bauern aus dem Rentamt Burghausen, nämlich die der Gerichte Kling und Kraiburg, nicht nach Burghausen, sondern nach Wasserburg im Rentamt München eingeliefert wurden. **27** Die Regierung Burghausen war eine der fünf leitenden Behörden im Kurfürstentum Bayern. Das ganze Land bestand aus fünf Rentämtern als mittleren Verwaltungseinheiten mit je einer Regierung – in München der Hofrat – an der Spitze. Regierungssitze waren München, Burghausen, Landshut, Straubing und Amberg. **28** Malefitz ProceßOrdnung (1616), 2. Tit., 1. Art. **29** Der verhaftete »arme« Mensch war nicht Angeklagter. Malefitz ProceßOrdnung (1616), 4. Tit., 1. Art. **30** Einen Anwalt bekam der Gefangene erst in der letzten Prozeßphase zu Gesicht, während des Malefizverfahrens, wenn das Urteil schon feststand, aber noch nicht förmlich geschöpft war. Malefitz ProceßOrdnung (1616), 6. Tit., 1. Art. Anders war es beim Akkusationsverfahren; Ebd., 4. Tit., 1. Art. Ein Regierungsadvokat wird in Burghausen z. B. 1735 erwähnt. *Hornung*, Umrittsprotokolle, 133. **31** BayHStA, Dreißigjähr. Krieg Akten 349. **32** Ebd., Schreiben vom 12. März 1634. **33** *E. Schmidt*, Die Maximilianische Halsgerichtsordnung für Tirol (1499) und Radolfzell

(1506) als Zeugnisse mittelalterlicher Strafrechtspflege (1949), 52. Vgl. dazu *W. Trusen*, Strafprozeß und Rezeption. Zu den Entwicklungen im Spätmittelalter und den Grundlagen der Carolina, in: *P. Landau/F. Ch. Schroeder* (Hg.), Strafrecht, Strafprozeß und Rezeption. Grundlagen, Entwicklung und Wirkung der Constitutio Criminalis Carolina (1984), 29–118, 33–42; *Rüping*, Grundriß, 46. 34 *H. Holzhauer*, Geständnis, in: HRG Bd. 1 (1971), Sp. 1629–1642, bes. 1634–1638. *U. Kornblum*, Beweis, ebd. Sp. 406f. *R. Lieberwirth*, Folter, ebd, Sp. 1150f. *E. Schmidt*, Einführung 101. *Rüping*, Grundriß, 39, 46. *Mitteis/Lieberich*, Rechtsgeschichte, 304, 397. 35 Die Anwendung der Folter regelt die Malefitz Proceß-Ordnung 1616 im 3. Tit., 8.–17. Art., orientiert an Art. 45–62 der Carolina. *J. Kohler/W. Scheel*, Die Carolina und ihre Vorgängerinnen. I–IV. Text, Erläuterung, Geschichte, 4 Bde. (1900–1915) (ND 1970). 36 *E. Rosenthal*, Gerichtswesen, Bd. 1 (1889), 427, Bd. 2, 298, 311f; *Schmidt*, Inquisitionsprozeß in Bayern, 47, 54f. Schmidts merkwürdige Polemik geht ins Leere. *Leiser*, Strafgerichtsbarkeit, 111. 37 BayHStA, Dreißigjähr. Krieg Akten 349; Rechtsgutachten Maurberger. 38 Ebd., Schreiben vom 20. März 1634. 39 Ebd., Schreiben vom 27. März und vom 1. Apr. 1634. 40 Malefitz ProceßOrdnung (1616), 1. Tit., 1. Art. 41 In Bayern gab es zwischen 1584 und 1808 (mit kurzen Unterbrechungen Ende des 18. Jahrhunderts) in jedem Rentamt einen Bannrichter. Er wurde von den Pflegern resp. den Landrichtern besoldet und hatte deren Aufgaben bei der Urteilschöpfung im Malefizgericht und am Endlichen Rechtstag zu übernehmen. Malefitz ProceßOrdnung (1616), 1. Tit., 1–3. Art., 5. Tit., 6. Art. und 6. Tit., 2. Art. *Rosenthal*, Gerichtswesen, Bd. 2, 314. *Riezler*, Geschichte Baierns, Bd. 8 (1914), 465–467. *Leiser*, Strafgerichtsbarkeit, 99–101, 245–248. 42 Das Hofgericht trat in Bayern nur in Zivilverfahren, und zwar bei odentlichem, nicht summarischem Prozeß in Erscheinung. 43 Malefitz ProceßOrdnung (1616), 4. Tit., 3. Art. In den 90er Jahren des 16. Jahrhunderts war das »stille« Malefizrecht noch keine Selbstverständlichkeit, wie die Prozesse gegen den Goldmacher Bragadin 1591 und die Bauernführer aus der Grafschaft Haag 1596 zeigen. 44 Die komplizierte Kompetenzaufteilung bei der Urteilsfindung wird in einem Schreiben des Geheimen Rats an die Regierung Burghausen einzuhalten befohlen: Die Regierung möge anordnen, daß der Bannrichter und die Urteilschöpfer das Malefizgericht wie herkömmlich besetzen, und ihnen sodann ihre, das ist der Regierung, »rechtliche mainung vnd schluß, was gegen ainen und anderen, so für das malefiz gestellt wird, seines verbrechens halben, von rechtswegen für ain vrthail zu schöpfen an die handt geben« und dies Urteil vom Malefizgericht ordentlich aussprechen lassen; BayHStA, Dreißigjähr. Krieg Akten 349. 45 *W. Schild*, Der »entliche Rechtstag« als das Theater des Rechts, in: *P. Landau/F. Ch. Schroeder* (Hg.), Strafrecht, 119–144; *R. van Dülmen*, Das Theater des Schreckens. Gerichtspraxis und Strafrituale in der frühen Neuzeit (1988^2). 46 *Riezler*, Der Aufstand, 87f.; BayHStA, Dreißigjähr. Krieg Akten 343. Es handelt sich um drei Bauern aus der Hofmark Griesstätt im Gericht Kling und um zwei Männer aus der Grafschaft Haag. 47 *G. Radbruch*, Der Raub in der Carolina; zuerst 1931, zuletzt in: *F. Ch. Schroeder* (Hg.), Die Carolina. Die Peinliche Gerichtsordnung Kaiser Karls V. von 1532 (1986), 7–28, 23. 48 Zusammenfassend hierzu: *P. Blickle*, Unruhen in der ständischen Gesellschaft 1300–1800 (1988). 49 Unter den riesigen Beständen des Bayerischen Hauptstaatsarchivs in München soll es beispielsweise nur zwei vollständig erhaltene Strafprozeßkonvolute geben. *M. Kunze*, Der Fall der Bäuerin von Winden. Zum Einfluß der Carolina auf die Praxis des Münchner Hofgerichts im 17. Jahrhundert, in: *P. Landau/F. Ch. Schroeder* (Hg.), Strafrecht, 177–204, 178. 50 *W. Leiser*, Strafrechtspflege in Schwaben vom Mittelalter zur Neuzeit. Ein Überblick, in: ZWLG (Zeitschrift für württembergische Landesgeschichte) 45 (1986), 9–23, 14. 51 *H. Heimpel*, Das Verfahren gegen Peter von Hagenbach zu Breisach (1474). Ein Beitrag zur Geschichte des deutschen Strafprozesses, in: ZGO (= Zeitschrift für die Geschichte des Oberrheins) N.F. 55 (1942), 321–357. Akten gibt es zu diesem Prozeß allerdings auch keine mehr. *S. Riezler*, Der Hochverratsprozeß des herzoglich bayerischen Hofmeisters Hieronymus von Stauf, Reichsfreiherrn zu Ernfels, in: Sitzungsberichte der philos.-philol. u. hist. Cl. d. Kgl. bay. Akad. d. Wiss. zu München, Jg. 1890 (1891), 435–506. *F. Ortloff*, Geschichte der Grumbachschen Händel, Bd. 4 (1870). 52 Von den Bundschuhaufständen, deren erhaltenes Material von Albert Rosenkranz nahezu vollständig publiziert wurde, gibt es zwei Prozeßprotokolle und vereinzelte Urgichten; *A. Rosenkranz*, Der Bundschuh, die Erhebungen des südwestdeutschen Bauernstandes in den Jahren 1493–1517, Bd. 2, Quellen (1927). 53 *E. Mayer*, Die rechtliche Behandlung der Empörer von 1525 im Herzogtum Württemberg. Ein Beitrag zur Rechtsgeschichte des sogenannten »Deutschen Bauernkriegs« (1957), 32–47; *H. Gabel/ W. Schulze*, Folgen und Wirkungen, in: *H. Buszello/P. Blickle u. a.* (Hg.), Der deutsche Bauernkrieg (1984), 322–349, 334f. 54 *F. Zimmermann*, Unbekannte Quellen zur Geschichte des Bauernkriegs 1525 in Bayern, in: ZBLG (=Zeitschrift für bayerische Landesgeschichte) Bd. 27 (1964), 190–234, 207f. 55 BayHStA, Dreißigjähr. Krieg Akten 343. 56 Landts vnd Policey Ordnung der Fürstenthumben Obern vnd Nidern Bayrn (1616), 5. Buch, 6. Tit., 2. und 3. Art. 57 *Kohler/Scheel*, Die Carolina. Artikel 127 der Carolina von 1532 ist eine fast wörtliche Übernahme des Artikels 152 der Bamberger Halsgerichtsordnung von 1507. 58 *G. Franz* (Hg.), Quellen zur Geschichte des Bauernkrieges (1963), Nr. 204, 585. 59 *J. M. Ritter*, Verrat und Untreue an Volk, Reich und Staat. Ideengeschichtliche Entwicklung der Rechtsgestaltung des politischen Delikts in Deutschland bis zum Erlaß des Reichsstrafgesetzbuches (1942), 201; *Th. Würtenberger*, Zum strafrechtlichen Schutz von Fürst und Staat im Landrecht von Baden-Durlach (1622/1654), in: Festschrift für E. Schmidt zum 70. Geburtstag, hg. v. P. Bockelmann/W. Gallas (1961), 54–69. 60 1596 wurden in der ehemaligen Reichsgrafschaft Haag zwei Bauernführer mit Verweis auf die Carolina zur Enthauptung verurteilt, dann aber begnadigt. 1634 wird im Rechtsgutachten für Michael Orttner Artikel 127 der Peinlichen Gerichtsordnung in Betracht gezogen; BayHStA, Dreißigjähr. Krieg Akten 349. Zu 1705/06 vgl. *S. Riezler/K. v. Wallmenich* (Hg.), Akten zur Geschichte des bairischen Bauernaufstandes 1705/06, Teil II (1914), 110ff. 61 *Ritter*, Verrat und Untreue, 190–193; *F.-Ch. Schroeder*, Der Schutz von Staat und Verfassung im Strafrecht (1970), 25. 62 *P. Blickle*, The Criminalization of Peasant Resistance in the Holy Roman Empire: Toward a History of the Emergence of High Treason in Germany, in: Journal of Modern History 58, suppl. (1986), 88–97. 63 *R. His*, Das Strafrecht des deutschen Mittelalters, Teil 1 (1920), 145–152, Teil 2 (1935), 30–48; *Schroeder*, Der Schutz, 24; *F. Schaffstein*, Verräterei und Majestätsverbrechen in der gemeinrechtlichen Strafrechtsdoktrin, in: Festschrift für W. Weber zum 70. Geburtstag, hg. v. H. Schneider/V. Götz (1974), 53–68. 64 Erklärung der Landtßfreyheitt der Fuerstenthumben Obern vnd Nidern Bayrn. 65 *C. U. Schminck*, Hochverrat, in: HRG Bd. 2, Sp. 179–186; *R. Lieberwirth*, Crimen laesae maiestatis, in: HRG Bd. 1, Sp. 648–650; *Ritter*, Verrat und Untreue, passim; *Schroeder*, Der Schutz, 30. 66 So etwa die Stadt Worms in der sogenannten Wormser Reformation von 1498; *Schroeder*, Der Schutz, 23. 67 In Kapitel 24 der Goldenen Bulle wird der Majestätsschutz auf die Kurfürsten übertragen. Dabei handelt es sich um die fast wörtliche Übernahme der Lex quisquis – C. 9,8,5 – aus dem Codex Justinianus; *K. Zeumer*, Die Goldene Bulle Kaiser Karls IV. Quellen und Studien zur Verfassungsgeschichte des deutschen Reichs in Mittelalter und Neuzeit, Bd. 2 (1913²), Corpus iuris civilis, Vol. 2, hg. von P. Krueger (1967¹⁴). 68 MGH LL IV, 2, 966f. *Ritter*, Verrat und Untreue, 137–149. 69 Ebd., *Schroeder*, Der Schutz, 21f. 70 *Ritter*, Verrat und Untreue, 140, 143. 71 Zur Kennzeichnung des Verrätereiverbrechens durch die drei Momente Treubrüchigkeit, Hinterhältigkeit und Feindbegünstigung durch J. M. Ritter vgl. *Schaffstein*, Verräterei, 58. 72 So *Andreas Gail* in seinem Handbuch der Reichskammergerichtspraxis, auszugsweise wiedergegeben bei *W. Schulze*, Bäuerlicher Widerstand und feudale Herrschaft in der frühen Neuzeit (1980), 200–203. 73 BayHStA, Kurbayern Hofrat Nr. 1116, fol. ad. 4'–5'. Vgl. auch *Schulze*, Bäuerlicher Widerstand, 218f. 74 *Zeumer*, Die Goldene Bulle; *P. Heilborn*, Die geschichtliche Entwicklung des Begriffs Landfriedensbruch, in: Zs. f. ges. Strafrechtswiss. 18 (1898), 1–52, 14. 75 BayHStA, Dreißigjähr. Krieg Akten 349; Rechtsgutachten Michael Orttner. 76 Rechtlich berief man sich dabei auf das erwähnte Gesetz Kaiser Heinrichs VII. von 1313, das mit den Worten »Ad reprimenda multorum facinora« beginnt und erklärte den Sachverhalt als eine Sonderbestimmung, eine sogenannte Singularität, die im Falle schwerer Verbrechen Platz greifen konnte; *Ritter*, Verrat und Untreue, 138f, 232, 240; *Schaffstein*, Verräterei, 64–66. 77 Begründet wurde dies von der gemeinrechtlichen Lehre mit einem Verweis auf eine Stelle im Corpus iuris civilis (D. 48,4,1,1,), wonach von den schwersten gesetzlichen Strafvorschriften die Urheber eines Aufruhrs bedroht wurden. 78 *Ertl*, Praxis Aurea, Theil II, 267–272. 79 *Schroeder*, Der Schutz, 2.

80 *R. Stinzing*, Geschichte der deutschen Rechtswissenschaft, 1. Abth. (1880), 639, 736f; *Schmidt*, Einführung, 150–153; *Rüping*, Grundriß, 163–170; *F. Schaffstein*, Die Allgemeinen Lehren vom Verbrechen in ihrer Entwicklung durch die Wissenschaft des gemeinen Strafrechts (ND 1973), 3–6. **81** Nicht nur die Strafrechtswissenschaft, auch die politikgeschichtliche Forschung hat die Seditionsliteratur stark vernachlässigt, wie *W. Schulze*, Die veränderte Bedeutung sozialer Konflikte im 16. und 17. Jahrhundert, in: *H.-U. Wehler* (Hg.), Der Deutsche Bauernkrieg 1524–1526. Geschichte und Gesellschaft, Sonderheft 1 (1975), 277–302, 293 festgestellt hat. **82** BayHStA, Dreißigjähr. Krieg Akten 343. **83** *W. X. A. Frh. v. Kreittmayr*, Anmerkungen über den Codicem Maximilianeum Bavaricum Civilem, 1. Th. (1821²), 1. Kap., 5. **84** Andreas Perneder wird von der Rechtswissenschaft unter die sogenannten Praktiker eingereiht. Er unternahm den Versuch, das gesamte Privatrecht, Prozeßrecht, Lehnrecht und Strafrecht seiner Zeit in einem großen praktischen Handbuch des geltenden Rechts zusammenzufassen. Perneder war Bayer, im Münchner Hofrat und an der Universität Ingolstadt tätig. Er starb 1543. Seine Schriften erschienen zuerst 1544 und erlebten im Laufe des 16. Jahrhunderts ca. 20 Auflagen. *K. Luig / H. Rail*, Perneder, Andreas, in: HRG Bd. 3 (1984), Sp. 1579–1585. Nach *Stinzing*, Rechtswissenschaft, Bd. 1, 630, potenzierte sich sein ohnehin großer Einfluß vor allem auf die Praxis des Strafrechts dadurch, daß seine Werke von anderen hemmungslos ausgeschrieben wurden. **85** *R. Heydenreuter*, Der landesherrliche Hofrat unter Herzog und Kurfürst Maximilian I. von Bayern (1598–1651) (1981), 144, Anm. 372. **86** *Andreas Perneder*, Imp. Caes. Justiniani Institutiones, etc. (1614), 5. Vorrede. **87** Ebd., 6, De Jure Naturali, Gentium et civili, 8. **88** *Franz von Krenner*, Der Landtag im Herzogthum Baiern vom Jahre 1514 (1804), 472f. **89** Teilabdruck des Gutachtens von Tschernembl in: *Schulze*, Bäuerlicher Widerstand, 185–190, 189. Schreiben der aufständischen Bauern von 1626 in: *F. Stieve*, Der oberösterreichische Bauernaufstand des Jahres 1626, Bd. 2 (1905²), 255–268, 266. **90** *v. Kreittmayr*, Anmerkungen, 1. Th., 2. Kap., 32–35; *W. Peitzsch*, Kriminalpolitik in Bayern unter der Geltung des Codex iuris criminalis Bavarici von 1751 (1968), 24, 34, 52. **91** *Riezler / v. Wallmenich* (Hg.), Akten, Teil II, 152. **92** Die wissenschaftliche Beschäftigung mit dem Beschwerdewesen steht in krassem Mißverhältnis zur Bedeutung dieser Einrichtung im späten Mittelalter und in der frühen Neuzeit. Die klarste Überblicksinformation gibt *W. Hülle*, Das Supplikenwesen in Rechtssachen, in: ZRG GA (= Zeitschrift der Savigny-Stiftung für Rechtsgeschichte, Germanistische Abteilung), Bd. 90 (1973), 194–212. **93** *E. Kaufmann*, Notwehr, in: HRG Bd. 3, Sp. 1096–1101; *His*, Strafrecht, Teil 1, 196–209. **94** Die Diskussion über den Widerstand von Untertanen in der frühen Neuzeit, ebenso wie die Abhandlungen über das Widerstandsrecht dieser Zeit in den staatstheoretischen Schriften sind Variationen zum »Tyrannen-Modell«. Die Widerstandsfrage wurde danach erst akut, wenn der Herrscher die Staatszweckgrenze oder der Herr die mutua obligatio verletzte. Widerstand gegen Obrigkeit erwuchs in breiter Front aber auch aus ganz anderer Wurzel, war eher ein Beiprodukt oder ergab sich als Folgeerscheinung aus der Sorge um den Selbsterhalt, wie das Hauptargument der frühneuzeitlichen Bauernbewegungen, das Nahrungsargument, belegt. – Überlegungen über einen möglichen Zusammenhang von Notwehrrecht oder einem analogen Notrecht und dem Tyrannenmordrecht finden sich bei den katholischen Monarchomachen. *K. Wolzendorff*, Staatsrecht und Naturrecht in der Lehre vom Widerstandsrecht des Volkes gegen rechtswidrige Ausübung der Staatsgewalt (1916) (ND 1961), 113, 243–246. Zu einer aus lutherischer Wurzel stammenden und ein Notwehrrecht gegenüber unrechter Herrschaft erwägenden Tradition: *W. Schulze*, Zwingli, lutherisches Widerstandsdenken, monarchomachischer Widerstand, in: *P. Blickle / A. Lindt u. a.* (Hg.), Zwingli und Europa (1985), 199–216.

Wolfgang Behringer
Mörder, Diebe, Ehebrecher

1 Zit. nach: *B. Lenman / G. Parker*, The State, the Community and the Criminal Law in Early Modern Europe, in: V. A. C. Gatrell / B. Lenman / u. a. (Hg.), Crime and the Law. A Social History of Crime in Western Europe since 1500: Historical Essays (1980), 11–48, hier: 11. 2 Diese Wendung leitet sich selbstverständlich ab vom Titel der klassischen Reformschrift *Cesare Beccarias*: Dei delitti e delle pene (1764): (deutsch: »Abhandlung von den Verbrechen und Strafen« [1766]). 3 Allgemein dazu: *D. Blasius*, Kriminologie und Geschichtswissenschaft. Bilanz und Perspektiven interdisziplinärer Forschung, in: Geschichte und Gesellschaft 14 (1988), 136–149. 4 Bader nannte sie »terra incognita«: *K. S. Bader*, Aufgaben, Methoden und Grenzen einer Historischen Kriminologie, in: Schweizer Zeitschrift für Strafrecht 71 (1956), 17–31. Noch immer hat sich daran nicht viel geändert. 5 *J. Pezzl*, Faustin oder das philosophische Jahrhundert (1783), 46–48. 6 *Ph. Jenkins*, From Gallows to Prison? The Execution Rate in Early Modern England, in: Criminal Justice History 7 (1986), 51–72. 7 *R. van Dülmen*, Theater des Schreckens (1985), 102–120, 187–193. 8 Ausnahme: *G. Schormann*, Strafrechtspflege in Braunschweig-Wolfenbüttel 1569–1633, in: Braunschweigisches Jahrbuch 55 (1974), 90–112. 9 Der von Gustav Radbruch geprägte Begriff soll hier beibehalten werden: *G. Radbruch / H. Gwinner*, Geschichte des Verbrechens. Versuch einer historischen Kriminologie (1957). 10 *K.-D. Opp*, Abweichendes Verhalten und Gesellschaftsstruktur (1974); *K. Lüderssen / F. Sack* (Hg.), Seminar: Abweichendes Verhalten, 3 Bde. (1975/76). 11 *E. P. Thompson*, Whigs and Hunters. The Origin of the Black Act (1975). 12 Für das Bayern der frühen Neuzeit z. B.: *G. Christl*, Die Malefizordnung des Codex Maximilianeus von 1616, dargestellt in ihrem Verhältnis zur Carolina und den Rechtsquellen des 16. Jahrhunderts im Herzogtum Bayern (1975), 16f. 13 *D. Hay u. a.*, (Hg.). Albion's Fatal Tree. Crime and Society in Eighteenth-Century England (1975). 14 *J. H. Langbein*, Albion's Fatal Flaws, in: Past & Present Nr. 98 (1983), 96–120. – Ähnlich *J. A. Sharpe*, The History of Crime in Late Medieval and Early Modern Europe: A Review of the Field, in: Social History 7 (1982), 187–203, hier: 199: »This is not, however, the whole story«. 15 *H. Hess / J. Stehr*, Die ursprüngliche Erfindung des Verbrechens, in: Kriminologisches Journal, 2. Beih. (1987), 18–57. 16 Ein zweijähriges DFG-Stipendium diente in den Jahren 1986–1988 als Rahmen für meinen Versuch, einige Einblicke in das Verhältnis von »Verbrechen und Strafen« in Bayern in der frühen Neuzeit zu gewinnen. – Vorgestellt wurden einige Forschungsergebnisse erstmals in einem Vortrag auf dem Bamberger Historikertag am 14. 10. 1988. 17 *H. Mitteis*, Stand und Aufgaben der bayerischen Rechtsgeschichte, in: ZBLG 15 (1949), Heft 2, 121–130, hier: 127; *M. v. Freyberg*, Pragmatische Geschichte der bayerischen Gesetzgebung und Staatsverwaltung seit Maximilian I., 4 Bde., (1836–39). 18 *H. Lieberich*, Zur baierischen Rechts- und Verfassungsgeschichte, in: ZBLG 15 (1949), Heft 2, 131–137, hier: 135; gemünzt auf die Dissertation: *M. Th. Wüstendorfer*, Das baierische Strafrecht des 13. und 14. Jahrhunderts (1942). 19 Seine Anwendung wird nachgewiesen in: *H. K. Steininger*, Das Zivilgerichtsverfahren nach den ältesten Münchener Gerichtsbüchern von 1368–1417, Diss. jur. (1965). 20 Das buech der gemainen Landpot, Landsordnung, satzung und Gebraeuch des Fuerstenthumbs in Obern- und Nidern Bairn (1516). 21 Bairische Landtsordnung (1553). 22 *D. Albrecht*, Die Gesetzgebung (1500–1745), in: *M. Spindler* (Hg.), Handbuch der bayerischen Geschichte, Bd. II. (1977²), 585–588. 23 *L. Hammermayer*, Das Kreittmayrsche Gesetzeswerk, in: *M. Spindler* (Hg.), Handbuch der bayerischen Geschichte II (1977²), 1073–1078. 24 Abgedr. und kommentiert in: *W. Kunkel*, Landrechte des 16. Jahrhunderts, Bd. I/2 (1938), XIII–XX, 1–67, 319–333 (Anm.). 25 Landrecht, Polizei- Gerichts-, Malefiz und andere Ordnungen der Fürstentumen Obern- und Niedern-Baiern (1616); dazu: *H. Günter*, Das bayerische Landrecht von 1616 (1969). 26 *W. Peitzsch*, Kriminalpolitik in Bayern unter der Geltung des Codex Juris Criminalis Bavarici von 1751 (1968). 27 *I. Striedinger*, Des Kriminalisten Feuerbach Verhältnis zu Bayern, in: ZBLG 8 (1935), 222–237. 28 *C. v. Schmid*, Commentarius amplissimus in

Jus provinciale Bavaricum, 3 Bde. (1695), (deutsch: 1742/49); *W. X. A. v. Kreittmayr*, Anmerkungen über den Codicem Juris Bavarici Criminalis (1752), (1774²). **29** *W. Leiser*, Strafgerichtsbarkeit in Süddeutschland. Formen und Entwicklungen (1971), 85. **30** *Christl*, Malefizordnung, 37, nach den Landesfreiheitserklärungen von 1553 und 1616. **31** *R. Heydenreuter*, Der landesherrliche Hofrat unter Herzog und Kurfürst Maximilian I. von Bayern (1598–1651) (1981), 227ff. **32** Reformation der Baierischen Landrecht (1518). (Benutzt wurde ein Neudruck von 1588). **33** *Leiser*, Strafgerichtsbarkeit, 111. **34** HStAM (= Hauptstaatsarchiv München), GR (= Generalregistratur) 324/18 »Criminal-Sachen von seiten der Hofmarksherren, deren Auslieferung an die Landgerichte, de 1594–1787«. **35** HStAM 324/20 »Das den Städten und Märkten abgeschaffte Recht- und Urtheilssprechen in peinlichen Sachen, de 1618–1773«. **36** *Christl*, Malefizordnung, 47–52. **37** *Leiser*, Strafgerichtsbarkeit, 92. **38** Vgl. *W. Behringer*, Hexenverfolgung in Bayern. Volksmagie, Glaubenseifer und Staatsräson in der Frühen Neuzeit (1987), 351. **39** Zu seinem Tätigkeitsbereich gehörten die Landgerichte: Abensberg, Aibling, Aichach, Auerburg, Pfaffenhofen, Kösching, Kranzberg, Dachau, Dießen, Tölz, Traunstein, Friedberg, Vohburg, Gerolfing, Hohenschwangau, Landsberg, Mainburg, Marquartstein, Mering, Mindelheim, Murnau, Rain, Rauhenlechsberg, Reichenhall, Rosenheim, Schongau, Schrobenhausen, Schwaben, Stammheim/Etting, Starnberg, Wasserburg, Weilheim, Wemding, Wolfratshausen. Zusätzlich lagen im Bezirk des Hofrats die exemten Städte München und Ingolstadt sowie das zentrale Landesgefängnis, der »Falkenturm« in München. **40** *E. Rosenthal*, Geschichte des Gerichtswesens und der Verwaltungsorganisation Baierns, 2 Bde. (1889/1906); *Leiser*, Strafgerichtsbarkeit, 81–121; *Heydenreuter*, Der landesherrliche Hofrat, 227–230; *T. Münch*, Der Hofrat unter Kurfürst Max Emanuel (1679–1726) (1979), 57. **41** Entscheidend für die Wahl dieser Quelle war der Umstand, daß man durch ihre Auswertung einen Überblick über »Verbrechen und Strafen« in einem ganzen Territorium bekommt. »Verbrechen« bedeutet hier der Natur der untersuchten Quelle zufolge »Malefizdelikt«, also Schwerverbrechen, die nach jeweils zeitgenössischer Auffassung potentiell die Todesstrafe nach sich ziehen konnten. **42** HStAM, KHR (= Kurbayern Hofrat) 1. – Band 2 (1569–1571) enthält das ganze Spektrum der Hofratsbescheide, doch ist bei den Kriminalsachen oft weder das Delikt noch der Inhalt einer Entscheidung angegeben, wenn beispielsweise nur die Entscheidung eines Landgerichts bestätigt wird. HStAM, KHR 2–3. – Seit 1579, dem Jahr des Regierungsantritts Herzog Wilhelms (1579–97), läßt sich eine stärkere Systematisierung beobachten, doch muß die Vollständigkeit der Eintragungen noch bezweifelt werden, da außer Totschlagsdelikten wenig andere Verbrechen genannt werden. Nur Appellationsfälle scheinen im Protokoll vermerkt worden zu sein. HStAM, KHR 4–7. – Dies ist auch um 1590 und um 1600 der Fall. HStAM, KHR 17–19, 44–46. **43** HStAM, KHR 56–58 (1606). **44** *Christl*, Malefizordnung, 6f. **45** SBM (= Staatsbibliothek München), Cgm (= Codex germanicus monacensis) 2538, fol. 35ff. – Vgl. *Heydenreuter*, Der landesherrliche Hofrat, 118. **46** Beide Serien der Protokolle, sowohl die Beschlußprotokolle als auch die Sitzungsprotokolle, erlauben einen Überblick über die behandelten Kriminalfälle, so daß für unsere Zwecke egal ist, welche der beiden Serien sich erhalten hat. **47** HStAM, KHR 623–626 (1730), 663–666 (1740), 687–690 (1746), 893–894 (1750), 743 (1760). **48** Will man Näheres erfahren, muß man andere Quellen einbeziehen. Versuchsweise wurden deshalb neben dieser zentralen Quelle weitere Quellenbestände herangezogen. Vor dem Einsetzen der Hofratsprotokolle sind dies die Sammlungen von Urgichtenakten und Urfehdensammlungen im Stadtarchiv München und im Hauptstaatsarchiv München. Nach dem Einsetzen der zentralen Quelle wurde versucht, einen Überblick über das Justizwesen durch das Einbeziehen von Akten – HStAM GL (= Gerichtsliteralien), GR (Generalregistratur) – und seriellen Protokollen auf anderen Ebenen der Justiz zu erlangen: Für die Stadt München waren dies die Unterrichterprotokolle (Verhörprotokolle der Kriminaljustiz: StadtA [= Stadtarchiv] München, Bestand Stadtgericht 866/1–20 – Dazu: *W. Harke*, Das Strafbuch des Münchner Blutbannbuches unter Berücksichtigung der anschließenden Malefizprotokolle, Diss. jur. (1950) und die Oberrichterprotokolle (Bagatelldelikte und Beleidigungsprozesse: Stadtarchiv München, Bestand Stadtgericht 867–869). Auf der Ebene der Landgerichte waren es die Rentmeister-Umrittsprotokolle StAM (= Staatsarchiv München), RL (= Rentmeisterliteralien) und die Gerichtsrechnungen der Landgerichte (StAM, Gerichtsrechnungen; StAL [= Staatsarchiv Landshut], Gerichtsrechnungen). Stichprobenartige Auswertungen dienten dazu, die Validität der Hauptquelle und ihren Stellenwert im gesamten Justizsystem zu überprüfen. 49 *J.A. Sharpe*, Crime in Early Modern England 1550–1750 (1984), 14f. 50 HStAM, KHR 59, fol. 18. 51 Ebd., fol. 66. 52 *Heydenreuter*, Der landesherrliche Hofrat, 331. 53 Ebd., fol. 109. 54 Zu einem Hexenprozeß gegen die Krausin kam es offenbar nicht. Im Jahr 1608 kam es in Reichenhall zu einem Hexenprozeß gegen eine nicht namentlich genannte »umbschweiffend weibsperson, welche sich für eine Fürstin ausgibt«. 55 HStAM, Mandatensammlung, Mandat von 1616. 56 HStAM, KHR 307, 308, 309, 310. 57 HStAM, KHR 424, 425, 426, 427. 58 HStAM, KHR 464, 465, 466, 467. 59 *M. Schattenhofer*, Henker, Hexen und Huren, in: *Ders.*, Beiträge zur Geschichte der Stadt München (1984), 113–143, hier: 119–124. 60 StadtA München, Stadtgericht 865/1, Criminalakten (Urgichten 1440–1788). 61 Ebd., Urgicht der Barbara Sigl von Schwaz von 1517. 62 Ebd., Urgicht des Stefan Newmayr von 1504. 63 *Schattenhofer*, Henker, 126. 64 Diese auf dem Reichstag zu Regensburg 1532 von den Reichsständen angenommene Reichsgesetzgebung hatte in Bayern bis 1751 subsidiäre Gültigkeit. Bekanntlich schränkte die Carolina mit ihrer geordneten Deliktbeschreibung, der Indizienlehre und Prozeßordnung den Wildwuchs der spätmittelalterlichen Strafjustiz ein. Vgl.: Die Peinliche Gerichtsordnung Kaiser Karls V. von 1532 (Carolina). Herausgegeben und erläutert von *G. Radbruch* (1975[4]); *F. C. Schröder* (Hg.), Die Carolina. Die Peinliche Gerichtsordnung Kaiser Karls V. von 1532 (1986). 65 *A. Perneder*, Von Straff und Peen aller und yeder Malefitzhandlungen ... (1551). 66 Vgl. etwa: *J. S. Cockburn*, Nature and the Incidence of Crime in England, 1559–1625, in: *Ders.*, Crime in England 1500–1800 (1977), 49–71. 67 StadtA München, Stadtgericht 866/1. 68 Der »Codex Juris Bavarici Criminalis« von 1751 bedroht 55 Tatbestände mit der Todesstrafe. 69 *van Dülmen*, Theater, 187–193. 70 Natürlich ist bei einzelnen Delikten eine andere Einordnung denkbar. *J. A. Sharpe*, Crime in Early Modern England 1550–1750 (1984) bietet dafür andere Beispiele. 71 Ein Beispiel: *R. Steinmetz*, Das Religionsverhör in der Herrschaft Aschau-Wildenwart im Jahre 1601. Ein Beitrag zur bayerischen Volksglaubens- und Volksbildungsforschung, in: ZBLG 38 (1975), 570–597. 72 Eine Verfolgung von Waldensern hat es scheinbar nicht gegeben, weil diese »Ketzerei« in Bayern nicht verbreitet war. Judenpogrome gab es 1285, 1349 und 1413 in München, 1337 in Deggendorf. Mit der Judengesetzgebung Herzog Albrechts III. erfolgte 1442 die Vertreibung der bayrischen Judengemeinden. Vgl. *Spindler*, Handbuch, Bd. 2, 615f. – Die Hussiten wurden in Bayern offenbar als außenpolitisches Problem begriffen. *Ebd.*, 244–246, 251–254. 73 *M. Simon*, Die evangelische Bewegung der Reformationszeit in Wasserburg und das Ketzergerichtsprivileg der bayerischen Herzöge von 1526, in: ZBKG 30 (1961), 121–167. 74 *V. A. Winter*, Geschichte der bayerischen Wiedertäufer im 16. Jahrhundert (1809); *R. Bauerreiß*, Kirchengeschichte Bayerns, Bd. 6 (1965), 116–124. 75 *W. O. Packull*, Hans Denck. Auf der Flucht vor dem Dogmatismus, in: *H.-J. Goertz* (Hg.), Radikale Reformatoren. 21 biographische Skizzen von Thomas Müntzer bis Paracelsus (1978), 51–59; *Ch. Windhorst*, Balthasar Hubmair. Professor, Prediger, Politiker, in: Ebd., 125–136. 76 *H. Rössler*, Geschichte und Strukturen der evangelischen Bewegung im Bistum Freising (1966), 79ff. 77 *C.-P. Clasen*, The Anabaptists in Bavaria, in: The Mennonite Quarterly Review (1965), 243–261. 78 *H.-J. Goertz*, Die Täufer. Geschichte und Deutung (1980); *C. P. Clasen*, Anabaptists in South and Central Germany, Switzerland and Austria (1978); *H. Rössler*, Die Wiedertäufer in und aus München, in: OA 85 (1962), 42–58. 79 *Behringer*, Hexenverfolgung, 122–320; nach: HStAM, Hexenakten 3–4; HStAM, GR 323/16 »Hexenproceße, derley Verhandlungen nach theologischen und juridischen Gutachten, 1590–1746«. 80 *C. Larner*, Crimen exceptum? The Crime of Witchcraft in Europe, in: *V. A. C. Gatrell/B. Lenman u. a.* (1980), 49–75. 81 *W. Behringer*, Mit dem Feuer vom Leben zum Tod. Hexengesetzgebung in Bayern (1988). 82 Für Frankfurt und Mecheln: *H. von Hentig*, Kriminalstatistische Daten aus früheren Jahrhunderten, in: Schweizerische Zeitschrift für Strafrecht 72 (1957), 276–296. Neudruck in: *Ders.*, Studien zur Kriminalgeschichte (1962), 170–188, 176; Augsburg und Nürnberg: *van Dülmen*, Theater, 113; München: *W. Behringer*, Hexenverfolgungen im Spiegel zeitgenössischer Publizistik, in: Oberbayerisches Archiv 109 (1984), 339–360; für Memmingen: StadtA Memmingen, Urgichtenbücher 1 und 2. **83** HStAM, KHR 137, 2.–16. Januar 1607. **84** Kriminalität Kurbayern, 1. Hälfte des 17. Jahrhunderts. Die fünf Jahre 1607, 1618, 1628, 1637, 1646. – Insgesamt wurden 1543 Fälle durchgezählt. Zur Berechnung der prozentualen Anteile wurden 140 Fälle ausgeschieden, bei denen die Deliktbezeichnung zu ungenau (»böser Verdacht«, »verschiedene Untaten«) war oder ganz fehlte. **85** Nur zwei Fälle konnten festgestellt werden: Im Jahr 1363 die Hinrichtung des Ratsherrn Heinrich Schreiber: *Schattenhofer, Henker,* 119; im Jahr 1603 wurde der Hofrat Astor Leoncelli (1535–1603), der zwei Pagen verführt hatte, wegen des Delikts der Homosexualität, obwohl Standesperson, hingerichtet. Nur durch Zufall haben sich Hinweise auf das Delikt erhalten: HStAM, Hexenakten 4. Der Fundort verweist darauf, daß man diese Verbrechen als Verbrechen gegen die religiöse Ordnung bewertete. Zur Biographie Leoncellis *Heydenreuter*, Der landesherrliche Hofrat, 342. **86** Ebd., 227f. **87** *Schattenhofer*, Henker, 135–139. **88** HStAM, GR 321/7 »Die Fornications- oder Leichtfertigkeitsstrafen, die gegen die fleischlichen Verbrechen bestehenden Gesetze überhaupt, deren vorgeschlagene Abänderung, 1629–1725«. **89** HStAM, KHR 309, fol. 85–87. **90** *Münch*, Hofrat, 67. **91** Vgl. *Blasius*, Kriminologie, 148f. **92** *J. Feest*, Frauenkriminalität, in: Kleines Kriminologisches Wörterbuch (1985[2]), 118–123. **93** Vgl. zur Geschlechtsspezifik: *J. M. Beattie*, The Criminality of Women in Eighteenth-Century England, in: Journal of Social History 7 (1975), 80–116. **94** HStAM, Mandatensammlung, Sittlichkeitsmandat vom 20. September 1635. – Generell dazu: *F. v. Daumiller*, Die strafrechtliche Lehre von Ehebruch und Bigamie nach ihrer geschichtlichen Entwicklung in Altbayern (1933). **95** HStAM, GR 325/35–36, »General-Acta, die opera publica ... strafen betr., 1650–1805«. **96** HStAM, KHR 307, 308, 309, 310. – Der Text des Generalbefehls in: HStAM, KHR 309, fol. 85–87. **97** HStAM, GR 325/36 »General-Acta, die zu Schanzarbeit condemnierte Personen betr., von Anno 1658–1767«, Bericht vom 31. März 1660. **98** HStAM, KHR 307, die ersten beiden Wochen des Jahres 1650. **99** Zum Sozialbanditentum der Klassiker: *E. J. Hobsbawm*, Die Banditen (1972); *H. Kamen*, Public Authority and Popular Crime: Banditry in Valencia 1660–1714, in: Journal of European Economic History 3 (1974), 654–687. **100** HStAM, GR 318. **101** HStAM, KHR 307, fol. 528–535; HStAM, GR 321/6 »Die gegen Straßenraub und gegen Diebereyen geschöpfte Criminal Mandate de 1650–1807«. **102** HStAM, KHR 534 v. **103** Räuber im Landgericht Traunstein: HStAM, KHR 307, fol. 445; KHR 308, fol. 127–128, 189, 241, 323. Überführung einer vierköpfigen Räuberbande nach Schwaben am 24. Mai wegen des schlechten Zustandes der Gefängnisse in Traunstein. HStAM, KHR 309, fol. 162, 191; KHR 310, fol. 582, 587–593. Hinrichtung von sechs Räubern am 1. August, zweier weiterer etwa im Dezember. **104** HStAM, KHR 340, fol. 308: »... in Unserem Churfürstenthumb oberlandts in Zeit acht ganzer iahr kheine dergleichen rauberey und plünderung... vorbeygangen sein sollen«. **105** HStAM, KHR 336, fol. 292. **106** HStAM, KHR 335, fol. 396; KHR 336, fol. 19, 48, 434; KHR 337, fol. 102, 241, 243, 447–453; KHR 340, fol. 237, 308. **107** HStAM, KHR 348, fol. 53; KHR 349, fol. 92, 163–166, 170, 181, 244, 249, 266, 393. **108** *C. Küther*, Räuber, Volk und Obrigkeit. Zur Wirkungsweise und Funktion staatlicher Strafverfolgung im 18. Jahrhundert, in: *H. Reif* (Hg.), Räuber, Volk und Obrigkeit. Studien zur Geschichte der Kriminalität in Deutschland seit dem 18. Jahrhundert (1984), 17–43. **109** »... ob nit der Dominus Territorii denen Beraubten widerumb die ersezung des schadens zu thuen schuldig seye. «HStAM, GR 318. **110** HStAM, Mandatensammlung. **111** *R. Schulte*, Das Dorf im Verhör. Brandstifter, Kindsmörderinnen und Wilderer vor den Schranken des bürgerlichen Gerichts (1989), 179–275. **112** *Thompson*, Whigs and Hunters; *D. Hay*, Poaching and the Game Laws on Cannock Chase, in: *D. Hay u. a.* (Hg.), Albion's Fatal Tree. Crime and Society in Eighteenth-Century England (1975) 189–254. **113** HStAM, GR 138/107. **114** *Münch*, Hofrat, 70 (Aufhebung des Kollegiums 1683) und 86 (Wiedereinführung 1699). **115** HStAM, KHR 363, fol. 337–339. **116** HStAM, KHR 387, fol. 578, Generalbefehl vom 20. September 1670 gegen »Gartende Soldaten, Gesindel und andere Landbettler«; ebd., KHR 388, fol. 496 (26. Sept.) und 515 (30. Dez.), Generalbefehl »Unterhaltung der inländischen armen Leut«. **117** HStAM, GR 320/5 1/2 »Die Zucht- und Arbeitshäuser, Errichtung eines solchen in

München, 1678–1806«. **118** HStAM, KHR 407, fol. 4, 121, 206–207. **119** HStAM, KHR 411, fol. 245. **120** HStAM, KHR 417, fol. 136, 180. **121** HStAM, KHR 419, fol. 249: für seine lebendige Ergreifung wurde eine Belohnung von 500 Gulden gesetzt, für seine Tötung 100 Dukaten. **122** HStAM, KHR 420, fol. 94. **123** HStAM, KHR 424–427; KHR 428–431. **124** *M. Sothmann*, Das Armen-, Arbeits-, Zucht- und Werkhaus in Nürnberg bis 1806 (1970); *H. Valentinitsch*, Anfänge des modernen Strafvollzugs in Österreich und die Gründung des Grazer Zucht- und Arbeitshauses, in: Reformen des Rechts (1979), 147–169. **125** HStAM, KHR 425–467 (fehlende Bände: 427, 429, 433, 438, 443). **126** Vgl. dazu *Behringer*, Hexenverfolgung, 347–355. **127** HStAM, Mandatensammlung. Kindsmord-Mandat vom 21. April 1684. – Anlaß war vermutlich der Kindsmordprozeß gegen Maria Schwaigerin aus Abensberg, KHR 439, fol. 37, 136, 212, 236; KHR 440, fol. 35, 167. Nach dem Mandat wurde die Schwertstrafe obligatorisch. Zugehörige Generalbefehle in: HStAM, GR 318/2. – Vgl. für England: *P. Hoffer/N. E. H. Hull*, Murdering Mothers: Infanticide in England and New England, 1668–1903 (1981). **128** *Schulte*, Das Dorf, 127–178. **129** Befehl an die Regierung in Landshut anläßlich des Prozesses gegen Anna Maria Stöblerin: Das Todesurteil nach dem Dekret von 1684 »...erfordert, wann die Todtstraff statt haben sollte, die verstrickte eintweders gütlich oder mittels der tortur bekhennen müsse, daß das khindt in der geburt lebendig gewesen.« HStAM, KHR 455, fol. 265 f. **130** HStAM GR 318. **131** HStAM, KHR 425–467 (fehlende Bände: 427, 429, 433, 438, 443). **132** Vgl. *P. Goubert*, Demographische Probleme im Beauvaisis des 17. Jahrhunderts, in: *C. Honegger* (Hg.), M. Bloch, F. Braudel, L. Febvre u. a. Schrift und Materie der Geschichte. Vorschläge zur systematischen Aneigung historischer Prozesse (1977), 198–219 (französisch in: Annales ESC 7 [1952], 417–433). **133** Vgl. dazu die handgeschriebene Chronik: *J. S. Limhardt*, Was sich in Weilheim von 1685 bis 1712 Merkwürdiges zugetragen, in: SBM, Cgm 1516, fol. 7 v. – 8. **134** *Münch*, Hofrat, 65 f. **135** HStAM, KHR 468–487 (fehlende Bände: 471). **136** Z. B.: *J. Walter/K. Wrightson*, Dearth and the Social Order in Early Modern England, in: Past & Present 71 (1976), 22–42. **137** *Behringer*, Hexenverfolgung, 98–106 und 311–320. **138** *I. v. Rudhardt*, Über den Zustand des Königreichs Bayern, nach amtlichen Quellen, 4 Bde. (1824–1827), Bd. 3, 238. **139** *Münch*, Hofrat, 65. **140** HStAM, KHR 488–503 (fehlende Bände: 498, 503). **141** HStAM, KHR 504–526. Der Band 1700/1. Quartal fehlt und wurde auch bei der Numerierung nicht berücksichtigt. **142** *U. Danker*, Räuberbanden im Alten Reich um 1700. Ein Beitrag zur Geschichte von Herrschaft und Kriminalität in der Frühen Neuzeit (1988). **143** StadtA München, Stadtgericht 866/1. **144** HStAM, GR 139/110. **145** HStAM, GR 139/110. **146** HStAM, GR 139/110, »Supplicatio Hans Georg Fahners« von 1683. **147** Ebd. **148** Ebd., Supplikation Hans Michael Fachners, 1697. – Hans Michael Fachner war Münchner Scharfrichter 1697–1725. **149** HStAM, GR 139/109. **150** HStAM, GR 139/109. **151** *Münch*, Hofrat, 57; *S. Fischer*, Der Geheime Rat und die Geheime Konferenz unter Kurfürst Karl Albrecht von Bayern (1726–1745) (1987), 111 ff. **152** HStAM, GR 138/107. **153** HStAM, GR 140/111, Generalbefehl vom 29. November 1760 an alle Pfleggerichte des Rentamtes München. **154** Durchsicht der entsprechenden Jahrgänge des *Churbayerischen Intelligenzblatt* an der SBM. **155** HStAM, GR 140/111. **156** Vgl. *van Dülmen*, Theater; *Jenkins*, From Gallows. **157** *J. Hazzi*, Statistische Aufschlüsse über das Herzogthum Baiern, aus ächten Quellen geschöpft. Ein allgemeiner Beitrag zur Länder- und Menschenkunde, 4 Bde. 9 Teilbände (1801–1808), Bd. I/1, Beilage Nr. 3, A–D. **158** HStAM, GR 140/111. **159** *M. Spindler* (Hg.), Handbuch der bayerischen Geschichte, Bd. 2 (1977²), 590 ff. **160** Geschichte des Bayerischen Heeres, Bd. I: *K. Staudinger*, Geschichte des kurbayerischen Heeres unter Kurfürst Ferdinand Maria (1651–1679) (1901), 448–452. – Text des Artikelbriefs ebd., Anlage 27, Anhang 81*–86*. **161** Ebd., 458 ff. **162** Geschichte des Bayerischen Heeres, Bd. II/1–2: *K. Staudinger*, Geschichte des kurbayerischen Heeres unter Kurfürst Max II. Emanuel 1680–1726 (1904/1905), 1311–1322. **163** HStAM, GR 324/26 »Die Soldaten-Justiz. Errichtung eines separierten Soldaten-Hochgerichts in specie zu München vor dem Isarthor, de 1695–1718«. **164** *Staudinger*, Geschichte (1904/1905), 714 ff. **165** Geschichte des Bayerischen Heeres, Bd. III/1–2, *K. Staudinger*, Geschichte des kurbayerischen Heeres unter Kurfürst Karl Albrecht – Kaiser Karl VII. und Kurfürst Max III. Joseph 1726–1777, (1908/1909), 370–377. **166** Ebd., 466. **167** HStAM, GR 140/111. **168** *Pezzl*, Faustin, 48. **169** Das fiskalische Motiv hatte seit 1636 seinen Niederschlag in zahlreichen Mandaten geführt, beispielsweise in den Jahren 1636, 1655 (zweimal), 1677, 1687, 1714, 1722 und 1724, dann wieder 1773. Vgl.: HStAM, GR 318/2 1/2. **170** HStAM, GR 318/3. Reformvorschläge zur Beförderung der Malefizprozesse 1782.

Zehnjahresdurchschnitt	Malefizkosten (Gulden)
1753–1762	25 000
1763–1772	36 367
1774	52 892

171 HStAM, GR 318/2, Generalbefehl vom 1. Februar 1746. **172** HStAM, GR 318/1. Mandat vom 23. 1. 1751. **173** HStAM, GR 324/24 »Die Vornehmung der Tortur an den Delinquenten als des äußersten Mittels zu ihrem Geständniße, die hierzu gebrauchten Werkzeuge und Personen, 1653–1806«. **174** HStAM, GR 318/1, Mandat vom 16. Erntemonat 1779. **175** *Behringer*, Hexenverfolgung, 371–393. **176** *A. Zaupser*, Bedenken über einige Punkte des Criminalrechts (1773, weitere Auflagen 1777 und 1781). **177** *Hazzi*, Statistische Aufschlüsse, Bd. III/1, 390–395. **178** *Striedinger*, Des Kriminalisten Feuerbach, 231 f, Erlaß vom 17. 11. 1803. **179** *P. J. A. Feuerbach*, Kritik des natürlichen Rechts (1796); *Ders.*, Merkwürdige Kriminalrechtsfälle (1808); *Ders.*, Kaspar Hauser. Beispiel eines Verbrechens am Seelenleben des Menschen (1832). – Über Feuerbach: *G. Radbruch*, P. J. A. Feuerbach (1934, 1954[2]). **180** Vgl. dazu jetzt: *R. Schlögl*, Bauern, Krieg und Staat. Oberbayerische Bauernwirtschaft und frühmoderner Staat im 17. Jahrhundert (1988), 70–81. **181** *W. Beattie*, The Pattern of Crime in England, in: Past & Present 62 (1974), 47–95; *J. A. Sharpe*, Crime in Early Modern England, 1550–1750 (1984). **182** HStAM, KHR 359, fol. 380; KHR 361, fol. 63. **183** HStAM, KHR 372, fol. 323–324. **184** HStAM, KHR 364, fol. 17; KHR 388, fol. 424; KHR 393, fol. 422; KHR 412, fol. 325. **185** Z. B. KHR 315, fol. 201 f, 383 f, 389; KHR 316 fol. 269, das Stafverfahren gegen einen Hofmarksrichter, der einer Frau eine Aussage über einen angeblichen Ehebruch abgenötigt hatte. **186** HStAM, KHR 375, fol. 295–296; KHR 377, fol. 69, 82, 139, 191. – Zum Fall des Hexenrichters Sattler vgl. *Behringer*, Hexenverfolgung, 303–305. **187** KHR 357, fol. 61–62. **188** HStAM, KHR 386, fol. 212–213, 274–276, 280. – Vgl. *G. Ferchl*, Bayerische Behörden und Beamte 1550–1804, in: Oberbayerisches Archiv 64 (1925), 1273 f. **189** HStAM, KHR 349, fol. 16, 28, 90, 351, 421. **190** HStAM, KHR 420, fol. 98–99. – Vgl. auch KHR 385, fol. 250, wo der wegen Diebstahls bei Androhung von Todesstrafe landesverwiesene Carl Pessl nach unerlaubter Rückkehr lediglich erneut landesverwiesen wird, wollte doch der Hofrat »die güete der schärpfe vorgezogen... haben«. – Weitere Beispiele in KHR 388, fol. 492; KHR 412, fol. 357. **191** HStAM, KHR 388, fol. 445 und 1. Oktober 1670. – 1675 erging ein Mandat, demzufolge Gefangene generell befragt werden sollten, ob sie Not litten: KHR 405, fol. 318–320. **192** HStAM, KHR 388, fol. 64. **193** HStAM, KHR 389, fol. 120–121 (14. Januar 1671). **194** HStAM, KHR 386, fol. 280. **195** Zur außergewöhnlichen Persönlichkeit Freys, eines Schülers von Friedrich Spee: *B. Duhr*, Zur Geschichte des Jesuitenordens. Aus Münchner Archiven und Bibliotheken, in: Historisches Jahrbuch 25 (1904), 126–167; 28 (1907), 61–83, 306–327. **196** HStAM, KHR 420, fol. 98–99, 102, 114; KHR 421, 68–69, 137, 329; KHR 422, 58, 195, 207, 241. – Rittinger verstarb in Haft am 11. Dezember 1688: KHR 459, fol. 237. – Zur Berücksichtigung des Geisteszustandes: *H. C. E. Midelfort*, Sin, Melancholy, Obsession: Insanity and Culture in 16th Century Germany, in: *S. L. Kaplan* (Hg.), Understanding Popular Culture (1984), 113–145; *Ders.*, Johann Weyer and the Transformation of the Insanity Defense, in: R. Po-chia Hsia, The German People and the Reformation (1988), 234–262. **197** HStAM, KHR 389, fol. 28, 224; KHR 390, fol. 160, bei einem Fall von homicidium. **198** HStAM, KHR 408, fol. 82, 393. **199** *Hay, u. a.* (Hg.), Albion's Fatal Tree. **200** *J. Brewer/J. Styles* (Hg.), An Ungovernable People. The English and their

Law in the Seventeenth and Eighteenth Centuries (1980). **201** HStAM, KHR 381, fol. 168, 286, 380. – Verfahren gegen Johann Heinrich von Muggenthal, Landgericht Traunstein. **202** HStAM, KHR 347, fol. 101, 234, 285–286. **203** *G. Ferchl*, Bayerische Behörden und Beamte 1550–1804, in: Oberbayerisches Archiv 55 (1908/12), 197, 640, 835, 840, 847. – Zum Ackher wirkte als Landrichter noch bis 1677, Wäginger als Gerichtsschreiber noch in Marquartstein bis 1696. **204** HStAM, KHR 368, fol. 327–328. **205** Vgl. dazu allgemein: *J. S. Cockburn*, Trial by the Books? Fact and Theory in the Criminal Process, 1558–1625, in: J. H. Baker (Hg.), Legal Records and the Historian (1978), 60–79; *J. A. Sharpe* (1984), 174, ging so weit, dieses Strafsystem mit einer Lotterie zu vergleichen, aber das trifft wohl auf alle Strafsysteme zu. **206** KHR 334, fol. 513. **207** *Hobsbawm*, Die Banditen, 126. **208** *L. Stone*, Interpersonal Violence in English Society 1300–1980, in: Past & Present 101, Nov. 1983, 22–33. **209** Vergleichbare Ergebnisse für England: *J. M. Beattie*, Crime and the Courts in Surrey, 1736–1753, in: J. S. Cockburn (1977), 155–186; *Sharpe*, Crime, 174f. **210** *W. Hartinger*, Rechtspflege und Volksleben. Zur Funktion des Rechts im absolutistischen Bayern, in: K. Köstlin/K. D. Sievers (Hg.), Das Recht der kleinen Leute. Beiträge zur Rechtlichen Volkskunde. Festschrift für Karl-Sigismund Kramer zum 60. Geburtstag (1976), 50–68. **211** StadtA München, Stadtgericht 867 und 868. **212** *Aventinus*, Bayerische Chronik, 42; zitiert nach: *M. Spindler*, II, 660f (A. Sandberger). **213** HStAM, KHR 356, fol. 275–276. **214** HStAM, KHR 417, fol. 157, 269 (Juni 1678). **215** HStAM, KHR 442, fol. 260, 292. **216** *L. von Westenrieder*, Beschreibung der Haubt- und Residenzstadt München im gegenwärtigen Zustande (1782), 329f. **217** HStAM, KHR, fol. 35, 149, 211; KHR 381, fol. 42. **218** HStAM, KHR 362, fol. 115, 236, 260, 286, 315, 355. **219** Vgl. dazu auch: *J. S. Limhardt*, Was sich in Weilheim von 1685 bis 1712 Merkwürdiges zugetragen, in: SBM, Cgm 1516 (Die Chronikeintragungen beginnen 1382). **220** HStAM, KHR 381, fol. 332; KHR 382, fol. 50–55, 65, 397; KHR 390, fol. 354. **221** *G. Diepolder*, Das Volk in Kurbayern zur Zeit des Kurfürsten Max Emanuel. Beobachtungen zur Demographie, in: *H. Glaser* (Hg.), Kurfürst Max Emanuel. Bayern und Europa um 1700 (1976), Bd. 1, 387–406. **222** *Christl*, Malefizordnung, 105; nach: Perneder, Titel 3, Artikel 5. **223** *Christl*, Malefizordnung, 105; *Behringer*, Hexenverfolgung, 214. **224** In England haben sich diese Deliktgruppen über den doch sehr langen Zeitraum vom 14. bis zum 18. Jahrhundert als stabil erwiesen; *Sharpe*, Crime, 170f. **225** Gerichte Dachau, Schwaben, Starnberg, Weilheim, Wolfratshausen, zusammengestellt aus den Hofratsprotokollen 1650–1705. **226** HStAM KHR 307, 308, 309, 310. **227** *Sharpe*, Crime, 169. **228** Vgl. *Behringer*, Hexenverfolgung, 202f, 212, 217, 323, 410. **229** *M. Kunze*, Der Prozeß Pappenheimer (1981), 161.

Peter Wettmann-Jungblut
»Stelen inn rechter hungersnodtt«

* Überschrift des Art. 166 der Constitutio Criminalis Carolina. **1** GLA (= Badisches Generallandesarchiv Karlsruhe) 61/1251. **2** GLA 61/12910 + 12911. **3** *M. Stürmer* (Hg.), Herbst des Alten Handwerks. Zur Sozialgeschichte des 18. Jahrhunderts (1979), 107. **4** *J. Fries*, Philosophische Rechtslehre und Kritik aller positiven Gesetzgebung mit Beleuchtung der gewöhnlichen Fehler in der Bearbeitung des Naturrechts (1803), 135. Fries fordert aber beileibe keine Umverteilung des Eigentums, sondern zur Vermeidung von Gesetzesbrüchen die Schaffung eines »niedrigsten Grad des Wohlstandes« für alle, u. a. durch die Errichtung von Armenanstalten. **5** *E. J. Hobsbawm*, Social Criminality, in: Bulletin of the Society for the Study of Labour History 25 (1972), 5; s. auch: *J. G. Rule*, Social Crime in the Rural South in the Eighteenth and Early Nineteenth Centuries, in: Southern History 1 (1979), 135–153. Kritik an diesem Konzept üben *J. Innes/J. Styles*, The Crime Wave: Recent Writing on Crime and Criminal Justice in Eighteenth-Century England, in: Journal of British Studies 25 (1986), 395–400. **6** GLA 61/12910. **7** *A. Lüdtke*, Rekonstruktion von Alltagswirk-

lichkeit – Entpolitisierung der Sozialgeschichte?, in: R. M. Berdahl u. a., Klassen und Kultur. Sozialanthropologische Perspektiven in der Geschichtsschreibung (1982), 330. **8** *E. Bloch*, Naturrecht und Menschliche Würde (1982), 291. **9** *H. S. Becker*, Outsiders: Studies in the Sociology of Deviance (1963), 9. **10** *R. van Dülmen*, Theater des Schreckens. Gerichtspraxis und Strafritual in der frühen Neuzeit (1985), 11. **11** Der Begriff »badische Gebiete« umfaßt auch solche Territorien, die erst nach 1803 zu Baden hinzukamen. **12** Siehe *P. Mac Naughton-Smith*, The Second Code. Toward (Or Away From) an Empiric Theory of Crime and Delinquency, in: The Journal of Research in Crime and Delinquency 5 (1968), 189–197. **13** *D. Blasius*, Kriminalität und Geschichtswissenschaft. Perspektiven der neueren Forschung, in: HZ 233 (1981), 615. **14** *Innes/Styles*, The Crime Wave, 402. **15** Siehe z. B.: *A. Abbiateci/F. Billacois u. a.*, Crimes et Criminalité en France sous l'Ancien Régime, 17e–18e Siècle (1971); *J. M. Beattie*, The Pattern of Crime in England 1660–1800, in: Past & Present 62 (1974), 47–95. **16** *P. Chaunu*, Déviance et intégration sociale. La longue durée, in: Marginalité, déviance, pauvreté en France XIVe–XIXe siècle (= Cahiers des Annales de Normandie 13) (1981), 5, 7. **17** *J. M. Beattie*, Judicial Records and the Measurement of Crime in Eighteenth-Century England, in: *L. A. Knafla* (Hg.), Crime and Criminal Justice in Europe and Canada (1981), 127. **18** Vgl. hierzu *J. Kitsuse/A. V. Cicourel*, A Note on the Uses of Official Statistics, in: Social Problems 2 (1963), 131–139. **19** Errechnet aus: GLA 67/1268. 1250 und Stadtarchiv Freiburg B5 (P) IIIc 3d. **20** Errechnet aus: Stadtarchiv Ulm. **21** *V. Bailey*, Crime, Criminal Justice and Authority in England, in: Bulletin of the Society for the Study of Labour History 45 (1980), 43. **22** Siehe in diesem Zusammenhang: *L. A. Knafla*, »Sins of all Sorts Swarmeth«: Criminal Litigation in an English County in the Early Seventeenth Century, in: *E. W. Ives/A. H. Manchester* (Hg.), Law, Litigants and the Legal Professions (1983), 50–67. Knaflas Untersuchung aller in der Grafschaft Kent von 1600–1602 geführten Prozesse ergibt folgendes Bild: »property crimes« wurden in 10% der Prozesse verhandelt, »crimes against the person« in 22%, »crimes against the peace« in 20%, »moral offences« in 22% und »public nuisances« in 25%. Dagegen bezogen sich im gleichen Zeitraum bei den obersten Kriminalgeschichten, den »Assizes« (in etwa vergleichbar mit den Malifizgerichten), allein 74% der Angeklagten auf »property crimes«. **23** Übersicht der Strafrechtspflege im Großherzogthum Baden während des Jahres 1829, vorgelegt Sr. Königlichen Hoheit dem Großherzog von Höchst Ihrem Justizministerium (1830), XI. **24** GLA 61/12910. **25** GLA 61/13358 a+b. **26** *K. Stiefel*, Baden 1648–1952, Bd. 2 (1979^2), 934. **27** *A. Strobel*, Agrarverfassung im Übergang. Studien zur Agrargeschichte des badischen Breisgaus vom Beginn des 16. bis zum Ende des 18. Jahrhunderts (1972), 179f. **28** Errechnet aus: GLA 61/7129 u. 7130. **29** Errechnet aus: GLA 61/12887. **30** Errechnet aus: GLA 61/7038, 7228, 7040–41, 7045, 7048–49, 7051. **31** Errechnet für I. aus: GLA 98/3081–3138, für II. aus: GLA 61/13358a+b u. 13359a+b, für III. aus: GLA 98/603. **32** Regierungsblatt des Großherzogthums Baden (1807), 296. **33** Vgl. GLA 98a/173 Jauner Patent, erlassen von den »Fürsten und Stände des Löbl. Schwäbischen Creyses« (zum Schwäbischen Reichskreis gehörten auch die beiden badischen Markgrafschaften) im Jahre 1736. Dem »gottlose und verruchte Jauner- und Zigeuner-Volck« wird entweder das Rad (bei Männern), der Strang (bei Frauen und Kindern über 18 Jahren) oder Zucht- und Arbeitshaus (bei Kindern) angedroht; den Bettlern und Vaganten, wozu auch fahrende Schüler, Lumpenhändler, Musikanten etc. gezählt werden, ist bei der 3. Ergreifung der peinliche Prozeß zu machen oder die Galeerenstrafe anzuweisen. Ähnliche Maßnahmen finden sich in GLA 98a/96, Patente wider die Bettler und Jauner von 1706 und 1720. Zum Problem marginalisierter und vagabundierender Schichten s. allgemein: *B. Geremek*, Criminalité, vagabondage, paupérisme: la marginalité à l'aube des temps modernes, in: Revue d'histoire moderne et contemporaine 21 (1974), 337–375; speziell für Deutschland: *C. Küther*, Menschen auf der Straße. Vagierende Unterschichten in Bayern, Franken und Schwaben in der zweiten Hälfte des 18. Jahrhunderts (1983). **34** GLA 61/7129, 12887. **35** Zum Stellenwert der Gewalt in der spätmittelalterlichen und frühneuzeitlichen Gesellschaft s. *R. Muchembled*, La Violence au Village. Sociabilité et comportements populaires en Artois du XVe au XVIIe siècle (1989), 9: »la violence imprime sa marque sur de nombreux actes de la vie quotidienne«. Gewalt wurde noch nicht »complètement définie comme une criminalité: elle constitue souvent la trame presque ordinaire des relations humaines et de la sociabilité propre à divers groupes de population«. 36 GLA 61/15251 u. 15252. 37 Carlsruher Wochenblatt, oder Nachrichten zum Behuf der Policey, des Haushaltungs und Handlungswesens, wie auch der Gelehrsamkeit Nr. 5 (1757), 34. 38 Angaben aus: *Stiefel*, Baden Bd. 2, 1110f. 39 Angaben aus: *W. Fischer*, Der Staat und die Anfänge der Industrialisierung in Baden 1800–1850, Bd. 1: Die staatliche Gewerbepolitik (1962), 329. 40 Angaben aus: *H. E. Specker*, Ulm Stadtgeschichte (1977), 168f; *Stiefel*, Baden Bd. 1, 426. 41 *M. Foucault*, Überwachen und Strafen. Die Geburt des Gefängnisses (1977), besonders 9–90. 42 Der stärkste Rückgang der verhängten Todesstrafen lag in Deutschland wohl in der Zeit von 1620–1700; s. dazu die statistischen Auswertungen in *van Dülmen*, Theater des Schreckens, 187ff. In England gingen die Hinrichtungen seit den 1630er Jahren rapide zurück, vgl. *P. Jenkins*, From Gallows to Prison? The Execution Rate in Early Modern England, in: Criminal Justice History 7 (1986), 51–71. 43 Als weitere Beispiele dafür: St. Peter Criminalia, 1581–1773, GLA 61/1268, 1250, 1251, 1269, 1270–72 und Stadtarchiv Freiburg B 5 (P) III c 3 d; von insgesamt 173 Angeklagten mußten sich 66 (37%) wegen Hexerei/Zauberei/Blasphemie und 36 (20,2%) wegen moralischer Vergehen verantworten. Und Inquisitionsakten St. Blasiens, 1719–1783, GLA 99/913 + 914; in St. Blasien betrafen von 61 Urteilen 24 (39,3%) Aberglauben und 26 (42,6%) moralische Vergehen. 44 GLA 61/15216–15219, 15231, 15232, 15251, 15252, 15283 + 15284. 45 *W. Leiser*, Strafgerichtsbarkeit in Südwestdeutschland. Formen und Entwicklungen (1971), 77f. 46 Zusammengestellt aus: Regierungsblatt für das Großherzogthum Baden, 1809–1829, und Übersicht der Strafrechtspflege im Großherzogthum Baden während des Jahres 1829–1847 (1830–1848). 47 Angaben aus: *Stiefel*, Baden Bd. 1, 427ff; *Fischer*, Anfänge der Industrialisierung, 288ff. 48 Alle Angaben aus: *Fischer*, Anfänge der Industrialisierung, 381. 49 Vertreten u. a. von *D. Hay*, War, Dearth and Theft in the Eighteenth Century: The Records of the English Courts, in: Past & Present 95 (1982), 117–160. 50 *U. Bräker*, Der arme Mann in Toggenburg; zit. nach *W. Abel*, Massenarmut und Hungerkrisen im vorindustriellen Deutschland (1972), 49. 51 Wertheimer Intelligenz-Blatt, Nr. 35, 29 Aug. 1817. 52 GLA 98/3133. 53 *F. Quarthal*, Öffentliche Armut, Akademikerschwemme und Massenarbeitslosigkeit im Zeitalter des Barocks, in: *V. Press/E. Reinhard u. a.*. (Hg.), Barock am Oberrhein (1985), 185. 54 Ebd. 186. 55 GLA 61/15231. 56 *W. Seidenspinner*, Hölzerlips und Schwarzer Peter. Zur Raub- und Bandenkriminalität im badisch-hessisch-fränkischen Grenzraum im frühen 19. Jahrhundert, in: ZGO 129 (1981), 384. 57 Zit. nach *Stiefel*, Baden Bd. 1, 120. 58 GLA 61/10429. 59 GLA 61/7051. 60 Siehe dazu: *H. Gwinner*, Der Einfluß des Standes im gemeinen Strafrecht (1934). 61 GLA 61/12910. 62 GLA 61/15251. 63 GLA 61/7228. 64 *D. Hay*, Property, Authority and the Criminal Law, in: *D. Hay/P. Linebaugh u. a.* (Hg.), Albion's Fatal Tree: Crime and Society in Eighteenth-Century England (1975), 55. 65 GLA 61/13358 a + b. 66 Vgl. dazu *J. M. Beattie*, The Criminality of Women in Eighteenth-Century England, in: Journal of Social History 8 (1975), 80–116; für die Grafschaft Surrey errechnet Beattie einen Anteil von 21,2% weiblicher Angeklagter im Zeitraum von 1663–1802. 67 Errechnet aus: GLA 61/12763, 12764 + 13261. 68 Angaben aus: *Fischer*, Anfänge der Industrialisierung, 277, 288. 69 *Quarthal*, Öffentliche Armut, 155–157, 183ff. 70 GLA 61/13261. 71 *C. Herrup*, »New Shoes and Mutton Pies«: Investigative Responses to Theft in Seventeenth-Century East Sussex, in: The Historical Journal 27 (1984), 811–830; *Y. Bongert*, Délinquance juvénile et responsabilité pénale du mineur au XVIIIe siècle, in: A. Abbiateci/F. Billacois u. a., Crimes et criminalité, 57; *A. Farge*, Le vol d'aliments à Paris au XVIIIe siècle (1974). 72 GLA 74/3910. 73 GLA 61/13261. 74 Alle Zitate aus: GLA 61/13261, 12763, 12764. 75 *Y. Castan*, Honnêteté et relations sociales en Languedoc 1715–1780 (1974). 76 GLA 61/13358 a + b. 77 GLA 61/12764. 78 GLA 98/603. 79 Alle Zitate aus: GLA 61/13261. 80 Allgemeines Intelligenz- oder Wochenblatt für sämtliche Hochfürstlich Badische Lande Nr. 11, 14. März 1776. 81 Zum alten Polizeibegriff: *G. Oestreich*, Policey und Prudentia Civilis in der Barocken Gesellschaft von Stadt und Staat, in: *A. Schöne* (Hg.), Barock-Symposium 1974 (1976), 10–21; *F.-L. Knemeyer*, Polizeibegriffe in Gesetzen des 15. bis 18. Jahrhunderts, in: Archiv des öffentlichen Rechts 92 (1967), 153–189;

P. von Preu, Polizeibegriff und Staatszwecklehre. Die Entwicklung des Polizeibegriffes durch die Rechts- und Staatswissenschaften des 18. Jahrhunderts (1983). **82** Zit. nach *Stiefel*, Baden, Bd. 1, 114. **83** GLA 213/2403. **84** Angaben aus: *Stiefel*, Baden, Bd. 1, 159, Bd. 2, 1190. **85** GLA 61/13261. **86** GLA 61/7051. **87** *Stiefel*, Baden, Bd. 2, 1194ff. **88** *R. Mohl*, Artikel »Polizei«, in: C. von Rotteck/C. Welcker (Hg.), Staats-Lexikon oder Encyklopädie der Staatswissenschaften Bd. 12 (1841), 156. **89** Regierungsblatt des Großherzogthums Baden (1841), 156. **90** GLA 231/1368. **91** Kurbadisches Regierungsblatt Jg. 2 (1804), 165. **92** GLA 98/3084. **93** GLA 61/13359a+b. **94** *J. Kohler/W. Scheel* (Hg.), Die Peinliche Gerichtsordnung Kaiser Karls V. – Constitutio Criminalis Carolina (1900), 89. **95** GLA 61/7228. **96** *G. Kleinheyer*, Wandlungen des Delinquentenbildes in den Strafrechtsordnungen des 18. Jahrhunderts, in: *B. Fabian/W. Schmidt-Biggemann u. a.* (Hg.), Deutschlands kulturelle Entfaltung/Die Neubestimmung des Menschen (1980), 230f. **97** *C. Herrup*, Law and Morality in Seventeenth-Century England, in: Past & Present 106 (1985), 111. **98** *Hay*, Authority, Property and the Criminal Law, 62. **99** Zit. nach: *W. Seidenspinner*, »Auf dem Feld stehlen ist deren mehresten Eltern Kinder-Zucht«. Bemerkungen zur dörflichen Alltagssituation im ausgehenden 18. und in der ersten Hälfte des 19. Jahrhunderts, in: Chronik Stockstadt a. Main. Beiträge zur geschichtlichen Entwicklung, (1982), 214. **100** *C. Sachse/F. Tennstedt*, Sicherheit und Disziplin: Eine Skizze zur Einführung, in: *Dies.* (Hg.), Soziale Sicherheit und soziale Disziplinierung. Beiträge zu einer historischen Theorie der Sozialpolitik (1986), 24. **101** GLA 61/7059. **102** Wertheimer Intelligenz-Blatt Nr. 46, 11. Nov. 1796. **103** *K. Marx*, Debatten über das Holzdiebstahlgesetz, in: MEW 1 (1958), 137. **104** GLA 61/15231. **105** GLA 61/15283. **106** GLA 61/15252. **107** *E. P. Thompson*, »Rough Music« oder englische Katzenmusik, in: Ders., Plebejische Kultur und moralische Ökonomie. Aufsätze zur englischen Sozialgeschichte des 18. und 19. Jahrhunderts (1980), 168. **108** Vgl. dazu *S. G. Reinhardt*, Crime and Royal Justice in Ancien Regime France: Modes of Analysis, in: Journal of Interdisciplinary History 13 (1983), 437–460. **109** *H. Reif*, Einleitung, in: *Ders.* (Hg.), Räuber, Volk und Obrigkeit. Studien zur Geschichte der Kriminalität in Deutschland seit dem 18. Jahrhundert (1984), 16. **110** So die These von *Pierre Chaunu* im Vorwort zu *B. Boutelet*, Etude par sondage de la criminalité dans le Baillage du Pont-de-l'Arche (XVIIe–XVIIIe siècle): De la violence au vol: en marche vers l'escroquerie, in: Annales de Normandie 12 (1962), 236. **111** *V. A. C. Gatrell/B. Lenman u. a.*, Introduction, in: *Dies.* (Hg.), The Social History of Crime in Western Europe since 1500 (1980), 4.

Doris Kaufmann
»Irre und Wahnsinnige«

1 Eine Auswahl neuerer in Deutschland erschienener Arbeiten: *A. Leibbrandt-Wettley*, Die Stellung des Geisteskranken in der Gesellschaft des 19. Jahrhunderts, in: *W. Artelt/W. Rüegg* (Hg.), Der Arzt und der Kranke in der Gesellschaft des 19. Jahrhunderts (1967), 50ff; *D. Jetter*, Zur Typologie des Irrenhauses in Frankreich und Deutschland, 1780–1840 (1971); *M. Schrenk*, Über den Umgang mit Geisteskranken. Die Entwicklung der psychiatrischen Therapie vom »moralischen Regime« in England und Frankreich zu den »psychischen Curmethoden« in Deutschland (1973); *W. Heinemeyer/T. Pünder* (Hg.), 450 Jahre Psychiatrie in Hessen (1983); *G. Herzog*, Krankheits-Urteile. Logik und Geschichte in der Psychiatrie (1984); *Ders.*, Heilung, Erziehung, Sicherung. Englische und deutsche Irrenhäuser in der ersten Hälfte des 19. Jahrhunderts, in: *J. Kocka* (Hg.), Bürgertum im 19. Jahrhundert, Bd. 3 (1988), 418ff; *A. Thom* (Hg.), Zur Geschichte der Psychiatrie im 19. Jahrhundert (1984); *E. Ackerknecht*, Kurze Geschichte der Psychiatrie (1985^{3}); *O.-J. Grüsser*, Vom »Tollhaus« in Ludwigsburg zur Königlichen Heilanstalt Winnenthal. Psychiatrie in Württemberg im Spannungsfeld von Aufklärung und Romantik, in: Baden und Württemberg im Zeitalter Napoleons, hg. v. Württembergischen Landesmuseum Stuttgart, Bd. 2 (1987), 373ff. **2** *K. Dörner*, Bürger und Irre.

Zur Sozialgeschichte und Wissenschaftssoziologie der Psychiatrie (1969, überarb. ND 1984). 3 Ebd., 10. Neue Perspektiven für die historische Untersuchung abweichenden Verhaltens und die Herausbildung des wissenschaftlichen und institutionellen Systems der Psychiatrie eröffnete *M. Foucault* mit seinem Buch: L'histoire de la folie (1961) (dt. Wahnsinn und Gesellschaft [1973]), in dem er die Ausgrenzung der Unvernunft im 17. und 18. Jahrhundert untersuchte. Seinen Ansatz führte *R. Castel*, L'ordre psychiatrique. L'age d'or de l'aliénisme (1976) (dt. Die psychiatrische Ordnung [1983]) fort. So bedeutsam Foucaults philosophischer Entwurf geblieben ist, halten seine historischen Annahmen einer geschichtswissenschaftlichen Überprüfung nicht alle stand. *E. Midelfort*, Madness and Civilization in Early Modern Europe. A Reappraisal of Michel Foucault, in: *B. C. Malament* (Hg.), After the Reformation. Essays in Honor of J. H. Hexter (1980), 247ff und *R. Porter*, Mind-Forg 'd Manacles. A History of Madness in England from Restoration to the Regency (1987), 6ff haben Foucaults Hauptthese von der »großen Einsperrung« der Wahnsinnigen für das England des 18. Jahrhunderts zurückgewiesen. Die folgenden Ausführungen zeigen, daß auch noch zu Beginn des 19. Jahrhunderts in Deutschland eine umfassende Internierung der Irren in Anstalten nicht die herrschende Realität darstellte. 4 *D. Blasius*, Der verwaltete Wahnsinn. Eine Sozialgeschichte des Irrenhauses (1980). 5 In den angelsächsischen Arbeiten zur Anstaltsgeschichte werden solche Bezüge schon seit längerer Zeit verfolgt, s. u. a. *G. Grob*, The State and the Mentally Ill (1966) (über das Worcester State Lunatic Hospital); *D. J. Rothman*, The Discovery of the Asylum. Social Order and Disorder in the New Republic (1971); *W. Parry-Jones*, The Trade in Lunacy. A Study of Private Madhouses in England in the Eighteenth and Nineteenth Centuries (1972); *A. Scull*, Museums of Madness. The Social Organisation of Insanity in Nineteenth Century England (1979); *A. Digby*, Madness, Morality and Medicine. A Study of the York Retreat, 1796–1814 (1985); *E. Dwyer*, Homes for the Mad. Life inside two Nineteenth-century Asylums (1987). 6 S. die Sammlung der Aufsätze von *D. Blasius*, Umgang mit Unheilbarem. Studien zur Sozialgeschichte der Psychiatrie (1986). Die Anfangsphase des Verhältnisses von Bürgern und Irren behandelt das von der DFG geförderte Forschungsprojekt der Verfasserin bei Prof. Dr. R. Rürup am Institut für Geschichtswissenschaft der TU Berlin über »Die Irrenfrage im Entstehungsprozeß der bürgerlichen Gesellschaft in Deutschland, 1770–1850«, in dessen Rahmen der vorliegende Beitrag entstand. 7 *W. Blessing*, »Der Geist der Zeit hat die Menschen sehr verdorben...«. Bemerkungen zur Mentalität in Bayern um 1800, in: *E. Weis* (Hg.), Reformen im rheinbündischen Deutschland (1984), 229ff; *Ders.*, Umwelt und Mentalität im ländlichen Bayern. Eine Skizze zum Alltagswandel im 19. Jahrhundert, in: Archiv für Sozialgeschichte 29 (1979), 1ff; *Ders.*, Umbruchkrise und ›Verstörung‹. Die ›Napoleonische‹ Erschütterung und ihre sozialpsychologische Bedeutung, in: Zeitschrift für bayerische Landesgeschichte 42 (1979), 75ff. 8 U. a. *P. Burke*, Helden, Schurken und Narren. Europäische Volkskultur in der frühen Neuzeit (1985); *R. van Dülmen/N. Schindler* (Hg.), Volkskultur. Zur Wiederentdeckung des vergessenen Alltags (16.–20. Jahrhundert) (1984); *R. Muchembled*, Kultur des Volks – Kultur der Eliten. Die Geschichte einer erfolgreichen Verdrängung (1984²); *U. Jeggle u. a.* (Hg.), Volkskultur in der Moderne. Probleme und Perspektiven empirischer Kulturforschung (1986). 9 STAMS (= Staatsarchiv Münster), Kreis Warendorf, Landratsamt, Nr. 1024–1032, 1034, 1097. Zu den sozio-ökonomischen Strukturen im Landkreis Warendorf *B. Schleier*, Territorium, Wirtschaft und Gesellschaft im östlichen Münsterland, 1750–1850, Phil. Diss. (1989). 10 Diese Listen befinden sich im angegebenen Bestand des STAMS. 11 *W. Ruer*, Irrenstatistik der Provinz Westphalen mit Hinweisung auf die medicinisch-topographischen Verhältnisse sämmtlicher einzelnen Kreise derselben (1837). 12 STAMS, KDK Minden, Nr. 388; Regierung Minden-Ravensberg, Nr. 1473. 13 Vgl. die Tabelle bei *Ruer*, Irrenstatistik, 119, in der unter der Spalte Unterbringung (der Irren im Landkreis Warendorf) 40 Personen bei Verwandten, vier auf Kosten der Gemeinde und zwei in der Anstalt aufgeführt werden. 14 STAMS, Kreis Warendorf, Landratsamt, Nr. 1026. 15 Ebd., Nr. 1097. 16 Ebd., Nr. 1026. 17 Ebd., Nr. 1025. 18 Ebd., Nr. 1030. 19 Ebd., Nr. 1025. 20 Ebd., Nr. 1025. 21 *E. Akkerknecht*, Kurze Geschichte der Psychiatrie (1985³), 3f. 22 Das bestätigen die Arbeiten von *M. MacDonald*, Mystical Bedlam. Madness, Anxiety and Healing in Seventeenth-Century

England (1981) und *E. Midelfort*, Sin, Melancholy, Obsession: Insanity and Culture in 16th Century Germany, in: *S. L. Kaplan* (Hg.), Understanding Popular Culture (1984), 113ff. **23** Zur »kriminellen« Brandstiftung in der ländlichen Gesellschaft s. *R. Schulte*, Feuer im Dorf, in: *H. Reif* (Hg.), Räuber, Volk und Obrigkeit. Studien zur Geschichte der Kriminalität in Deutschland seit dem 18. Jahrhundert (1984), 100ff; *Dies.*, Das Dorf im Verhör. Brandstifter, Kindsmörderinnen und Wilderer vor den Schranken des bürgerlichen Gerichts. Oberbayern 1848 bis 1910 (1989). **24** STAMS, Kreis Warendorf, Landratsamt, Nr. 1034. **25** Ebd., Nr. 1025. **26** Ebd., Nr. 1029. **27** Ebd., Nr. 1030. **28** Ebd., Nr. 606 (=Der Selbstmord im Kreis 1819–1887). **29** Ebd., Nr. 1030. **30** *Blessing*, Umbruchkrise, 78. **31** Vgl. zu diesem Symptom auch die Patientenakten des Arztes R. Napier aus dem 17. Jahrhundert bei *MacDonald*, Mystical Bedlam, 128ff. **32** STAMS, Kreis Warendorf, Landratsamt, Nr. 1027. **33** Vgl. *E. Showalter*, The Female Malady. Women, Madness and English Culture 1830–1980 (1987). Die Autorin untersucht »how, in a particular cultural context, notions of gender influence the definition and, consequently, the treatment of mental disorder.« (5). S. für diesen Zusammenhang auch *C. Smith-Rosenberg*, Weibliche Hysterie. Geschlechtsrollen und Rollenkonflikt in der amerikanischen Familie des 19. Jahrhunderts, in: Listen der Ohnmacht, hg. v. C. Honegger / B. Heintz (1981), 276ff; *E. Fischer-Homberger*, Krankheit Frau. Zur Geschichte der Einbildungen (1984). **34** STAMS, Kreis Warendorf, Landratsamt, Nr. 1025. **35** Ebd., Nr. 1028. **36** Vgl. auch die Untersuchung exemplarischer Einweisungsvorgänge in das Ludwigsburger Tollhaus um 1800 von *Grüsser*, Vom »Tollhaus« in Ludwigsburg zur Königlichen Heilanstalt Winnenthal, 376ff. **37** *D. Feldmann*, Die »religiöse Melancholie« in der deutschsprachigen medizinisch / theologischen Literatur des ausgehenden 18. und frühen 19. Jahrhunderts, Med. Diss. (1973), Zit. 54. **38** *Ruer*, Irrenstatistik, 169, 22, 23, 24. **39** Noch immer steht die sozialhistorische Erforschung von Frömmigkeitsformen und religiösen Kommunikationsstrukturen während der Auflösung der alten ständischen Ordnung in der ersten Hälfte des 19. Jahrhunderts in Deutschland erst am Anfang. Zu den Reaktionen der Kirchenhierarchie und der aufgeklärten Staatsbürokratie auf eigengesetzliche Formen von Volksfrömmigkeit: *F. M. Phayer*, Religion und das Gewöhnliche Volk in Bayern in der Zeit von 1750–1850 (1970); *W. Blessing*, Staat und Kirche in der Gesellschaft. Institutionelle Autorität und mentaler Wandel in Bayern während des 19. Jahrhunderts (1982); *J. Sperber*, Popular Catholicism in Nineteenth Century Germany (1984). **40** *W. Perfect*, Verschiedene Arten des Wahnsinns (1789), zit. nach *Feldmann*, Die »religiöse Melancholie«, 54. **41** STAMS, Kreis Warendorf, Landratsamt, Nr. 1034. **42** Vgl. die Beschreibung der aus religiösen Gründen »mentally disturbed patients« bei *MacDonald*, Mystical Bedlam, 133ff und der Selbstmörder bei *M. Schär*, Seelennöte der Untertanen. Selbstmord, Melancholie und Religion im Alten Zürich, 1500–1800 (1985). Allerdings wurde in nur einem Fall »religiöser Wahnsinn« in den Meldungen über Selbstmorde im Landkreis Warendorf genannt, und zwar bei der einzigen Frau, der 18 registrierte Selbstmörder zwischen 1819 und 1850 gegenüberstanden. Sechsmal wurde als Selbstmordursache von den Bürgermeistern eine nicht weiter beschriebene »Gemütskrankheit« angegeben. Die Selbstmordhäufigkeit erfuhr im angegebenen Zeitraum keine Steigerung; Selbstmorde wurden nicht in jedem Jahr (amtlich) bekannt und kamen ansonsten ein- bis zweimal jährlich zur Anzeige; STAMS, Kreis Warendorf, Landratsamt, Nr. 606. **43** Ebd., Nr. 1032. **44** Ebd., Nr. 1027. **45** Ebd., Nr. 1027. **46** Ebd., Nr. 1029. **47** Ebd., Nr. 1030. **48** Vgl. *G. Rosen*, Social Attitudes to Irrationality and Madness in 17th and 18th Century Europe, in: Journal of the History of Medicine 18 (1963), 220ff; *Porter*, Mind-Forg 'd Manacles, 110ff. **49** *A. Farge / M. Foucault*, Familiäre Konflikte: Die »Lettres de cachet« aus den Archiven der Bastille im 18. Jahrhundert (1989), 35. **50** Der Fall G. in STAMS, Kreis Warendorf, Landratsamt, Nr. 1025. Zur Anstalt in Benninghausen s. *M. Gunga*, Medizin und Theologie in der öffentlichen Sozialfürsorge des 19. Jahrhunderts am Beispiel des Landarmen- und Arbeitshauses Benninghausen 1820–1945 (1984). **51** STAMS, Kreis Warendorf, Landratsamt, Nr. 1027. **52** *Fischer-Homberger*, Aus der Medizingeschichte der Einbildungen, in: *Dies.*, Krankheit Frau, 10ff; *B. Duden*, Geschichte unter der Haut. Ein Eisenacher Arzt und seine Patientinnen um 1730 (1987), 164ff; *R. Porter*, Monsters and Madmen in Eighteenth-Century France, in: Durham French Colloquies (1987), Nr. 1, 88ff; *Schär*, Seelennöte der Untertanen, 67, beschreibt die Furcht der Dorfgemeinschaften vor den Leichen von Selbstmördern: »...als Caspar Pfenninger in Stäfa auf Befehl der Obrigkeit im Kirchhof bestattet werden soll, wendet die Dorfehrbarkeit ein, ›dass solches nimmer sein könte, willen dieser Ort hart an der Kirchen, auch schwangere Weiber, Kinder und sonsten viel Volks aus der unteren Wacht darüber oder darunbent in die Kirchen gehen müssen‹.« **53** STAMS, Kreis Warendorf, Landratsamt, Nr. 1026. **54** Ebd., Nr. 1025. **55** Ebd., Nr. 1025. **56** Ebd., Nr. 1027. **57** Ebd., Nr. 1028. **58** Ebd., Nr. 1029. **59** Ebd., Nr. 1026. **60** Druckschrift, in: STAMS, Landsberg-Velen (Dep.), Provinziallandtag, Nr. 41. **61** STAMS, KDK Münster, Fach 26, Nr. 47. Den Plan entworfen hatte Johann Christian Reil (Zentrales Staatsarchiv Merseburg, Rep. 74 J., Nr. 31), dessen Buch: Rhapsodien über die Anwendung der psychischen Curmethode auf Geisteszerrüttungen von 1803 als erstes deutsches Werk der Psychiatrie gilt. **62** STAMS, Regierung Münster, Nr. 899. **63** Bericht seitens der ständischen Deputation d. 20. März 1841, über die Wirksamkeit und die Verwaltung der Anstalt in den Jahren 1837 bis 1840, Druckschrift, in: STAMS, Landsberg-Velen (Dep.), Provinziallandtag, Nr. 45. **64** Wie Anmerkung 62. **65** *Dörner*, Bürger und Irre, 230. Eigentlich wurde als Aufnahmebedingung eine gerichtliche Blödsinnigkeitserklärung, an der zwei Ärzte beteiligt waren, verlangt. Dieser Vorschrift wurde in der (Marsberger) Praxis jedoch nicht immer gefolgt, zum einen wegen der damit verbundenen Kosten und zum anderen wegen des Arguments von seiten des Anstaltsdirektors Ruer, diese Prozedur hätte einen negativen Einfluß auf den in der Heilanstalt einzuleitenden Genesungsprozeß. **66** STAMS, Kreis Warendorf, Landratsamt, Nr. 1024. **67** Ebd., Nr. 1026. **68** Ebd., Nr. 1025. **69** *E. Grabner* (Hg.), Volksmedizin. Probleme und Forschungsgeschichte (1967); *J. Dornheim / W. Alber*, Ärztliche Fallberichte des 18. Jahrhunderts als volkskundliche Quelle, in: Zeitschrift für Volkskunde 78 (1982), 28ff. **70** S. dazu: *C. Huerkamp*, Der Aufstieg der Ärzte im 19. Jahrhundert. Vom gelehrten Stand zum professionellen Experten: Das Beispiel Preußen (1985); *U. Frevert*, Krankheit als politisches Problem 1770–1880. Soziale Unterschichten in Preußen zwischen medizinischer Polizei und staatlicher Sozialversicherung (1984), bes. 23–149 und die anregenden Beiträge im Sammelband von *R. Porter* (Hg.), Patients and Practitioners. Lay Perceptions of Medicine in Pre-Industrial Society (1985). **71** STAMS, Kreis Warendorf, Landratsamt, Nr. 1028. **72** Ebd., Nr. 1032. **73** Ebd., Nr. 1029. **74** Ebd., Nr. 1025. **75** Ebd., Nr. 1034. **76** Zum Wandel des ärztlichen Blicks: *M. Foucault*, Die Geburt der Klinik. Eine Archäologie des ärztlichen Blicks (1984). **77** Die Bedeutung der »Entdeckung« der Historizität von Krankheiten untersucht *W. Lepenies*, Von der Nosographie zur Krankengeschichte, in: *Ders.*, Das Ende der Naturgeschichte (1978), 78ff. **78** STAMS, Kreis Warendorf, Landratsamt, Nr. 1030. **79** Ebd., Nr. 1026. **80** Ebd., Nr. 1034. **81** Ebd., Nr. 1025. **82** Sie sind sämtlich aufgeführt in *A. C. P. Callisen*, Medicinisches Schriftsteller-Lexicon der jetzt lebenden Ärzte, Wundärzte, Geburtshelfer, Apotheker und Naturforscher aller gebildeten Völker, 25 Bde. (1830–37). **83** *Dörner*, Bürger und Irre, 262ff; *J. Bodamer*, Zur Entstehung der Psychiatrie als Wissenschaft im 19. Jahrhundert, in: Fortschritte der Neurologie, Psychiatrie und ihrer Grenzgebiete 21 (1953), 511ff. **84** STAMS, Kreis Warendorf, Landratsamt, Nr. 1027. **85** *E. Fischer-Homberger*, Hypochondrie. Melancholie bis Neurose – Krankheiten und Zustandsbilder (1970), 22ff. **86** Zu diesem Konzept der Medizin in der Alten Gesellschaft *Duden*, Geschichte unter der Haut, u. a. 140ff. **87** Vgl. *Porter*, Mind-Forg 'd Manacles, 33ff. **88** *H. Neumann* (1859), zit. nach *Fischer-Homberger*, Hypochondrie, 60. **89** STAMS, Kreis Warendorf, Landratsamt, Nr. 1026. **90** Franz Joseph Gall: 1758–1828. Naturforscher und Anthropologe. Ausgewählte Texte, eingel., übers. u. komm. von *E. Lesky* (1979). **91** *Ruer*, Irrenstatistik, 1. **92** Oberpräsident v. Vincke an die Königl. Regierung in Münster am 5.7.1824, in: STAMS, Regierung Münster, Nr. 899. **93** Eine Kurzbiographie von W. Ruer (1784–1864), in: *Th. Kirchhoff* (Hg.), Deutsche Irrenärzte. Einzelbilder ihres Lebens und Wirkens, Bd. 1 (1921), 131ff. **94** Vincke an die Regierung in Münster am 18.6.1829, in: STAMS, Regierung Münster, Nr. 899. **95** Konkrete Zahlen nannte Dr. Martini für die schlesische Anstalt in Leubus, dort seien von 160 Fällen, die vor der Aufnahme in die Anstalt noch nicht sechs Monate krank gewesen waren, 107 geheilt worden. (Gutachten des Kuratoriums für die Krankenhaus- und Thierarzneischul. Angelegenheiten an das Ministerium der Geistlichen-, Unterrichts- und Medicinal-Angelegenheiten am 16.1.1837, in: STAMS, Oberpräsidium, Medizinalwesen, Nr. 6478). **96** Ebd. **97** Brief von Ruer an Vincke aus Berlin am 14.4.1837, in: STAMS, Oberpräsidium, Medizinalwesen, Nr. 6478. **98** Brief Vinckes vom 1.9.1836, in: ebd. **99** Antwort des Ministers vom 18.9.1836, in: ebd. **100** So Vincke in seinem Brief an den Innenminister. **101** *Ruer*, Irrenstatistik, 28f. **102** *Ders.*, Nachrichten über die Irrenanstalt zu Marsberg im Herzogthum Westfalen, nebst Bemerkungen über die Behandlung der Irren, in: Zeitschrift für psychische Ärzte 2 (1819), 1. Vierteljahrsheft, 98. **103** STAMS, Kreis Warendorf, Landratsamt, Nr. 1025. **104** Ebd., Nr. 1027. **105** Ebd., Nr. 1032. **106** Siehe Anm. 102, S. 78. **107** *W. Ruer*, Übersicht über die in der Irren-Anstalt zu Marsberg im Jahr 1819 behandelten Kranken, nebst beigefügten Bemerkungen und Krankengeschichten, in: Zeitschrift für psychische Ärzte 3 (1820), 4. Vierteljahrsheft, 732. **108** S. z.B. seine Äußerung in seinem Aufsatz: Fernere Nachrichten über die Irren-Anstalt zu Marsberg nebst Bemerkungen, in: Zeitschrift für die Anthropologie (1823), 2. Vierteljahrsheft, 451: »Was die Behandlung betrifft, so sind mir während meiner Amtsführung solche Fälle, wo blos auf psychischem Wege die Heilung eines Irren bewirkt wurde, nur als Ausnahmen von der Regel vorgekommen. In den meisten Fällen von glücklicher Heilung des Leidens, glaube ich diese durch Berücksichtigung der zum Grunde gelegenen somatischen Deflexe erzielt zu haben. Eine Erfahrung, die mit mir wohl die meisten Irrenhaus-Ärzte oder die Ärzte, die sich sonst mit Behandlung der Irren viel befaßt haben, gemacht haben werden.«

Dirk Blasius
»Diebshandwerk« und »Widerspruchsgeist«

1 Vgl. *H. Hattenhauer/G. Landwehr* (Hg.), Das nachfriderizianische Preußen 1786–1806. Rechtshistorisches Kolloquium (1988); *F. Wieacker*, Das Sozialmodell der klassischen Privatrechtsgesetzbücher, in: *Ders.*, Industriegesellschaft und Privatrechtsordnung (1974), 9–35, hier 22f. **2** Vgl. *R.J. Evans* (Hg.), The German Underworld. Deviants and Outcasts in German History (1988). **3** Vgl. *D. Blasius*, Kriminologie und Geschichtswissenschaft. Bilanz und Perspektiven interdisziplinärer Forschung, in: Geschichte und Gesellschaft 14 (1988), 136–149; *E.A. Johnson*, The Crime Rate: Longitudinal and Periodic Trends in Nineteenth- and Twentieth-century German Criminality, from Vormärz to Late Weimar, in: *Evans* (Hg.), The German Underworld, 159–188; beste Zusammenfassung zur englischen Kriminalitätsgeschichte: *C. Emsley*, Crime and Society in England, 1750–1900 (1987). **4** Vgl. *P.J.A. Feuerbach*, Aktenmäßige Darstellung merkwürdiger Verbrechen (1849^3). **5** Vgl. *G. Kaiser*, Kriminalität, in: *Ders. u.a.* (Hg.), Kleines Kriminologisches Wörterbuch (1985^2), 204–211; *Ders.*, Kriminologie. Eine Einführung in die Grundlagen (1989^8), bes. 219ff (Theorien des Verbrechens und der Kriminalität). **6** GStA (= Geheimes Staatsarchiv) Berlin-Dahlem, Rep. 84a, Preußisches Justizministerium. **7** Vgl. *R. Rürup*, Deutschland im 19. Jahrhundert 1815–1871 (1984), bes. 11–21; dazu jetzt *H.-U. Wehler*, Deutsche Gesellschaftsgeschichte Bd. 2: Von der Reformära bis zur industriellen und politischen »Deutschen Doppelrevolution« 1815–1845/49 (1987), bes. 547–83. **8** *Rürup*, Deutschland, 16. **9** Vgl. *B. Vogel*, Allgemeine Gewerbefreiheit. Die Reformpolitik des preußischen Staatskanzlers Hardenberg (1810–1820), (1983). **10** *C. v. Rotteck*, Lehrbuch des Vernunftrechts und der Staatswissenschaften Bd. 1: Lehrbuch des natürlichen Privatrechts (1840^2), XIf. **11** *G.W.F. Hegel*, Grundlinien der Philosophie des Rechts oder Naturrecht und Staatswissenschaft im Grundrisse, hg. von M. Riedel (1968), 214 (§ 215). **12** Allgemeines Criminalrecht für die Preußischen Staaten. Erster Theil: Criminal-Ordnung (1806). Vgl. Preußens gerichtliches Verfahren in Civil- und Criminal-Sachen (1833^2). Jetzt dazu: *J. Regge*, Das Reformprojekt eines ›Allgemeinen Criminalrechts für die Preußischen Staaten‹ (1799–1806), in: *H. Hattenhauer/G. Landwehr* (Hg.), Das nachfriderizianische Preußen, 189–233. **13** Vgl. Allgemeines Landrecht für die Preußischen Staaten von 1794. Mit einer Einführung von H. Hattenhauer,

(Zweyter Theil, Zwanzigster Titel: Von den Verbrechen und deren Strafen; Vierzehnter Abschnitt: Von der Beschädigung des Vermögens überhaupt, und von Entwendung insonderheit §§ 1105–1255), (1970). **14** Siehe Gesetz-Sammlung für die Königlichen Preußischen Staaten. Zweiter Theil: Von den einzelnen Verbrechen und deren Bestrafung, Achtzehnter Titel: Diebstahl und Unterschlagung (§§ 215–229), Neunzehnter Titel: Raub und Erpressung (§§ 230–236), (1851), 101–176. **15** Ebd., Jg. 1921, 89–96. **16** Diese Zahlen und die folgenden zusammengestellt nach: GStA Berlin-Dahlem, Rep. 84a, Preußisches Justizministerium, Nr. 10108–10114; 10121–10126. **17** Vgl. dazu meine Arbeiten: *D. Blasius*, Bürgerliche Gesellschaft und Kriminalität. Zur Sozialgeschichte Preußens im Vormärz (1976); *Ders.*, Kriminalität und Alltag. Zur Konfliktgeschichte des Alltagslebens im 19. Jahrhundert (1978). **18** Vgl. *G. v. Mayr*, Statistik der gerichtlichen Polizei im Königreich Bayern (1867). **19** Vgl. *Blasius*, Kriminalität und Alltag, 49. **20** Vgl. die Hinweise zum Allgemeinen Landrecht in Anm. 13. **21** Vgl. die Hinweise zum preußischen Strafgesetzbuch v. J. 1851 in Anm. 14. **22** Rep. 84a, Nr. 8189, 340. **23** Rep. 84a, Nr. 8191, 372. **24** Ebd., 371. **25** HStA (= Hauptstaatsarchiv) Düsseldorf, Landgericht Kleve, Rep. 7/413. **26** Typische Fallgeschichten sind z. B. in den Akten des Land- und Stadtgerichts Heiligenstadt in der preußischen Provinz Sachsen überliefert, Rep. 84a, Nr. 8198, 222ff. **27** Vgl. *G. Kaiser*, Das Bild der Frau im neueren kriminologischen Schrifttum, in: Zeitschrift für die gesamte Strafrechtswissenschaft Bd. 98 (1986), 658–78. **28** Vgl. den Quellenanhang in: *Blasius*, Bürgerliche Gesellschaft, 147ff; dazu *Blasius*, Kriminalität u. Alltag, 80. **29** *C. J. A. Mittermaier*, Die Strafgesetzgebung in ihrer Fortbildung. Erster Beitrag (1841); Zweiter Beitrag, ebd. (1843); hier Bd. 1, 4. **30** Ebd., 3. **31** Rep. 84a, Nr. 8198, 228f. **32** Ebd., 366. **33** Ebd., 367. **34** Vgl. z. B. die Beantwortung dieses Reskripts durch das OLG (= Oberlandesgericht) Magdeburg, vom 20. Juli 1837, in: GStA Berlin-Dahlem, Rep. 84a, Nr. 8191, 312–428. **35** Ebd.; vgl. zur sächsischen Region *H. Paul*, Landarbeiterleben im 19. Jahrhundert (1979). **36** Vgl. die in Anm. 16 genannten Überlieferungsbestände. **37** Vgl. den Bericht des OLG Magdeburg in Anm. 34, hier 394f. **38** Ebd., 324f. **39** Ebd., 321f. **40** Zitiert nach HStA Düsseldorf, Regierung Düsseldorf, Nr. 204 (Störungen der öffentlichen Sicherheit im Kreise Duisburg/Essen, 1816–1862), 45ff.

Bärbel Kuhn
»... und herrschet weise im häuslichen Kreise.«

1 Für die Untersuchung wurden folgende Ratgeber benutzt: *W. A. Alcott*, Die junge Gattin oder die häuslichen Pflichten des Weibes (1880); *M. Baum / A. Westerkamp*, Rhythmus des Familienlebens. Das von einer Familie täglich zu leistende Arbeitspensum (1931); Das häusliche Glück. Vollständiger Haushaltsunterricht nebst Anleitung zum Kochen für Arbeiterfrauen, hrsg. von der Commission des Verbandes »Arbeiterwohl« (1882); *H. Davidis*, Die Hausfrau. Praktische Anleitung zur selbständigen und sparsamen Führung von Stadt- und Landhaushaltungen (1884[12]); *F. Ebhardt*, Der gute Ton in allen Lebenslagen. Ein Handbuch für den Verkehr in der Familie, in der Gesellschaft und im öffentlichen Leben (1900); *A. Heinen*, Die Familie. Ihr Wesen, ihre Gefährdungen und ihre Pflege (1920); *H. Heyl*, Hauswirtschaft (1927); *L. Holle*, Im deutschen Haus. Ein Ratgeber und Helfer für das gesamte häusliche Leben der deutschen Familie (1903); *M. S. Kübler*, Das Hauswesen nach seinem ganzen Umfang dargestellt in Briefen an eine Freundin (1878[8]); *A. v. Liebenau*, Die künftige Hausfrau. Praktische Winke für erwachsene Töchter und angehende Hausfrauen (1894); *E. Meyer*, Der neue Haushalt. Ein Wegweiser zur wirtschaftlichen Hausführung (1926); *Möller*, Die Hausfrau in ihrem Schalten und Walten o. J.; *S. Müller*, Das fleißige Hausmütterchen. Ein Führer durch das praktische Leben für Frauen und erwachsene Töchter (1915[17], ED 1860); *L. Oesterwitz*, Was muß jedes junge Mädchen, insbesondere jede junge Frau von der Haushaltungskunde wissen? (1912); *I. v. Wedell*, Im Haus und am Herd. Praktischer Ratgeber in allen Gebieten der Haushaltung für Frauen und Mädchen (1897); *Dies.*, Mein Haus – Mein Stolz. Praktischer Ratgeber

(1897[2]). 2 So der Untertitel von: Das häusliche Glück. 3 *v. Wedell*, Im Haus und am Herd; *S. Müller*, Das fleißige Hausmütterchen; *Kübler*, Das Hauswesen. 4 Das häusliche Glück, 5. 5 *Müller*, Das fleißige Hausmütterchen, 5. 6 *S. Meyer*, Das Theater mit der Hausarbeit. Bürgerliche Repräsentation in der Familie der wilhelminischen Zeit (1982); *Ch. Koch*, Wenn die Hochzeitsglocken läuten. Glanz und Elend der Bürgerfrauen im 19. Jahrhundert (1985); *B. Wartmann*, Bürgerliche Moral versus Feminismus? Formen weiblicher Macht – innerhalb und außerhalb der Familie, in: Konkursbuch 12, FrauenMacht (1984), 73–87; *D. Ladj-Teichmann*, Weibliche Bildung im 19. Jahrhundert: Fesselung von Kopf, Hand und Herz?, in: Frauen in der Geschichte IV (1983), 219–243; *E. Schulze*, Trautes Heim, Glück allein. Über die Domestizierung der Frau im Biedermeier, in: Beiträge 4 zur feministischen Theorie und Praxis (1980), 63–74. 7 Die Autobiographien von Frauen der unteren Schichten reflektieren meistens ein Erwerbsleben als Arbeiterinnen, Dienstmädchen o. ä.; vgl. z. B. *G. Braun* (Hg.), Im Kampf ums Dasein. Wahrheitsgetreue Lebenserinnerungen eines Mädchens aus dem Volk als Fabrikarbeiterin, Dienstmädchen, Kellnerin (1900); *M. Wegrainer*, Der Lebensroman einer Arbeiterin (1914, ND 1979); *E. Bleuler* (Hg.), Dulden. Aus der Lebensbeschreibung einer Armen (1910); *C. Mosceik* (Hg.), Aus der Gedankenwelt einer Arbeiterfrau. Von ihr selbst erzählt (1909); Zur Problematik der Autobiographien als historische Quelle vgl. *A. Federlein*, Autobiographien von Arbeitern 1890–1914 (1987); *M. J. Maynes*, Feministische Ansätze in den Autobiographien von Arbeiterinnen, in: *I. Brehmer u. a.* (Hg.), Frauen in der Geschichte IV (1983), 164–182; *E. Dittrich/J. Dittrich-Jacobi*, Die Arbeiterbiographie als Quelle zur Sozialgeschichte der Erziehung, in: *D. Baake/Th. Schulze* (Hg.), Aus Geschichten lernen. Zur Einübung pädagogischen Verstehens (1979), 99–119; *A. Lehmann*, Erzählstruktur und Lebenslauf – Autobiographische Untersuchungen (1983); Lebenslauf und Lebenszusammenhang. Autobiographische Materialien in der volkskundlichen Forschung, hg. von *R. W. Brednich* u. a. (1982). 8 Beispiele hierfür sind: *A. Popp*, Jugendgeschichte einer Arbeiterin (1909, ND 1977); *A. Langer*, Stromaufwärts. Aus einem Frauenleben (1913); *L. Christ*, Erinnerungen einer Überflüssigen (1912, ND 1977); *O. Baader*, Ein steiniger Weg. Lebenserinnerungen (1921). 9 *D. Wierling*, Mädchen für alles. Arbeitsalltag und Lebensgeschichte städtischer Dienstmädchen um die Jahrhundertwende (1987). Vgl. in diesem Zusammenhang auch die Überlegungen *D. Wierlings*, Alltagsgeschichte und Geschichte der Geschlechterbeziehungen. Über historische und historiographische Verhältnisse, in: *A. Lüdtke* (Hg.), Alltagsgeschichte. Zur Rekonstruktion historischer Erfahrungen und Lebensweisen (1989), 169–190; *A. Kuhn*, Oral History – feministisch, in: *H. Heer/V. Ulrich* (Hg.), Geschichte entdecken. Erfahrungen und Projekte der neuen Geschichtsbewegung (1985), 165–173; bisher vorliegende Untersuchungen zur Frauengeschichte unter Einbeziehung der mündlichen Geschichte bemühen sich vor allem um die Aufarbeitung des Frauenalltags im Nationalsozialismus und der Nachkriegszeit, z. B. *S. Meyer/E. Schulze*, Von Liebe sprach damals keiner. Familienalltag in der Nachkriegszeit (1985); *Dies.*, Wie wir das alles geschafft haben. Alleinstehende Frauen berichten über ihr Leben nach 1945 (1984); *G. Dischner*, Eine stumme Generation berichtet (1982). Zur Methode der Oral History allgemein vgl. aus der Fülle der Literatur vor allem *L. Niethammer* (Hg.), Lebenserfahrung und kollektives Gedächtnis (1985) und *Ders.*, Fragen – Antworten – Fragen. Methodische Erfahrungen und Erwägungen zur Oral History, in: *Ders./A. v. Plato* (Hg.), Wir kriegen jetzt andere Zeiten (1985), 392–444; *F. Brüggemeier/D. Wierling*, Einführung in die Oral History, Kurseinheiten 1, 2, 3 der Fernuniversität-Gesamthochschule Hagen (1986); *G. Botz/J. Weidenholzer* (Hg.), Mündliche Geschichte und Arbeiterbewegung. Eine Einführung in Arbeitsweisen und Themenbereiche geschichtsloser Sozialgruppen (1984); vgl. zu den für die vorliegende Untersuchung benutzten Erinnerungsberichten unten Anm. 24. 10 In diesem Zusammenhang entstanden wichtige Arbeiten, auf die seitdem immer wieder verwiesen wird, z. B. *G. Bock/B. Duden*, Arbeit aus Liebe – Liebe als Arbeit. Zur Entstehung der Hausarbeit im Kapitalismus, in: Frauen und Wissenschaft. Beiträge zur Berliner Sommeruniversität für Frauen (1977), 118–199; *K. Hausen*, Die Polarisierung der »Geschlechtscharaktere« – Eine Spiegelung der Dissoziation von Erwerbs- und Familienleben, in: *W. Conze* (Hg.), Sozialgeschichte der Familie in der Neuzeit Europas (1976), 363–393; kritisch dazu: *B. Rang*, Zur Geschichte des dualistischen Denkens über

Mann und Frau. Kritische Anmerkungen zu den Thesen Karin Hausens zur Herausbildung der Geschlechtercharaktere im 18. und 19. Jahrhundert, in: *J. Dalhoff* (Hg.), Frauenmacht in der Geschichte (1986), 194–204 und *A. Kuhn*, Das Geschlecht – eine historische Kategorie? in: Frauen in der Geschichte IV, 29–50; vgl. auch *B. Duden/K. Hausen*, Gesellschaftliche Arbeit – Geschlechtsspezifische Arbeitsteilung, in: *A. Kuhn/G. Schneider* (Hg.), Frauen in der Geschichte I (1979), 11–33; *B. Duden*, Das schöne Eigentum. Zur Herausbildung des bürgerlichen Frauenbildes an der Wende vom 18. zum 19. Jahrhundert, in: Kursbuch 47 (März 1977), 125–143; einen Überblick über die Lohn-für-Hausarbeitsdebatte gibt *A. Wolf-Graaf*, Frauenarbeit im Abseits (1981); vgl. zur Hausarbeit auch die sozialwissenschaftlichen Untersuchungen von *S. Kontos/K. Walser*, ... weil nur zählt, was Geld einbringt. Probleme der Hausfrauenarbeit (1979); *I. Ostner*, Beruf und Hausarbeit: die Arbeit der Frau in unserer Gesellschaft (1978); *H. Pross*, Die Wirklichkeit der Hausfrau (1975); *A. Oakley*, Soziologie der Hausarbeit (1978); *G. Kittler*, Hausarbeit. Zur Geschichte einer »Natur-Ressource« (1980); *G. Tornieporth* (Hg.), Arbeitsplatz Haushalt. Zur Theorie und Ökologie der Hausarbeit (1988). **11** Zit. in: *D. Wierling*, Frauengeschichte – Quellen und Methoden, Kurseinheit 4 der Fernuniversität-Gesamthochschule Hagen (1984), 57. **12** Vgl. dazu die Forderung von *C. Opitz* nach einem »anderen Blick« der Frauen in die Geschichte. Überlegungen zu Analyse und Darstellungsmethoden feministischer Geschichtsforschung, in: Beiträge 11 zur feministischen Theorie und Praxis (1984), 61–70. **13** Vgl. *G. Wedel*, Frauen schreiben über sich selbst: Lebensläufe im 19. Jahrhundert, in: Beiträge 7 zur feministischen Theorie und Praxis (1981), 18–22. **14** Vgl. dazu *H. Grubitzsch*, Frauen machen Geschichte. Aspekte einer feministischen Geschichtsforschung, in: *H. Heer/V. Ullrich* (Hg.), Geschichte entdecken, bes. 158. **15** Vgl. hierzu *V. Sellin*, Mentalitäten in der Sozialgeschichte, in: *W. Schieder/V. Sellin* (Hg.), Sozialgeschichte in Deutschland III (1987), 101–121. **16** *Wierling*, Frauengeschichte – Quellen und Methoden, 22. **17** Ebd., III. **18** *Wierling*, Dienstmädchen, 23; vgl. zum Begriff des Kleinbürgertums und den damit verbundenen terminologischen und Definitionsschwierigkeiten: *H.-G. Haupt* (Hg.), »Bourgeoisie und Volk zugleich?« Zur Geschichte des Kleinbürgertums im 19. und 20. Jahrhundert (1978), 9–37; zur Typisierung vgl. auch mit einem zeitlich weniger distanzierten Blick *M. Freudenthal*, Gestaltwandel der städtischen, bürgerlichen und proletarischen Hauswirtschaft (1933, ND 1986). **19** Vgl. *Wierling*, Dienstmädchen, 101. Die Spannbreite der in die Untersuchung einbezogenen Haushalte deutet schon an, daß Verallgemeinerungen manchmal unvermeidlich sein werden. Da aber die Disziplinierungsversuche und -methoden alle in diesem Spektrum vertretenen Haushalte gleichermaßen betreffen, sind sie unter Berücksichtigung des Untersuchungsaspekts vertretbar. **20** *Wierling*, Dienstmädchen, 104 u. 105. **21** *Ebhardt*, Der gute Ton, 56. **22** Ebd., 57; vgl. auch *Müller*, Das fleißige Hausmütterchen, 2; *Liebenau*, Die künftige Hausfrau, 36; Das häusliche Glück, 46. **23** *Davidis*, Die Hausfrau, 39; ähnlich bei *Kübler*, Das Hauswesen, 8f. **24** *Liebenau*, Die künftige Hausfrau, 36; vgl. im Lebensbericht von Frau M., 1: »Der Gang jeden Morgen zur Kirche war eine Selbstverständlichkeit.« Die für die Untersuchung benutzten und zitierten »Lebensberichte« wurden im Rahmen eines derzeit laufenden Projekts zum »Frauenalltag damals« angefertigt, das ich im Auftrag der »Leitstelle zur Durchsetzung der Gleichberechtigung der Frauen« am Historischen Institut der Universität des Saarlandes (Lehrstuhl Prof. R. v. Dülmen) durchführe. Die Zitate beziehen sich auf die maschinenschriftlichen Transkripte der Berichte. **25** *Davidis*, Die Hausfrau, 36. **26** Im Haus und am Herd, 18. **27** *Oesterwitz*, Haushaltungskunde, 18. **28** *Kübler*, Das Hauswesen, 9 und *Davidis*, Die Hausfrau, 37; hier und an verschiedenen anderen Stellen wird deutlich, daß Davidis für ihren eigenen Ratgeber denjenigen von Kübler benutzt haben muß. **29** *Oesterwitz*, 18; *Holle*, Im deutschen Haus, 477f, geht in diesem Zusammenhang sehr ausführlich auf die für die unterschiedlichen Materialien bei Möbeln und Böden zu benutzenden Pflege- und Putzmittel ein. **30** *Liebenau*, Die künftige Hausfrau, 31. **31** *v. Wedell*, Im Haus und am Herd, 19. **32** *Liebenau*, Die künftige Hausfrau, 35. **33** *Oesterwitz*, Haushaltungskunde, 19. **34** *v. Wedell*, Im Haus und am Herd, 3. **35** Ebd., 5. **36** Ebd., 6–10. **37** *Davidis*, Die Hausfrau, 38. **38** Ebd. **39** *Kübler*, Das Hauswesen, 9. **40** *Müller*, Das fleißige Hausmütterchen, 17. **41** *Oesterwitz*, Haushaltungskunde, 5. **42** *Liebenau*, Die künftige Hausfrau, 39. **43** *v. Wedell*, Im Haus und am Herd, 29; vgl. noch ausführlicher bei *Oesterwitz*, 6. **44** *Davidis*, Die Hausfrau, 40. **45** *Liebenau*, Die künftige Hausfrau, 38. **46** Ebd., 39. **47** *v. Wedell*, Im Haus und am Herd, 29. **48** *Davidis*, Die Hausfrau, 42. **49** *Liebenau*, Die künftige Hausfrau, 38. **50** Lebensbericht Frau F., 2. **51** Lebensbericht Frau Kahlert, 12; vgl. zur zeitlichen Einordnung der verschiedenen Waschmittel *S. Meyer*, Waschen im historischen Wandel, in: *R. Reiter* (Hg.), Waschen und Wäschepflege im Coburger Land (1982), 11–41, besonders 35 und ebd. *W. Hofmann*, Entwicklung und Wirkungsweise von Waschmitteln, 55–60. **52** Das häusliche Glück, 47; vgl. weniger befehlend *Liebenau*, Die künftige Hausfrau, 38. **53** Vgl. insbesondere *K. Hausen*, Große Wäsche. Technischer Fortschritt und sozialer Wandel in Deutschland vom 18. bis ins 20. Jahrhundert, in: Geschichte und Gesellschaft, 13 (1987), 273–303; auf der Basis von Interviews beruht die Untersuchung von *Meyer*, Waschen im historischen Wandel, 11–41. **54** Bericht Frau Brosowski. **55** *Müller*, Das fleißige Hausmütterchen, 37. **56** Ebd., 59f. **57** Vgl. z. B. *Kübler*, Das Hauswesen, 8; Das häusliche Glück, versteht sich als Ratgeber für die Hausfrau, die »ein ganzes Hauswesen allein, ohne Magd und doch gut zu besorgen« hat (Einleitung). Für diejenigen Hausfrauen, die sich kein Dienstmädchen leisten können, weiß Alcott Trost: »Bewegung ist für jede Hausfrau fast ebenso notwendig, wie reine Luft und Sauberkeit in der Person und Kleidung. Sie wird indeß keiner Hausfrau fehlen, welche sich ohne Dienstboten behilft. Diesen Zweck hatte ich wirklich mit im Auge, als ich darauf bestand, die Frauen sollten die Hausarbeit selbst verrichten.« (Die junge Gattin, 106.) Alcotts Schrift stammt schon aus dem Jahr 1880 und nicht erst aus der Zeit nach dem Ersten Weltkrieg, als infolge einer allgemeinen Dienstbotenknappheit solche Argumente immer wieder vorgebracht wurden. **58** *Müller*, Das fleißige Hausmütterchen, 3 und fast identisch bei *Kübler*, Das Hauswesen, 18.; vgl. *U. Frevert*, »Fürsorgliche Belagerung«. Hygienebewegung und Arbeiterfrauen im 19. und 20. Jahrhundert, in: Geschichte und Gesellschaft 11 (1985), 420–446. **59** *Alcott*, Die junge Gattin, 31. **60** Ebd., 35. **61** *M. Foucault*, Überwachen und Strafen (1976), 197f. **62** Das häusliche Glück, 18. **63** Ebd., 19. **64** *v. Wedell*, Im Haus und am Herd, 3 und *Heinen*, Die Familie, 265. **65** Donauwörth, Nr. 27, 58. Jg., 30. Juni 1926, 315. **66** Vgl. dazu die Diskussion unter der Überschrift »Keine Zeit«, in: Daheim – ein deutsches Familienblatt mit Illustrationen, Leipzig, 26. Jg. 1890, Nr. 3. 3 und Nr. 7, 3 wo das Freizeitbedürfnis gegen das Argument, »dafür bin ich eine gute Hausfrau« verteidigt wird. Vgl. in diesem Zusammenhang *B. Wartmann*, Bürgerliche Moral versus Feminismus?, 73–87; *G. Smaus*, Soziale Kontrolle durch Frauen: Vermittlung repressiver Inhalte in Erziehung und Hilfe, in: R. Heck / A. Keinhorst (Hg.), Frauen – Alltag – Politik: eine Zwischenbilanz (1986), 110–142. **67** *Kübler*, Das Hauswesen, 476. **68** *Müller*, Das fleißige Hausmütterchen, 10, zur Wohnzimmereinrichtung: »In einer behaglichen Ecke hat der Sofa oder Divan seinen Platz gefunden, am hellen Fenster steht Deine Nähmaschine und Dein Arbeitskorb«; *Davidis*, Die Hausfrau, 72: »Doch wie auch die Ausstattung sein möge, eins lasse die junge Hausfrau im Wohnzimmer nicht fehlen, nämlich einen zweckmäßig eingerichteten Nähtisch.« **69** Vgl. *K. Hausen*, Technischer Fortschritt und Frauenarbeit im 19. Jahrhundert. Zur Sozialgeschichte der Nähmaschine, in: Geschichte und Gesellschaft 4 (1978), 148–196. **70** Lebensbericht Frau M, 1. **71** Lebensbericht Frau Hert, 1f; vgl. zur Bedeutung der Schürze, »diese unzertrennliche Gefährtin der Hausfrau« (so in *Liebenau*, Die künftige Hausfrau, 216): *G. Angermann*, Schürzen, in: Rheinisch-westfälische Zeitschrift für Volkskunde 21 (1974), 125–136. **72** Daheim, 26. Jg., 14. Juni 1890, No. 37, 2. **73** Lebensbericht Frau Kahlert, 3. **74** *Müller*, Das fleißige Hausmütterchen, 63 mit der Kapitelüberschrift »Schmücke dein Heim« und einleitend die entsprechenden Zeilen aus Schillers »Glocke«; vgl. auch in Monika, Nr. 11, 59. Jg., 17. März 1927, 135 den Artikel: »Ein gemütliches Heim«; dazu vgl. *E. Schulze*, Trautes Heim, Glück allein. Über die Domestizierung der Frau im Biedermeier, 63–74. **75** *Davidis*, Die Hausfrau, 73. **76** So die genauere Übersetzung von *J. Donzelot*, Die Ordnung der Familie (1980) (frz.: »La police des familles«), bes. 58f. Vgl. auch *C. Honegger / B. Heintz*, Zum Strukturwandel weiblicher Widerstandsformen im 19. Jahrhundert, in: *Dies.* (Hg.), Listen der Ohnmacht. Zur Sozialgeschichte weiblicher Widerstandsformen (1984), 27f und *G. Tornieporth*, Proletarische Frauenleben und bürgerlicher Weiblichkeitsmythos, in: *B. Schaeffer-Hegel / B. Wartmann* (Hg.), Mythos Frau. Projektionen und

Inszenierungen im Patriarchat (1984), 309–332. 77 *Kittler*, Hausarbeit, 71. 78 *Wartmann*, Bürgerliche Moral, 76f. 79 Vgl. zur Bedeutung des »Zauberwortes« Tüchtigkeit auch für die Dienstmädchen *Wierling*, Dienstmädchen, 122f, und kritisch zu diesem Klischee in der Frauengeschichtsschreibung *Dies.*, Alltagsgeschichte und Geschichte der Geschlechterbeziehungen, in: *A. Lüdtke* (Hg.), Alltagsgeschichte (1989), 174. 80 *Wartmann*, Bürgerliche Moral, 76. 81 *v. Wedell*, Im Haus und am Herd, 54; vgl. ähnlich in: Monika, Nr. 41, 58. Jg., 7. Okt. 1926, 488. 82 Vgl. *I. Richarz*, Geschichte der Haushaltungslehre, in: *A. Mannzmann* (Hg.), Geschichte der Unterrichtsfächer III (1984), 162–190; *Tornieporth*, Proletarische Frauenleben, 324ff; *G. Heller*, »Propre en ordre«. Habitation et vie domestique 1850–1930: l'exemple vaudois (1979), 157. 83 *Heyl*, Hauswirtschaft, 7f. 84 *L. v. Stein*, Die Frau auf dem Gebiete der Nationalökonomie, zit. in: *U. Gerhard*, Verhältnisse und Verhinderungen. Frauenarbeit, Familie und Rechte der Frauen im 19. Jahrhundert (1978), 321. 85 *Alcott*, Die junge Gattin, 35. 86 Vgl. Beispiele davon bei *Heller*, »Propre en ordre«, 120f. 87 *Heinen*, Die Familie, 260. 88 *Heller*, »Propre en ordre«, 143ff. 89 Vgl. *U. Frevert*, Frauen-Geschichte. Zwischen bürgerlicher Verbesserung und neuer Weiblichkeit (1986), 92, 99ff. 90 Zu diesen Zusammenhängen vgl. *H. Schmidt-Waldherr*, Rationalisierung der Hausarbeit in den zwanziger Jahren, in: *G. Tornieporth* (Hg.), Arbeitsplatz Haushalt, 32–53; *Kittler*, Hausarbeit, 61–81. 91 *A. v. Saldern*, Die Kultur des Wohnens, Funkkolleg Jahrhundertwende 8 (1989), 80; dazu auch *Heller*, »Propre en ordre«, 186–200. 92 Zit. bei *Saldern*, Die Kultur des Wohnens, 87, aus: Wohnungswirtschaft. Zentralorgan für die Wohnungsfürsorge aller Städte, Gemeinden, Baugenossenschaften, Siedlungsvereine und Mietervereine 7 (1930), 383f. Vgl. dazu *E. Scheid*, Die Küche – die Fabrik der Hausfrau, in: Frauenalltag – Frauenforschung, Beitr. zur 2. Tagung der Kommission Frauenforschung in der Dt. Gesellschaft für Volkskunde Freiburg (1988), 124–141. 93 Zit. bei *Kittler*, Hausarbeit, 80. 94 Vgl. dazu auch die Dissertation von *E. Scheid*, Die Küche – die Fabrik der Hausfrau. Zur Entstehung der rationalisierten Kleinküche in der Weimarer Republik (1985). 95 *Honegger/Heintz*, Zum Strukturwandel weiblicher Widerstandsformen, 39 und *C. Honegger*, Weibliche Selbstreflexion um 1800, in: Feministische Studien, 7. Jg. (Nov. 1989), Nr. 2, 16. 96 Vgl. Anm. 87. 97 Das Hauswesen, 20. 98 So im Titel der Untersuchung von *U. Prokop*, Weiblicher Lebenszusammenhang. Von der Beschränktheit der Strategien und der Unangemessenheit der Wünsche (1976). 99 *v. Wedell*, Mein Haus – Mein Stolz, 179. 100 So z. B. in dem Artikel »Eheleute untereinander«, in: Monika, Nr. 41, 59. Jg., 13. Okt. 1927, 483f. 101 *M. Th. W. Bromme*, Lebensgeschichte eines modernen Fabrikarbeiters, hg. von B. Neumann (1971, ED 1905), 228, ebenso bei *C. Moszeik* (Hg.), Aus der Gedankenwelt einer Arbeiterfrau. Von ihr selbst erzählt (1909), 25, 41. 102 *M. Perrot*, Rebellische Weiber. Die Frauen in der französischen Stadt im 19. Jahrhundert, in: *Honegger/Heintz* (Hg.), Listen der Ohnmacht, 77. 103 *M. Schlösser*, Die Familiensituation der Arbeiter, in: *H. Rosenbaum* (Hg.), Seminar: Familie und Gesellschaftsstruktur (1978), 354f. 104 Das Hauswesen, 23. 105 *v. Wedell*, Mein Haus – mein Stolz, 173. 106 Ebd., 171f. 107 Ebd., 174. 108 *Davidis*, Die Hausfrau, 29. 109 Mein Haus – mein Stolz, 172. 110 So der Titel der Untersuchung weiblicher Widerstandsformen, hg. von C. Honegger/B. Heintz (Anm. 76). 111 Vgl. *Duden/Hausen*, Gesellschaftliche Arbeit, 32. 112 Zur Inszenierung dieses Stückes vgl. *S. Meyer* (Anm. 6); zum »demonstrativen Müßiggang« vgl. *Th. Veblen*, Theorie der feinen Leute. Eine ökonomische Untersuchung der Institutionen (1958, ED engl. 1899). 113 Dienstmädchen, 135. 114 Lebensbericht Frau F., 1. 115 Lebensbericht Frau Welsch, 3. 116 Mein Haus – mein Stolz, 175. 117 Lebensbericht Frau B., 1; Frau W., 4; Frau D., 3. 118 Wegweiser zum häuslichen Glück für Mädchen, in: Arbeiterwohl. Organ des Verbandes katholischer Industrieller und Arbeiterfreunde, 8. Jg., H. 7, Juli 1888, 155. 119 Ebd., 139. 120 Dies gilt vielleicht noch mehr für den ländlichen Bereich, vgl. *S. Sachstetter*, »Wir sind doch alles nur Weiber«. Gespräche unter Frauen und weibliche Lebensbedingungen, in: *U. Jeggle*, Feldforschung (1984), 169f. 121 Vgl. dazu vor allem die Beiträge in *Honegger/Heintz* (Hg.), Listen der Ohnmacht und *Duden/Bock*, Arbeit aus Liebe – Liebe als Arbeit, 135ff. 122 *I. Kettschau*, Wieviel Arbeit macht ein Familienhaushalt (o. J.), 41; *Kontos/Walser*, ... weil nur zählt was Geld einbringt, 92; *Oakley*, Soziologie der Hausarbeit,

125. **123** Lebensbericht von Frau Brosowski, die zwar erst 1926 geboren ist, doch ist sie, was ihre Sozialisation und ihre internalisierten Maßstäbe betreffen, durchaus Kind der Frauengeneration der Jahrhundertwende. **124** *Meyer*, Das Theater mit der Hausarbeit, 90, 94. **125** *Alcott*, Die junge Gattin, 66. **126** *A. Lüdtke*, Alltagsgeschichte, in: *F. Niess* (Hg.), Interesse an der Geschichte (1989), 58. **127** Vgl. dazu *D. Ladj-Teichmann*, Weibliche Bildung im 19. Jahrhundert, 219–243. **128** *Lüdtke*, Alltagsgeschichte, 56.

Bildnachweis

Abb. 1: Illustrierte Welt, 1880, S. 368
Abb. 2: Bibliothèque National, Paris
Abb. 3: Bayerische Staatsgemäldesammlung
Abb. 4: H. Langer, Kulturgeschichte des 30jährigen Krieges, Stuttgart 1978, S. 113
Abb. 5: Altbayerische Monatsschrift, 1. Jg., 1899, S. 37
Abb. 5a: Generallandesarchiv Karlsruhe, Sign. 98a/96
Abb. 6: Generallandesarchiv Karlsruhe, Sig. I-N-R_2
Abb. 7 u. 8: Die Foltergewölbe und Hochgerichte der Vorzeit. Geschichtliche Darstellung und Abbildung der verschiedenen Folterinstrumente, Leibes- und Lebensstrafen der frühen Jahrhunderte, hg. von K. P. Pawlas, Nürnberg (ND), 1963
Abb. 9: Bildarchiv Preußischer Kulturbesitz, Polizei
Abb. 10: Bildarchiv Preußischer Kulturbesitz, Rechtswesen, 19. Jahrhundert, Gefängnis
Abb. 11: Bildarchiv Preußischer Kulturbesitz, Geschichte Englands, 18. Jahrhundert, Karikaturen
Abb. 12: A. Weismann, Ordnung und Sauberkeit deutscher Hausfrauen schönstes Kleid. Zur weiblichen Sozialisation im Spiegel trivialer Kunstwerke, in: Ztschr. für Volkskunde 79, 1983, S. 71
Abb. 13: E. Meyer, Die neue Hausfrau, 1926, S. 107/108
Abb. 14: E. Stille/U. Pfistermeister, Trautes Heim Glück allein. Gestickte Sprüche für Haus und Küche, 1979, S. 185

Verlag und Autoren danken den Leihgebern für die Überlassung der Druckvorlagen.

Die Autorinnen und Autoren des Bandes

Wolfgang Behringer, geb. 1956, Studium der Geschichte, Germanistik und Politologie in München. Magister 1981, Promotion 1985. Stipendiat der DFG 1985/86; seither freier Autor.
Veröffentlichungen u. a.: Hexenverfolgung in Bayern. Volksmagie, Glaubenseifer und Staatsräson in der Frühen Neuzeit (1987, [2]1988); Hexen und Hexenprozesse in Deutschland »dtv-dokumente« (1988); Mit dem Feuer vom Leben zum Tod. Hexengesetzgebung in Bayern (1988); Kinderhexenprozesse. Zur Rolle von Kindern in der Geschichte der Hexenverfolgung, in: Zeitschrift für historische Forschung 16 (1989), 31–47; Erträge und Perspektiven der Hexenforschung, in: Historische Zeitschrift 249 (1989), 619–660; Sozialgeschichte und Hexenverfolgung, in: D. R. Bauer/S. Lorenz (Hg.), Hexenverfolgung (1990) (im Satz). Zur Wirtschafts- und Sozialgeschichte: Thurn und Taxis. Die Geschichte ihrer Post und ihrer Unternehmen (1990); Löwenbräu. Eine Unternehmensgeschichte von den Anfängen des Münchner Brauwesens bis zur Gegenwart (1990) (in Druck); Mitherausgeber von: Märchen und Mythen vom Fliegen (1989).
Arbeitsschwerpunkte: Kultur-, Wirtschafts- und Sozialgeschichte Süddeutschlands vom 15. bis 19. Jahrhundert. Der Autor arbeitet derzeit an einer Kulturgeschichte des Fliegens.

Dirk Blasius, geb. 1941, Studium der Geschichte, Germanistik und Philosophie in Köln und Berlin, von 1966 bis 1968 Stipendiat am Institut für Europäische Geschichte in Mainz, Promotion 1968 in Köln, von 1968 bis 1974 Wiss. Assistent für Neuere Geschichte in Düsseldorf, 1974 Habilitation für Mittlere und Neuere Geschichte in Düsseldorf, seit 1974 Professor für Sozial- und Wirtschaftsgeschichte an der Universität Gesamthochschule Essen.
Veröffentlichungen: Bürgerliche Gesellschaft und Kriminalität (1976); Lorenz von Stein. Geschichts- und gesellschaftswissenschaftliche Perspektiven (zus. mit E. Pankoke) (1977); Kriminalität und Alltag. Zur Konfliktgeschichte des Alltagslebens im 19. Jahrhundert (1978); Der verwaltete Wahnsinn. Eine Sozialgeschichte des Irrenhauses (1980); Preußen in der deutschen Geschichte (als Hg.) (1980); Geschichte der politischen Kriminalität in Deutschland 1800–1980 (1983); Umgang mit Unheilbarem. Studien zur Sozialgeschichte der Psychiatrie (1986); Ehescheidung in Deutschland 1794–1945 (1987).
Zahlreiche Aufsatzpublikationen, einschlägig für diesen Band: Krimi-

nologie und Geschichtswissenschaft. Bilanz und Perspektiven interdisziplinärer Forschung, in: Geschichte und Gesellschaft, Jg. 14 (1988), 136–149.
Gegenwärtige Arbeitsgebiete: Preußische Geschichte (19. Jahrhundert); Wissenschaftsgeschichte der Psychiatrie (20. Jahrhundert).

Renate Blickle, geb. 1938 in Westpreußen, aufgewachsen in Oberbayern, Promotion 1965 in München, lebt derzeit in Bern.
Veröffentlichungen u. a.: zusammen mit Peter Blickle, Schwaben von 1268 bis 1803. Dokumente zur Geschichte von Staat und Gesellschaft in Bayern II,4 (1979); »Spenn und Irrung« im »Eigen« Rottenbuch. Die Auseinandersetzungen zwischen Bauernschaft und Herrschaft des Augustiner-Chorherrenstifts, in: P. Blickle (Hg.), Aufruhr und Empörung? Studien zum bäuerlichen Widerstand im Alten Reich (1980, 69–145); Die Haager Bauernversammlung des Jahres 1596, in: P. Blickle (Hg.), Bauer, Reich und Reformation (1982, 43–73); Agrarische Konflikte und Eigentumsordnung in Altbayern. 1400–1800, in: W. Schulze (Hg.), Aufstände, Revolten, Prozesse (1983, 166–187); Hausnotdurft. Ein Fundamentalrecht in der altständischen Ordnung Bayerns, in: G. Birtsch (Hg.), Grund- und Freiheitsrechte von der ständischen zur spätbürgerlichen Gesellschaft (1987, 42–64); Die Tradition des Widerstands im Ammergau. Anmerkungen zum Verhältnis von Konflikt- und Revolutionsbereitschaft, in Zeitschr. f. Agrargesch. u. Agrarsoz. 35 (1987, 138–159); Leibeigenschaft und Eigentum. Vom Zusammenhang der Erscheinungen in Verfassung und Geschichte des »Eigens« oder der Hofmark Steingaden, in: S. Hofmann, Steingadener Chronik, Bd. 3 (1987, 958–972); Nahrung und Eigentum als Kategorien in der ständischen Gesellschaft, in: W. Schulze (Hg.), Ständische Gesellschaft und soziale Mobilität (1988, 73–93).
Arbeitet derzeit an dem Thema »Bauerncourage«.

Doris Kaufmann, geb. 1953, studierte Geschichte und Politikwissenschaft in Münster und Berlin. Promotion 1983. Von 1983 bis 1986 war sie wiss. Mitarbeiterin im interdisziplinären Forschungsprojekt »Frauen und Christentum« am Institut für ökumenische Forschung der Universität Tübingen. Die Autorin ist zur Zeit wiss. Mitarbeiterin im DFG-Projekt »Die Irrenfrage im Entstehungsprozeß der bürgerlichen Gesellschaft in Deutschland, 1770–1840« am Institut für Geschichtswissenschaft der TU Berlin.
Veröffentlichungen u. a.: Vom Vaterland zum Mutterland. Frauen im

katholischen Milieu der Weimarer Republik, in: K. Hausen (Hg.), Frauen suchen ihre Geschichte (1983, 1987²); Katholisches Milieu in Münster 1928–1933 (1984); Die Ehre des Vaterlandes und die Ehre der Frauen oder der Kampf an der äußeren und inneren Front. Der Deutsch-Evangelische Frauenbund im Übergang vom Kaiserreich zur Weimarer Republik, in: Evangelische Theologie 46 (1986); Frauen zwischen Aufbruch und Reaktion. Protestantische Frauenbewegung in der ersten Hälfte des 20. Jahrhunderts (1988).

Bärbel Kuhn, geb. 1957, Studium der Romanistik und Geschichte in Saarbrücken, Erstes Staatsexamen 1983, Zweites Staatsexamen 1985, Promotion 1988 an der Universität des Saarlandes. Lehrtätigkeit an deutschen und französischen Schulen und verschiedenen Institutionen der Erwachsenenbildung; arbeitet zur Zeit im Auftrag der Leitstelle zur Durchsetzung der Gleichberechtigung der Frauen in Verbindung mit dem Lehrstuhl für Landesgeschichte der Universität Saarbrücken an einem Projekt zum Frauenalltag in der Saarregion in den ersten Jahrzehnten des 20. Jahrhunderts auf der Grundlage von schriftlichen und mündlichen Lebenserinnerungen.
Veröffentlichung: Pierre Leroux – Sozialismus zwischen analytischer Gesellschaftskritik und sozialphilosophischer Synthese. Ein Beitrag zur methodischen Erforschung des vormarxistischen Sozialismus (1988); Die Kehr-Seite der Geschichte (i.V.)

Eva Labouvie, geb. 1957, studierte Germanistik und Geschichte in Saarbrücken, promovierte 1989 an der Universität des Saarlandes. Sie ist derzeit wiss. Mitarbeiterin am Historischen Institut der Universität des Saarlandes.
Veröffentlichungen: Hexenspuk und Hexenabwehr. Volksmagie und volkstümlicher Hexenglaube, in: R. van Dülmen (Hg.), Hexenwelten. Magie und Imagination vom 16.–20. Jahrhundert (1987); Didaktisches Beiheft zur Ausstellung und zur Behandlung der Hexenthematik im Unterricht (1987); Von Volksmagie und Hexenkunst. Versuch einer Semiotik ländlicher Magie am Beispiel des Saarraumes, Diss. (1989); Männer im Hexenprozeß. Zur Sozialanthropologie eines »männlichen« Verständnisses von Magie und Hexerei, in: Geschichte und Gesellschaft 16 (1990); »Gott zu Ehr, den Unschuldigen zu Trost und Rettung«. Hexenverfolgungen im Saarraum und den angrenzenden Gebieten, in: G. Franz/F. Irsigler (Hg.), Hexenglaube und Hexenprozesse im Raum Rhein-Mosel-Saar (i. Druck). Zusammen mit Richard van Dülmen Konzeption der Ausstellung »Hexenwelten. Magie und

Imagination vom 16.–20. Jahrhundert«, 1987 in Saarbrücken, München und Kassel.
Die Autorin arbeitet zur Zeit an einer Veröffentlichung über selbstverwaltete Geburt. Forschungsinteressen: Volksmagie- und Aberglaubensforschung, Frauen- und Geschlechtergeschichte.

Peter Wettmann-Jungblut, geb. 1959, M. A., studierte Geschichte und Anglistik in Saarbrücken und ist derzeit wiss. Mitarbeiter am Institut für Rechts- und Sozialphilosophie der Universität des Saarlandes.
Veröffentlichungen: »Arbitrator« und »Adjudicator«: Zur Bedeutung der englischen Justices of the Peace bei der formellen und informellen Konfliktregelung in ländlichen Gemeinden des 18. Jahrhunderts, in: Kriminologie und Geschichte, Kriminologisches Journal, 2. Beiheft (1987), 111–130; Il sistema penale inglese nel 18° secolo. Sviluppi nel campo della ricerca storica, in: Dei Delitti e Delle Pene 5 (1987), 143–150.
Arbeitet zur Zeit an einer Dissertation zur Sozialgeschichte der Eigentumskriminalität in Baden vom 17. bis 19. Jahrhundert.

Richard van Dülmen

Armut, Liebe, Ehre
Studien zur historischen Kulturforschung I
(16.–20. Jahrhundert)
Herausgegeben von Richard van Dülmen. Band 4379

Arbeit, Frömmigkeit und Eigensinn
Studien zur historischen Kulturforschung II
Herausgegeben von Richard van Dülmen. Band 4430

Verbrechen, Strafen und soziale Kontrolle
Studien zur historischen Kulturforschung III
Herausgegeben von Richard van Dülmen. Band 10239

Die Gesellschaft der Aufklärer
Studien zur bürgerlichen Emanzipation und
aufklärerischen Kultur in Deutschland. Band 4323

Frauen vor Gericht
Kindsmord in der frühen Neuzeit. Band 4431

Hexenwelten
Magie und Imagination vom 16.–20. Jahrhundert
Herausgegeben von Richard van Dülmen. Band 4375

Reformation als Revolution
Soziale Bewegung und religiöser Radikalismus
in der deutschen Reformation. Band 4366

Religion und Gesellschaft
Beiträge zu einer Religionsgeschichte der Neuzeit
Band 6644

Natalie Zemon Davis
Humanismus, Narrenherrschaft und die Riten der Gewalt

Gesellschaft und Kultur im frühneuzeitlichen Frankreich

Die in diesem Band versammelten Essays der berühmten amerikanischen Historikerin Natalie Zemon Davis geben eine subtile und faszinierend konkrete Darstellung des gesellschaftlichen Umbruchs am Beginn der Neuzeit, der nicht nur die Lebensweise der Eliten, sondern auch der unteren Bevölkerungsschichten verändert hat. Die populäre Kultur erscheint selbst als dynamisches Moment dieses Umbruchs.
Mit ihrer »dichten Beschreibung« der städtischen Kultur des 16. Jahrhunderts eröffnet die Autorin neue historische Sichtweisen, verweist sie auf Parallelen zu unserer heutigen Situation. Das Buch ist ein Meilenstein auf dem Wege zu einer neuen Alltagsgeschichtsschreibung.

Band 4369

Fischer Taschenbuch Verlag

fi 1035 / 1

Wilfried Nippel

Griechen, Barbaren und »Wilde«

Alte Geschichte und Sozialanthropologie

Band 4429

Der Vergleich der »klassischen« antiken Kultur mit (vermeintlich) rückständigen Gesellschaften ist vor allem für die Fragen nach dem Ursprung von Familie, Recht, Staat und Religion herangezogen worden. Wilfried Nippel zeichnet in fünf sehr anschaulich geschriebenen Aufsätzen diese Tradition nach - von den antiken Ursprüngen bis zu den großen Rekonstruktionen des 19. Jahrhunderts - und gibt gleichzeitig einen kritischen Überblick über aktuelle, anthropologisch inspirierte Forschungsansätze zur Alten Geschichte. So wird die Diskussion über das Verhältnis von Geschichte und Sozialanthropologie in diesem Buch um eine wichtige historische Dimension erweitert.

Fischer Taschenbuch Verlag

fi 1025/1

Europäische Geschichte 1550–1779

Band 24

Herausgegeben und verfaßt von Richard van Dülmen
Mit diesem Band legt der Saarbrücker Historiker Richard van Dülmen eine umfassende Strukturgeschichte der europäischen Gesellschaft in der frühen Neuzeit zwischen 1550 bis 1648 vor. Die Darstellung ist weniger an politischen Ereignissen und an den Einzelentwicklungen der verschiedenen Länder orientiert und interessiert, sondern mehr an Problemen, die die Strukturprozesse unter den Bedingungen der Vielfalt unterschiedlicher Entwicklungen der Neuzeit wesentlich begründeten.

Band 25

Herausgegeben und verfaßt von Günter Barudio
Dieser Band behandelt den historischen Werdegang Europas zwischen 1648 und 1779 – das Zeitalter des Absolutismus und der Aufklärung. Der Leser wird anhand von sechs repräsentativen Fällen, denen noch ein Exkurs beigegeben ist, in die Mechanismen einer Machtstruktur eingeführt, aus deren Wirkungen das entstanden sein soll, was noch immer häufig der »moderne Staat« genannt wird.

Fischer Taschenbuch Verlag

fi 35/2

Alain Corbin
Pesthauch und Blütenduft
Eine Geschichte des Geruchs

Dieses Buch wurde bei seinem Erscheinen in Frankreich und kurz darauf in der Bundesrepublik von der (Fach-)Kritik einhellig begrüßt und mit größter Aufmerksamkeit rezensiert. Der Autor behandelt vordergründig die Geruchsgeschichte der Stadt Paris, in Wirklichkeit jedoch weit mehr – die Geschichte des Geruchssinns, die Wandlungen der Geruchsvorlieben und Ekelgrenzen – kurz: die Geschichte des Geruchs und der Gerüche überhaupt.

Band 4402

»Corbins Kulturgeschichte ist ein von A bis Z ernsthaftes Buch. Aber da sich der anekdotische Ernst mit dem Thema »Gestank« verbindet, liest es sich wie eine Satire. Auf diese Weise haben wir es mit einer Lektüre zu tun, die auf beinahe jeder Seite eine Neuigkeit – und allgemeine Heiterkeit zugleich verbreitet.«
Harald Weser, in: »Der Spiegel«

» ... to hear by the nose [Shakespeare] – wer (noch) eine Nase hat, der lese.«
Marleen Stoessel, in »Neue Zürcher Zeitung«

Fischer Taschenbuch Verlag

fi 910 / 1